AF545788

Martin Ford · Herrschaft der Roboter

MARTIN FORD

HERRSCHAFT DER ROBOTER

Wie künstliche Intelligenz alles transformieren wird – und wie wir damit umgehen können

PLASSEN
VERLAG

Die Originalausgabe erschien unter dem Titel
Rule of the robots: how artificial intelligence will transform everything
ISBN 978-1-5416-7473-8

Übersetzung: Petra Pyka
Gestaltung Cover: Timo Boethelt
Gestaltung, Satz und Herstellung: Timo Boethelt
Lektorat: Christoph Landgraf
Druck: GGP Media GmbH, Pößneck

ISBN 978-3-86470-836-7

Bibliografische Information der Deutschen Nationalbibliothek:
Die Deutsche Nationalbibliothek verzeichnet diese Publikation in der Deutschen Nationalbibliografie; detaillierte bibliografische Daten sind im Internet über <http://dnb.d-nb.de> abrufbar.

Postfach 1449 • 95305 Kulmbach
Tel: +49 9221 9051-0 • Fax: +49 9221 9051-4444
E-Mail: buecher@boersenmedien.de
www.plassen.de
www.facebook.com/plassenverlag
www.instagram.com/plassen_buchverlage

Für meine Mutter Sheila

INHALT_

1_	Die Disruption beginnt	9
2_	KI – der neue Strom?	19
3_	Mehr als nur Hype? Künstliche Intelligenz als Versorgungsgut – eine realistische Einschätzung	41
4_	Die Mission, eine intelligente Maschine zu bauen	105
5_	Deep Learning und die Zukunft der künstlichen Intelligenz	121
6_	Arbeitsplatzverluste und wirtschaftliche Folgen von KI	175
7_	China und der Siegeszug des KI-Überwachungsstaats	217
8_	Die Risiken der KI	251
*_	Fazit: Zwei Zukunftsszenarien für künstliche Intelligenz	285
	Danksagung	291
	Endnoten	293

KAPITEL 1

Die Disruption beginnt

Am 30. November 2020 meldete DeepMind – eine auf künstliche Intelligenz spezialisierte Londoner Tochter der Google-Muttergesellschaft Alphabet – einen erstaunlichen und vermutlich sogar historischen Durchbruch in der Computerbiologie: eine Innovation, die Wissenschaft und Medizin wirklich revolutionieren könnte. Dem Unternehmen war es gelungen, mithilfe tiefer neuronaler Netze vorherzusagen, wie sich ein Eiweißmolekül auf der Grundlage des genetischen Codes, aus dem das Molekül von Zellen gebildet wird, in seine Endform faltet. Das war ein Meilenstein – der Gipfelpunkt von 50 Jahren medizinischer Forschung, der vom Aufkommen einer ganz neuen Technologie zeugte, die dazu angetan schien, uns ein ganz neues Verständnis von den ureigenen Bausteinen des Lebens zu vermitteln und damit ein neues Zeitalter medizinischer und pharmazeutischer Innovation einzuläuten.[1]

Proteinmoleküle sind lange Ketten, deren einzelne Glieder jeweils aus einer von 20 verschiedenen Aminosäuren bestehen. Die in der DNA verschlüsselten Gene geben die genaue Abfolge dieser Aminosäuren vor, aus denen das Eiweißmolekül gebildet wird – quasi das Rezept. In diesem genetischen Rezept fehlen aber genaue Angaben zur Form des Moleküls, die für seine Funktion entscheidend ist. Diese Form ergibt sich vielmehr aus der Art und Weise, wie sich das Molekül in Millisekunden nach seiner Herstellung in der Zelle automatisch zu einer komplexen dreidimensionalen Struktur auffaltet.[2]

Die exakte Faltkonfiguration eines Eiweißmoleküls vorherzusagen gehört zu den größten Herausforderungen in der Wissenschaft. Die Zahl möglicher Formen ist praktisch unbegrenzt. Wissenschaftler haben diesem Problem schon ganze Karrieren gewidmet, doch auch mit vereinten Kräften nur sehr bescheidene Erfolge erzielt. Das System von DeepMind bedient sich Methoden der künstlichen Intelligenz (KI), die das Unternehmen in Pionierleistung bereits für die Systeme AlphaGo und AlphaZero einsetzte – mit spektakulären Triumphen über die besten menschlichen Gegner bei Brettspielen wie Go und Schach. Doch die Zeiten, in denen KI in erster Linie mit spielerischen Kompetenzen assoziiert wird, neigen sich ihrem Ende zu. AlphaFold kann die Form von Proteinmolekülen so genau vorhersagen wie teure, zeitraubende Messungen im Labor unter Einsatz von Techniken wie der Kristallstrukturanalyse. Damit liefert das System den unwiderlegbaren Beweis, dass wir der Forschung an vorderster Front der künstlichen Intelligenz ein praktisches, unverzichtbares wissenschaftliches Instrument verdanken – mit dem Potenzial, die Welt zu verändern.

Dieser Durchbruch kam, als die allermeisten Menschen auf der Welt bereits eine Illustration des berüchtigtsten Beispiels dafür gesehen hatten, wie die dreidimensionale Form eines Proteinmoleküls seine Funktion bestimmt. Damit meine ich das Spike-Protein des Coronavirus, eine Art molekularer Andock-Mechanismus, der es dem Virus ermöglicht, an seinem Wirt anzukoppeln und diesen zu infizieren. Dieser Erfolg weckte die Hoffnung, dass wir auf die nächste Pandemie deutlich besser vorbereitet sein könnten. Vielleicht ließe sich das System ja praktisch nutzen, um vorhandene Medikamente rasch daraufhin abzuprüfen, welche davon gegen ein neu aufgetauchtes Virus voraussichtlich die beste Wirkung zeigen. Dann stünden den Ärzten bereits im Anfangsstadium eines Ausbruchs effektive Behandlungsmöglichkeiten zur Verfügung. Darüber hinaus bietet die Technologie von DeepMind beste Voraussetzungen für eine ganze Reihe von Fortschritten, darunter die Entwicklung vollkommen neuartiger Medikamente und die Gewinnung genauerer Erkenntnisse darüber, wie es zu einer fehlerhaften Proteinfaltung kommen kann – Erscheinungen, die mit Krankheiten wie Diabetes, aber auch Alzheimer und Parkinson in Zusammenhang gebracht werden. Die Technologie könnte eines Tages auch außerhalb der Medizin breit gefächert Anwendung finden und beispielsweise zur künstlichen Herstellung von Mikroben beitragen, die Proteine freisetzen können, um Abfälle wie Plastik oder Öl abzubauen.[3] Es handelt sich dabei also um eine Innovation, die den Fortschritt in praktisch allen Disziplinen der Biochemie und Medizin vorantreiben könnte.

So hat etwa in den letzten zehn Jahren die Disziplin der künstlichen Intelligenz einen revolutionären Sprung gemacht und eröffnet erstmals eine zunehmende Zahl praktischer Anwendungsmöglichkeiten, die unsere Umwelt bereits verändern. Der maßgebliche Beschleunigungsfaktor für diesen Fortschritt ist „Deep Learning" – eine Methode des maschinellen Lernens, bei der vielschichtige künstliche neuronale Netze zum Einsatz kommen, wie sie von DeepMind genutzt werden. Die Grundlagen tiefer neuronaler Netze sind seit Jahrzehnten bekannt. Die unlängst erzielten spektakulären Fortschritte wurden möglich, weil zwei unaufhaltsame Trends in der Informationstechnologie zusammentrafen: Zum einen wurden Computer mit enorm höherer Rechenleistung entwickelt, die erstmals die Voraussetzungen dafür schufen, neuronale Netze wirklich effektiv zu nutzen. Zum anderen stellt der immense Datenreichtum, der heute in der gesamten Informationswirtschaft erzeugt und erfasst wird, eine Ressource da, ohne die diese Netze nicht auf die Ausführung sinnvoller Aufgaben trainiert werden könnten. Dass Daten in einem einst unvorstellbaren Umfang zur Verfügung stehen, ist wohl der wichtigste Einzelfaktor, der dem bisher beobachteten erstaunlichen Fortschritt zugrunde liegt. Wie tiefe neuronale Netze Daten einsaugen und nutzen, erinnert stark an einen riesigen Blauwal, der sich von winzigem Krill ernährt: Er nimmt eine gewaltige Menge für sich genommen unbedeutender Organismen auf, von deren kollektiver Energie ein Geschöpf von gewaltiger Größe und Kraft leben kann.

Während künstliche Intelligenz erfolgreich auf immer mehr Gebieten Anwendung findet, wird deutlich, dass sie sich zu einer Technologie von nie da gewesener Tragweite entwickelt. In manchen medizinischen Fachbereichen leisten diagnostische KI-Anwendungen bereits ebenso viel oder gar mehr als der beste Arzt. Die wahre Leistung einer solchen Innovation liegt aber nicht nur darin, dass sie einem erstklassigen Mediziner den Rang ablaufen kann, sondern vielmehr darin, wie problemlos die in der Technologie eingebettete Intelligenz skalierbar ist. Schon bald wird überragende diagnostische Kompetenz weltweit bezahlbar zur Verfügung stehen – auch dort, wo die Menschen kaum Zugang zu einem Arzt oder einer Pflegekraft haben, und bei den global führenden medizinischen Spezialisten sowieso.

Nun stellen Sie sich bitte vor, so eine extrem spezifische Innovation wie ein KI-gestütztes Diagnosetool oder vielleicht der von DeepMind erzielte Durchbruch bei der Proteinfaltung wird mit einer quasi unbegrenzten Anzahl von Möglichkeiten auf anderen Fachgebieten, von Medizin über Wissenschaft, Industrie, Verkehr, Energie und öffentliche Verwaltung bis hin zu jedem anderen menschlichen Tätigkeitsbereich, multipliziert. Daraus ergibt sich letztlich ein neues, beispiellos leistungsfähiges Versorgungssystem – im Grunde eine Art „Intelligenzstrom“: eine flexible Ressource, die – eines Tages womöglich auf Knopfdruck – kognitive Fähigkeiten auf praktisch jedes Problem anwenden kann, mit dem wir konfrontiert sind. Am Ende wird uns dieses neue Versorgungssystem die Möglichkeit eröffnen, nicht nur Entscheidungen zu analysieren und zu treffen, sondern komplexe Probleme zu lösen, und dabei sogar Kreativität beweisen.

Dieses Buch soll ausloten, wie sich die künstliche Intelligenz künftig auswirkt, allerdings ohne sie als eine spezifische Innovation zu betrachten, sondern vielmehr als eine einzigartig skalierbare und potenziell revolutionäre Technologie – ein hochpotentes neues Versorgungssystem, das uns eines Tages ähnlich revolutionäre Umwälzungen bescheren kann wie seinerzeit der elektrische Strom. Die von mir angeführten Argumente und Erklärungen stützen sich stark auf drei Aspekte meiner persönlichen Berufserfahrung.

Erstens wurde ich seit der Veröffentlichung meines Buches „Aufstieg der Roboter: Wie unsere Arbeitswelt gerade auf den Kopf gestellt wird – und wie wir darauf reagieren müssen" im Jahr 2015 zu Dutzenden von Technologiekonferenzen, regionalen Gipfeln und Veranstaltungen von Wirtschaft und Lehre geladen, um über die Auswirkungen künstlicher Intelligenz und Robotik zu referieren. Ich habe über 30 Länder bereist und hatte Gelegenheit, Forschungslabore zu besuchen, mir modernste Technologie vorführen zu lassen und mit Fachleuten, Wirtschaftsexperten, Topmanagern, Investoren und Politikern, aber auch mit ganz normalen Menschen, die die Veränderungen, die um sie herum stattfinden, wahrnehmen und allmählich bedenklich finden, über die Folgen der laufenden KI-Revolution zu sprechen und zu diskutieren.

Außerdem arbeite ich seit 2017 mit einem Team von der französischen Bank Société Générale an der Entwicklung eines eigenen Aktienmarktindex, der es Anlegern ermöglichen soll, direkt von der Revolution der Robotik und der künstlichen Intelligenz zu profitieren. In meiner Funktion als beratender Fachmann zum Thema wirkte ich an der Formulierung einer Strategie mit, der die Auffassung zugrunde liegt, dass KI zu einem wirkmächtigen neuen Versorgungsgut wird und daher in vielen verschiedenen Branchen Wert generieren und Unternehmen revolutionieren dürfte. Daraus ging der „Rise of the Robots"-Index der Société Générale hervor – und anschließend der Lyxor Robotics and AI ETF[4] (Exchange Traded Fund), der sich auf diesen Index stützt.

Und schließlich hatte ich im Verlauf des Jahres 2018 die Chance, mich mit 23 der führenden Forscher und Unternehmer für künstliche Intelligenz zusammenzusetzen und über viele verschiedene Themen zu sprechen. Diese Männer und Frauen sind wahrhaftig die „Einsteins" ihres Fachs – vier davon Träger des Turing Award, der sozusagen der Nobelpreis für Informatiker ist. Die Gespräche, die sich um die Zukunft der künstlichen Intelligenz und um die Risiken und Chancen drehten, die dieser Fortschritt birgt, sind in meinem 2018 erschienenen Buch „Die Intelligenz der Maschinen: Mit Koryphäen der Künstlichen Intelligenz im Gespräch: Innovationen, Chancen und Konsequenzen für die Zukunft der Gesellschaft" aufgezeichnet. Diese einzigartige Gelegenheit habe ich ausgiebig genutzt, um zu erfahren, was in den allerklügsten Köpfen vorgeht, die sich mit künstlicher Intelligenz befassen. Ihre Erkenntnisse und Prognosen haben unmittelbar großen Anteil am Stoff dieses Buches.

Begreifen wir die künstliche Intelligenz als neue Elektrizität, so liefert uns das ein geeignetes Modell für Überlegungen dazu, wie sich die Technologie weiterentwickeln und letztlich fast jeden Aspekt der Wirtschaft, Gesellschaft und Kultur berühren wird – allerdings mit einem wesentlichen Vorbehalt: Der elektrische Strom wird allgemein als eindeutig positive Kraft wahrgenommen. Vom verschrobensten Einsiedler einmal abgesehen, gibt es wohl kaum einen Einwohner eines Industrielands, der Grund hat, die Elektrifizierung zu bedauern. Bei KI ist das anders: Sie hat eine dunkle Seite und geht mit echten Gefahren für jeden Einzelnen und für die ganze Gesellschaft einher.

Macht die künstliche Intelligenz weiterhin Fortschritte, so hat sie das Potenzial, den Arbeitsmarkt und auch die gesamte Wirtschaft in bisher beispiellosem Ausmaß auf den Kopf zu stellen. Praktisch jede Aufgabe, die im Grunde routinemäßig abläuft und vorhersagbar ist – also so ziemlich jeder Arbeitsplatz, der Menschen immer wieder vor ähnliche Herausforderungen stellt –, könnte ganz oder teilweise automatisiert werden. Studien zufolge ist immerhin die Hälfte aller amerikanischen Arbeitnehmer mit solchen vorhersagbaren Tätigkeiten befasst. Allein in den Vereinigten Staaten könnten sich zig Millionen Arbeitsplätze früher oder später in Luft auflösen.[5] Das werden nicht nur ungelernte Niedriglöhner spüren. Auch viele Angestellte und Fachkräfte erfüllen überwiegend Routineaufgaben. Vorhersagbare Wissensarbeit ist besonders automatisierungsgefährdet, denn sie könnte auch von einer Software erledigt werden. Für manuelle Tätigkeiten sind dagegen teure Roboter erforderlich.

Über die Folgen der Automatisierung für die Erwerbsbevölkerung der Zukunft wird nach wie vor lebhaft diskutiert. Werden genügend neue, nicht automatisierbare Jobs entstehen, um die Arbeitnehmer unterzubringen, die durch wegfallende Routineaufgaben freigesetzt werden? Und wenn ja, werden diese Arbeitnehmer über die nötigen Qualifikationen, Kompetenzen und persönlichen Voraussetzungen verfügen, um sich erfolgreich auf diese neu geschaffenen Funktionen umzustellen? Wir dürfen wohl eher nicht davon ausgehen, dass aus den meisten ehemaligen Fernfahrern oder Beschäftigten der Fast-Food-Branche Robotikingenieure werden können – und wohl auch keine Pflegehelfer für ältere Menschen. Meiner Einschätzung nach, die ich in „Aufstieg der Roboter“ dargelegt habe, läuft ein großer Teil unserer Erwerbsbevölkerung letztlich Gefahr, auf der Strecke zu bleiben, während KI und Robotik weiter voranschreiten. Und wie wir sehen werden, gibt es ausgesprochen guten Grund zu der Annahme, dass die Coronavirus-Pandemie und der damit verbundene Konjunktureinbruch die Effekte künstlicher Intelligenz auf den Arbeitsmarkt noch beschleunigen.

Selbst wenn wir den kompletten Wegfall von Arbeitsplätzen durch die Automatisierung außen vor lassen, wirkt sich Technologie bereits auf andere, für uns durchaus bedenkliche Art und Weise auf den Arbeitsmarkt aus. Für Mittelschicht-Arbeitsplätze besteht ein Herabqualifizierungsrisiko. Sie könnten künftig von einem schlechter ausgebildeten Geringverdiener übernommen werden, der mit technischer Unterstützung Aufgaben erfüllen kann, die bisher höher dotiert waren. Menschen arbeiten immer häufiger unter Kontrolle von Algorithmen, die ihre Arbeit überwachen oder takten und sie im Grunde wie virtuelle Roboter behandeln. Viele der neu entstehenden Chancen betreffen die sogenannte „Gig Economy“, in der gewöhnlich nicht zu festen Zeiten und Löhnen gearbeitet wird. All das weist auf zunehmende Ungleichheit und möglicherweise weniger humane Bedingungen für einen wachsenden Anteil unserer Erwerbsbevölkerung hin.

Neben den Auswirkungen auf Arbeitsmarkt und Wirtschaft gibt es noch verschiedene andere Gefahren, die mit dem fortgesetzten Aufstieg künstlicher Intelligenz einhergehen. Am unmittelbarsten davon bedroht ist unter anderem unsere allgemeine Sicherheit. Das betrifft zum Beispiel KI-gestützte Cyberangriffe auf physische Infrastruktur und kritische Systeme, die immer stärker vernetzt und von Algorithmen gesteuert werden, aber auch Bedrohungen des demokratischen Prozesses und des Gesellschaftsgefüges. Der russische Eingriff in die US-Präsidentenwahlen von 2016 liefert einen noch einigermaßen harmlosen Vorgeschmack auf kommende Entwicklungen. Durch künstliche Intelligenz könnten „Fake News“ ganz andere Formen annehmen, wenn es dadurch möglich würde, Foto-, Audio- und Videodokumente zu erzeugen, die von echten praktisch nicht mehr zu unterscheiden sind, während Armeen wirklich hoch entwickelter Bots eines Tages die sozialen Medien unterwandern, Verwirrung stiften und erschreckend wirkungsvoll die öffentliche Meinung beeinflussen könnten.

Weltweit, doch vor allem in China, werden Überwachungssysteme, die mit Gesichtserkennung und anderen KI-gestützten Technologien arbeiten, bereits so eingesetzt, dass sich Einfluss und Reichweite autoritärer Regierungen deutlich vergrößern und jede Erwartung an einen Schutz der Privatsphäre zunichtegemacht wird. In den Vereinigten Staaten haben Gesichtserkennungssysteme bereits nachweislich Tendenzen gezeigt, Menschen aufgrund ihrer Hautfarbe oder ihres Geschlechts zu diskriminieren. Das Gleiche gilt für Algorithmen, die zur Sichtung von Bewerbungsunterlagen oder sogar zur Beratung von Richtern in der Strafjustiz eingesetzt wurden.

Die womöglich schwerwiegendste kurzfristige Bedrohung besteht in der Entwicklung vollständig autonomer Waffen, die töten können, ohne dass dafür eine konkrete Autorisierung durch einen Menschen erforderlich ist. Gut vorstellbar, dass derartige Waffen massenhaft gegen ganze Bevölkerungen eingesetzt werden könnten. Sich dagegen zu verteidigen, wäre extrem schwer – vor allem, wenn sie in die Hände von Terroristen fielen. Diese Entwicklung wollen viele Angehörige der KI-Forschungsgemeinschaft unbedingt verhindern. Bei den Vereinten Nationen wurde bereits eine Initiative angestoßen, um solche Waffen zu verbieten.

In ferner Zukunft könnten noch größere Gefahren auf uns lauern. Könnte künstliche Intelligenz eine existenzielle Bedrohung für die Menschheit darstellen? Bauen wir vielleicht irgendwann eine „superintelligente" Maschine, die uns dermaßen überlegen ist, dass sie uns vorsätzlich oder versehentlich Schaden zufügen kann? Diese doch eher spekulative Angst wäre nur begründet, wenn es uns eines Tages gelingt, eine wirklich intelligente Maschine zu entwickeln. Das ist nach wie vor Science-Fiction. Doch das Streben nach echter künstlicher Intelligenz, die der menschlichen ebenbürtig ist, ist der Heilige Gral dieser Disziplin, und eine ganze Reihe hochintelligenter Menschen nehmen solche Bedenken sehr ernst. Prominente wie der verstorbene Stephen Hawking und Elon Musk haben bereits vor dem Schreckgespenst einer außer Kontrolle geratenen KI gewarnt. Vor allem Musk löste einen Medienhype aus, als er sagte, die KI-Forschung „beschwört einen Dämon herauf" und „KI ist gefährlicher als Atomwaffen".[6]

Da könnte man sich durchaus fragen, wieso wir die Büchse der Pandora vorsätzlich öffnen sollten. Die Antwort lautet: Weil es sich die Menschheit schlicht nicht leisten kann, auf künstliche Intelligenz zu verzichten. KI wird unsere intellektuellen Fähigkeiten und unsere Kreativität beflügeln und auf fast jedem Gebiet menschlichen Strebens Innovationen vorantreiben. Wir dürfen mit neuen Medikamenten und Behandlungsmöglichkeiten, effizienteren, sauberen Energiequellen und vielen anderen maßgeblichen Durchbrüchen rechnen. KI wird sicherlich Arbeitsplätze vernichten, aber auch dafür sorgen, dass die von der Wirtschaft erzeugten Produkte und Dienstleistungen erschwinglicher und breiter verfügbar werden. Eine Analyse des Beratungsunternehmens PwC prognostiziert, dass KI die Weltwirtschaft bis 2030 um über 15,7 Billionen US-Dollar bereichern wird – und das ist mit Blick auf die Erholung von der schweren Wirtschaftskrise durch die Coronavirus-Pandemie noch bedeutsamer.[7] Der wichtigste Aspekt ist aber womöglich, dass sich künstliche Intelligenz zu einem unverzichtbaren Hilfsmittel entwickeln wird, das eine entscheidende Rolle spielt bei der Bewältigung unserer größten Herausforderungen wie Klimawandel und Umweltschäden, die unvermeidliche nächste Pandemie, Energie- und Wasserknappheit, Armut und mangelnder Zugang zu Bildung.

Der Weg in die Zukunft ist daher, das Potenzial künstlicher Intelligenz umfassend zu nutzen – allerdings mit wachem Blick. Die Risiken dürfen nicht außer Acht gelassen werden. Bestimmte KI-Anwendungen müssen reguliert und in manchen Fällen auch verboten werden. Das alles muss heute noch beginnen, denn die Zukunft kommt, ob wir darauf vorbereitet sind oder nicht.

Dieses Buch als „Fahrplan" in die Zukunft der künstlichen Intelligenz zu bezeichnen, wäre sicherlich verstiegen. Niemand kann sagen, wie schnell KI Fortschritte machen und wie sie konkret genutzt werden wird, welche neuen Unternehmen und Branchen entstehen oder welche Gefahren am bedrohlichsten sind. Die Zukunft der künstlichen Intelligenz dürfte ebenso unvorhersehbar wie disruptiv sein. Einen Fahrplan gibt es dafür nicht. Wir werden laufend mitdenken und flexibel reagieren müssen. Meine Hoffnung ist, dass dieses Buch aufzeigt, wie wir uns auf das Kommende vorbereiten können – dass es unsere Überlegungen zu der Revolution leitet, die gerade stattfindet, dass es Hype und Sensationslust sauber von der Realität trennt und uns erkennen lässt, wie wir als Einzelne und als Gesellschaft in der von uns gestalteten Zukunft am besten profitieren können.

KAPITEL 2

KI – der neue Strom?

Der elektrische Strom – eine Kraft, die zunächst nur zu Unterhaltungszwecken in Form publikumswirksamer Tricks und Experimente geschätzt wurde – hat die moderne Zivilisation fraglos geprägt und erst möglich gemacht. In einer Welt, in der ein garantierter Anschluss an das Stromnetz als selbstverständlich gilt, vergisst man leicht, wie lang und mühsam der Weg war, bis sich die Elektrizität durchgesetzt hatte. Von Benjamin Franklins berühmtem Drachenexperiment im Jahr 1752 vergingen ganze 127 Jahre, bis Thomas Edison schließlich 1879 seine Glühbirne perfektioniert hatte. Danach beschleunigte sich die Entwicklung. Noch im selben Jahr schuf im Vereinigten Königreich der Liverpool Electric Light Act die Voraussetzungen für die erste elektrische Straßenbeleuchtung des Landes. Nur drei Jahre später nahmen sowohl die Pearl Street Power Plant in New York als auch die Edison Electric Light Station in London den Betrieb auf. Doch 1925 verfügte erst rund die Hälfte der Haushalte in den Vereinigten Staaten über einen Stromanschluss. Es bedurfte noch mehrerer Jahrzehnte und des Rural Electrification Act von Franklin Roosevelt, bis Strom zu der allgegenwärtigen Versorgungsleistung wurde, wie wir sie heute kennen.

Für alle, die in einem Industrieland leben, gibt es praktisch nichts, was nicht in irgendeiner Form vom Zugang zu Strom berührt oder dadurch erst ermöglicht wird. Der Strom stellt vermutlich das beste und sicherlich das beständigste Beispiel für eine Basistechnologie dar – anders formuliert: für eine Innovation, die jeden Aspekt der Wirtschaft und der Gesellschaft erfasst und verändert. Zu solchen Basistechnologien zählt auch die Dampfkraft, die die industrielle Revolution hervorbrachte, doch inzwischen auf wenige Anwendungen wie Atomkraftwerke zurückgefahren wurde. Eine transformative Wirkung hatte sicherlich auch der Verbrennungsmotor, doch mittlerweile ist durchaus eine Zukunft denkbar, in der Benzin- und Dieselmotoren praktisch vollständig ersetzt werden, vermutlich durch Elektromotoren. Außer in einem dystopischen Katastrophenszenario ist eine Zukunft ohne Elektrizität im Grunde gar nicht vorstellbar.

Dass sich künstliche Intelligenz zu einer Basistechnologie von ähnlicher Tragweite und Leistung entwickeln wird wie die Elektrizität, ist daher eine recht steile These. Dennoch gibt es gute Gründe, anzunehmen, dass es so kommen könnte: Ganz ähnlich wie der elektrische Strom wird auch KI früher oder später praktisch alle Aspekte des Lebens berühren und verändern.

Es gibt bereits keinen Wirtschaftssektor mehr, auf den sich die künstliche Intelligenz nicht auswirkt, Landwirtschaft, Produktion, Gesundheitswesen, Finanzbranche, Einzelhandel und praktisch sämtliche übrigen Industriezweige eingeschlossen. Die Technologie dringt sogar schon in Bereiche vor, die wir als zutiefst menschlich erachten. KI-fähige Chatbots bieten bereits rund um die Uhr Zugang zu psychologischer Beratung. Deep-Learning-Technologie bringt neue Formen bildender Kunst und Musik hervor. Eigentlich sollte uns nichts davon überraschen. Immerhin ist im Grunde jede Wertschöpfung durch den Menschen ein direktes Produkt unserer Intelligenz – unserer Fähigkeit, zu lernen und innovativ und kreativ zu sein. Verstärkt, erweitert oder ersetzt KI unsere eigene Intelligenz, so wird sie sich unweigerlich zur einflussreichsten, am breitesten verwendbaren Technologie überhaupt entwickeln. Möglicherweise wird sich künstliche Intelligenz sogar letztlich als eines der effektivsten Instrumente erweisen, die uns zur Verfügung stehen, wenn wir versuchen, uns von der Krise zu erholen, die das Coronavirus ausgelöst hat.

Außerdem dürfte sich die künstliche Intelligenz mit hoher Wahrscheinlichkeit schneller durchsetzen als der elektrische Strom. Der Grund dafür: Die für den Einsatz von KI erforderliche Infrastruktur – wie Rechner, das Internet, mobile Datendienste und vor allem die von Unternehmen wie Amazon, Microsoft und Google vorgehaltenen immensen Cloud-Computing-Kapazitäten – ist bereits vorhanden. Stellen Sie sich vor, wie schnell man die Welt hätte elektrifizieren können, wenn es die meisten Kraftwerke und Leitungen bereits gegeben hätte, als Edison die Glühbirne erfand. Künstliche Intelligenz ist im Begriff, unsere Welt zu verändern – und zwar möglicherweise viel früher, als wir es erwarten.

EIN „INTELLIGENZSTROM"

Die Analogie zur Elektrizität trifft insofern zu, als sie den Eindruck vermittelt, dass künstliche Intelligenz allgegenwärtig und universell zugänglich sein und letztlich fast jeden Aspekt unserer Zivilisation berühren und verändern wird. Es bestehen jedoch entscheidende Unterschiede zwischen den beiden Technologien. Beim Strom handelt es sich um eine fungible Ware, die örtlich wie zeitlich statisch ist. Ungeachtet Ihres Standorts oder des Unternehmens, das Sie mit Strom versorgt, ist die Ressource, auf die Sie über das Stromnetz Zugriff nehmen, im Grunde dieselbe. Ebenso gilt: Der heute angebotene Strom unterscheidet sich kaum von dem 1950 verfügbaren. Künstliche Intelligenz ist dagegen längst nicht so homogen und sehr viel dynamischer. KI wird eine Fülle von Möglichkeiten und Anwendungen bieten, die sich ständig verändern, und je nachdem, wer genau die Technologie bereitstellt, kann sie auch selbst drastisch variieren. Wie wir im fünften Kapitel erfahren werden, wird die künstliche Intelligenz unaufhaltsam voranschreiten, an Potenzial gewinnen und immer näher an eine Intelligenz auf menschlichem Niveau herankommen – möglicherweise sogar irgendwann darüber hinaus.

Während der Strom die Kraft für den Betrieb anderer Innovationen liefert, stellt KI direkt Intelligenz bereit – unter anderem die Fähigkeit, Probleme zu lösen, Entscheidungen zu treffen und aller Wahrscheinlichkeit nach früher oder später auch logisch zu denken, innovativ zu werden und auf neue Ideen zu kommen. Strom kann vielleicht eine arbeitssparende Maschine antreiben, doch KI ist selbst eine arbeitssparende Technologie, und je mehr Bereiche unserer Wirtschaft sie erfasst, desto gewaltiger werden die Auswirkungen auf die menschliche Erwerbsbevölkerung und die Struktur von Unternehmen und Organisationen sein.

Da sich künstliche Intelligenz kontinuierlich zu einem universellen Versorgungsgut entwickelt, wird sie die Zukunft ganz ähnlich prägen, wie die Elektrizität die Grundlagen für die moderne Zivilisation schuf. Genau wie Gebäude und andere Infrastruktur so konzipiert und konstruiert werden, dass sie das bestehende Stromnetz nutzen, wird künftige Infrastruktur von Grund auf so gestaltet werden, dass sie sich der Kraft der KI bedient. Dieses Konzept wird sich nicht auf die physischen Strukturen beschränken, sondern das Design fast aller Aspekte unserer Wirtschaft und Gesellschaft verändern. Neue Unternehmen oder Organisationen werden gegründet werden, um von Anfang an von KI zu profitieren. Künstliche Intelligenz wird eine entscheidende Komponente jedes künftigen Geschäftsmodells sein. Unsere politischen und sozialen Institutionen werden sich ebenfalls so weiterentwickeln, dass sie dieses allgegenwärtige neue Versorgungsgut einbeziehen und sich darauf stützen.

Das alles läuft darauf hinaus, dass KI letztlich zwar dieselbe Reichweite erlangen wird wie Elektrizität, doch nie deren Stabilität oder Prognostizierbarkeit. Sie wird stets eine weitaus dynamischere und disruptivere Kraft bleiben, die fast alles auf den Kopf stellen kann, mit dem sie in Berührung kommt. Intelligenz ist schließlich die ultimative Ressource – die fundamentale Fähigkeit, die allem zugrunde liegt, was der Mensch je geschaffen hat. Eine folgenreichere Entwicklung als die Umwandlung dieser Ressource in ein universell verfügbares, bezahlbares Versorgungsgut ist kaum vorstellbar.

DIE NEUE HARDWARE- UND SOFTWARE-INFRASTRUKTUR FÜR KI

Wie jedes Versorgungsgut braucht auch KI eine Infrastruktur zu ihrer Bereitstellung – ein Leitungsnetz, das es ermöglicht, die Technologie überall hinzuliefern. Das fängt natürlich mit der umfassenden Computerinfrastruktur an, die bereits vorhanden ist – darunter Hunderte Millionen Laptops und PCs sowie Server in gewaltigen Rechenzentren und ein rasch expandierendes Universum immer leistungsfähigerer mobiler Geräte. Die Effektivität dieser verteilten Rechenplattform als Methode zur Bereitstellung von KI wird noch drastisch gesteigert durch die Einführung eines Spektrums von Hardware und Software zur Optimierung tiefer neuronaler Netze.

Diese Entwicklung setzte ein mit der Entdeckung, dass spezielle Grafik-Mikroprozessoren, die in erster Linie eingesetzt wurden, um schnelle Action-Videospiele zu ermöglichen, Deep-Learning-Anwendungen effektiv beschleunigen konnten. Grafikprozessoren (Graphic Processing Units oder kurz GPUs) wurden ursprünglich entwickelt, um die für die nahezu unverzögerte Wiedergabe hochauflösender Grafik erforderlichen Berechnungen quasi mit Turbo durchzuführen. Seit den 1990er-Jahren haben diese speziellen Computerchips vor allem für High-End-Videospiele-Konsolen besondere Bedeutung erlangt – für Produkte wie die PlayStation von Sony und die Xbox von Microsoft. GPUs sind daraufhin optimiert, eine immense Zahl von Berechnungen in raschem Tempo parallel auszuführen. Während der Prozessor Ihres Laptops vielleicht über zwei, vielleicht auch über vier Rechenkerne verfügt, dürfte ein aktueller High-End-GPU Tausende spezialisierter Kerne aufweisen, die alle gleichzeitig in Hochgeschwindigkeit rechnen. Als Forscher entdeckt hatten, dass die für Deep-Learning-Anwendungen erforderlichen Berechnungen den zur Wiedergabe von Grafik benötigten sehr ähnlich waren, griffen sie eifrig zu GPUs, die sich rasch zur primären Hardware-Plattform für künstliche Intelligenz entwickelten.

Tatsächlich war diese Umstellung eine wesentliche Voraussetzung für die Deep-Learning-Revolution, die Anfang 2012 Fuß fasste. Im September desselben Jahres brachte ein Team von KI-Forschern der University of Toronto Deep Learning auf den Radarschirm der Technologiebranche – und zwar durch seinen Erfolg bei der ImageNet Large Scale Visual Recognition Challenge, einer richtungweisenden jährlich stattfindenden Veranstaltung mit Schwerpunkt auf maschinellem Sehen. Hätte das Siegerteam nicht auf GPU-Chips zurückgegriffen, um seine tiefen neuronalen Netze zu beschleunigen, hätte es kaum die Leistung bringen können, um den Wettbewerb für sich zu entscheiden. Doch auf die Geschichte des Deep Learning wollen wir im vierten Kapitel noch näher eingehen.

Das Team der University of Toronto nutzte GPUs des Herstellers Nvidia, eines 1993 gegründeten Unternehmens, dessen Geschäft sich ausschließlich auf die Entwicklung und Herstellung modernster Grafikchips fokussierte. Im Nachgang zum ImageNet-Wettbewerb von 2012 und der anschließenden breiten Anerkennung der gewaltigen Synergie zwischen Deep Learning und GPUs veränderte sich der Kurs des Unternehmens drastisch. Es verwandelte sich in einen der führenden Technologieanbieter im Zusammenhang mit dem Aufstieg der künstlichen Intelligenz. Die Deep-Learning-Revolution manifestierte sich unmittelbar im Marktwert des Unternehmens: Von Januar 2012 bis Januar 2020 explodierte der Kurs der Nvidia-Aktien um über 1.500 Prozent.

Mit der Migration von Deep-Learning-Projekten zu GPUs begannen KI-Forscher in führenden Tech-Unternehmen mit der Entwicklung von Softwaretools, die die Umsetzung tiefer neuronaler Netze auf Touren bringen sollten. Google, Facebook und Baidu brachten allesamt auf Deep Learning ausgerichtete quelloffene Software heraus, die sich jedermann herunterladen, verwenden und aktualisieren konnte. Die bekannteste und meistverwendete Plattform ist TensorFlow von Google. Sie wurde 2015 veröffentlicht. TensorFlow ist eine umfassende Softwareplattform für Deep Learning, die Wissenschaftlern und Technikern bei der Arbeit an praktischen Anwendungen optimierten Code zur Umsetzung tiefer neuronaler Netze zur Verfügung stellt und ebenso etliche Tools, die eine effizientere Entwicklung konkreter Anwendungen gestatten. Pakete wie TensorFlow und PyTorch, eine konkurrierende Entwicklungsplattform von Facebook, ersparen Forschern Programmier- und Testaufwand, um unbedeutende technische Details zu lösen. Stattdessen können sie sich bei der Entwicklung ihrer Systeme auf anspruchsvollere Aufgaben konzentrieren.

Im Zuge der Deep-Learning-Revolution verlegten sich Nvidia und eine Reihe von Mitbewerbern auf die Entwicklung noch leistungsfähigerer Mikroprozessor-Chips, die spezifisch für Deep Learning optimiert waren. Intel, IBM, Apple und Tesla entwickeln mittlerweile ausnahmslos Computerchips mit Schaltungen, die die für tiefe neuronale Netze erforderlichen Berechnungen beschleunigen sollen. Deep-Learning-Chips bahnen sich ihren Weg in eine Fülle von Anwendungen wie Smartphones, selbstfahrende Autos und Roboter sowie High-End-Computerserver. Das Ergebnis ist ein ständig wachsendes Gerätenetz, das eigens dafür entwickelt wurde, künstliche Intelligenz zu liefern. Google stellte 2016 seinen eigenen spezifischen Chip vor, der Tensor Processing Unit oder TPU genannt wurde. TPUs sind speziell dafür konzipiert, Deep-Learning-Anwendungen, die auf der TensorFlow-Softwareplattform des Unternehmens entwickelt wurden, zu optimieren. Zunächst setzte Google die neuen Chips in seinen eigenen Rechenzentren ein, doch ab 2018 wurden die TPUs in die Server integriert, die den Cloud-Computing-Funktionen des Unternehmens zugrunde liegen. Für Kunden, die den Cloud-Computing-Dienst des Unternehmens nutzten, wurden damit modernste Deep-Learning-Kapazitäten leicht zugänglich. Diese Entwicklung trug zur Dominanz dessen bei, was sich zum wichtigsten Einzelkanal für die starke Verbreitung von KI-Kapazitäten entwickelt.

Der Wettbewerb zwischen den etablierten Herstellern von Mikroprozessor-Chips und einer neuen Gattung von Start-ups um Anteile am rasch wachsenden Markt für künstliche Intelligenz hat der Branche einen kräftigen Innovations- und Energieschub versetzt. Manche Forscher drängen mit dem Chipdesign in ganz neue Richtungen. Die spezialisierten Deep-Learning-Chips, die sich aus GPUs entwickelt haben, werden optimiert, um die anspruchsvollen mathematischen Berechnungen zu beschleunigen, die von der Software ausgeführt werden, von der tiefe neuronale Netze implementiert werden. Eine neue Klasse von Chips kommt der Nachahmung des Gehirns schon sehr nahe. Sie verzichtet weitgehend auf die ressourcenhungrige Softwareschicht und implementiert neuronale Netze in Hardware. Dieses neue „neuromorphe" Chipdesign instanziiert Hardware-Versionen von Neuronen direkt im Silizium. Sowohl IBM als auch Intel investieren maßgeblich in Forschung über neuromorphes Computing. Intels experimentelle Loihi-Chips implementieren beispielsweise 130.000 Hardware-Neuronen, von denen sich jedes mit Tausenden anderen vernetzen kann.[1] Werden keine Software-Berechnungen in immensem Umfang mehr benötigt, so hat das unter anderem den maßgeblichen Vorteil der Energieeffizienz. Das menschliche Gehirn, das weit leistungsfähiger ist als jeder bisher verfügbare Computer, verbraucht lediglich rund 20 Watt – deutlich weniger als eine durchschnittliche Glühbirne. Deep-Learning-Systeme, die mit GPUs betrieben werden, haben dagegen einen gewaltigen Stromverbrauch, wie wir im fünften Kapitel noch erfahren. Eine Hochskalierung dieser Systeme, in deren Folge sie noch mehr Ressourcen verbrauchen, dürfte kaum nachhaltig sein. Neuromorphe

Chips, deren Design sich unmittelbar am neuronalen Netz des Gehirns orientiert, sind längst nicht so energiehungrig. Intel behauptet, seine Loihi-Architektur sei bis zu 10.000 Mal so energieeffizient wie traditionelle Mikroprozessor-Chips in manchen Anwendungen. Werden Designs wie Loihi erst kommerziell produziert, dürften sie rasch Eingang finden in mobile Geräte und andere Anwendungen, für die Energieeffizienz eine wichtige Rolle spielt. Manche KI-Experten lassen sich sogar zu der Prognose hinreißen, dass neuromorphe Chips die Zukunft der künstlichen Intelligenz darstellen. Eine Analyse des Research-Unternehmens Gartner projiziert beispielsweise, dass neuromorphe Designs GPUs als primäre Hardwareplattform für KI bereits 2025 weitgehend abgelöst haben werden.[2]

CLOUD-COMPUTING ALS PRIMÄRE INFRASTRUKTUR FÜR KÜNSTLICHE INTELLIGENZ

Die heutige Cloud-Computing-Industrie nahm ihren Anfang 2006 mit der Markteinführung von Amazon Web Services oder AWS. Amazon verfolgte die Strategie, die Kompetenzen im Aufbau und im Management gewaltiger Rechenzentren zu nutzen, die seinem Onlineshopping-Dienst zugrunde lagen, indem es einem breiten Kundenstamm flexiblen Zugang zu Rechenressourcen bieten wollte, die in ähnlichen Anlagen untergebracht waren. 2018 betrieb Amazon Web Services über 100 Rechenzentren an Standorten in neun verschiedenen Ländern weltweit.[3] Die von Amazon und seinen Mitbewerbern angebotenen Cloud-Dienste expandieren in atemberaubendem Tempo. Einer aktuellen Studie zufolge wird Cloud-Computing inzwischen von ganzen 94 Prozent aller Organisationen genutzt, von multinationalen Konzernen bis zu Kleinbetrieben und Mittelständlern.[4] 2016 wuchs AWS so schnell, dass die neuen Rechenressourcen, um die Amazon sein System *täglich* aufstocken musste, mehr oder minder der Gesamtkapazität entsprachen, über die das Unternehmen Ende 2005 verfügte.[5]

Vor dem Einzug der Cloud-Anbieter mussten Unternehmen und Organisationen eigene Server und Software anschaffen und warten sowie ein Team hochbezahlter Technologen beschäftigen, um die Systeme laufend zu pflegen und zu aktualisieren. Durch das Cloud-Computing kann ein Großteil dieser Arbeit an Anbieter wie Amazon ausgelagert werden, die, weil sie von Skaleneffekten profitieren, ein brutales Effizienzniveau erreichen können. Anlagen, in denen Cloud-Computing-Server untergebracht sind, sind in aller Regel gewaltige Bauten auf Zigtausenden von Quadratmetern, die mit über einer Milliarde US-Dollar zu Buche schlagen und mehr als 50.000 Hochleistungsserver beherbergen können. Cloud-Computing-Ressourcen werden oft als Abrufdienst angeboten, sodass Kunden nur die Rechenleistung, den Speicherplatz und die Software-Anwendungen nutzen und zahlen, die sie gerade brauchen.

Die Anlagen, in denen Cloud-Server untergebracht sind, sind zwar physisch enorm groß, aber so stark automatisiert, dass dort erstaunlich wenige Menschen arbeiten. Hoch entwickelte Algorithmen, die quasi alles steuern, was innerhalb dieser Mauern stattfindet, ermöglichen eine Präzision, wie sie unter direkter menschlicher Verwaltung nie möglich wäre. Selbst Faktoren wie der immense Stromverbrauch dieser Anlagen und die nötige Kühlung, um die gewaltige Wärmeentwicklung auszugleichen, die Zigtausende von Servern verursachen, werden oft punktgenau optimiert. Tatsächlich war eine der ersten praktischen Anwendungen der KI-Forschung von DeepMind ein Deep-Learning-System, das die Kühlanlagen in Googles eigenen Rechenzentren optimieren konnte. Nach Angaben von DeepMind ist es ihrem neuronalen Netz (das anhand einer von über Googles Hosting-Anlagen verteilten Sensoren erfassten Datenfülle trainiert wurde) gelungen, den für die Kühlung erforderlichen Energieverbrauch um bis zu 40 Prozent zu senken.[6] Die Steuerung durch Algorithmen hat realen Nutzen gebracht. Eine im Februar 2020 veröffentlichte Studie ergab, dass „von 2010 bis 2018 zwar die erbrachte Rechenleistung in Rechenzentren um rund 550 Prozent gestiegen ist, der Energieverbrauch der Rechenzentren im selben Zeitraum aber nur um 6 Prozent zugenommen hat".[7] So viel Automatisierung hat natürlich Auswirkungen auf den Arbeitsmarkt. Durch die Umstellung auf Cloud-Computing ist eine hohe Zahl von Arbeitsplätzen für qualifizierte Techniker weggefallen, die vordem die Rechenressourcen Tausender von Einzelorganisationen betreuten. Das trug vermutlich in erheblichem Maße dazu bei, den Boom bei Technologiejobs zu dämpfen, der Ende der 1990er-Jahre eingesetzt hatte.

Das Cloud-Computing-Geschäftsmodell ist ausgesprochen lukrativ und der Wettbewerb zwischen den Schwergewichten der Branche hart. AWS ist mit großem Abstand das rentabelste Geschäftsfeld von Amazon – mit deutlich höheren Margen, als sie von der E-Commerce-Sparte des Unternehmens erzielt werden. 2019 erhöhte sich der auf AWS entfallende Umsatz um 37 Prozent auf 8,2 Milliarden US-Dollar. Der Anteil des Cloud-Dienstes am Gesamtertrag des Unternehmens lag bei rund 13 Prozent.[8] Mit einem Anteil am Gesamtmarkt für Cloud-Computing von rund einem Drittel dominiert AWS von Amazon nach wie vor. Microsofts 2008 eingerichteter Azure-Service und die 2010 eingeführte Google Cloud Platform beanspruchen ebenfalls erhebliche Marktanteile. Weitere maßgebliche Akteure sind IBM, der chinesische E-Commerce-Riese Alibaba und Oracle.

Regierungen wie Unternehmen setzen inzwischen stark auf Cloud-Computing. 2019 fiel ein Schlaglicht auf die Komplexitäten und parteipolitischen Spannungen, die mit dieser Abhängigkeit verbunden sind. Damals wurde das JEDI-Projekt des Pentagon zum politischen Spielball. JEDI, ein Akronym für das Projekt Joint Enterprise Defense Infrastructure, ist ein auf zehn Jahre ausgelegter, zehn Milliarden US-Dollar schwerer Auftrag über die Bereitstellung gewaltiger Datenmengen sowie Software- und KI-Kapazitäten für das US-amerikanische Verteidigungsministerium. Ersten Wirbel gab es bei Google, als die Belegschaft – deren politische Einstellungen tendenziell eher am linken Rand anzusiedeln sind – gegen Pläne des Unternehmens protestierte, sich an der Ausschreibung für ein Militärprojekt zu beteiligen. Die Proteste der Beschäftigten veranlassten

Google schließlich dazu, sich aus dem Rennen zu nehmen. Drei Tage vor Ablauf der Ausschreibungsfrist zog das Unternehmen sein Angebot für den JEDI-Auftrag zurück.[9]

Den Zuschlag für das Projekt erteilte das Pentagon schließlich Microsoft Azure, doch Amazon, das wegen seiner Führungsstellung in dem Sektor als aussichtsreicher Bewerber gegolten hatte, wandte unverzüglich ein, dass die Entscheidung politisch motiviert sei. Im Dezember 2019 reichte Amazon eine Klage ein, in der es die Entscheidung wegen Präsident Donald Trumps offener Abneigung gegen Amazon-CEO Jeff Bezos als ordnungswidrig parteiisch bezeichnete. Bezos ist auch Eigentümer der *Washington Post*, die der Regierung Trump sehr kritisch gegenüberstand. Im Februar 2020 erließ ein US-Bundesrichter eine Anordnung, die die Auftragsvergabe an Microsoft vorerst verhinderte.[10] Einen Monat später äußerte das Verteidigungsministerium, es werde seine Entscheidung überdenken.[11]

Das alles macht mehr als deutlich, wie heftig und manchmal auch politisch brisant auf dem Markt für Cloud Computing sicherlich künftig gekämpft werden wird. Und im Mittelpunkt dieser Wettbewerbsdynamik steht die KI-Kapazität, die sich zu einer immer entscheidenderen Komponente der von führenden Cloud-Computing-Anbietern gebotenen Dienstleistungen entwickelt. Die kommerzielle Bedeutung von Deep Learning offenbarte sich bereits ganz zu Anfang in den Anstrengungen der Tech-Giganten, jeweils eigene zukunftsweisende Dienste für Verbraucher und Unternehmen anzubieten. So werden etwa Alexa von Amazon, Siri von Apple und der Assistant und Übersetzungsdienst von Google mithilfe neuronaler Netze betrieben, die in internen Rechenzentren auf spezieller Hardware laufen. Von da aus sind die Deep-Learning-Kapazitäten inzwischen vollständig in die von denselben Unternehmen angebotenen Cloud-Dienste migriert und haben sich inzwischen zu einem der wichtigsten Parameter für die Differenzierung der Anbieter entwickelt. So hat beispielsweise Google die Popularität seiner TensorFlow-Plattform genutzt, um seinen Cloud-Kunden direkten Zugriff auf die leistungsfähige Hardware zu offerieren, die auf der Grundlage seiner TPU-Chips entwickelt wurde. Amazon seinerseits bietet Deep-Learning-Kapazitäten, die die neuesten GPUs einsetzen, und lässt seine Kunden Anwendungen nutzen, die unter Einsatz von TensorFlow oder verschiedenen anderen Plattformen für maschinelles Lernen erstellt wurden. Amazon behauptet sogar, dass 85 Prozent aller Cloud-KI-Anwendungen, die mit TensorFlow von Google entwickelt wurden, de facto auf Amazons AWS-Dienst laufen.[12]

Die großen Cloud-Anbieter stehen unter unablässigem Druck, mehr Flexibilität und die besseren Tools anzubieten und auf jeden Vorteil, den ein Konkurrent für sich verbucht, umgehend zu reagieren. Ein Beispiel für Innovation an vorderster Front der Technik: Intel stellte im März 2020 über die Cloud ein experimentelles neuromorphes Rechensystem zur Verfügung. Dieses unter Einsatz von 768 der dem menschlichen Gehirn nachempfundenen Loihi-Chips von Intel entwickelte System umfasst 100 Millionen Hardware-Neuronen, was in etwa dem Gehirn eines Kleinsäugers entspricht.[13] Sollten sich derartige Architekturen als effektiv erweisen, dürfte mit ziemlicher Sicherheit in Kürze eine neuromorphe Schlacht zwischen den großen Cloud-Anbietern entbrennen. Die Unternehmen bemühen sich, sich gegenseitig zu überbieten und sich einen immer größeren Anteil des ständig wachsenden Marktes für KI-orientierte Rechenressourcen zu sichern. Dadurch entsteht eine Cloud-Ökosphäre, die von Grund auf aufgebaut wird, um künstliche Intelligenz zu liefern.

Dass Microsoft 2019 Milliarden in das KI-Forschungsunternehmen OpenAI investiert hat – das neben DeepMind von Google einer der führenden Deep-Learning-Pioniere ist –, ist eine Fallstudie für die natürlichen Synergien zwischen Cloud Computing und künstlicher Intelligenz. OpenAI wird in der Lage sein, die gewaltigen Rechenressourcen zu nutzen, die Microsofts Azure-Dienst bereitstellt – angesichts von dessen Fokus auf dem Aufbau immer größerer neuronaler Netze eine Grundvoraussetzung. Nur Cloud Computing kann Rechenleistung in dem Umfang liefern, wie sie OpenAI für seine Forschungsarbeit benötigt. Microsoft wiederum erhält dadurch

Zugang zu praktischen Innovationen, die aus den laufenden Bestrebungen von OpenAI hervorgehen, eine starke künstliche Intelligenz zu entwickeln. Das dürfte zu Anwendungen und Kapazitäten führen, die sich in Azures Cloud-Dienste integrieren lassen. Möglicherweise ähnlich bedeutsam: Die Marke Azure wird von einer Verbindung zu einer der führenden KI-Forschungsorganisationen weltweit profitieren und Microsoft im Wettbewerb mit Google besser aufstellen, dem zum Teil deshalb vielfach die Spitzenposition im KI-Segment zugeschrieben wird, weil DeepMind zum Google-Konzern gehört.[14]

Die Synergieeffekte beschränken sich aber längst nicht auf dieses Beispiel. Praktisch jede maßgebliche Initiative in der KI-Sphäre, von Forschungslaboren an Universitäten über KI-Start-ups bis hin zu praktischen Anwendungen für maschinelles Lernen, die von großen Konzernen entwickelt werden, stützt sich zunehmend auf diese quasi universelle Ressource. Cloud Computing ist wohl *die* wesentliche Einzelvoraussetzung für die Weiterentwicklung künstlicher Intelligenz zu einem Versorgungsgut, das eines Tages so allgegenwärtig sein könnte wie elektrischer Strom. Fei-Fei Li, Architektin des ImageNet-Datensatzes und -Wettbewerbs, der zum Katalysator für die Deep-Learning-Revolution werden sollte, ließ sich von ihrer seinerzeitigen Position in Stanford für ein Sabbatjahr freistellen, um von 2016 bis 2018 als wissenschaftliche Leiterin von Google Cloud zu fungieren. Sie formuliert das so: Wenn „man über die Verbreitung einer Technologie wie KI nachdenkt, ist die Cloud die beste und größte Plattform, weil es nichts von Menschen Erfundenes gibt, das für so viele Menschen verfügbar ist. Allein Google Cloud wird zu jedem beliebigen Zeitpunkt von Milliarden Menschen genutzt."[15]

TOOLS, TRAINING UND DIE DEMOKRATISIERUNG VON KI

Die Weiterentwicklung Cloud-gestützter künstlicher Intelligenz zum allgemeinen Versorgungsgut wird durch die Herausbildung neuer Tools beschleunigt, die die Technologie breiten Bevölkerungsgruppen zugänglich machen – auch solchen, die nicht unbedingt über einen ausgeprägten technischen Hintergrund verfügen. Plattformen wie TensorFlow und PyTorch erleichtern den Aufbau von Deep-Learning-Systemen, werden aber im Großen und Ganzen noch von hochqualifizierten Experten genutzt, die häufig promovierte Informatiker sind. Neue Tools wie AutoML von Google, das im Januar 2018 eingeführt wurde, automatisieren viele der technischen Details weitgehend und senken die Einstiegsbarrieren erheblich. Dadurch bekommen weit mehr Menschen Gelegenheit, Deep Learning zu nutzen, um praktische Probleme zu lösen. Bei AutoML handelt es sich im Grunde um den Einsatz künstlicher Intelligenz zur Entwicklung weiterer künstlicher Intelligenz. Das ist Bestandteil eines Trends, den Fei-Fei Li als „die Demokratisierung der KI“ bezeichnet.

Wie immer ist der Wettbewerb zwischen den Cloud-Anbietern ein starker Innovationstreiber. Amazons Deep-Learning-Tools für die AWS-Plattform werden ebenfalls benutzerfreundlicher. Neben den Entwicklungstools bieten sämtliche Cloud-Dienste vorgefertigte Deep-Learning-Komponenten, die jederzeit einsetzbar sind und in Anwendungen integriert werden können. So offeriert beispielsweise Amazon Pakete für Spracherkennung und die Verarbeitung natürlicher Sprache sowie ein „Empfehlungsmodul“, das Vorschläge machen kann – so wie die für Onlinekäufer oder Filmkonsumenten eingeblendeten Alternativangebote, die ebenfalls für sie von Interesse sein könnten.[16] Das umstrittenste Beispiel für derartige „Fertigfunktionen“ ist der AWS-Dienst Rekognition, der es Entwicklern erleichtert, Gesichtserkennungstechnologie einzusetzen. Amazon geriet unter Beschuss, weil es Rekognition Strafverfolgungsbehörden zur Verfügung gestellt hat: Manche Tests lassen nämlich vermuten, dass das Paket möglicherweise anfällig für hautfarbe- oder geschlechtsbedingte Vorurteile ist – eine ethische Frage, die wir im siebten und achten Kapitel noch eingehender beleuchten.[17]

Ein zweiter maßgeblicher Trend ist das Aufkommen von Online-Schulungsplattformen, die es jedem mit dem nötigen Antrieb und ausreichenden mathematischen Fähigkeiten ermöglichen, sich Grundkompetenzen in Deep Learning anzueignen. Beispiele dafür sind unter anderem deeplearning.ai, das über die Online-Bildungsplattform Coursera angeboten wird, und fast.ai, das absolut kostenlose Onlinekurse und Softwaretools bietet, die Deep Learning leichter zugänglich machen.[18] In einem Arbeitsmarkt, in dem der Weg in die obere Mittelschicht fast immer offizielle Qualifikationen erfordert, die einigen Zeit- und Geldaufwand voraussetzen, ist die Entwicklung zum Deep-Learning-Fachmann eine seltene Ausnahme – zumindest im aktuellen Umfeld, in dem die Nachfrage nach solchen Kräften weit höher ist als das Angebot. Jeder, der den Onlinekurs erfolgreich absolviert und nachweist, dass er sich mit tiefen neuronalen Netzen auskennt, hat gute Aussichten auf den Start in eine lukrative, erfüllende Karriere.

Je besser die Schulungen und Tools und je häufiger Entwickler und Unternehmer KI-Anwendungen einsetzen, desto wahrscheinlicher dürften wir eine Art kambrischer Explosion erleben, wenn die Technologie auf verschiedenste Weise eingesetzt wird. Ähnliches passiert auf anderen bedeutenden Computing-Plattformen. In den 1990er-Jahren, als sich Microsoft Windows als dominante PC-Plattform herauskristallisierte, leitete ich ein kleines Softwareunternehmen im Silicon Valley. Die Entwicklung von Windows-Anwendungen war anfangs eine sehr technische Angelegenheit, für die man die Programmiersprache C beherrschen und tausendseitige Handbücher voller obskurer Details studieren musste. Weil anwenderfreundlichere Tools entwickelt wurden, darunter leicht erlernbare Programmiersprachen wie Visual Basic von Microsoft, konnten bald viel mehr Menschen unter Windows programmieren, was die Zahl der

Anwendungen prompt explodieren ließ. Die mobile Computertechnik hat sich ganz ähnlich entwickelt – und sowohl der App Store von Apple als auch der Android Play Store bieten inzwischen eine scheinbar unbegrenzte Zahl von Apps für so ziemlich jeden vorstellbaren Zweck. Eine derartige Explosion dürfte sich auch bei der künstlichen Intelligenz ereignen, insbesondere in Bezug auf Deep Learning. Die Entwicklung der KI zum neuen Strom wird vorerst mehr von einem laufend wachsenden Spektrum konkreter Anwendungen getragen als von einer stärkeren maschinellen Intelligenz.

EINE VERNETZTE WELT UND DAS „INTERNET DER DINGE"

Das letzte Puzzleteilchen der „künstlichen Intelligenz als neuer Elektrizität" ist die drastisch verbesserte Konnektivität. Der wichtigste Treiber dafür ist vermutlich die flächendeckende Einführung der fünften Mobilfunkgeneration (5G) in den kommenden Jahren. 5G dürfte die mobile Datenübertragungsgeschwindigkeit um mindestens den Faktor 10 – vielleicht sogar 100 – steigern und dabei die Netzkapazität deutlich erhöhen, sodass Engpässe weitgehend ausgeräumt werden.[19] Dies wird unvermeidlich zu einer noch weit stärkeren Vernetzung der Welt führen, in der Kommunikation quasi unverzögert stattfindet. Wir können uns das folgendermaßen vorstellen: Praktisch alles – einschließlich Haushalts- und sonstiger Geräte, Fahrzeuge, Industriemaschinen und sehr viele Elemente unserer physischen Infrastruktur – wird dann vernetzt sein und vielfach durch intelligente Algorithmen überwacht und gesteuert werden, die in der Cloud laufen. Diese Zukunftsvision wird auch als das „Internet der Dinge" bezeichnet und dürfte eine Welt einläuten, in der beispielsweise die Sensoren in Ihrem Kühlschrank oder anderswo in Ihrer Küche feststellen, dass Ihnen beispielsweise die Milch ausgeht, diese Information dann an einen Algorithmus weitergeben, der Sie darauf aufmerksam macht oder vielleicht sogar automatisch online

Milch nachbestellt. Funktioniert der Kühlschrank nicht richtig, kann dieses Problem vermutlich automatisch oder per Fernwartung von einem anderen Algorithmus gelöst werden. Ausfallsgefährdete Teile werden rechtzeitig erkannt und ihr Austausch veranlasst. Die Ausweitung dieses Modells auf unsere gesamte Wirtschaft und Gesellschaft dürfte gewaltige Effizienzsteigerungen bewirken, wenn Maschinen, Anlagen und Infrastruktur Probleme automatisch erkennen und häufig selbstständig beheben, sobald sie entstehen. Das Internet der Dinge wird in vieler Hinsicht quasi dieselben Algorithmen auf die große weite Welt loslassen, die derzeit auf übermenschlichem Effizienzniveau Cloud-Rechenzentren betreiben. Das alles wird jedoch mit bestimmten ausgesprochen realen Risiken einhergehen, insbesondere in den Bereichen Sicherheit und Datenschutz. Auf diese kritischen Fragen werden wir uns im achten Kapitel fokussieren.

Die immer stärker vernetzte Welt wird sich zu einer leistungsfähigen Plattform für die Bereitstellung künstlicher Intelligenz entwickeln. Auf absehbare Zeit werden die wichtigsten KI-Anwendungen auf die Cloud konzentriert sein. Doch nach und nach wird sich die maschinelle Intelligenz breiter verteilen. Geräte, Maschinen und Infrastruktur werden immer intelligenter werden, wenn ihnen die neuesten spezialisierten KI-Chips eingesetzt werden. An diesem Punkt dürften Innovationen wie neuromorphes Computing einen gewaltigen Effekt haben. Das alles läuft darauf hinaus, dass es ein leistungsfähiges neues Versorgungssystem geben wird, über das maschinelle Intelligenz bei Bedarf praktisch überall zur Verfügung gestellt wird.

DER WERT LIEGT IN DEN DATEN

Da die großen Cloud-Anbieter über den Preis und die Leistungsfähigkeit ihrer Technologie konkurrieren, dürften die Kosten für den Zugang zu der Hard- und Software, die künstliche Intelligenz ermöglichen, mit ziemlicher Sicherheit fallen. Gleichzeitig werden die über die Cloud verfügbaren KI-Dienste laufend verbessert, da Tech-Riesen um Wettbewerbsvorteile wetteifern, indem sie die neuesten Innovationen einbauen, die von Spitzenforschern entwickelt werden. Im Zuge dieser Entwicklung werden auch die fortschrittlichsten KI-Technologien immer mehr zur Massenware werden und zu Kosten zur Verfügung stehen, die gar nicht oder nur geringfügig über das hinausgehen, was Cloud-Computing-Kunden ohnehin für die Bereitstellung ihrer Daten zahlen. Dafür gibt es bereits erste Belege. Unternehmen wie Google, Facebook und Baidu haben ihre Deep-Learning-Software in quelloffener Form veröffentlicht. Man könnte auch sagen, sie verschenken sie. Das Gleiche gilt für das Gros der von Organisationen wie DeepMind und OpenAI durchgeführten Spitzenforschung. Beide veröffentlichen ihre Ergebnisse offen in führenden wissenschaftlichen Fachblättern und stellen ihre Deep-Learning-Systeme bis in alle Einzelheiten der Allgemeinheit zur Verfügung.

Eines gibt jedoch kein Unternehmen kostenlos preis: seine Daten. Das bedeutet, dass die starke Synergie zwischen KI-Technologie und den riesigen Datenmengen, die sie verbraucht, unweigerlich in eine Richtung kippen wird. Nahezu die gesamte Wertschöpfung fällt demjenigen zu, dem die Daten gehören. Diese weithin anerkannte Tatsache lässt viele annehmen, dass die Tech-Riesen jeden Bereich absolut dominieren werden, der sich mit Big Data oder künstlicher Intelligenz überschneidet. Dabei wird aber übersehen, dass das Eigentum an den Daten von der Industrie und der Wirtschaft eindeutig vertikalisiert wird. Unternehmen wie Google, Facebook und Amazon kontrollieren natürlich unvorstellbare Datenschätze. Diese beschränken sich jedoch generell auf Bereiche wie Onlinesuche, Interaktionen in sozialen Medien und Onlineeinkäufe. In diesen Segmenten dürften die etablierten Anbieter vermutlich dominant bleiben, doch in der Wirtschaft und der Gesellschaft kursieren weit mehr Daten gänzlich anderer Art, die von Staaten, Organisationen und Unternehmen aus anderen Branchen kontrolliert werden.

Daten seien das neue Öl, heißt es oft. Bedienen wir uns dieser Analogie, könnte man durchaus sagen, dass die Tech-Unternehmen in vieler Hinsicht eine ähnliche Rolle spielen wie beispielsweise der Öldienstleister Halliburton: Sie liefern die Technik und das Knowhow, die für die Wertschöpfung aus der betreffenden Ressource erforderlich sind. Natürlich kontrollieren die Tech-Giganten auch selbst riesige Datenvorräte, doch noch liegt der Löwenanteil dieser ständig wachsenden globalen Ressource in anderen Händen. Unternehmen wie Krankenversicherungen, Kliniknetze und natürlich staatliche Gesundheitsdienste haben Zugriff auf Daten von immensem Wert. Natürlich werden sie die neueste KI-Technologie einsetzen, die große Technologieunternehmen entwickeln und über die Cloud bereitstellen, doch den aus ihren Daten gewonnenen Wert werden sie überwiegend für sich behalten. Dasselbe gilt für die gewaltigen Datenmengen, die durch Finanztransaktionen, Reisebuchungen, Onlinebewertungen, Kundenverhalten im stationären Einzelhandel und die Betriebsdaten erzeugt werden, die unzählige in Fahrzeuge und Industriemaschinen eingebaute Sensoren liefern. In jedem Fall wird das allgegenwärtige neue Versorgungsgut der maschinellen Intelligenz auf bestimmte Datenarten angewandt werden, die im Eigentum von über die gesamte Wirtschaft gestreuten Körperschaften stehen.

Eine maßgebliche Folge ist, dass ein großer Teil der Wertschöpfung durch die Anwendung künstlicher Intelligenz auf andere Stellen entfällt als die offensichtlichen potenziellen Nutznießer aus dem Technologiesektor. Der gewaltige Nutzen aus dem Einsatz von KI wird breit gestreut sein. Wieder bietet sich der Vergleich mit der Stromversorgung an. Wer zieht den größten Wert daraus? Die Stromversorger? Die Kernkraftindustrie? Nein, es sind Unternehmen wie Google und Facebook, die ungeheure Mengen Strom verbrauchen und Wege gefunden haben, aus diesem allgegenwärtigen Versorgungsgut unvorstellbar viel Wert zu realisieren. Natürlich hinkt der Vergleich. Zweifelsohne werden die Innovationspioniere an vorderster Front der künstlichen Intelligenz und die Bereitsteller dieser fortlaufend optimierten Ressource enormen Wert und große Macht auf sich vereinen. Doch der aus der Anwendung von KI entstehende Nutzen – vor allem, wenn sich diese zunehmend zum Massenversorgungsgut entwickelt – dürfte zum größten Teil anderswo anfallen.

Die Wertschöpfung durch künstliche Intelligenz wird sich zwar breit über alle Wirtschaftssektoren verteilen, doch innerhalb einer bestimmten Branche könnte das ohne Weiteres auch ganz anders aussehen. Unternehmen, die bei der Nutzung von KI im Rahmen ihrer Geschäftsmodelle die Nase vorn haben, dürften sich einen erheblichen Erstanbietervorteil sichern. Daraus könnten sich fraglos Alles-oder-nichts-Szenarien entwickeln, wenn sich Unternehmen mit besonders effektiven Big-Data- und KI-Strategien maßgebliche Wettbewerbsvorteile verschaffen. Weil Daten für die effektive Anwendung von KI eine so große Rolle spielen, besteht der erste Schritt hin zu einer KI-Strategie fast immer in einer erfolgreichen Datenstrategie. Daher ist es für Unternehmen und Organisationen erfolgsentscheidend, im Vorfeld des KI-Einsatzes schwerpunktmäßig effiziente Systeme für die Datenerfassung und -verwaltung aufzubauen. In manchen Fällen sind dabei maßgebliche ethische Aspekte zu berücksichtigen – etwa in Bezug auf Fragen des Datenschutzes für Beschäftigte und Kunden. Organisationen, die hier nicht energisch vorangehen, dürften allerdings ins Hintertreffen geraten. Wir bewegen uns rasch auf eine Realität zu, in der jedes Unternehmen, jede Regierung oder Organisation, das oder die nicht zu künstlicher Intelligenz greift, damit eine Fehlentscheidung von solcher Tragweite trifft, dass sie durchaus mit der mutwilligen Abkoppelung vom Stromnetz vergleichbar wäre.

Während sich künstliche Intelligenz zu einem wahrhaft universellen Versorgungsgut entwickelt, das jedes Unternehmen, jede Organisation und jeden Haushalt erreicht, wird sie unsere Wirtschaft und unsere Gesellschaft unweigerlich wandeln. Diese Entwicklung wird sich über Jahre und Jahrzehnte vollziehen und nicht überall gleich auswirken. In manchen Bereichen dürfte KI bereits in den nächsten

Jahren Umwälzungen auslösen, in anderen Fällen wird es erst viel später zur Disruption kommen. Das anschließende Kapitel beleuchtet verschiedene praktische Auswirkungen künstlicher Intelligenz als Systemtechnologie, ist dabei bestrebt, sauber zwischen Hype und Realität zu differenzieren, und befasst sich näher mit dem Schnittpunkt dieser rasanten technischen Entwicklung und der Pandemie, die unser aller Leben komplett auf den Kopf gestellt hat.

KAPITEL 3

Mehr als nur Hype? Künstliche Intelligenz als Versorgungsgut – eine realistische Einschätzung

Am 22. April 2019 veranstaltete Tesla einen „Autonomy Day". Dieser war der Technologie für autonomes Fahren gewidmet, die das Unternehmen in jeden Tesla einbaut. Zum Programm gehörten Präsentationen von CEO Elon Musk, anderen Spitzenmanagern und Technikern. Auf der Veranstaltung sagte Musk: „Ich prognostiziere mit großer Zuversicht die ersten autonomen Tesla-Robotaxis für nächstes Jahr." Ferner zeigte er sich überzeugt, Tesla werde spätestens Ende 2020 eine Million solcher Fahrzeuge auf öffentlichen Straßen betreiben.[1] Mit „Robotaxis" meinte Musk wirklich selbstfahrende Autos, die ohne menschliche Insassen auskommen, Fahrgäste abholen und zu beliebigen Zielen befördern konnten – quasi eine echte Roboterversion von Uber oder Lyft.

Eine erstaunliche Prognose, die sich ganz und gar nicht mit den Erwartungen so ziemlich aller anderen Experten deckte, mit denen ich gesprochen habe. Ein paar Tage später äußerte ich mich auf *Bloomberg TV* „sehr überrascht" über Musks Vorhersage und bezeichnete diese als nach meinem Dafürhalten „außerordentlich optimistisch und vielleicht sogar ein bisschen leichtsinnig". Damit meinte ich, dass sich Tesla mit einer so ehrgeizigen Prognose hundertprozentig einem heftigen Erfolgsdruck durch den Markt aussetzen würde. Unter dem Aspekt, dass das Unternehmen in der Lage ist, Tesla-Eignern über Software-Downloads neue Funktionen zu bieten, könnte es sich als ausgesprochen riskant erweisen, wenn auf diesem Wege unerprobte Software, die angeblich vollständig autonomes Fahren ermöglicht, unvermittelt in die Hände der Fahrer gelangt. Es spricht nichts dagegen, wenn ein Unternehmen seine Kunden Vorabversionen neuer Videospiele oder Social-Media-Apps testen lässt, doch für eine Software, die eindeutig Verletzte und Tote zur Folge haben könnte, ist das keine verantwortungsbewusste Strategie.* [2] Tatsächlich hat es im Zusammenhang mit Teslas Autopilot-Funktion bereits tödliche Unfälle gegeben – ein Feature, das das Fahrzeug so steuert, beschleunigt oder abbremst, dass es in der Spur bleibt, dabei aber noch von einem Fahrer überwacht werden muss. Für mich lag außerdem auf der Hand: Selbst für den unwahrscheinlichen Fall, dass es dem Unternehmen gelingen würde, diese Technologie innerhalb eines Jahres zu perfektionieren, würde es weit länger dauern, die Fahrzeuge entsprechend zu testen und die nötigen aufsichtsbehördlichen Genehmigungen einzuholen. Eine Million betriebsbereite Tesla-Robotaxis bis Ende 2020 würde es daher

---

* *Im Oktober 2020 brachte Tesla bereits eine Vorabversion seines sogenannten „Full-Self-Driving-Pakets" auf den Markt. Eine eingeschränkte Anzahl von Tesla-Eignern durfte sich die Software herunterladen. Geplant war, die Verfügbarkeit in den kommenden Monaten auszuweiten. Die Software bietet Features wie automatisches Einparken und begrenzte Möglichkeiten, im Stadtgebiet zu navigieren. Von Kapazitäten, die man begründetermaßen als „vollständig autonomes Fahren" bezeichnen könnte, ist sie derzeit aber noch weit entfernt. Tesla hat versprochen, das Paket zu erweitern, und Preiserhöhungen angekündigt, um Tesla-Fahrer dazu zu animieren, die frühe Version zu ordern. Die US-Bundesbehörde für Straßen- und Fahrzeugsicherheit nahm das zur Kenntnis und erklärte, sie werde „die neue Technologie engmaschig überwachen" und „nicht zögern, einzugreifen, um die Öffentlichkeit vor unbilligen Sicherheitsrisiken zu schützen". (Siehe Endnote 2, Kapitel 3.)*

schlicht nicht geben. Schon ein einziges wirklich autonomes Fahrzeug, das innerhalb dieser Frist öffentliche Straßen befuhr, wäre eine Überraschung.

Ein wichtiges Thema auf dem Autonomy Day war ein von Tesla entwickelter maßgeschneiderter neuer Mikroprozessor-Chip für autonomes Fahren. Zuvor hatte das Unternehmen Chips verwendet, die für von Nvidia produzierte tiefe neuronale Netze optimiert waren. Tesla behauptete, der neue Chip sei beispiellos leistungsfähig. Das Management von Nvidia konterte prompt und behauptete, die neuesten Versionen seiner KI-Chips seien dem von Tesla entwickelten gleichzusetzen oder sogar noch schneller.[3]

Als ich den Ablauf des Autonomy Day verfolgte, wurde mir klar, dass Tesla von allem anderen abgesehen tatsächlich über einen eklatanten Wettbewerbsvorteil verfügt, mit dem es seine Konkurrenten letztlich abhängen und als erstes Unternehmen vollständig autonome Fahrzeuge auf die Straße bringen könnte. Dieser Vorteil besteht aber nicht in einem speziellen Computerchip und auch nicht in einem Algorithmus. Er liegt vielmehr – wie so oft im Zusammenhang mit künstlicher Intelligenz – in den von Tesla kontrollierten Daten. Jeder Tesla ist mit acht Kameras ausgerüstet, die ständig laufen und Bilder von der Straße und der Fahrzeugumgebung erfassen. Die in jedem Tesla befindlichen Computer können diese Bilder auswerten, feststellen, welche davon für das Unternehmen interessant sind, und diese dann automatisch in komprimiertem Format ins Tesla-Netz hochladen. Weltweit sind über 400.000 solcher mit Kameras bestückten Fahrzeuge auf den Straßen unterwegs, und die Zahl nimmt rasant zu. In anderen Worten: Tesla hat Zugriff auf einen wirklich gewaltigen Schatz authentischer fotografischer Daten, über den kein Mitbewerber auch nur ansatzweise verfügt.

Teslas KI-Chef Andrej Karpathy beschrieb, wie das Unternehmen bestimmte Arten von Bildern aus seiner „Flotte“ mit Kameras ausgerüsteter Fahrzeuge abrufen kann. Wollen die Tesla-Ingenieure das System zum autonomen Fahren beispielsweise darauf trainieren, Situationen in Baustellenbereichen zu bewältigen, können sie Tausende realer Bilder von Baustellen aufrufen und verwenden, um die Selbstfahr-Software in Computersimulationen zu schulen. Bei allen Initiativen zum autonomen Fahren kommen Computersimulationen intensiv zum Einsatz. Doch dass Tesla gewaltige Mengen realweltlicher Daten einbeziehen kann, ist ein potenziell entscheidender Vorteil. Die Wirklichkeit sei oft wunderlicher als die Fiktion, sagt man. Kein Ingenieur könnte eine Simulation entwickeln, die auch nur näherungsweise die detailgetreue und häufig skurrile Realität nachbildet, wie sie von den Kameras erfasst wird, die in die laufend anwachsende Tesla-Flotte eingebaut sind.

Diese Beispiel zeigt, wie bei Meldungen über laufende Fortschritte auf dem Gebiet der künstlichen Intelligenz oft eine dumpfe Mischung aus Hype und Sensationsgier in ein Narrativ einfließt, das auch wichtige Informationen vermittelt. Wie schon gesagt, ist künstliche Intelligenz drauf und dran, zum allgegenwärtigen Versorgungsgut zu werden, das letztlich praktisch jeden Lebensbereich berührt. Der Fortschritt wird aber nicht homogen sein. Manche technischen Probleme sind schwieriger zu lösen als andere. Insbesondere dürften verschiedene der hochkarätigsten und publicityträchtigsten Anwendungen künstlicher Intelligenz unsere Erwartungen enttäuschen, während uns bahnbrechende Fortschritte in anderen, oft nicht so offensichtlichen Bereichen überraschen könnten. Das vorliegende Kapitel liefert Beispiele und Vorgaben, die verraten, auf welchen Gebieten KI nach meiner Einschätzung recht kurzfristig revolutionäre Umwälzungen auslösen dürfte – und auf welchen diese vermutlich noch deutlich länger auf sich warten lassen.

NOCH KEIN HAUSHALTSROBOTER IN SICHT

Die verlockende Vorstellung von einem persönlichen Roboter für Zuhause – einer Maschine, die putzen und Wäsche waschen kann und jederzeit als Butler bereitsteht – beschäftigt die Fantasie der Menschen schon, seit die ersten Science-Fiction-Autoren Spekulationen über die Zukunft anstellten. Doch gibt es realistische Aussichten auf eine solche Maschine? Vorerst aus dem Kopf schlagen müssen Sie sich wohl die uns allen so vertrauten, wirklich hoch entwickelten fiktiven Vorbilder dafür – wie Roboter Rosie aus *Die Jetsons* oder Humanoiden wie C-3PO aus *Star Wars.* Ins Auge fassen dürfen Sie vielleicht etwas deutlich weniger Ambitioniertes: einen funktionalen Roboter nämlich, der die nützliche, wenn auch etwas beschränkte Fähigkeit besitzt, ein Zimmer aufzuräumen, bestimmte einfache Reinigungsaufgaben im Haushalt zu übernehmen und uns vielleicht sogar auf Befehl ein Bier aus dem Kühlschrank zu holen. Wann können wir wohl mit einem einigermaßen erschwinglichen persönlichen Roboter rechnen, den wir so nützlich, ja, vielleicht sogar unverzichtbar finden, dass wertorientierte Verbraucher in Massen bereit wären, dafür zu zahlen?

Die bedauerliche Realität ist, dass eine solche Maschine vermutlich noch ziemlich lange Zukunftsmusik bleiben wird. Tatsächlich liegt das Problem bei bisherigen Anläufen zur Entwicklung persönlicher Roboter darin, dass sie schlicht zu wenig können. Die Mindestanforderungen an einen wirklich brauchbaren maschinellen Helfer – wie die nötige visuelle Wahrnehmung, Mobilität und Fingerfertigkeit, um in einem unberechenbaren Umfeld wie einem Haushalt zu funktionieren – stellen mit die größten Herausforderungen in der Robotik dar. Bislang haben Unternehmen bei dem Versuch, Roboter für Verbraucher auf den Markt zu bringen, diese Herausforderungen nicht einmal ansatzweise bewältigt. Stattdessen haben sie Maschinen mit derart begrenzten Fähigkeiten auf den Markt gebracht, dass deren Mehrwert den meisten Menschen recht fraglich erscheint.

Ein Beispiel, das diese Herausforderungen deutlich macht, ist Jibo – eine Maschine, die als erster „Sozialroboter" vermarktet wird. Jibo wurde von Cynthia Breazeal vom MIT erdacht, einer der führenden Robotikexpertinnen weltweit. Er kann auf sozialer und emotionaler Ebene mit Menschen interagieren und kam im Herbst 2017 auf den Markt. Der Tischroboter aus Plastik ist etwa 30 Zentimeter groß, hat weder Arme noch Beine oder Räder, kann aber seinen Kopf schieflegen und drehen und zumindest die Illusion einer zwischenmenschlichen Beziehung erzeugen, wenn er mit seinem Besitzer kommuniziert. Der Roboter kann einfache Gespräche führen und ein paar praktische Aufgaben erfüllen, die sich überwiegend auf die Informationsabfrage beschränken. Er kann im Internet recherchieren, Wetter- und Verkehrsmeldungen einholen, Musik abspielen und Ähnliches mehr. Jibo bietet also ein Kompetenzspektrum, das stark an den intelligenten, mit Alexa bestückten Echo-Lautsprecher von Amazon erinnert. Natürlich kann sich der Echo nicht bewegen, doch aufgrund der gewaltigen Cloud-Computing-Infrastruktur von Amazon und des weit größeren Teams hochbezahlter KI-Entwickler dürften seine Kapazitäten zur Informationsbeschaffung und seine Sprachfähigkeit überlegen sein – oder dies mit der Zeit sicherlich werden. Jibos größter Pferdefuß ist aber mit rund 900 US-Dollar der Preis. Wie sich herausstellte, waren die meisten Verbraucher zwar durchaus angetan von der Fähigkeit des niedlichen Roboters, menschliche Kopfbewegungen nachzuahmen und sich im Takt der abgespielten Musik zu bewegen, doch kaum jemand wollte dafür rund 800 US-Dollar Aufpreis bezahlen. Das Start-up, das den Jibo produzierte, wurde im November 2018 abgewickelt, nachdem es 70 Millionen US-Dollar an Risikokapital verbrannt haben soll.[4]

Amazon arbeitet angeblich an einem eigenen Hausroboter. Die Maschine mit dem Codenamen Vesta wird als eine Art „Echo auf Rädern" beschrieben und soll in der Lage sein, sich im Haus zu bewegen und auf Kommando herbeizukommen.[5] Mir liegen aber noch keine Berichte darüber vor, dass Amazon beabsichtigt, den Roboter mit einem Arm zu versehen oder dass dieser befähigt werden soll, seine Umgebung physisch zu manipulieren. Ohne derartige Funktionen stellt sich prompt wieder die Frage nach dem Mehrwert. Die billigsten Echo-Versionen kosten 50 US-Dollar oder noch weniger. Was spräche dafür, sich einen teuren mobilen (doch vermutlich recht ungelenken) Echo anzuschaffen statt einfach mehrere der kostengünstigen stationären Modelle im ganzen Haus zu verteilen? Solche Fragen treiben die Branche um – und es ist nicht gesagt, dass es selbst Amazon in absehbarer Zeit gelingen wird, ein erfolgreiches kommerzielles Produkt auf den Markt zu bringen.

Eine Vorstellung davon, wie hoch die Hürde für einen wirklich funktionellen Hausroboter tatsächlich ist, vermittelt eine eigentlich ganz einfache Aufgabe: das besagte Bier aus dem Kühlschrank zu holen. Angenommen, es gibt keine größeren Hindernisse wie eine Treppe oder eine geschlossene Tür, ist das Erreichen des Kühlschranks noch die leichteste Übung. Roboter verfügen bereits über die technischen Voraussetzungen, in einer bekannten Umgebung zu navigieren, wie beispielsweise die Staubsaugerroboter von Roomba belegen.

Ist der Roboter am Kühlschrank angekommen, muss er aber die Kühlschranktür öffnen. Wer das schon einmal versucht hat, weiß: Dafür braucht man ganz schön viel Kraft. Doch Körperkraft allein ist noch nicht alles. *Sie* können die Tür problemlos öffnen, weil Sie vermutlich über 50 Kilo wiegen. Angesichts der physischen Anforderungen kann ein Roboter, dem es gelingen soll, die Kühlschranktür aufzumachen, kein Plastikspielzeug sein – kein Amazon Echo auf Rädern. Damit eine Maschine dabei nicht umkippt, muss sie relativ schwer sein. Und um in einem für Menschen konzipierten Umfeld zu agieren, sollte sie auch ungefähr dieselben Proportionen haben wie ein Mensch. Eine solche Maschine wird teuer. Selbst wenn wir eine kostengünstige Möglichkeit finden, das Gegengewicht zu liefern – etwa, indem wir einen Plastikroboter mit Wasser füllen –, erfordert das nötige Gewicht einen starken Motor und robuste Räder, um den Roboter anzutreiben.

Hat der Roboter die Kühlschranktür aufgekriegt, muss er das Bier erst einmal finden. Was, wenn es sich hinter den Pappschachteln mit den Resten des Essens versteckt, das wir uns gestern Abend aus dem Restaurant geholt haben? Kommt der Roboter dann an die Bierdosen heran? Bedenken Sie auch, dass die mechanischen Anforderungen stark davon abhängen, wie viele Bierdosen noch im Kühlschrank stehen. Ist es ein komplettes Sixpack? Oder bloß die letzte Dose, die noch im Plastiknetz hängt? Um diese banale Aufgabe zu erfüllen, müsste ein Roboter unglaublich fingerfertig sein und würde vermutlich gleich zwei sehr teure Roboterarme brauchen – nicht nur einen.

Natürlich lassen sich ohne Weiteres Lösungsvorschläge für manche dieser Probleme finden. Vielleicht muss man das Bier ja nur immer genau an denselben Platz stellen. Und nicht im Sixpack, sondern ganz ohne jedes Verpackungsmaterial. Vielleicht muss auch jede Dose mit einem RFID-Tag versehen werden, damit der Roboter nicht allein auf visuelle Wahrnehmung angewiesen ist, um sie zu finden. Vielleicht gibt es Bier ja eines Tages in einer futuristischen Verpackung, die speziell entwickelt wurde, um Robotern das Leben zu erleichtern. Vorerst würden Ihnen all diese Vorgaben aber zusätzliche Arbeit machen und daher Ihre Bereitschaft dämpfen, viel Geld für einen solchen Roboter auszugeben.

Und machen Sie sich keine Illusionen: Jeder einigermaßen funktionstüchtige Haushaltsroboter wird finanziell empfindlich zu Buche schlagen. Bauteile wie Elektromotoren, Roboterarme und verschiedene Arten von Sensoren, die dem Roboter visuelle Wahrnehmungen, räumliche Orientierung und taktiles Feedback ermöglichen, unterliegen nicht dem Moore'schen Gesetz der sinkenden Kosten, das für die Halbleiterbranche gilt und Rechenleistung immer erschwinglicher macht. Das grundlegende Problem mit einem Hausroboter ist: Um den Verbrauchern echten Wert zu bieten, muss er zumindest annähernd so geschickt sein wie wir. Und wir Menschen sind, wie sich herausstellt, erstaunlich effektive biologische Roboter.

Stellen Sie sich zwei Gegenstände vor, die vor Ihnen auf dem Tisch liegen – links ein massives Edelstahllager mit knapp acht Zentimetern Durchmesser, das etwa zwei Kilo wiegt, rechts ein Ei. Sie können beide Gegenstände problemlos hochheben. Überlegen Sie mal, welche Kräfte die Muskeln Ihrer Hand aufbringen müssen, wenn Sie nach diesen Gegenständen greifen und sie vom Tisch nehmen. Bedenken Sie, welche Folgen es hätte, wenn Sie das Ei versehentlich so kräftig anpacken würden wie das Edelstahlteil. Selbst mit verbundenen Augen würde es Ihnen vermutlich gelingen, allein durch taktiles

Feedback beide Gegenstände sicher hochzuheben. Die Motoren und Sensoren, die erforderlich wären, damit eine Roboterhand das nachmachen kann, wären teuer – selbst wenn die Software zur Steuerung solcher Bewegungen bereits zur Verfügung stünde.

Die traurige Realität: Auch nach jahrzehntelanger Arbeit an Roboterhänden und den Algorithmen, die gebraucht werden, um sie zu animieren, erreicht ihre Fingerfertigkeit noch lange nicht das Niveau eines Menschen. Rodney Brooks, einer der führenden Robotiker der Welt und Mitgründer der iRobot Corporation, die nicht nur den Roomba herstellt, sondern auch verschiedene der fortschrittlichsten Militärroboter der Welt, verdeutlicht das mit einer Anspielung auf die Plastikgreifer, die häufig verwendet werden, um Müll zu sammeln:

> Sie können mit dieser wirklich primitiven Hand fantastische Manipulationen vornehmen, die weit über das hinausreichen, was Roboter derzeit können, obwohl es ein erstaunlich primitives Stück Plastikspielzeug ist. Ausschlaggebend ist, dass Sie als Mensch die Manipulation vornehmen. In Videos, in denen Forscher eine neue von ihnen entwickelte Roboterhand vorstellen, sieht man oft, dass ein Mensch die Roboterhand bedient und herumbewegt, um eine Aufgabe zu erledigen. Sie hätten für die gleiche Aufgabe auch das Plastikspielzeug verwenden können, denn es ist ein Mensch, der die Aufgabe erledigt. Wenn es so einfach wäre, könnten wir den Plastikgreifer am Ende eines Roboterarms montieren und die Aufgaben erledigen lassen. Einem Menschen gelingt das mit dem Spielzeug am Ende des Arms, aber wieso kann ein Roboter das nicht? Irgendetwas wirklich Wichtiges fehlt.[6]

Selbst wenn ein Roboter, der Ihre Wohnung aufräumen soll, die nötige Fingerfertigkeit besäße, müsste er noch die vielen Tausend verschiedenen Dinge erkennen können, die ihm dabei in die Finger kommen, und wissen, was damit anzufangen ist. Was soll er sorgfältig an den richtigen Ort legen, was in den Müll werfen? Wie hoch wäre Ihre Fehlertoleranz, wenn Sie einen unbeaufsichtigten Roboter auch nur auf ein einziges Zimmer in Ihrer Wohnung loslassen würden?

Das soll keinesfalls heißen, dass es ihn *niemals* geben wird, den Haushaltsroboter. Bei der Überwindung vieler dieser Hürden werden erhebliche Fortschritte gemacht. So hat es beispielsweise den Anschein, als wären Roboter künftig in der Lage, Objekte durch Schnittstellen mit der Cloud zu erkennen. Eine recht eindrucksvolle Demonstration dieser Fähigkeiten liefert der Lens-Dienst von Google, mit dessen Hilfe Sie Ihr Handy auf alles Mögliche richten können, das dann nicht nur automatisch erkannt, sondern auch beschrieben und mit Beispielen für ähnliche Dinge versehen wird.

In einer immer stärker vernetzten Welt, in der das Internet der Dinge Fahrt aufnimmt, werden Sensoren, wie sie auch in Robotern zum Einsatz kommen, für viele verschiedene Anwendungen herangezogen. Mit wachsender Nachfrage nach solchen Geräten sollten die entstehenden Skaleneffekte die Kosten drücken. Dasselbe dürfte letztlich auch für andere Komponenten gelten, wenn sich Roboter im kommerziellen Sektor stärker durchsetzen.

Gleichermaßen setzen Forscher erfolgreich Deep Learning und andere Methoden ein, um geschicktere Roboterhände zu bauen. Eine der spektakulärsten Demonstrationen stammte von OpenAI. Das Unternehmen meldete im Oktober 2019, es habe ein System aus zwei integrierten tiefen neuronalen Netzen entwickelt, mit deren Hilfe eine Roboterhand den Zauberwürfel lösen könne.[7] Trainiert wurde das System mithilfe von High-Speed-Simulation. Erfolg hatte es erst nach einem Lernprozess, der rund 10.000 Jahren Verstärkungslernen entsprach. Den Zauberwürfel mit nur einer Hand zu lösen, ist gar nicht so einfach – auch nicht für Menschen. Obwohl sich das Unternehmen brüstete, „annähernd menschliche Fingerfertigkeit" erreicht zu haben, zeigte sich aber, dass auch das System von OpenAI seine Probleme hatte: Bei acht von zehn Versuchen ließ die Roboterhand den Würfel fallen.[8] Dennoch stellen solche Projekte echten Fortschritt dar. Wie wir sehen werden, wird die größere Geschicklichkeit von Robotern in vielen industriellen und kommerziellen Umfeldern bereits in den nächsten Jahren erste maßgebliche Auswirkungen haben. Doch solange die künstliche Intelligenz, die benötigt wird, um Roboter in ausgesprochen unberechenbaren Situationen zu animieren, noch nicht deutlich besser wird und die erforderlichen Bauteile nicht viel billiger, dürfte ein erschwinglicher und wirklich brauchbarer Haushaltsroboter vorerst noch unerreichbar bleiben.

LAGER UND FABRIKEN – AUSGANGSPUNKT FÜR DIE ROBOTERREVOLUTION

Wenngleich sowohl technische Grenzen als auch wirtschaftliche Faktoren vorgeben, dass ein vielseitig einsetzbarer und produktiver Haushaltsroboter noch längere Zeit Zukunftsmusik bleiben dürfte, so gilt für viele industrielle und kommerzielle Konstellationen das Gegenteil. Im geschlossenen Raum einer Fabrik oder einer Lagerhalle lassen sich die Unwägbarkeiten und das Chaos, das in der Außenwelt herrscht, weitgehend beseitigen oder zumindest minimieren. Meist erfordert das die Umstrukturierung von Interaktionen und Flüssen von Menschen, Maschinen und Material innerhalb der Anlage, um die Fähigkeiten der Roboter zu nutzen und gleichzeitig Grenzen zu umgehen. Der gebotene Mehrwert angesichts der strikten Vorgabe, das Bier – und alles andere – im eigenen Kühlschrank stets präzise auf bestimmten Koordinaten zu platzieren, damit es der Roboter zuverlässig finden kann, erscheint nicht so überzeugend, doch in einem kommerziellen Umfeld mit hohem Durchsatz, in dem auch die kleinste Effizienzsteigerung schon gewaltige finanzielle Erträge bringen kann, sieht die Rechnung ganz anders aus.

Das wird nirgendwo deutlicher als an den inneren Abläufen in den von Amazon und anderen Online-Einzelhändlern betriebenen Logistikzentren. Hinter den Mauern dieser gewöhnlich sehr weitläufigen Anlagen ist die Roboterrevolution bereits voll im Gang und dürfte sich künftig fraglos noch beschleunigen. Vor nicht einmal zehn Jahren hätte es in solchen Warenlagern unweigerlich Hunderte von Arbeitskräften gegeben, die unablässig die Gänge zwischen den Hochregalen abgrasen, die Tausende verschiedener Bestandsartikel enthalten. Die Belegschaft bestand im Allgemeinen aus zwei Gruppen: Die einen waren damit betraut, eingehende Waren zu verstauen und im Regal am richtigen Ort abzulegen, die anderen – die Komissionierer – suchten die bestellten Artikel zusammen, um Kundenaufträge zu erfüllen. In so einem Lager herrschte ständig ein hektisches Durcheinander, das den einen oder anderen an einen besonders schlecht organisierten Ameisenhaufen denken ließ. Ein Lagerarbeiter legte in einer normalen Schicht gut und gern 20 oder mehr Kilometer zurück, wenn er nach dem Zufallsprinzip hin- und herlief und immer wieder Leitern erklomm, um die obersten Regale zu erreichen.

In Amazons modernsten Distributionszentren hat sich dieses rege Treiben nahezu in sein Spiegelbild verkehrt. Heute bleiben die Arbeitskräfte an Ort und Stelle, während die Regale mit den Beständen auf dem Rücken vollautomatischer Roboter hin- und herschwirren. Dieser groß angelegte Umbau begann im Jahr 2012 mit der Übernahme des Lagerwirtschaftsrobotik-Start-ups Kiva Systems durch Amazon für 775 Millionen US-Dollar. Die Roboter, die an riesenhafte orangefarbene Hockeypucks erinnern und über 150 Kilo auf die Waage bringen, sind in einem abgezäunten Bereich unterwegs, um das Risiko von Zusammenstößen mit menschlichen Arbeitskräften auszuschalten, und navigieren mithilfe von im Boden eingelassenen Strichcodes. Algorithmisch gesteuert, bringen die Roboter Regale mit Beständen zu den von Lagerarbeitern besetzten Stationen, die dann entweder Artikel an einem verfügbaren Ort verstauen oder ein bestimmtes Produkt herausnehmen, das ein Kunde geordert hat.

Amazon setzt in seinen Logistikzentren in aller Welt inzwischen über 200.000 solcher Roboter ein. Die Anzahl der Artikel, die ein Kommissionierer normalerweise in einer Stunde zusammenstellen kann, hat sich dadurch verdrei- bis vervierfacht.[9] Bislang haben die Roboter noch kaum Arbeitskräfte verdrängt. Vielmehr ist der Personalbestand in Amazon-Lägern drastisch angewachsen – was in gewissem Umfang auch wegfallende Arbeitsplätze im traditionellen Einzelhandel ausglich, als das Onlineshopping Fahrt aufnahm. Die Roboter sind in den hindernisfreien Hallen flott unterwegs und befördern an die 350 Kilogramm Waren, während die Beschäftigten an Ort und Stelle bleiben und Aufgaben übernehmen, die visuelle Wahrnehmung und Fingerfertigkeit erfordern, wie sie die Fähigkeiten eines Roboters zumindest vorerst noch übersteigen.[10] Diese Synergie zwischen Arbeitskräften und Maschinen bildete eine wesentliche Voraussetzung dafür, dass Amazon sein Leistungsniveau für seine Kunden fortlaufend steigern konnte. So wäre beispielsweise die 2019 eingeführte One-Day-Lieferung für Amazon-Prime-Kunden ohne diese hohen Investitionen in Robotik kaum möglich gewesen. Eine ähnlich wichtige Rolle spielte die Automatisierung, als Amazon sich bemühte, mit der während der Corona-Krise rasant anziehenden Nachfrage Schritt zu halten, obwohl im Lagerbereich viele Arbeitskräfte krankgeschrieben waren.

Dieses Zusammenspannen von Beschäftigten und Robotern, um die relativen Stärken beider zu nutzen, führt unbestritten zu Effizienzsteigerungen, verändert aber auch den Charakter solcher Tätigkeiten – und zwar im positiven wie im negativen Sinne. Im neuen System ist an die Stelle anstrengender Fußmärsche durch die Gänge ermüdende Eintönigkeit getreten. Nun stehen die Lageristen Stunde um Stunde am selben Platz und verstauen Artikel in den herbeieilenden Regalen oder entnehmen sie daraus. Einer Analyse zufolge ist die Häufigkeit von Arbeitsunfällen in Amazon-Lägern doppelt so hoch wie im Branchendurchschnitt und hat sich im Zuge der neuen Robotiktechnologie sogar noch erhöht, was auf Belastungen durch wiederkehrende Bewegungsabläufe, aber auch durch die Entnahme schwerer Artikel aus höheren Regalen zurückzuführen ist.[11] Wie Branchenberater Marc Wulfraat dem Vox-Reporter Jason Del Rey verriet: „Jeden Tag wurden 20 Kilometer auf Beton zurückgelegt, um Aufträge zu kommissionieren. … Wer nicht mehr 20 war, war am Ende der Woche total kaputt. … Auf einer Gummimatte stehen und die Waren kommen zu lassen, ist dreimal so produktiv wie die herkömmliche Methode und viel humaner, … [aber] wer dreimal so viel kommissioniert, leidet durch wiederkehrende Bewegungsabläufe und schnelleres Heben und Handling von Artikeln auch stärker unter Verschleißerscheinungen."[12]

In Wirklichkeit büßen die Beschäftigten in solchen Anlagen nach und nach ihre Handlungsmacht ein und verwandeln sich im Grunde in biologische neuronale Plug-in-Netze – sozusagen als Lückenbüßer in einem weitgehend mechanisierten Prozess, die Kompetenzen beisteuern, welche die maschinelle Intelligenz für den Moment noch überfordern. Das hat zu Protesten in Logistikzentren in den Vereinigten Staaten und Europa geführt, weil Menschen wie Roboter behandelt würden und Arbeitskräfte unter Aufsicht immer anspruchsvollerer Algorithmen laufend bedrängt würden, unzumutbare Erwartungen zu erfüllen.[13] Werden diese Jobs zunehmend als entmenschlichend oder gar gefährlich wahrgenommen und Arbeitskräfte immer stärker an ihre physischen und psychischen Grenzen gebracht, so ist meines Erachtens die logische Folge, dass sie eliminiert werden, sobald die technischen Möglichkeiten dafür gegeben sind.

In derart geschlossenen und vergleichsweise kontrollierten Umgebungen dürfte die Automatisierung sogar unaufhaltsam voranschreiten und nach und nach dafür sorgen, dass der Betrieb immer weniger arbeitsintensiv wird. Amazon betreibt bereits aggressiv die Automatisierung weiterer Aspekte des Lagerbetriebs. Einem Bericht des *Reuters*-Journalisten Jeffrey Dastin vom Mai 2019 zufolge führt Amazon fortschrittliche Maschinen ein, die in der Lage sind, Produkte versandbereit endzuverpacken. Weil Robotern nach wie vor die nötige Fingerfertigkeit fehlt, um sehr unterschiedliche Produkte verlässlich zu kommissionieren und in Kartons zu verstauen, bauen diese Maschinen in kürzester Zeit maßgefertigte Kartons um ein Produkt herum, das über ein Band läuft. So können sie etwa 600 bis 700 Artikel pro Stunde verpacken – fünf Mal so viel wie ein Mensch. Zwei an dem Amazon-Projekt Beteiligte erzählten Dastin, dass dadurch letztlich 1.300 Stellen in US-weit immerhin 55 Lagerhäusern wegfallen könnten.[14]

Ebenso hat Amazon in den Sortierzentren, in denen das Unternehmen Pakete auf Lkw verteilt, die sie in alle Himmelsrichtungen ausfahren, Roboter eingeführt, die wie kleinere Ausgaben der Hockeypuck-förmigen Kiva-Roboter aussehen. Sie befördern aber keine Regale mit Produktbeständen, sondern lediglich einzelne Pakete an eine bestimmte Stelle am Boden des Sortierzentrums, die einer Postleitzahl entspricht. Dort verschwindet das Paket dann durch ein Loch im Boden in einem Lkw, der darunter parkt.[15] Das alles liefert natürlich ein weiteres anschauliches Beispiel dafür, wie die gesamte Arbeitswelt von Grund auf so konzipiert und umgestaltet werden kann, dass die gewaltigen, aber dennoch begrenzten Möglichkeiten der Automatisierung durch Robotik möglichst umfassend genutzt werden. Werden Roboter fortschrittlicher, vielseitiger und geschickter, so dürften diese Bereiche sicherlich regelmäßig umgestaltet werden, um neue Möglichkeiten zu nutzen und die Produktivität zu maximieren.

In Lagerhäusern und Fabriken wird sich das Automatisierungsendspiel entfalten, sobald Roboter auf motorischem Gebiet irgendwann menschliches Niveau erreichen. Dann wird die Vorstellung von einem vollautomatischen Lager, dessen Belegschaft sich auf eine verhältnismäßig geringe Zahl von Arbeitskräften beschränkt, die die Maschinen überwachen und warten, zu einem realistischen Szenario. Amazon zeigt eindeutig großen Eifer, diesen Meilenstein zu erreichen. Das Unternehmen veranstaltet jedes Jahr publicityträchtige Wettbewerbe für Technikteams von Universitäten aus aller Welt, die mit Robotern antreten, welche Aufgaben erfüllen können, die heute noch die Kommissionierer in Amazons Logistikzentren übernehmen.[16] Die Entwicklung einer Roboterhand, die in der Lage ist, Tausende verschiedene Artikel – die sich in Größe, Gewicht, Form, Beschaffenheit und Verpackung unterscheiden – zuverlässig zu greifen, hat sich zwar als große Herausforderung erwiesen, doch werden dabei unvermeidlich Fortschritte erzielt. Auf einer Konferenz im Juni 2019 sagte Amazon-Chef Jeff Bezos: „Ich glaube, das Problem des Greifens wird in den nächsten zehn Jahren gelöst", obwohl „es sich als unglaublich schwieriges Problem erwiesen hat, vermutlich unter anderem deshalb, weil wir es zunächst mit maschinellem Sehen zu lösen versuchen, sodass Roboter erst einmal sehen lernen müssen."[17] Anders formuliert: Die Tausende von Menschen, die heute als Fachkräfte für Lagerwirtschaft tätig sind – das Gros der Belegschaft im Warenlager eines Unternehmens –, dürften innerhalb von ungefähr zehn Jahren überflüssig werden.

Aller Wahrscheinlichkeit nach wird sich der Effekt auf den Arbeitsmarkt aber schon viel früher manifestieren. Noch einmal: Der entscheidende Faktor ist in diesem Fall das kontrollierte, vergleichsweise berechenbare Umfeld in einem Lager. Unter solchen Rahmenbedingungen, so scheint mir, muss ein Roboter noch längst nicht vollkommen sein, um erheblichen Mehrwert zu bieten.

Tatsächlich sorgt schon ein Roboter, der verlässlich 50 – oder noch weniger – Prozent des Lagerbestands eines typischen Logistikzentrums bearbeiten kann, für gewaltige Produktivitätssteigerungen, solange er zuverlässig auf berechenbare Weise versagt. Amazon kann auf enorme Datenströme zugreifen, auf deren Grundlage sich genau vorhersagen lässt, in welchen Fällen ein Roboter vermutlich Erfolg hat und in welchen nicht. In dem Moment, in dem ein Kunde eine Onlinebestellung aufgibt, weiß das Unternehmen natürlich genau, um welche Artikel es geht, und sollte unschwer ermitteln können, ob sich die Bestellung zur komplett automatischen Ausführung durch einen Roboter eignet oder besser über einen Menschen laufen sollte. Amazon kann also Roboter mit begrenzten Fähigkeiten nutzen, indem es schlicht die Arbeitsabläufe in seinen Logistikzentren richtig steuert.

Das Ergebnis eines Robotereinsatzes zuverlässig vorhersagen und Fehlschläge umgehen zu können, stellt im Grunde die Trennlinie zwischen dem kontrollierten Umfeld eines Warenlagers dar, in dem Roboter schon in relativ naher Zukunft erfolgreich eingesetzt werden können, und der weit chaotischeren Außenwelt, in der die Herausforderungen für Technologien wie selbstfahrende Autos weit größer sein dürften. Ein Lagerroboter, der mit der Hälfte aller Bestandsartikel verlässlich zurechtkommt, kann ausgesprochen nützlich sein. Ein autonomes Fahrzeug, das am öffentlichen Straßenverkehr teilnimmt und in 99 Prozent der Fälle sicher unterwegs ist, ist zwar nicht nutzlos, aber unter Umständen schlimmer als das, denn das eine Ausreißerprozent ist quasi der sichere Weg in die Katastrophe.

Ein nur zum Teil einsetzbarer Logistikroboter dürfte vermutlich noch wertvoller sein, weil sich Amazons Umsätze ungleich auf die Produkte verteilen, was sich grafisch als „langer Schwanz“ manifestiert: Der Löwenanteil der Artikel, die Kunden in aller Regel bestellen, entfällt auf einen vergleichsweise kleinen Anteil der in einem Logistikzentrum vorgehaltenen Produkte. Ein Roboter, der in der Lage ist, einen größeren Prozentsatz dieser beliebten, umsatzstarken Waren zuverlässig zu greifen und zu handhaben, würde besonders effektive Möglichkeiten eröffnen, Produktivitätssteigerungen zu erzielen. Natürlich wird kein Roboter hundertprozentig zuverlässig arbeiten, auch wenn er nur solche Aufträge bearbeitet, die er erwartungsgemäß problemlos bewältigen kann. Damit die eher seltenen Missgriffe ohne Folgen bleiben, ist ohne Weiteres vorstellbar, dass ein Mensch die Arbeit mehrerer Ausführungsroboter überwacht und eingreift, wenn es Probleme gibt. Langer Rede kurzer Sinn: In der Lagerwirtschaft dürfte die Automatisierung nicht plötzlich dann überall um sich greifen, wenn Roboter ähnlich fingerfertig geworden sind wie Menschen, sondern vermutlich eher nach und nach, in einer allmählichen Entwicklung, in der jede Phase des Prozesses erhebliche Umstrukturierungen der Abläufe im Lager erfordert.

ÜBER AMAZON UND DAS STREBEN NACH WIRKLICH GESCHICKTEN ROBOTERN HINAUS

Amazons Robotik-Initiativen ziehen zwar viel Aufmerksamkeit auf sich, weil das Unternehmen so groß und einflussreich ist, doch in den Logistikzentren seiner Online-Mitbewerber sowie verschiedener traditioneller Einzelhandelsketten sieht es ganz ähnlich aus. Allen voran in der Lebensmittelbranche setzen Unternehmen in Nordamerika und Europa aggressiv auf Automatisierung in Logistikzentren, um effizienter zu arbeiten und Onlineumsätze zu realisieren – zum Teil wohl deshalb, weil sie damit rechnen, dass Amazon im Nachgang zur Übernahme von Whole Foods im Juni 2017 in absehbarer Zeit den Markt für Lebensmittel aufmischen könnte.

Ein Marktführer in diesem Segment ist Ocado aus dem Vereinigten Königreich. Das Unternehmen betreibt einen Online-Lebensmitteldienst und vertreibt seine Lagerautomatisierungstechnik an Supermarktketten in aller Welt. In seinem Distributionszentrum im englischen Andover laufen mehr als 1.000 Roboter über auf einem Gitteraufbau montierte Schienen, die an ein riesiges Schachbrett erinnern. Bis zu 250.000 Kisten – die jeweils ein bestimmtes Lebensmittel enthalten – können an Plätzen gelagert werden, die einem Quadrat auf dem Schachbrett entsprechen. Die kastenförmigen Roboter bewegen sich oben über die Schienen, greifen nach den Kisten, verstauen sie in ihrem Bauch und bringen sie zu Stationen, an den einzelne Artikel entnommen und gemäß den Bestellungen der Kunden verpackt werden. Die Roboter arbeiten autonom, kommunizieren und navigieren über ein mobiles Datennetz und kehren regelmäßig an ihre Docking-Station zurück, um ihre Batterien zu laden.[18] Es gibt sogar spezialisierte Rückholroboter, die rettend eingreifen, wenn einer der Kistentransporter eine Fehlfunktion hat. Die Anlage in Andover kann wöchentlich rund 65.000 Online-Lebensmittelbestellungen über dreieinhalb Millionen Einzelartikel ausführen.[19]

Wie in den Amazon-Lägern fokussieren sich die Roboter auf die Logistik eines raschen Warentransports, während Menschen in diesem stark automatisierten Umfeld vor allem für Zusammenstellung und Verpackung zuständig sind – also die Tätigkeiten, die menschliche Fingerfertigkeit erfordern. Die große Vielfalt an Produkten, die auf einem typischen Einkaufszettel für den Supermarkt stehen – alles, von der Dose über die Schachtel bis zu frischem Obst und Gemüse –, stellt für das Handling durch Roboter eine besondere Herausforderung dar. Wie Technikjournalist James Vincent schreibt, „bringt wenig einen Roboter so aus der Fassung wie ein Netz Orangen“. Das Problem: Das „Netz bewegt sich zu unberechenbar, bietet keine offensichtlichen Angriffspunkte, und wenn man zu fest zudrückt, hat man am Ende Orangensaft“.[20] Unbeirrt experimentiert Ocado bereits mit Robotern, die versuchen, solche Herausforderungen zu bewältigen. Das Unternehmen setzt zum Kommissionieren Roboterarme mit Saugnäpfen ein, die Artikel mit geeigneten Oberflächen wie Dosen anheben können, aber auch weiche Roboterhände aus Gummi, die eines Tages in der Lage sein werden, auch fragilere Artikel richtig zu greifen.

Die Entwicklung eines wirklich fingerfertigen Roboters steht bei den Risikokapitalgebern des Silicon Valley besonders im Fokus. Es sind bereits etliche großzügig finanzierte Start-ups entstanden, die ganz verschieden an die Innovationen an dieser Forschungsfront herangehen. Eines der aussichtsreichsten Jungunternehmen ist Covariant, das bereits 2017 gegründet wurde, doch erst Anfang 2020 stärkere Außenwirkung entwickelte. Die Forscher von Covariant halten „Verstärkungslernen“ – also im Grunde das Lernen durch Versuch und Irrtum – für den effektivsten Weg zum Erfolg. Nach eigenen Angaben arbeitet das Unternehmen an einem System auf der Grundlage eines gewaltigen tiefen neuronalen Netzes, das es als „universelle Roboter-KI“ bezeichnet. Covariant rechnet sich aus, dass dieses System irgendwann viele verschiedene Maschinen antreibt, die „sehen, logisch denken und in der Umwelt agieren und Aufgaben erledigen“ können, „die für herkömmliche programmierte Roboter zu komplex und vielfältig sind“.[21] Das von Wissenschaftlern der University of California in Berkeley und OpenAI gegründete Unternehmen erhielt Kapital und Publicity von manchen der hellsten Sterne am Deep-Learning-Himmel wie die Turing-Award-Gewinner Geoffrey Hinton und Yann LeCun, Jeff Dean von Google und ImageNet-Gründerin Fei-Fei Li.[22] 2019 schlug Covariant 19 andere Unternehmen in einem vom Schweizer Industrieroboterhersteller ABB ausgeschriebenen Wettbewerb mit der Demoversion des einzigen Systems, das in der Lage war, verschiedene Artikel zu erkennen und zu bearbeiten, ohne dass ein Mensch eingreifen musste.[23] In Zusammenarbeit mit ABB und anderen großen Unternehmen arbeitet Covariant daran, in Lägern und Fabriken eingesetzten Industrierobotern eine Intelligenz zu verleihen, die nach Überzeugung des Unternehmens letztlich menschliche Wahrnehmung und menschliche Geschicklichkeit erreichen oder sogar übertreffen kann.

Viele der Start-ups und universitären Forschungsteams, die auf diesem Fachgebiet tätig sind, gehen wie Covariant davon aus, dass eine auf tiefe neuronale Netze und Verstärkungslernen gestützte Strategie die besten Chancen zur Entwicklung geschickterer Roboter bietet. Eine maßgebliche Ausnahme ist Vicarious. Das kleine KI-Unternehmen aus der San Francisco Bay Area wurde 2010 gegründet – zwei Jahre bevor der ImageNet-Wettbewerb von 2012 Deep Learning in den Fokus rückte. Auf lange Sicht verfolgt Vicarious das Ziel, eine menschenähnliche oder starke künstliche Intelligenz zu erreichen. Mit anderen Worten: In gewisser Hinsicht steht das Unternehmen in direkter Konkurrenz zu bekannteren und weit besser finanzierten Initiativen wie die von DeepMind und OpenAI. Auf den jeweiligen Kurs, den diese beiden Unternehmen vorgeben, und auch auf den generellen Anlauf zur Entwicklung menschenähnlicher KI gehen wir im fünften Kapitel noch näher ein.

Ein Hauptanliegen von Vicarious ist die Entwicklung flexiblerer – oder in der Sprache der KI-Forscher nicht so „spröder" – Anwendungen als im Falle typischer Deep-Learning-Systeme. Solche Anpassungsfähigkeit ist eine entscheidende Voraussetzung dafür, dass man von einem Roboter erwarten kann, mit so vielfältigen Aufgaben zurande zu kommen, wie sie derzeit nur Menschen erfüllen. Vicarious' technischer Mitgründer Dileep George, der die KI-Forschung des Unternehmens leitet, glaubt, dass der Bau von Robotern, die in der Lage sind, ihre Umwelt zu verstehen und zu manipulieren, ein wichtiger Meilenstein auf dem Weg zum Erreichen einer stärkeren Intelligenz ist. Anfang 2020 gab das Unternehmen bekannt, dass seine primäre kürzerfristige Geschäftsstrategie auf die Entwicklung vielseitig verwendbarer Roboter für Logistik und Produktion ausgerichtet ist.

Wenngleich sich Vicarious sehr bedeckt hält, was genauere Informationen angeht, hat das Unternehmen nach eigenen Angaben ein innovatives System zum maschinellen Lernen entwickelt, das von der Funktion des menschlichen Gehirns inspiriert ist. Dieses bezeichnet es als „rekursives kortikales Netzwerk".[24] Das Unternehmen setzt sein System ein, um Roboter zu animieren, die bereits bei Erstkunden in der Produktion verwendet werden, darunter die Logistikabteilung von Pitney Bowes und die Kosmetikfirma Sephora. Die Roboter von Vicarious beweisen eine erstaunliche Fähigkeit, die ihnen zugewiesenen Aufgaben immer besser zu erledigen – oft mit messbaren Steigerungen innerhalb von Stunden nach der Aufnahme des Betriebs.[25] Endziel ist die Entwicklung von Robotern, die nicht nur Artikel aus Lagerregalen oder Containern entnehmen können, sondern darüber hinauszugehen und Maschinen zu bauen, die echte vielseitige Manipulationsfähigkeiten haben, darunter Funktionen wie das Sortieren und Verpacken von Produkten. Sie sollen die Arbeitskräfte ersetzen, die in der Fabrik Maschinen mit Teilen bestücken oder komplexe Montagearbeiten ausführen. Vicarious hat mindestens 150 Millionen US-Dollar an Risikokapital eingeworben und wird von verschiedenen der prominentesten Persönlichkeiten aus dem Silicon Valley finanziell unterstützt, darunter Elon Musk, Mark Zuckerberg, Peter Thiel und – wie Sie vielleicht schon erwartet haben – Jeff Bezos.

Parallel zu den Fortschritten im Bereich künstlicher Intelligenz setzt Vicarious auch ein innovatives „Robots as a Service"-Geschäftsmodell um. Dieses könnte sich in etlichen Branchen als disruptiv erweisen. Statt eigene Roboter zu bauen oder zu verkaufen, kauft Vicarious Industrieroboter anderer Hersteller wie ABB ein, integriert diese in sein unternehmenseigenes Software-Umfeld für künstliche Intelligenz und vermietet sie dann ungefähr so an Firmen, wie eine Zeitarbeitsagentur Arbeitskräfte vermittelt. Die Unternehmenskunden sparen sich so die Vorabinvestitionen und langfristigen Verpflichtungen, die gewöhnlich mit Industrierobotern verbunden sind. Das löst direkt eines der größten Probleme beim Einsatz von Robotern: Einkauf, Montage und Programmierung dieser Maschinen sind kostspielig, weshalb es lange dauert, bis sich eine Investition auszahlt. Herkömmliche Industrieroboter sind aber nicht so flexibel und anpassungsfähig wie menschliche Beschäftigte. Jedes Mal, wenn sich Prozesse innerhalb eines Werks oder eines Lagers verändern – und das kann in kürzeren Abständen der Fall sein, manchmal innerhalb weniger Monate –, müssen die Roboter zeitraubend und teuer umprogrammiert werden. Das gehört zu den Haupthindernissen für den breiteren Einsatz von Robotern in diesem Umfeld. Der Robots-as-a-Service-Ansatz ist im Zusammenspiel mit dem Vermögen, die Roboter rasch für neue Aufgaben zu schulen, ein klarer Hinweis darauf, dass wir auf eine Zukunft zusteuern, in der Roboter genauso anpassungsfähig sind wie Menschen. Und das dürfte die Spielregeln in ganz verschiedenen Branchen ändern.

Vicarious ist nicht das einzige Unternehmen, das die Vorteile dieses Geschäftsmodells für sich entdeckt hat. Einen ähnlichen Ansatz verfolgt der australische Spezialist für Automatisierungstechnik Knapp, der Roboter einsetzt, die mit Software von Covariant betrieben werden. Im Januar 2020 erklärte der Knapp-Manager Peter Puchwein der *New York Times*, sein Unternehmen verfolge die Strategie, die Preise für die Roboter stets unter den Personalkosten anzusetzen. Als Beispiel führte er an, „wenn ein Unternehmen einem Arbeiter 40.000 US-Dollar Jahreslohn zahlt, berechnet Knapp rund 30.000 US-Dollar" „Wir bleiben einfach drunter", so Puchwein gegenüber der *Times*. „Darauf läuft das Geschäftsmodell hinaus. Das macht dem Kunden die Entscheidung leicht."[26] Neben den niedrigeren Kosten nehmen Roboter de facto natürlich auch keinen Urlaub, erkranken nicht, kommen nie zu spät und verursachen auch keine der sonstigen Managementprobleme und Unannehmlichkeiten, die es mit menschlichen Beschäftigten ständig gibt.

Doch selbst wenn Roboter viel geschickter werden und allmählich menschenähnliche Fähigkeiten erreichen, dürfte es noch lange dauern, bevor solche Maschinen so erschwinglich werden, dass sie als Konsumprodukte im häuslichen Umfeld eingesetzt werden. In Umgebungen wie Fabriken und Lagerhallen, wo die Gegebenheiten berechenbarer sind und Rentabilität und Effizienz unwiderlegbare Argumente für die unvermeidliche Verschiebung des Gleichgewichts zwischen Arbeitskräften und Maschinen liefern, dürfte der Umbruch deutlich früher kommen. Wie wir gesehen haben, zeigen Roboter nicht nur mehr physisches Geschick, sondern werden auch immer flexibler und anpassungsfähiger. Daher dürften sie auch in Bereichen wie der Elektromontage häufiger zum Einsatz kommen, in denen es auf die Fähigkeit ankommt, die Fertigung rasch auf neue Produkte umzustellen. Das alles dürfte sich als maßgebliches Kapitel in der Entwicklungsgeschichte der künstlichen Intelligenz zum stromähnlichen Versorgungsgut erweisen, dessen Tentakel praktisch jeden Aspekt der Wirtschaft erreichen.

Die Auswirkungen auf den Arbeitsmarkt werden letztlich erheblich sein – vor allem, da Lagerwirtschaft und Logistikzentren in den letzten Jahren bei der Schaffung von Arbeitsplätzen ein relativer Lichtblick waren, als das Onlineshopping den klassischen Einzelhandelssektor revolutionierte. Das alles könnte sich besonders heftig auswirken, wenn es mit der Erholung vom laufenden Konjunkturabschwung zusammenfällt. Ebenso gilt: Solange das Coronavirus – oder auch die unterschwellige Angst vor der nächsten Pandemie – weiter ein Faktor bleibt, stellen Roboter in der Produktion attraktive Lösungen für Probleme dar, die sich aus Abstandsregeln oder Krankschreibungen ergeben. Die potenziellen Effekte der künstlichen Intelligenz und der Robotik auf Arbeitsplätze und Wirtschaft beleuchten wir im sechsten Kapitel noch ausführlicher.

DIE ANSTEHENDE KI-REVOLUTION IM KLASSISCHEN EINZELHANDEL UND IM FAST-FOOD-SEGMENT

Am 3. Dezember 2019 veröffentlichte *Bloomberg* einen Artikel mit dem Titel „Robots in Aisle Two“ (Roboter in Gang 2), der sich mit dem Aufkommen von künstlicher Intelligenz, Robotik und Automatisierung im stationären US-Einzelhandel befasste. In dem Artikel des Wirtschaftsjournalisten Matthew Boyle stand, dass vor allem die großen Ketten im Lebensmitteleinzelhandel an der Einführung neuer Technologie interessiert seien, um sich gegen den absehbaren und vermeintlich existenzbedrohenden Vorstoß Amazons auf ihren Markt zu wappnen. Der schwerfällige Lebensmitteleinzelhandel, dessen letzte größere Innovation die Einführung der Strichcode-Lesegeräte Ende der 1970er-Jahre war, experimentierte neben anderen neuen KI-orientierten Technologien neuerdings eifrig mit „Robotern, die Regale scannen, Software für dynamische Preisgestaltung, Smart Carts, mobilen Kassenlösungen und an die Läden angeschlossenen automatisierten Minilägern".[27]

Dennoch äußerte sich ein in dem Artikel zitierter Branchenkenner eher zurückhaltend. „Bei Target wird man so schnell keine Roboter sehen", versicherte der CEO des Unternehmens. „Noch spielen zwischenmenschliche Kontakte eine große Rolle."[28] Etwa zwei Tage vor dem Erscheinen des Artikels auf der *Bloomberg*-Website wurde im chinesischen Wuhan der erste COVID-19-Fall dokumentiert. Die nächsten Monate stellten selbstredend all unsere Berechnungen zum vermeintlichen Wert „zwischenmenschlicher Kontakte" schneller auf den Kopf, als wir das je erlebt hatten. Sicherlich wird die Corona-Krise in so gut wie jedem Umfeld, in dem Menschen direkten Kontakt zu Kunden haben, den Automatisierungsdruck deutlich erhöhen – und zwar nicht nur aus Sorge um Abstands- und Hygieneregeln, sondern auch, weil der vom Virus ausgelöste Abschwung unvermeidlich dazu führt, dass Effizienzsteigerungen verstärkt in den Fokus rücken. Auch wenn die aktuelle Krise irgendwann vorüber ist – was höchstwahrscheinlich erst der Fall sein wird, wenn flächendeckend wirksame Impfstoffe oder Therapien verfügbar sind –, könnte sich ohne Weiteres herausstellen, dass dieser Trend in erheblichem Maß unumkehrbar ist.

Einzelhändler ganz unterschiedlicher Größe – vom Lebensmittelladen an der Ecke bis zur nationalen oder regionalen Kette – gehen energisch zum Einsatz von Robotern über, die in der Lage sind, bestimmte Aufgaben auszuführen. So verzeichnet beispielsweise die Brain Corporation, die autonome Wischroboter herstellt, sprunghafte Umsatzsteigerungen, da Ladengeschäfte aufgrund der Corona-Krise dringend über Nacht gründlich gereinigt werden müssen. Walmart rechnete bis spätestens Ende 2020 mit dem Einsatz der Maschinen in über 1.800 seiner US-Filialen.[29] Der Einzelhandels-Riese setzt auch Sortiermaschinen ein, die eingehende Waren beim Abladen vom Lkw bestimmten Abteilungen zuordnen. Ebenso investieren Einzelhändler in Roboter, die im Laden durch die Gänge fahren und Bestände aufnehmen. Walmart wollte solche Maschinen – die etwa 1,80 Meter groß und mit 15 Kameras ausgerüstet sind und automatisch die Regale inspizieren und die Strichcodes von Produkten scannen – spätestens im Sommer 2020 in mindestens 1.000 Filialen einsetzen.[30] Die von den Robotern erfassten Daten werden an Algorithmen weitergeleitet, die den Warenbestand in der Filiale verfolgen und das Personal sofort benachrichtigen, wenn nachbestellt werden muss. Analysen belegen einen direkten Zusammenhang zwischen nicht vorrätigen Produkten und Umsatzeinbußen. Die Bestandskontrollroboter steigern daher unmittelbar die Rentabilität und verbessern gleichzeitig das Kundenerlebnis. Algorithmen des maschinellen Lernens werden de facto bereits eingesetzt, um alles Mögliche zu steuern, vom Bestandsniveau über die Produktauswahl bis hin zur Platzierung bestimmter Artikel in den Filialen. Das alles ermöglicht dem physischen Einzelhandel, sich dieselbe Art von künstlicher Intelligenz zunutze zu machen, der sich Amazon so effektiv in seinem Onlinegeschäft bedient.

Einer der heißesten neuesten Trends sind sogenannte „Mini-Fulfillment-Center“, die an traditionelle Einzelhandelsgeschäfte angeschlossen werden. Diese werden von etlichen Start-ups wie Takeoff Technologies und dem israelischen Anbieter Fabric eingerichtet und sind mit robotischen Fulfillment-Funktionen ausgestattet – vielfach vergleichbar mit dem, was die weit größeren Logistikzentren von Unternehmen wie Ocado bieten. So ein Mini-Fulfillment-Center ermöglicht es einem Lebensmitteleinzelhändler, den Online-Lieferbetrieb effizient abzuwickeln und pro Woche bis zu 4.000 Bestellungen zu bearbeiten.[31] Weil das Onlinegeschäft auf diese Weise vom eigentlichen Laden abgetrennt wird, müssen Händler, die diese Technologie einsetzen, keine Beschäftigten in möglicherweise stark frequentierte Gänge schicken, um Waren zu holen, und nehmen gleichzeitig Druck von den Beständen in den Kunden zugänglichen Bereichen der Filiale, die im Zeitalter Coronavirus-bedingter Klopapierpanik möglicherweise ohnehin dezimiert sind. Zwar bieten die Mini-Fulfillment-Center nicht die Skaleneffekte, die größeren eigenständigen Logistikstandorten Kostenvorteile verschaffen, doch der anfängliche Investitions- und Zeitaufwand für die Integration in bestehende Filialen ist deutlich geringer: wesentliche Pluspunkte für kleinere Ketten oder unabhängige Geschäfte.

Generell weisen die im Einzelhandel eingesetzten Roboter dieselben Stärken und Schwächen auf wie ihre „Kollegen“ in der Lagerwirtschaft oder in der Fertigung. Die Maschinen bewegen und sortieren Material effizient im Hintergrund, fahren durch die Gänge, wischen die Böden oder scannen die Strichcodes von Produkten. Ihr fundamentales Handicap, das eine breitere Robotikrevolution verhindert, ist in erster Linie ihre mangelnde Fingerfertigkeit. So schlecht es Robotern bisher gelingt, in einem Lager viele verschiedene Artikel aus Regalen zu entnehmen, so wenig sind sie in der Lage, die sogar noch anspruchsvollere Aufgabe zu erfüllen, Regale in Einzelhandelsfilialen mit Produkten zu bestücken. Das wird sich natürlich ändern, sobald die ersten wirklich fingerfertigen Roboter auf den Markt kommen.

Wohlgemerkt verändert sich aber auch das gesamte Geschäftsmodell im Einzelhandel. Die meisten stationären Geschäfte stehen unter gnadenlosem Druck durch Amazon und andere Online-Einzelhändler. Dass Umsätze nach und nach weiter aus dem klassischen Einzelhandelssegment abfließen und stattdessen bei den gigantischen, immer stärker automatisierten Logistikzentren landen, die von den E-Commerce-Anbietern betrieben werden, erscheint unvermeidlich. Selbst im Lebensmittelsektor werden Onlinebestellungen und Lieferdienste immer beliebter, was sich durch die Ausgangssperren auf dem Höhepunkt der Corona-Krise noch drastisch verstärkt hat. Ob sich Kundenpräferenzen dadurch auf Dauer verändert haben, wird sich zeigen. Ganz unwahrscheinlich ist das aber nicht, wenn sich die Kunden erst einmal an die bequeme Lieferung von Lebensmitteln bis vor die Haustüre gewöhnt haben. Das könnte zu einem allgemeinen Umbau des Lebensmitteleinzelhandels führen – dazu also, dass der automatisierte Betrieb hinter dem eigentlichen Geschäft an Bedeutung gewinnt und sowohl die Fläche als auch der Produktbestand für die Gänge im Laden nach und nach schrumpfen. Vielleicht erleben wir irgendwann, wie Lebensmittelläden immer mehr zu Lagerhallen mutieren, die nahezu sofortige Abwicklung durch Lieferung oder Abholung bieten – möglicherweise mit kleinen Showroom-Arealen, in denen Kunden ausgestellte Produkte anschauen können, bevor sie sie über einen Kiosk oder ein mobiles Gerät ordern.

Ein besonders wichtiger Trend bei der Automatisierung des Einzelhandels verlangt Robotern gar keine Fingerfertigkeit ab – noch nicht einmal bewegliche Teile. In einem komplett neuen Einzelhandelsmodell – den kassenlosen Läden – betritt der Kunde die Filiale, nimmt sich die Waren aus dem Regal und verlässt das Geschäft ohne Checkout, Kasse oder expliziten Zahlungsvorgang. Dieses Konzept entstand 2018 in den Amazon-Go-Supermärkten. Die Kunden betreten die etwa 200 Quadratmeter großen Läden, indem sie zunächst eine App auf ihrem Handy aktivieren und beim Passieren einer Schleuse wie an einer U-Bahn-Station einscannen. Im Geschäft nehmen sie einfach Artikel aus dem Regal und legen sie in ihren Einkaufskorb. Ermöglicht wird das alles durch eine erstaunliche Synthese von Sensoren und Kameras, die gebündelt im ganzen Laden an der Decke angebracht sind. Zu den Details hält sich Amazon zwar sehr bedeckt, doch die Kameras sind in der Lage, Produkte genau zu verfolgen, wenn sie aus dem Regal entnommen werden. Die Daten werden von Deep-Learning-Systemen verarbeitet, die Bilderkennungsfunktionen einsetzen, um die Käufe jedes Kunden im Laden zuverlässig aufzuzeichnen, wenn er sich durch die Gänge bewegt und Artikel auswählt.

Die Technik funktioniert noch nicht hundertprozentig. Das eine oder andere entgeht dem System. Es ist aber erstaunlich schwierig, das System bewusst zu hintergehen. So kann ein Kunde einen Artikel nehmen, ins Regal zurücklegen – womöglich an eine andere Stelle – und später wieder holen. Der Kauf wird trotzdem korrekt zugeordnet. Selbst offenkundiger versuchter Ladendiebstahl, indem man einen Artikel verdeckt, bevor man ihn aus dem Regal nimmt, oder rasch in der Jackentasche verschwinden lässt, statt ihn in den Korb zu legen, verläuft meist erfolglos. Der Kunde verlässt das Geschäft nämlich wieder durch eine Schleuse, in der die Käufe registriert und automatisch seinem Amazon-Konto belastet werden.[32]

Amazon hat solche Go-Filialen mittlerweile an 26 Standorten in US-Großstädten eingerichtet und plant einem Bericht zufolge, US-weit ganze 3.000 Filialen zu eröffnen.[33] Im Februar 2020 kündigte das Unternehmen seinen ersten kassenlosen Lebensmittelmarkt in voller Größe an. Der Supermarkt befindet sich in Capitol Hill, einem Vorort von Seattle, hat eine Fläche von knapp 1.000 Quadratmetern und hält rund 5.000 Artikel vor. Wie üblich ist Amazon der publicityträchtigste Akteur, doch eine ganze Reihe von Start-ups beeilt sich, ähnliche Technologien auf den Markt zu bringen. So erhielt Accel Robotics im Dezember 2019 30 Millionen US-Dollar Risikokapital, um seine „Grab and Go"-Technologie zu finanzieren. Andere Neugründungen wie Trigo, Standard Cognition und Grabango haben alle mindestens 10 Millionen US-Dollar an Investorenkapital eingeworben.[34] Amazon soll seine Technologie auch an andere Einzelhändler auslizenziert haben.[35] Anders formuliert: Wir stehen am Anfang eines dynamischen, höchst wettbewerbsintensiven Marktes für eine Technologie, mit der sich Läden ohne Kassen betreiben lassen. Unter diesem Aspekt stehen die Chancen gut, dass sich verschiedene bestehende Einzelhändler auf das neue Modell umstellen.

Gewinnen kassenlose Geschäfte an Bedeutung, könnten sie die ganze Branche umkrempeln und letztlich allein in den USA die Arbeitsplätze von über dreieinhalb Millionen Kassenkräften gefährden. Muss man nicht mehr an der Kasse anstehen, so ist das nicht nur bequemer und spart Zeit, sondern passt auch gut in eine vom Coronavirus geprägte Zukunft, denn so kann man komplett kontaktlos bezahlen und kommt gar nicht in die Nähe menschlicher Beschäftigter. Die Ironie an der Geschichte: Als das Coronavirus um sich griff, schloss Amazon die meisten seiner Go-Filialen vorübergehend – möglicherweise, weil sie sich solcher Beliebtheit erfreuten, dass sich lange Käuferschlangen bildeten. Auf lange Sicht erscheint die Technologie jedoch perfekt geeignet für eine Welt, in der für Abstand zumindest eine Zeitlang gern mehr bezahlt wird.

Ein weiterer Sektor, in dem sich die Automatisierung durch Roboter in relativ naher Zukunft erheblich bemerkbar machen dürfte, ist die Fast-Food-Branche. McDonald's hat zum Beispiel bereits einen maßgeblichen Vorstoß unternommen, in seinen Restaurants weltweit Bestellkioske mit Touchscreens einzubauen. Das Unternehmen soll 2019 fast eine Milliarde US-Dollar für solche Maschinen ausgegeben haben, die früher oder später an fast allen Standorten in den USA installiert werden dürften.[36] In europäischen McDonald's-Restaurants sind die automatisierten Kioske bereits allgegenwärtig.

Auch Aufgaben in der Küche wie das Vor- und Zubereiten des Essens dürften in Kürze stärker automatisiert werden. Solche Jobs wurden bereits weitgehend herabqualifiziert und in eine Reihe ausgesprochen routinemäßiger Abläufe unterteilt. Das ist Teil einer Strategie der Branche, um die Löhne niedrig zu halten und sich an die Personalfluktuation anzupassen, die 2019 bei immerhin 150 Prozent lag.[37] Die Durchmechanisierung dieser Aufgaben lässt durchaus zu, dass Arbeitskräfte nach und nach durch Automaten ersetzt werden.

Eines der bislang erfolgreichsten Beispiele dafür liefert Creator, Inc. aus San Francisco. Der hoch entwickelte, ästhetisch gestaltete Roboter des ersten Restaurants des Unternehmens im Stadtteil South of Market produziert alle 30 Sekunden einen Hamburger in Gourmetqualität. Die Kunden stellen sich ihre Burger über eine Handy-App zusammen und ordern. Der Roboter bereitet den Hamburger dann vollautomatisch zu. Die verwendeten Produkte werden während des gesamten Prozesses kein einziges Mal von Menschenhand berührt. Und die Maschine beherrscht Raffinessen, wie man sie womöglich nicht einmal in mit menschlichen Köchen bemannten Nobelrestaurants vorfindet: Das Fleisch kommt frisch aus dem Wolf, der Käse wird für jeden Burger eigens gerieben und die Brötchen und das Gemüse werden ebenfalls erst bei Bedarf geschnitten. Creator verlangt sechs US-Dollar für einen Burger – etwa die Hälfte dessen, was man für ähnliche Qualität in anderen Restaurants auf den Tisch blättern müsste. Die Strategie des Unternehmens zielt nicht darauf ab, einen billigen Roboter-Burger zu produzieren, sondern darauf, die Arbeitskosten zu verringern, um mehr Geld in die Qualität der Speisen zu stecken. Bei Creator entfallen etwa 40 Prozent der Kosten auf die Lebensmittel, in einem normalen Restaurant sind es vielleicht 30 Prozent.[38]

Es sollte sich aber zeigen, dass es keinesfalls trivial war, eine Maschine zu entwickeln und zu bauen, die in der Lage ist, vollautomatisch Hamburger in Gourmetqualität herzustellen. Creator wurde 2012 gegründet. Ich schrieb über das Unternehmen, das damals noch Momentum Machines hieß, bereits in meinem im englischen Original 2015 erschienenen Buch „Aufstieg der Roboter". Bis der Roboter mit der Produktion beginnen konnte, wurde über sechs Jahre lang Hard- und Software entwickelt, gebaut und getestet. Das Lokal in San Francisco wurde im Juni 2018 eröffnet. Das Unternehmen, das Mittel von Google Ventures und anderen führenden Wagniskapitalgebern aus dem Silicon Valley erhielt, ist heute möglicherweise so weit, dass es rasch expandieren oder seine Technologie an andere Restaurants auslizenzieren kann.

Mit seiner Strategie, durch Automatisierung High-End-Hamburger zu produzieren, dürfte das Unternehmen nicht lange alleine bleiben. Vermutlich werden verschiedene andere Start-ups ihrerseits Roboter entwickeln, die billige Massenburger ausspucken. Ich halte es auf längere Sicht für unvermeidlich, dass die großen Fast-Food-Ketten, aber auch kleinere unabhängige Restaurants solche Technologien einführen. Sobald ein maßgeblicher Akteur vorprescht und aus der Technologie Kapital schlägt, sorgt die Wettbewerbsdynamik quasi garantiert für flächendeckende Automatisierung.

Und dieser Effekt wird sich nicht auf Hamburger beschränken. Unternehmen werden effektive Wege finden, Roboter für die Zubereitung aller möglicher Speisen und Getränke einzusetzen, von der Pizza über den Taco bis hin zu Ihrem Lieblingskaffee. Die gängige Meinung, dass Kunden im Lokal viel lieber mit Menschen interagieren als mit Robotern, trifft nach Einsetzen der Corona-Pandemie vielleicht nicht mehr in jedem Fall zu. Eine Maschine, die absolut kontaktlos fertige Gerichte liefern kann, bietet plötzlich maßgebliche Marketingvorteile. Während ich diese Zeilen schreibe, dürfen viele Restaurants in aller Welt ihre Produkte nur ausliefern oder abholen lassen. Sollten sich Verbraucher durch die Krise ganz auf Speisen zum Mitnehmen umstellen, würde das die von Interaktionen mit Menschen gebotenen Vorteile zusätzlich minimieren, die Geschäftsmodelle und Kostenstrukturen von Restaurants verändern und die branchenweite Automatisierung womöglich noch beschleunigen.

KÜNSTLICHE INTELLIGENZ IM GESUNDHEITSWESEN

Über die 50 Jahre von 1970 bis 2019 haben sich die Gesundheitsausgaben in Prozent des Bruttoinlandsprodukts in den Vereinigten Staaten mehr als verdoppelt – von rund 7 auf circa 18 Prozent.[39] In anderen Industrieländern tendieren die Graphen zu den Gesundheitsausgaben zwar nicht ganz so steil nach oben, und die Ausgaben sind derzeit niedriger als in den USA, doch im Großen und Ganzen ist die Entwicklung ähnlich. In Ländern wie Deutschland, der Schweiz und dem Vereinigten Königreich haben sich die Ausgaben als Bruchteil des Bruttoinlandsprodukts im selben Zeitraum ebenfalls mindestens verdoppelt.[40] Primärer Treiber dieses globalen Trends ist die sogenannte „Baumol'sche Kostenkrankheit", ein von den Ökonomen William Baumol und William Bowen untersuchtes Phänomen, beschrieben in ihrem Buch aus dem Jahr 1966, das sich auf die Kostenkrankheit im Sektor der darstellenden Künste fokussierte.[41]

Dem Konzept von der Kostenkrankheit liegt der Hauptgedanke zugrunde, dass bestimmte Wirtschaftssektoren, allen voran Gesundheitswesen und weiterführende Bildung, einen Einsatz hochqualifizierter Beschäftigter erfordern, der weder routinemäßig abläuft noch skalierbar ist. Infolgedessen gab es in diesen Sektoren nicht dieselben Produktivitätssteigerungen, wie sie sich in der breiteren Wirtschaft manifestierten. Mit dem unablässigen Fortschritt der Automatisierung in Fabriken hat sich beispielsweise die Leistung eines einzelnen Produktionsarbeiters enorm vergrößert. Dasselbe gilt für Sektoren wie Einzelhandel und Fast Food, in denen die Einführung neuer Technologie sowie effizientere Organisation am Arbeitsplatz, Managementmethoden und Geschäftsmodelle – einschließlich der Entwicklung der „Big Box"-Läden und des Onlineshopping – die Produktivität ähnlich in die Höhe trieb. Im Gesundheitswesen dagegen verlangen Patienten nach wie vor die ganz persönliche Aufmerksamkeit von Ärzten, Pflegekräften und anderem Fachpersonal. Sicherlich haben neue Erkenntnisse und Technologien die Qualität der Pflege verbessert und für die Patienten viel bewirkt, doch bislang hat das die Leistung der Beschäftigten nicht so gesteigert, wie wir es bei den Arbeitskräften in den Fabriken beobachten konnten. Dessen ungeachtet mussten die Löhne und Gehälter im Gesundheitssektor angehoben werden, um mit dem Schritt zu halten, was Beschäftigte in produktiveren Industriezweigen verdienen. Sonst würden Mediziner und Pflegekräfte ihren Beruf vermutlich an den Nagel hängen (oder gar nicht erst ergreifen), weil andere Optionen attraktiver wären. Das Ergebnis: Die Gesundheitskosten machen einen immer größeren Teil der Wirtschaft aus.[42]

Eine der größten Chancen – und Herausforderungen – für künstliche Intelligenz ist es, die Kostenkrankheit im Gesundheitswesen zu kurieren. Wird sie sich als die Technologie erweisen, der endlich gelingt, die Kostenkurve zu drehen, indem sie die Produktivität in der gesamten Branche hochschraubt? Noch ist das nicht passiert, doch es gibt gute Gründe für die Zuversicht, dass KI auf lange Sicht spürbare Effekte zeigen wird.

Roboter sind im Krankenhaus bereits auf dem Vormarsch, unterliegen dort aber denselben grundlegenden Einschränkungen wie in der Lagerwirtschaft und im Einzelhandel. Desinfektionsroboter setzen sich zum Beispiel rasch durch. Solche Maschinen können einen virtuellen Plan eines Krankenhauszimmers erstellen und dann autonom navigieren und dabei jede Oberfläche mit starker UV-Strahlung behandeln. Anders als menschliche Arbeitskräfte übersehen die Roboter dabei nie eine Stelle. Das UV-Licht zerstört schnell die RNA oder DNA von Viren und Bakterien, sodass ein Standardzimmer in etwa 15 Minuten desinfiziert werden kann. Das Verfahren hat sich als deutlich effektiver erwiesen als flüssige Desinfektionsmittel – umso mehr, als manche der gefährlichsten „Superkeime" Resistenzen gegen diese Chemikalien entwickelt haben. Ein Hersteller – nämlich Xenex mit Sitz in San Antonio – verzeichnete in den ersten drei Monaten der Corona-Pandemie einen Anstieg der Nachfrage nach seinen Desinfektionsrobotern um 400 Prozent.[43]

Andere Roboter sind autonom in den Gängen und Aufzügen von Kliniken unterwegs und befördern Medikamente, Wäsche und medizinischen Bedarf. Die Roboter können schwere Lasten tragen und kehren regelmäßig an ihre Ladestationen zurück, um ihre Batterien aufzuladen. Ebenso haben gewaltige Apothekenroboter, die in großen Krankenhäusern mit fehlerloser Präzision Tausende verschreibungspflichtiger Medikamente zubereiten und ausgeben, die Effizienz erhöht und Medikationsfehler verringert. Die Verfahren werden von solchen Maschinen komplett automatisiert. Von dem Zeitpunkt gerechnet, an dem ein Arzt die Bestellung ins Computersystem des Krankenhauses eingibt, wird das Medikament erst dann von einer menschlichen Hand berührt, wenn es vom Roboter verpackt, etikettiert und mit einem rückverfolgbaren Strichcode versehen ist. Das System führt auch Buch über den Apothekenbestand und löst automatisch jeden Tag Bestellungen für neue Medikamente aus.[44]

Das sind maßgebliche Fortschritte, doch noch einmal: Sie beschränken sich auf die Aspekte der im Gesundheitswesen auszuführenden Arbeiten, die routinemäßig ablaufen. Es gibt keine Roboter, die hochqualifizierte Eingriffe übernehmen könnten, wie sie von Ärzten und Pflegekräften durchgeführt werden. In der Chirurgie erfreuen sich Roboter wie das Da-Vinci-System großer Beliebtheit und können möglicherweise die Kapazitäten von Chirurgen erweitern. Autonom funktionieren sie aber nicht. Vielmehr bedient derselbe Arzt, der sonst die Operation durchführen würde, neuerdings den Roboter. Der Patient ist mit dem Ergebnis möglicherweise zufriedener, doch der Zeitaufwand des Chirurgen und seines medizinischen Teams verringert sich nur unmaßgeblich. Die von Ärzten und Pflegekräften durchgeführten Eingriffe stellen für künstliche Intelligenz eine außerordentliche Herausforderung dar, weil sie neben äußerster Fingerfertigkeit auch noch Problemlösung und soziale Kompetenz verlangen und obendrein die Fähigkeit, mit einem unberechenbaren Umfeld zurande zu kommen, in dem jede Situation und jeder Patient einzigartig sind. Soweit es physische Roboter im Gesundheitswesen betrifft, liegt der Skaleneffekt bei der Produktivität, den wir in Fabriken oder Lagerhallen beobachtet haben, noch in ferner Zukunft und wird Robotern nicht nur deutlich mehr Fingerfertigkeit abverlangen, sondern möglicherweise auch starke künstliche Intelligenz oder zumindest etwas Vergleichbares.

Angesichts der Grenzen physischer Roboter dürfte jeder wirklich maßgebliche kürzerfristige Effekt von KI auf das Gesundheitswesen dort stattfinden, wo keine beweglichen Teile erforderlich sind. Das heißt, die künstliche Intelligenz wird sich in der Informationsverarbeitung profilieren und auf rein intellektuellem Gebiet, etwa bei der Diagnose oder der Entwicklung von Behandlungskonzepten. Ein besonders vielversprechender Bereich ist die Interpretation medizinischen Bildmaterials mithilfe von Techniken des maschinellen Sehens. Etliche Studien belegen, dass Deep-Learning-Systeme vielfach ebenso kompetent oder sogar besser sind als menschliche Radiologen. So ergab eine 2019 von einem Google-Forschungsteam und mehreren medizinischen Fakultäten publizierte Studie, dass Deep-Learning-Systeme bei der Diagnose von Lungenkrebs anhand der Analyse von CT-Scans besser abschnitten als Radiologen. Wenn keine frühere CT-Aufnahme vorhanden war, lag Googles System in 94,4 Prozent der Fälle richtig und „stellte alle sechs Radiologen in den Schatten". Stand eine frühere Aufnahme zum Vergleich zur Verfügung, lag das System „mit denselben Radiologen gleichauf".[45]

In der Radiologie wurden mitunter KI-Systeme auf Notfallbasis eingesetzt, als die Corona-Pandemie die Krankenhäuser zu überlasten drohte. Da nicht genügend Tests auf COVID-19 vorhanden waren, wurden Röntgenaufnahmen des Thorax, die Hinweise auf die häufig von dem Virus verursachte Lungenentzündung lieferten, zu einer wichtigen alternativen Diagnosetechnik. In manchen Krankenhäusern verursachte der Rückstand Verzögerungen von sechs Stunden oder mehr, in denen sich die Radiologen verzweifelt bemühten, die Bilder auszuwerten. Daraufhin zeigten sich zwei Hersteller von KI-Diagnosetools, Qure.ai aus Mumbai und das koreanische Unternehmen Lunit, in der Lage, ihre Systeme umgehend so zu rekalibrieren, dass sie sich auf das Coronavirus fokussierten. Einer Studie zufolge lag die Trefferquote des Systems von Qure.ai bei der Unterscheidung von COVID-19 von anderen Ursachen für Lungenentzündung bei 95 Prozent.[46]

Solche Ergebnisse schüren eine Begeisterung, die sich mitunter zum Hype auswächst. Manche Deep-Learning-Spezialisten gehen schon mehr oder minder fest davon aus, dass KI-Systeme Radiologen in relativ naher Zukunft vollständig ersetzen werden. Turing-Preisträger Geoffrey Hinton, der wohl prominenteste Fürsprecher von Deep Learning, erklärte 2016, dass „wir schon jetzt keine Radiologen mehr ausbilden" sollten, weil „einfach ganz offensichtlich ist, dass Deep Learning in fünf Jahren bessere Leistungen bringen wird als die

Radiologen." Hinton verglich die Ärzte mit Wile E. Coyote, der Figur aus der Zeichentrickserie *Roadrunner*, weil dieser oft erst nach unten schaute und prompt abstürzte, wenn er „die Klippe bereits hinter sich gelassen" hatte.[47] Während ich diese Zeilen schreibe – also vier Jahre nach Hintons Äußerung –, gibt es noch keine Hinweise auf drohende Arbeitslosigkeit für Radiologen. Tatsächlich halten auf dieses Fachgebiet spezialisierte Mediziner kräftig dagegen, wenn argumentiert wird, ihr Beruf sei dem Untergang geweiht. Im September 2019 veröffentlichte der Arzt Alex Bratt aus der Radiologieabteilung der Stanford Medical School einen Kommentar unter dem Titel „Why Radiologists Have Nothing to Fear from Deep Learning" und führt darin an, dass es Radiologiesystemen auf der Grundlage von Deep Learning an der nötigen Flexibilität und ganzheitlichen Logik mangele, sodass sie generell nur einfache Fälle bearbeiten könnten. Die Systeme, so schrieb er, seien nicht in der Lage, Informationen aus „klinischen Dokumentationen, Laborwerten und früheren Bildern" einzubeziehen und dergleichen mehr. Infolgedessen zeichne sich diese Technologie bislang nur aus bei „Strukturen, die sich mit hoher Spezifizität und Sensitivität aus nur einem Bild (oder mehreren zusammenhängenden Bildern) ohne Zugriff auf klinische Informationen oder frühere Studien erkennen lassen."[48] Geoff Hinton würde vermutlich dagegenhalten, dass diese Grenzen unweigerlich überwunden werden. Auf lange Sicht dürfte er höchstwahrscheinlich Recht behalten, doch dieser Prozess wird meiner Ansicht nach eher graduell verlaufen, nicht in Form eines plötzlichen Umbruchs.

Tatsache ist auch, dass es neben den technischen Möglichkeiten als solchen noch verschiedene größere Hindernisse gibt, die eher nicht vermuten lassen, dass Radiologen – oder andere medizinische Spezialisten – in näherer Zukunft beim Arbeitsamt vorsprechen müssen. Das Gesundheitswesen ist in praktisch jeder Hinsicht stark reguliert, manchmal durch mehrere Stellen, weil sich Befugnisse überschneiden. Approbierte Ärzte gänzlich auszuklammern dürfte nicht so einfach werden. Die Macht von Verbänden wie der American Medical Association verleiht Ärzten weit größeren Einfluss auf ihr

Schicksal als vielen anderen Arbeitsmarktteilnehmern. Hinzu kommen schwerwiegende Haftungsfragen. Ein Schnitzer, der für einen Patienten schlimme Folgen hat, führt schnell zu einem Kunstfehlerprozess. Derzeit verteilt sich die Haftung auf Tausende einzelner Ärzte. Wird deren Arbeit aber von einem Gerät oder einem Algorithmus übernommen, entwickelt und vertrieben von einem finanzkräftigen Unternehmen, so würde sich die Haftung dort konzentrieren und möglicherweise Anreiz für eine Prozessflut schaffen. All diese Probleme könnten langfristig lösbar sein, doch für die nähere Zukunft stellt sich meines Erachtens nicht die Frage, ob KI Radiologen verdrängt, sondern eher, ob sie deren Produktivität spürbar steigern kann. Ermöglicht Deep Learning den Radiologen, innerhalb einer bestimmten Zeit erheblich mehr Bildmaterial zu analysieren und sofort eine zweite Meinung zu liefern, was die Fehlerquote minimiert, kann der einzelne Arzt dadurch ein größeres Arbeitspensum bewältigen. Das könnte mit der Zeit dazu führen, dass Medizinstudenten auf die natürliche Marktnachfrage nach ihren Diensten reagieren und sich für ein anderes Fachgebiet entscheiden.

Bilder sind selbstredend nicht die einzige Informationsform, auf die Deep-Learning-Algorithmen zugreifen können. Die Umstellung auf elektronische Patientenakten hat einen gewaltigen Datenschatz erzeugt, der sich in vieler Hinsicht ideal für die Anwendung künstlicher Intelligenz anbietet. Diese Ressource so zu nutzen, dass Effizienzen gesteigert, Kosten gesenkt und Patienten besser versorgt werden, ist auf kürzere Sicht vermutlich die aussichtsreichste Chance für KI im Gesundheitswesen. Manche behaupten, Behandlungsfehler seien in den Vereinigten Staaten nach Krebs und Herzerkrankungen die dritthäufigste Todesursache. Ganze 440.000 Amerikaner fallen jedes Jahr vermeidbaren Fehlern zum Opfer.[49] Besonders oft passieren Pannen wie die Verabreichung falscher Medikamente oder einer falschen Dosis.

Eine Studie aus dem Jahr 2019 untersuchte die Ergebnisse einer KI-Anwendung des israelischen Start-ups MedAware auf historische Datensätze zu fast 750.000 Patienteninteraktionen, die von 2012 bis

2013 im Brigham and Women's Hospital in Boston stattgefunden hatten. Das System kam beinahe 11.000 Fehlern auf die Spur. Eine Analyse der Ergebnisse ergab, dass die MedAware-Software in 92 Prozent der Fälle tatsächlich nachweisliche Fehler aufgedeckt und bei fast 80 Prozent der Warnmeldungen wertvolle klinische Informationen beigetragen hatte. Außerdem wären über zwei Drittel der Pannen durch das bisher in dem Krankenhaus verwendete System nicht erkannt worden. Neben den besseren Ergebnissen für Patienten und der möglichen Rettung von Menschenleben stellte die Studie fest, dass das Bostoner Krankenhaus Kosten in Höhe von rund 1,3 Millionen US-Dollar hätte einsparen können, die direkt aus diesen Fehlern resultierten.[50]

Eine der spektakulärsten Anwendungen künstlicher Intelligenz auf Patientendaten fand 2016 statt, als DeepMind einen auf fünf Jahre befristeten Vertrag zur gemeinsamen Datennutzung mit dem britischen National Health Service schloss. Der NHS gab DeepMind Zugriff auf Informationen über mehr als eine Million Patienten. Zu den entwickelten Pilotanwendungen gehörten ein System, das Patientenakten analysieren, die Ergebnisse prüfen und sofort eine Warnmeldung an NHS-Beschäftigte senden konnte, wenn ein Patient Gefahr lief, eine akute Nierenschädigung zu erleiden, und ein weiteres KI-System, das sich in der Lage zeigte, anhand von medizinischem Bildmaterial Augenerkrankungen mitunter mit größerer Treffsicherheit zu diagnostizieren, als sie bei Ärzten vorlag. Es gab zwar vielversprechende Fortschritte, doch als das Programm 2019 auf DeepMinds Muttergesellschaft Google übertragen wurde, explodierten die Kontroversen. Die Schreckensvorstellung, der Tech-Riese könne Zugang zu Patientendaten des NHS erhalten, löste unmittelbar heftige Reaktionen aus, obwohl Google auf vorhandene strikte Datenschutzrichtlinien und die sorgfältige Anonymisierung der Daten verwies.[51] Das alles zeigt einmal mehr, wie Faktoren, die gar nichts mit den technischen Möglichkeiten zu tun haben – in diesem Fall vermeintlich begründete Datenschutzbedenken –, den Einsatz künstlicher Intelligenz im Gesundheitssektor erheblich bremsen können.

Manche der größten Überraschungserfolge mit künstlicher Intelligenz im Gesundheitswesen werden auf dem Gebiet der psychischen Gesundheit erzielt. Das 2017 gegründete Silicon-Valley-Start-up Woebot Labs hat einen Chatbot entwickelt, der über ähnliche Technologien zur Verarbeitung natürlicher Sprache verfügt wie Alexa und Siri und diese mit von Psychologen erarbeiteten, sorgfältig geskripteten Gesprächselementen kombiniert. Woebot verfolgt im Grunde den Ansatz, die kognitive Verhaltenstherapie (Cognitive Behavioral Therapy oder kurz CBT) zu automatisieren. Dabei handelt es sich um eine bewährte Methode, um Menschen zu helfen, die an Depressionen oder Angststörungen leiden. Eine Woche nach Freischaltung des Chatbots hatten bereits über 50.000 Menschen Gespräche mit der Anwendung geführt. Dazu Gründerin und CEO Alison Darcy: „Woebot kann auch um 2 Uhr morgens für Sie da sein, wenn Sie gerade eine Panikattacke erleiden und Ihr Therapeut schlecht bei Ihnen im Bett liegen kann oder sollte.“[52] Dass der Chatbot rund um die Uhr unbegrenzt und derzeit kostenlos zur Verfügung steht, ist in der Psychotherapie tatsächlich eine absolute Neuerung, und die Anwendung erfüllt bereits eine wichtige Funktion. Selbst Beschäftigte, die in den Vereinigten Staaten krankenversichert sind, haben nur begrenzten Zugang zu psychosozialen Diensten. In vielen Entwicklungsländern mit unterdurchschnittlichen Gesundheitssystemen ist die Lage noch viel prekärer. In Regionen, in denen der Staat Mühe hat, auch nur die medizinische Grundversorgung der Bevölkerung sicherzustellen, ist es für die meisten Bürger gar nicht möglich, sich professionelle psychologische Unterstützung zu holen. Woebot spricht regelmäßig mit Menschen aus über 130 Ländern, die vielfach mithilfe KI-gestützter Übersetzungstools mit Schnittstellen zum ausschließlich englischsprachigen Leistungsangebot des Chatbots kommunizieren.[53] In einer Welt, in der sich immer klarer eine psychische Gesundheitskrise abzeichnet, die durch die von der Coronavirus-Pandemie ausgelösten zusätzlichen Belastungen und Ängste noch verschärft wird, sind solche Hilfsmittel für viele Menschen möglicherweise die einzige greifbare Lösung.

Ich erkenne darin durchaus eine gewisse Ironie: Ausgerechnet das gesundheitliche Fachgebiet, das wir naturgemäß als das am ureigensten menschliche betrachten, ist auch das erste, das von den skalierbaren, KI-gestützten Produktivitätssteigerungen profitiert, von denen wir uns erhoffen, dass sie irgendwann die gesamte Branche verändern.

Als wichtigster absehbarer und wirklich disruptiver Durchbruch der künstlichen Intelligenz in der Medizin könnte sich die Entstehung eines umfassenden, zuverlässigen Systems für die allgemeine Diagnose und Behandlung erweisen – in anderen Worten, eine Art „Westentaschendoktor". Dieser soll den Arzt nicht ersetzen, sondern ihm so zum verlängerten Arm werden, dass die Kompetenz und Erfahrung der allerbesten Mediziner effektiv demokratisiert werden kann. Gut vorstellbar, dass es in Zukunft ein leistungsfähiges KI-Diagnosesystem gibt, mit dem sich die ärztliche Produktivität drastisch steigern lässt. Zu diesem Zweck könnte ein Umfeld geschaffen werden, in dem einem unerfahrenen oder mittelmäßigen Arzt bei der Betreuung von Patienten quasi ein virtuelles Team führender Spezialisten zur Verfügung steht, das ihm über die Schulter schaut und jederzeit beratend zur Seite steht.

So weit sind wir aber noch nicht, und einer der ersten Anläufe in diese Richtung mahnt zur Vorsicht. Unmittelbar nach Watsons triumphaler Bewältigung der *Jeopardy!*-Herausforderung im Jahr 2011 machte sich IBM energisch ans Werk, um diese Technologie für das Gesundheitswesen und andere Branchen nutzbar zu machen. Um Watson entstand ein neuer milliardenschwerer Geschäftsbereich. IBM hatte die Vision, dass Watson sich Wissen aus vielen verschiedenen Quellen aneignen würde: eine Flut von Informationen aus Fachbüchern, klinischen Dokumentationen, Ergebnissen von Diagnose- und Gentests und wissenschaftlichen Abhandlungen. Dann würde er seine übermenschlichen Kapazitäten nutzen, um Zusammenhänge zu erkennen, die sich auch den fähigsten Experten entzögen. IBM hoffte, die Technologie würde greifbare Vorteile bei Anwendungen bringen wie der Entwicklung personalisierter Behandlungspläne für komplexe Erkrankungen wie Krebs. Daraufhin setzte ein extremer Hype ein. In den Medien wurde Watson als „Medizinstudent“ gepriesen, der „zum Angriff auf Krebs“[54] übergehe, als wäre das nur eine weitere Folge von *Jeopardy!*. Dennoch sind die Ergebnisse bislang, gelinde gesagt, wenig überzeugend. 2017 stellte das MD Anderson Cancer Center der University of Texas – mit dem IBM eine besonders intensiv propagierte Partnerschaft im Gesundheitssektor unterhielt – die Zusammenarbeit mit Watson ein, nachdem keine echten Vorteile durch die Technologie festgestellt worden waren.[55] IBM ist aber dennoch zuversichtlich und investiert weiter in diese Idee, ebenso wie eine wachsende Zahl anderer Unternehmen, darunter Start-ups, aber auch große Konzerne wie Google. Der Wettbewerb dürfte rege bleiben, da einer wirklich erfolgreichen Technologie atemberaubende Renditen winken. Persönlich halte ich es für unvermeidlich, dass sich der Erfolg früher oder später einstellen wird. Voraussetzung dafür dürften aber KI-Technologien sein, die über die aktuellen Deep-Learning-Ansätze hinausgehen. Das heißt, Durchbrüche in Richtung einer stärkeren Intelligenz, an der Wissenschaftler an vorderster Front der Disziplin forschen. Mit der Forschungsarbeit dieser KI-Pioniere befasst sich das fünfte Kapitel.

Sollten irgendwann wirklich leistungsfähige, belastbare Systeme vorhanden sein, so könnte das meiner Ansicht nach die Tür aufstoßen für eine ganz neue Kategorie medizinischer Fachleute. Das könnten Personen mit einem Bachelor- oder Masterabschluss sein, die sozusagen zur Schnittstelle zwischen Patienten und einem zugelassenen, regulierten medizinischen KI-System ausgebildet wurden. Solche weniger kostspieligen Beschäftigten würden den Arzt zwar nicht direkt ersetzen, könnten aber unter seiner Aufsicht tätig sein und Standardfälle übernehmen. So sehen sich Hausärzte in den Vereinigten Staaten beispielsweise von einer endlosen Flut von Patienten überschwemmt, die alle unter denselben chronischen Beschwerden leiden, allen voran starkes Übergewicht, hoher Blutdruck und Diabetes. Eine neue Klasse von Medizinern, die Hand in Hand mit künstlicher Intelligenz arbeitet, könnte viel dazu beitragen, diese Belastung zu verringern und dabei größere Einzugsgebiete abzudecken. Viele ländliche Regionen der USA leiden bereits akut unter Ärztemangel, was sich noch verschlimmern dürfte, wenn die Bevölkerung weiter altert. Wollen wir diese Probleme lösen und letztlich die Produktivitätssteigerungen herbeiführen, die die Kostenkrankheit im Gesundheitswesen endlich eindämmen, dürften wir kaum eine andere Wahl haben, als in der Medizin stärker auf künstliche Intelligenz zu setzen.

SELBSTFAHRENDE PKW UND LKW KOMMEN NICHT SO SCHNELL WIE ERWARTET

Elon Musks Versprechen, bis Ende 2020 eine Million Robotertaxis auf die Straßen zu bringen, ist nur das letzte in einer langen Reihe von Beispielen für übertriebenen Überschwang in der Branche des autonomen Fahrens. Vielleicht weil das Auto in unserem Leben zumindest in den Vereinigten Staaten eine so zentrale Rolle spielt, hat keine andere Anwendung künstlicher Intelligenz einen derartigen Hype und überzogenen Enthusiasmus ausgelöst wie das selbstfahrende Auto. Seit sich diese Industrie nach den großen Wettbewerben der Defense Advanced Research Projects Agency (DARPA) von 2004 und 2005 entwickelt hat, hat die Technologie zwar Erstaunliches erreicht, verfehlt aber dennoch regelmäßig die übersteigerten Erwartungen. 2015 sagten die bestinformierten Brancheninsider einhellig voraus, innerhalb der nächsten fünf Jahre würden vollautonome Fahrzeuge auf den Straßen unterwegs sein. Chris Urmson, einer der Pioniere dieser Disziplin und ehemaliger technischer Leiter des auf selbstfahrende Autos spezialisierten Google-Ablegers Waymo, ist inzwischen CEO und Gründer des Start-ups Aurora für autonomes Fahren. Von ihm stammt die berühmte Spekulation, sein damals elfjähriger Sohn bräuchte womöglich gar keinen Führerschein mehr, wenn er 16 Jahre alt würde. Auch große Hersteller wie Toyota und Nissan sprachen von selbstfahrenden Autos bis spätestens 2020.[56] All diese Prognosen wurden inzwischen korrigiert. Urmson ist nach wie vor zuversichtlich. Er äußerte 2019, er rechne innerhalb von fünf Jahren mit mindestens „Hunderten" vollautonomer Fahrzeuge, die im öffentlichen Straßenverkehr eingesetzt werden[57], und innerhalb von zehn Jahren mit dem Betrieb von vielleicht 10.000 oder mehr solcher Fahrzeuge.[58] Meiner persönlichen Ansicht nach könnten sich auch diese Prognosen als zu optimistisch erweisen. Ich sehe die reale Gefahr, dass es noch viele Jahre lang heißen wird, wirklich autonome Fahrzeuge gibt es erst in fünf Jahren.

In Wirklichkeit ist der Routinebetrieb autonomer Autos auf Autobahnen und im städtisch geprägten Umfeld – also dort, wo alles mehr oder minder erwartungsgemäß läuft – kein großes Problem mehr. Glichen öffentliche Straßen stärker dem Innenleben eines Amazon-Lagers, was das Gesamtniveau der Berechenbarkeit anbelangt, so würden selbstfahrende Autos vielleicht längst überall eingesetzt.

Problematisch sind natürlich die sogenannten Grenzfälle – die praktisch unbegrenzte Zahl ungewöhnlicher Interaktionen und Situationen, die ein selbstfahrendes Auto nur schwer oder gar nicht vorhersehen oder oft nicht richtig interpretieren kann. Für die meisten Initiativen für autonomes Fahren müssen die benutzten Straßen vorab hochpräzise kartiert werden. Unerwartete Sperrungen, Baustellen oder Verkehrsunfälle können daher Probleme aufwerfen. Auch ungünstige Witterungsverhältnisse, insbesondere starke Regen- oder Schneefälle, stellen maßgebliche Hürden dar. Die größte Herausforderung könnte aber darin bestehen, sicher mit einem Ökosystem zu interagieren, das mit unberechenbaren Fußgängern, Radfahrern und Fahrern bevölkert ist. In Städten wie San Francisco trifft man nicht selten auf unkonzentrierte oder angetrunkene Fußgänger. Und selbst das Verhalten derjenigen, die aufmerksam unterwegs sind, ist oftmals schwer zu interpretieren: Manchmal betreten sie die Fahrbahn vorsichtig, in bestimmten Gegenden dagegen deutlich forscher als anderswo. In dicht besiedelten Regionen hängt die Koordination zwischen Fahrern und Fußgängern häufig von sozialen Interaktionen ab, die für ein selbstfahrendes Auto sehr schwer zu verstehen oder zu replizieren wären. Eine Verbindung, die durch Blickkontakt oder eine Handbewegung hergestellt wird, das kurze Innehalten, um auf die Bestätigung durch den Fahrer zu warten, und etliche weitere nuancierte Verhaltensweisen bilden eine Art unausgesprochene Sprache, die fast jeder versteht, der am Straßenverkehr teilnimmt. Wie ich es sehe, könnte sich durchaus herausstellen, dass die heutigen Deep-Learning-Systeme von solchen Interaktionen schlichtweg überfordert sind. Damit will ich sagen, dass wirklich autonome Fahrzeuge möglicherweise eine Technologie erfordern, die näher an eine starke maschinelle Intelligenz herankommt. Und diese könnte noch lange auf sich warten lassen.

Aufgrund der Schwierigkeiten, mit denen selbstfahrende Autos im Stadtverkehr konfrontiert sind, vertreten viele Analysten die Auffassung, dass die ersten tatsächlich in der Praxis eingesetzten fahrerlosen Vehikel Lkw im Fernverkehr sein werden. Das Fahren auf der Autobahn ist schließlich ein Problem, das Systeme wie Teslas Autopilot bereits weitgehend gelöst haben. Es trifft zwar sicherlich zu, dass unvorhersehbare Ereignisse auf der Autobahn mit geringerer Wahrscheinlichkeit eintreten als an einer verkehrsreichen Kreuzung in der Innenstadt, doch durch die gefahrenen Geschwindigkeiten und den Umstand, dass es sich bei den autonomen Fahrzeugen um vollbeladene Lkw handelt, die mit nahezu unvorstellbarer kinetischer Energie unterwegs sind, sind die Folgen eines Fehlers ungleich schwerwiegender. Und natürlich ist trotz aller Begeisterung eines Elon Musk auch das Autopilotsystem von Tesla keinesfalls zum Betrieb ohne aufmerksamen Fahrer am Steuer zugelassen. Aus diesen Gründen dürfte es nach meinem Dafürhalten noch einige Zeit dauern, bis wir regelmäßig wirklich unbemannte Lkw auf öffentlichen Autobahnen sehen.

Mir lieferten die Herausforderungen eines kleinen Unternehmens wichtige Erkenntnisse über den ganzen Sektor. Anfang 2017 wurde ich eingeladen, das Start-up Starsky Robotics in San Francisco zu besuchen. Die Vision des Unternehmens wurde mir von seinem CEO und Mitgründer Stefan Seltz-Axmacher erläutert: Es sollte ein System entwickeln, das in der Lage ist, Lkw über lange Strecken autonom fahren zu lassen – allerdings unter menschlicher Aufsicht und mit der Möglichkeit, per Fernsteuerung einzugreifen. Bei der Abfahrt oder Ankunft der Fahrzeuge oder in sonstigen komplexeren Situationen würde der Fernsteuerer – generell ein umgeschulter Fernfahrer – den Lkw über eine Mobilfunkverbindung von einer an Videospiele erinnernden Konsole in der Unternehmenszentrale aus steuern. Seltz-Axmacher erklärte mir, er sei überzeugt, dass das Unternehmen innerhalb der nächsten paar Jahre vollautonome, unbemannte Zugmaschinen auf Amerikas Straßen bringen würde. Starskys Team und die Technik, die mir vorgeführt wurde, beeindruckten mich zwar sehr, doch ich war sehr skeptisch, ob sie dieses Ziel erreichen würden – vor allem angesichts der aufsichtsrechtlichen Hürden, die zuvor genommen werden müssten. Dessen ungeachtet übertrafen Seltz-Axmacher und sein Team meine Erwartungen: 2018 ließ das Unternehmen erfolgreich einen fahrerlosen Lkw auf einer gesperrten Straße fahren, 2019 war es der erste Entwickler autonomer Fahrzeuge, der einen vollautomatisierten Lkw auf einer öffentlichen Autobahn testete – ohne zur Sicherheit einen Fahrer an Bord zu haben.

Starsky entschied sich überdies für ein höchst innovatives Geschäftsmodell. Statt sich in den direkten Wettbewerb zur wachsenden Zahl kapitalverwöhnter Start-ups zu begeben, die alle die Technologie entwickeln und auslizenzieren möchten, die autonomem Fahren zugrunde liegt, beschloss man bei Starsky stattdessen, direkt ins Speditionsgeschäft einzusteigen und sich mit dem eigenen System einen Wettbewerbsvorteil zu sichern. Die Unternehmensleitung war überzeugt, dass der kurzfristige Erfolg nur damit stand und fiel, die Entwicklung der Technologie vollständig in das Tagesgeschäft einer Spedition zu integrieren und sich die Flexibilität zunutze zu machen, das in der Entwicklung befindliche System nur dort einzusetzen, wo es auch sinnvoll war.

Nicht so überzeugt von dieser Vision waren letztlich leider die Investoren: Als es dem Unternehmen nicht gelang, bei der Beschaffung des benötigten Risikokapitals die nächste Runde zu erreichen, musste es Anfang 2020 aufgeben. In einer Reihe von Blog-Beiträgen, die Seltz-Axmacher nach dem Aus für sein Unternehmen verfasste, verwies er auf die Grenzen von Deep Learning als eine der Hauptherausforderungen, die den Fortschritt in dieser Branche behinderten. „Überwachte maschinelle Lernverfahren sind nicht so gut wie ihr Ruf", schrieb er. Das „ist keine echte künstliche Intelligenz", sondern vielmehr „ein hochentwickeltes Mustererkennungsinstrument".[59] Gemeint ist damit Folgendes: Ein System, das die nötige Flexibilität mitbringt, um wirklich autonomes Fahren unter allen Umständen zu ermöglichen, ohne menschliche Aufsicht aus der Ferne zu benötigen, könnte die Möglichkeiten der heutigen Deep-Learning-Systeme durchaus deutlich übersteigen und dürfte daher in naher Zukunft eher nicht realisierbar sein. Seltz-Axmacher geht davon aus, dass die Branche sich der Herausforderungen, vor denen sie steht, noch gar nicht vollständig bewusst ist und dass die Investoren eine Chance verpasst haben, auf kürzere Sicht eine sichere Flotte selbstfahrender Lkw auf die Fernstraßen zu bringen – und zwar zum Teil, weil der Fokus vorrangig auf dem Versprechen kompletter Automatisierung liegt und auf den höher entwickelten Funktionen, die häufig von Mitbewerbern aus der Start-up-Szene vorgeführt werden, doch vom praktischen Einsatz noch meilenweit entfernt sind.

Die Entwicklung einer hinlänglich leistungsfähigen Technologie entpuppt sich als größte Herausforderung der auf autonomes Fahren spezialisierten Industrie. Ich habe allerdings auch noch die eine oder andere ganz pragmatische Frage zum Potenzial der Geschäftsmodelle für solche Fahrzeuge. Als logische Einsatzmöglichkeit für selbstfahrende Autos gelten gemeinhin die Mitfahrdienste. Uber und seine Mitbewerber subventionieren bisher jede Fahrt, indem sie auf Risikokapital oder in letzter Zeit auch auf Eigenkapital aus Börsengängen zurückgreifen.[60] Da dies auf Dauer nicht tragbar ist, werden selbstfahrende Fahrzeuge von vielen als die langfristige Lösung betrachtet. Ist der Fahrer, der 70 bis 80 Prozent des Fahrgelds einstreicht, erst von der Bildfläche verschwunden, sollte der Rentabilität dieser Unternehmen nichts mehr im Wege stehen. Hauptsächlich aus diesem Grund betrachtet Uber auf autonomes Fahren spezialisierte Unternehmen, allen voran Waymo, als Existenzbedrohung und beschloss Anfang 2016, hohe Summen in ein eigenes Selbstfahrprogramm zu investieren.

Dass die Selbstfahrtechnologie Uber, Lyft und Konsorten die Haut retten wird, ist aber insofern eine heikle Annahme, als diese als attraktive internetbasierte Unternehmen gelten und entsprechend bewertet sind, weil sie in erster Linie als digitale Vermittler agieren und als Gegenleistung für die Bereitstellung der Software zur Zusammenführung von Fahrern und Mitfahrern einen Anteil von jeder Transaktion abschöpfen. Die riskanten, aufwendigeren Seiten des Geschäfts – wie die Beschaffung, Finanzierung, Wartung und Versicherung von Fahrzeugen – lassen sich dadurch komplett meiden. Das alles bleibt den Fahrern überlassen. Mit Ölwechsel, Autowäsche oder Reifenpannen machen sich Uber oder Lyft nicht die Finger schmutzig. Sie halten sich vornehm zurück und greifen lediglich die sauberen Internetgebühren ab. Doch mit den Fahrern fallen eben auch die praktischen Helfer weg, die die Fahrzeuge stellen und instandhalten. Sind Autos erst einmal alleine unterwegs, werden solche Unternehmen feststellen, dass sie eine Fahrzeugflotte benötigen, um ihr Geschäft zu betreiben, und für allen damit verbundenen finanziellen und sonstigen Aufwand selbst verantwortlich sind. Uber wird sich dann im Grunde nicht mehr wesentlich von Hertz oder Avis unterscheiden, beides Firmen, die nicht als „Tech-Unternehmen“ bewertet sind. Dass Fahrzeuge von Mitfahrdiensten durch erforderliche Sonderausstattung wie LIDAR-Systeme deutlich teurer werden, kommt erschwerend hinzu. Als Folge der Coronavirus-Pandemie wird künftig möglicherweise auch weit mehr Wert auf die häufige gründliche Reinigung und Desinfektion von Fahrzeugen gelegt. Auch darum kümmern sich derzeit noch die Fahrer.

Ich glaube, es wird spannend werden, zu beobachten, wie sich selbstfahrende Autos in den kommenden Jahren entwickeln – und zwar sowohl unter technischen Aspekten als auch mit Blick auf die Geschäftsmodelle, die sich letztlich herauskristallisieren. Eine große Zahl von Start-ups aus dem Silicon Valley ist auf die Entwicklung und Lizenzierung von Selbstfahrtechnologie ausgerichtet. Die gleiche Stoßrichtung haben unterschiedlich hohe Investitionen praktisch aller großen Autohersteller. Jede solche Initiative könnte zu einem spektakulären Durchbruch führen. Eine der interessantesten Geschichten wird sich meiner Ansicht nach aber um die wachsende Kluft zwischen den jeweils von Waymo und Tesla verfolgten Strategien drehen und um die weitere Entwicklung des Wettbewerbs zwischen diesen beiden Unternehmen.

Als direkter Abkömmling des von Google 2009 initiierten Programms für selbstfahrende Autos verfügt Waymo über größere Erfahrung als alle anderen und wird generell als Branchenführer gehandelt. Waymo ist das einzige Unternehmen, das bereits einen automatisierten Fahrdienst betreibt, bei dem zahlende Kunden in einem Fahrzeug ohne Fahrer am Steuer befördert werden können. Dieser Service – Waymo One – steht derzeit für festgelegte Strecken in einer sorgfältig kartierten, geografisch abgegrenzten Region in der näheren Umgebung von Phoenix zur Verfügung. Dort sind die Straßen breit, das Wetter spielt berechenbar mit, und es gibt kaum Fußgänger. Anders formuliert: Von dem Tag, an dem man sich in San Francisco oder Manhattan ein fahrerloses Uber ruft und ein beliebiges Ziel ansteuern kann, ist der Service noch weit entfernt. Dessen ungeachtet beeindruckt, was Waymo One fertiggebracht hat. Wie ich es sehe, entspricht das mehr oder minder dem, worauf Selbstfahrdienste auf absehbare Zeit noch hinauslaufen werden: Es werden vorgegebene Routen mit bestimmten Haltestellen in sorgfältig kuratierten Regionen befahren, die keine größeren Schwierigkeiten bieten. Dabei stellt sich natürlich erneut die Frage, wie ein dermaßen begrenzter Betrieb rentabel werden kann. Wie preiswert muss die vollautomatische Beförderung (in einem ausgesprochen teuren Fahrzeug) sein, damit sich ein Kunde im Zweifel eher dafür entscheidet als für den viel flexibleren Tür-zu-Tür-Service eines von Menschen gefahrenen Uber- oder Lyft-Autos?

Während Waymo mit Bedacht und löblicher Vorsicht vorwärtsstrebt, geht Tesla immer wieder an die Grenzen und überschreitet diese häufig auf eine Weise, die viele in der Branche für fragwürdig halten. Bestandskunden hat das Unternehmen mitgeteilt, dass ihre Fahrzeuge ausnahmslos mit der nötigen Hardware ausgerüstet sind, die vollautonomes Fahren unterstützt, und dass diese Funktion irgendwann über ein Software-Update aktiviert wird – ein sehr vollmundiges Versprechen. Tesla macht auch insofern alles anders als Waymo und so gut wie jeder andere Branchenvertreter, als es auf LIDAR verzichtet – also auf Systeme, die Objekte in der Autoumgebung verfolgen, indem sie Laserimpulse aussenden und das zurückgestreute Licht erfassen. LIDAR ist nicht nur kostenintensiv, sondern zumindest in seiner aktuellen Instanziierung auch noch hässlich. Als einziges Unternehmen ist Tesla davon überzeugt, dass sich vollständige Automatisierung allein mithilfe von Kameras und Radar erreichen lässt. Wie ich bereits angesprochen habe, genießt Tesla einen erheblichen Vorteil durch die Daten, die die vielen in seine Fahrzeuge eingebauten Kameras erfassen. Waymos Flotte besteht aus rund 600 selbstfahrenden Autos. Tesla verfügt über eine Flotte von über 400.000 Fahrzeugen, die auf den Straßen unterwegs sind und Daten sammeln. Die Waymo-Fahrzeuge haben Millionen von Kilometern auf echten Straßen und Milliarden in Simulationen zurückgelegt.[61] Die Teslas haben bereits Milliarden Kilometer in der wirklichen Welt hinter sich – im vom Autopilotsystem gesteuerten Betrieb. Diese vielen auf echten Straßen erfassen Daten sind eindeutig ein Vorteil, doch der Erfolg wird letztlich von einer künstlichen Intelligenz abhängen, die in der Lage ist, diese Ressource zu nutzen. Und ob die derzeitige Deep-Learning-Technologie dieser Aufgabe gewachsen ist, halte ich tatsächlich für fraglich.

Eine weitere wichtige Frage für die Branche: Wie viel Autonomie wird letztlich geboten? Systeme für autonomes Fahren lassen sich in fünf Kategorien einteilen. In Stufe 1 bis 3 fallen Systeme, die im Grunde nur assistieren. Das Fahrzeug kann unter bestimmten, eingeschränkten Bedingungen autonom fahren, etwa in Reisegeschwindigkeit auf der Autobahn. Der Fahrer muss aber aufmerksam bleiben und jederzeit bereit sein, die Kontrolle zu übernehmen. Die meisten Autoproduzenten, auch Tesla, fokussieren sich auf Kapazitäten in diesem Spektrum. Das Problem dabei: Weil das System praktisch die ganze Zeit über fehlerlos arbeitet, werden die Fahrer unweigerlich unaufmerksam. So haben mir etliche Tesla-Fahrer erzählt, sie würden regelmäßig E-Mails auf dem Smartphone beantworten, während sie auf den Carpool-Spuren der Autobahnen im Silicon Valley mit dem Autopilotsystem unterwegs seien. Solches Verhalten hatte bereits tödliche Unfälle zur Folge. Wie das Fahrzeug effektiv sicherstellen kann, dass der Fahrer über längere Fahrstrecken ohne besondere Vorkommnisse bei der Sache bleibt, ist ungeklärt. Eines der überzeugendsten Verkaufsargumente für Selbstfahrsysteme ist die Versicherung, dass sich dadurch die gewaltige Zahl der Todesopfer, die der Straßenverkehr jedes Jahr fordert – weltweit über 1,3 Millionen –, drastisch verringert.[62] Wenn aber (ohnehin nur assistierende) Systeme mit eigenen Risiken verbunden sind, dann genügt das vielleicht nicht, um diese Zahl nennenswert zu drücken.

Aus diesem Grund hat Waymo wie viele andere kleinere Start-ups aus diesem Segment beschlossen, sich ganz auf Autonomie der Stufen 4 und 5 zu fokussieren – also ein selbstfahrendes Auto, in dem Sie sich schlafen legen können, vielleicht sogar ganz ohne Bremspedal oder Lenkrad. Auch diesbezüglich bildet Tesla wieder die große Ausnahme. Die Aussage des Unternehmens, es könne die Lücke zwischen diesen beiden Visionen mit einem Software-Upgrade schließen, das Fahrzeuge unmittelbar von Autonomiestufe 2 auf Autonomiestufe 4 anhebt, ist bemerkenswert, um es vorsichtig auszudrücken. Viele halten diese Zusage für komplett abwegig und wenig mehr als heiße Luft. Mich würde überraschen, wenn Tesla das in absehbarer Zeit bewerkstelligen kann. Doch sollte dem Unternehmen dieses Kunststück früher oder später gelingen, dürfte es sich in meinen Augen als klarer Branchenführer positionieren. Vielleicht ist diese Erwartung ja schon ein Stück weit in den Aktienkurs eingepreist.

Elon Musk und das übrige Tesla-Managementteam haben offensichtlich viel über potenzielle vollständige Autonomie nachgedacht. Neben der Technologie haben sie auch eine potenzielle Lösung für die Geschäftsmodell-Problematik gefunden. Bei dem 2019 veranstalteten Autonomy Day beschrieb Musk ein Programm, das es Tesla-Besitzern ermöglichen würde, ihre Fahrzeuge an einem von dem Unternehmen betriebenen Robotaxi-Dienst teilhaben zu lassen. Tesla hätte dann Anspruch auf einen Anteil der Mitfahrgebühren – so ähnlich, wie Apple aus seinem App Store Umsätze generiert. Ein interessanter Aspekt dieses Konzepts ist, dass es das Eigentums- und Instandhaltungsproblem löst, das letztlich Unternehmen wie Uber und Lyft einholen könnte. Möglich, dass Tesla einen Weg gefunden hat, in die Rolle eines reinen Internet-Vermittlers zu schlüpfen, ohne selbst eine Fahrzeugflotte anzuschaffen. Die meisten Tesla-Besitzer werden ihre Fahrzeuge womöglich nicht mit Fremden teilen wollen, doch sollte sich der Plan als durchführbar erweisen, würden sich viele Kunden mutmaßlich einen Tesla als Investitionsobjekt kaufen, nicht als Privatfahrzeug.

Es besteht wenig Zweifel daran, dass selbstfahrende Autos eines Tages die greifbarste, folgenreichste Manifestation der Revolution sein werden, die durch die künstliche Intelligenz losgetreten wird. Die Technologie hat das Potenzial, sowohl unsere Städte als auch unsere Lebensweise radikal umzugestalten und dabei Tausende von Menschenleben zu retten. Bis sie wirklich zur Realität wird, dürften meines Erachtens aber noch zehn oder mehr Jahre ins Land gehen. Eindeutige Indizien für die KI-Revolution werden sich erst in anderen Bereichen manifestieren – wie Lagerhallen, Büros und Einzelhandelsgeschäften –, in denen die technischen Herausforderungen leichter zu bewältigen sind, sich das Umfeld besser kontrollieren lässt und die Folgen eines Fehlers längst nicht so fatal sind. Den Gedanken, dass mich ein einziges Software-Update von Tesla eines Besseren belehren könnte, finde ich dennoch ziemlich aufregend.

DAS ABHEBEN VOM INNOVATIONSPLATEAU: WISSENSCHAFTLICHE UND MEDIZINISCHE FORSCHUNG

Unter den bisweilen so genannten „Technoptimisten" gilt es als selbstverständlich, dass wir in einem Zeitalter verblüffend schneller technischer Entwicklung leben. Das Innovationstempo, so hören wir, sei beispiellos und exponentiell. Die begeistertsten Vertreter dieser These – häufig Anhänger von Ray Kurzweil, der diese Vorstellung in seinem „Gesetz des sich beschleunigenden Nutzens" festgeschrieben hat – sind überzeugt, dass wir in den nächsten 100 Jahren nach historischen Standards etwas erleben, was „eher 20.000 Jahren Fortschritt" entspricht.[63]

Auf den zweiten Blick offenbart sich jedoch, dass die Beschleunigung zwar durchaus real ist, sich der außergewöhnliche Fortschritt aber fast ausschließlich auf die Bereiche Informations- und Kommunikationstechnik beschränkt. Das exponentielle Narrativ wurde bereits für das Moore'sche Gesetz und die immer leistungsfähigere Software strapaziert, die es ermöglicht. Außerhalb dieses Sektors – in der Welt, die eher aus Atomen als aus Bits besteht – liest sich die Geschichte der letzten rund 50 Jahre ganz anders. Das Innovationstempo auf Gebieten wie Verkehr, Energie, Wohnraum, physische öffentliche Infrastruktur und Landwirtschaft ist nicht nur keinesfalls exponentiell, sondern wohl eher als stockend zu bezeichnen.

Um sich ein Leben vorzustellen, dass von unablässiger Innovation geprägt ist, denken Sie an jemanden, der Ende des 19. Jahrhunderts geboren wurde und noch die 1950er- und 1960er-Jahre erlebte. So ein Mensch hätte einen gesamtgesellschaftlichen Systemwandel von nahezu unvorstellbarem Ausmaß beobachten können: Infrastruktur, die Menschen in Städten mit sauberem Wasser versorgt und ihre Abwässer entsorgt, das Auto, das Flugzeug, der Düsenantrieb und dann das Weltraumzeitalter, Elektrifizierung und Beleuchtung, Radio, Fernsehen und die Haushaltsgeräte, die später möglich wurden, Antibiotika und die Massenproduktion von Impfstoffen, eine Steigerung der Lebenserwartung in den Vereinigten Staaten von nicht einmal 50 auf fast 70 Jahre. Jemand, der in den 1960er-Jahren geboren ist, wird dagegen den Siegeszug des PCs und später des Internets erlebt haben, doch fast alle anderen Innovationen, die in den vorausgegangenen Jahrzehnten so absolut revolutionär waren, haben bestenfalls noch kleine Fortschritte gemacht. Der Unterschied zwischen dem Auto, das Sie heute fahren, und einem, wie man es 1950 kaufen konnte, ist nicht zu vergleichen mit dem Unterschied zwischen dem Auto von 1950 und den Transportmöglichkeiten im Jahr 1890. Dasselbe gilt für eine Vielzahl weiterer Technologien, die praktisch jeden Aspekt des modernen Lebens berühren.

Dass all die erstaunlichen Entwicklungen in der Computertechnik und im Internet als solche nicht an die Erwartungen herankommen, dass sich der breite Fortschritt, wie er in früheren Dekaden beobachtet wurde, unvermindert fortsetzen würde, geht aus Peter Thiels berühmtem Ausspruch hervor, dass „uns fliegende Autos versprochen wurden und wir stattdessen 140 Zeichen gekriegt haben". Die These, dass wir in einem Zeitalter der relativen Stagnation leben – obwohl sich die Entwicklungen in der Informationstechnologie weiter beschleunigen –, wurde in aller Ausführlichkeit von Ökonomen wie Tyler Cowen in dessen 2011 veröffentlichten Buch *The Great Stagnation*[64] und Robert Gordon diskutiert, der in seinem 2016 erschienenen Buch *The Rise and Fall of American Growth*[65] ein ausgesprochen pessimistisches Bild von der Zukunft der Vereinigten Staaten zeichnete. Ein zentrales Argument beider Werke: Die tief hängenden Früchte der technischen Innovation seien bereits in den 1970er-Jahren weitgehend abgeerntet gewesen. Das hat zu der Technologieflaute geführt, in der wir uns derzeit befinden und die von Anstrengungen geprägt ist, die höheren Zweige des Innovationsbaums zu erreichen. Cowen ist zuversichtlich, dass es uns früher oder später gelingen wird, uns von unserem Technologieplateau zu lösen. Gordon sieht das etwas anders und deutet an, dass die oberen Zweige dieses Baumes womöglich gar keine Früchte tragen und die größten Erfindungen bereits hinter uns liegen könnten.

Ich glaube zwar, dass Gordon da viel zu pessimistisch ist, doch es gibt etliche Indizien dafür, dass tatsächlich eine breite Stagnation bei der Entwicklung neuer Ideen vorliegt. Ein im April 2020 von einem Ökonomenteam aus Stanford und vom MIT veröffentlichter wissenschaftlicher Artikel kam zu dem Schluss, dass die Produktivität der Forschung in verschiedenen Branchen drastisch nachgelassen hat. Die Analysen der Wissenschaftler ergaben, dass sich die Effizienz amerikanischer Forscher bei der Generierung von Innovationen „alle 13 Jahre halbiert". Das bedeutet, „um das Wachstum des Pro-Kopf-BIP auch nur aufrechtzuerhalten, müssen die Vereinigten Staaten ihre Forschungsanstrengungen alle 13 Jahre verdoppeln, um die zunehmenden Schwierigkeiten bei der Ideenfindung zu kompensieren."[66] „Wo wir auch hinschauen", schrieben die Wirtschaftsfachleute, „stellen wir fest, dass Ideen und das dadurch implizierte exponentielle Wachstum immer schwerer zu finden sind."[67] Das gilt wohlgemerkt auch für den einen Bereich, der auch weiterhin beständig exponentielle Fortschritte hervorbringt. Die Autoren befanden, dass die „Anzahl von Forschern, die heute erforderlich sind, um die berühmte Verdoppelung der Transistorendichte auf einem Computerchip zu erreichen", von der im Moore'schen Gesetz die Rede ist, „mehr als 18 Mal so hoch ist wie Anfang der 1970er-Jahre."[68] Eine wahrscheinliche Erklärung dafür: Wer Erfolge in der Spitzenforschung verbuchen will, muss sich zunächst auf den neuesten Stand bringen. Auf praktisch jedem wissenschaftlichen Fachgebiet ist dafür der Erwerb von weitaus mehr Wissen erforderlich als früher. Daher verlangt Innovation inzwischen immer größere Teams von Wissenschaftlern mit hochspezialisierten Vorkenntnissen. Die Koordinierung ihrer Arbeit ist naturgemäß schwieriger, als dies bei einer kleineren Gruppe der Fall wäre.

Sicherlich gibt es noch viele weitere maßgebliche Faktoren, die möglicherweise dazu beitragen, die Innovation zu bremsen. Die Gesetze der Physik diktieren, dass sich erreichbare Innovationen nicht homogen über alle Disziplinen verteilen. So gibt es selbstredend kein Moore'sches Gesetz für Raumfahrttechnik. In vielen Bereichen könnten gewaltige Sprünge erforderlich sein, um an die nächsten Innovationsfrüchte heranzukommen. Bestimmt spielt auch übereifrige oder wenig effektive behördliche Regulierung eine Rolle, und ebenso das kurzfristige Denken, das heutzutage in der Unternehmenswelt vorherrscht. Langfristige Investitionen in Forschung und Entwicklung sind häufig unvereinbar mit der obsessiven Fixierung auf Quartalsgewinne oder der Koppelung der Managergehälter an die kurzfristige Aktienkursentwicklung. Soweit das Innovationstempo allerdings von der Notwendigkeit, immer größere Komplexität zu bewältigen, und von einer Wissensexplosion gebremst wird, könnte sich künstliche Intelligenz durchaus als das leistungsfähigste Hilfsmittel entpuppen, das wir haben, um uns von unserem technologischen Plateau zu lösen. Darin sehe ich die größte Einzelchance für KI im Zuge ihrer weiteren Entwicklung zum allgegenwärtigen Versorgungsgut. Auf lange Sicht gilt: Was den Erhalt unseres Wohlstands und unserer Fähigkeit anbelangt, mit den bekannten und den unerwarteten Herausforderungen zurande zu kommen, die vor uns liegen, ist nichts so wichtig wie die Erweiterung unseres kollektiven Vermögens, innovativ zu sein und auf neue Ideen zu kommen.

Die aussichtsreichste Anwendung von künstlicher Intelligenz und insbesondere Deep Learning in der wissenschaftlichen Forschung könnte für die nähere Zukunft die Entdeckung neuer chemischer Verbindungen sein. So ähnlich, wie das AlphaGo-System von DeepMind an ein praktisch endloses Spielfeld herangeht – auf dem die Zahl der möglichen Konfigurationen des Go-Bretts die Zahl der Atome im Universum übersteigt –, ist auch der „Chemical Space", also die Gesamtheit aller Moleküle, praktisch grenzenlos. Daraus nützliche Moleküle zu gewinnen, erfordert eine mehrdimensionale Suche von schwindelerregender Komplexität. Dabei sind Faktoren zu berücksichtigen wie die dreidimensionale Größe und Form der molekularen Struktur sowie zahlreiche weitere maßgebliche Parameter wie Polarität, Löslichkeit und Toxizität.[69] Für einen Chemiker oder Werkstoffwissenschaftler ist das Durchforsten der Alternativen ein arbeitsintensiver Prozess des experimentellen Versuchs und Irrtums. Eine wirklich brauchbare neue Chemikalie zu finden, kann durchaus zur beruflichen Lebensaufgabe werden. Die in allen unseren Geräten und Elektrofahrzeugen heutzutage eingesetzten Lithium-Ionen-Batterien sind beispielsweise das Resultat von Forschungsarbeiten, die in den 1970er-Jahren begonnen wurden, doch eine Technologie hervorbrachten, sie sich erst in den 1990er-Jahren kommerzialisieren ließ. Künstliche Intelligenz verspricht hier eine enorme Beschleunigung des Prozesses. Für die Suche nach neuen Molekülen bietet sich Deep Learning in vieler Hinsicht förmlich an. Algorithmen können auf bekanntermaßen nützliche Merkmale von Molekülen oder manchmal auch auf die Regeln abgestellt werden, nach denen sich die räumliche Anordnung und die Interaktion der Atome eines Moleküls richten.[70]

Auf den ersten Blick erscheint diese Anwendung möglicherweise eher beschränkt. Doch die Suche nach nützlichen neuen chemischen Substanzen berührt praktisch jeden Bereich der Innovation. Jede Beschleunigung dieses Prozesses verheißt innovative hochfeste Werkstoffe, die für Maschinen und Infrastruktur verwendet werden können, reaktive Substanzen, die Batterien und photoelektrochemische Zellen optimieren können, Filter oder absorbierende Materialien, die Verschmutzung verringern können, sowie eine ganze Reihe neuer Medikamente mit dem Potenzial, die Medizin zu revolutionieren.

Sowohl die Forschungslabore von Universitäten als auch die zunehmende Zahl von Start-ups greifen begeistert auf Technologien des maschinellen Lernens zurück und arbeiten bereits mit leistungsfähigen KI-gestützten Methoden, um maßgebliche Durchbrüche zu erzielen. Im Oktober 2019 gaben Wissenschaftler der Technischen Universität Delft in den Niederlanden bekannt, sie seien in der Lage, allein mithilfe eines maschinellen Lernalgorithmus, ganz ohne Laborexperimente, einen gänzlich neuen Werkstoff zu entwickeln. Der neue Stoff ist robust und langlebig, aber gleichzeitig extrem komprimierbar, wenn die darauf ausgeübten Kräfte einen bestimmten Schwellenwert übersteigen. Das heißt, das Material kann effektiv auf einen kleinen Bruchteil seines ursprünglichen Volumens zusammengedrückt werden. Wie Miguel Bessa sagt, einer der leitenden Wissenschaftler dieses Projekts, könnten futuristische Werkstoffe mit solchen Eigenschaften eines Tages bedeuten, dass man „alltägliche Gegenstände wie Fahrräder, Esstische und Regenschirme zusammenklappen und in die Hosentasche stecken kann".[71]

Solche Initiativen verlangen von Wissenschaftlern ausgeprägte Kenntnisse über künstliche Intelligenz, doch Teams an anderen Universitäten entwickeln leichter zugängliche KI-gestützte Tools, die gute Aussichten haben, der Entdeckung neuer chemischer Verbindungen kräftig Vorschub zu leisten. So arbeiten Forscher an der Cornell University an einem Projekt namens SARA – für Scientific Autonomous Reasoning Agent. Damit hofft das Team, „die Entdeckung und Entwicklung neuer Werkstoffe drastisch zu beschleunigen, und zwar gleich um mehrere Größenordnungen".[72] Auch Wissenschaftler an der Texas A&M University forschen an einer Software-Plattform, die für die autonome Suche nach bislang unbekannten Substanzen konzipiert ist.[73] Beide Projekte werden zum Teil vom US-Verteidigungsministerium finanziert – ein Kunde, der an allen hervorgebrachten Innovationen besonders interessiert ist. Wie die Cloud-gestützten Deep-Learning-Tools von Amazon und Google den Einsatz maschinellen Lernens in vielen geschäftlichen Anwendungen demokratisieren, sollen solche Entwicklungen dasselbe in vielen Bereichen der spezialisierten wissenschaftlichen Forschung bewirken. Dann können Wissenschaftler aus Fachgebieten wie Chemie oder Werkstoffwissenschaft die Möglichkeiten der KI nutzen, ohne selbst erst Experten für maschinelles Lernen werden zu müssen. Das heißt, dass sich künstliche Intelligenz zu einem allgemein zugänglichen Versorgungsgut entwickelt, das auf immer kreativere und gezieltere Weise genutzt werden kann.

Ein noch ehrgeizigerer Ansatz beinhaltet die Integration KI-gestützter Software für die Entdeckung chemischer Stoffe in Roboter, die dann physische Experimente im Labor ausführen können. Ein kleines Unternehmen, das diesen Kurs eingeschlagen hat, ist Ketobix aus Cambridge, Massachusetts. Das Start-up ist der Ableger eines führenden werkstoffwissenschaftlichen Labors in Harvard, das entwickelt hat, was es selbst als „erstes selbstfahrendes Labor für die Entdeckung von Werkstoffen" bezeichnet. Die Roboter des Unternehmens können autonom experimentieren und mit Laborgeräten wie Pipetten umgehen, um Flüssigkeiten zu übertragen und zu mischen. Sie haben Zugriff auf Maschinen, die chemische Analysen durchführen. Die Ergebnisse der Experimente werden im Anschluss von KI-Algorithmen analysiert, die ihrerseits Prognosen zur optimalen Vorgehensweise erstellen und dann weitere Experimente initiieren. Das Ergebnis ist ein iterativer, sich selbst optimierender Prozess, der nach Aussage des Unternehmens die Entdeckung nützlicher neuer Moleküle drastisch beschleunigt.[74]

Die meisten der aufregendsten Chancen in diesem Bereich – also an der Schnittstelle von Chemie und künstlicher Intelligenz –, die auch von Investoren besonders großzügig bedacht werden, ergeben sich im Zusammenhang mit der Entdeckung und Entwicklung neuer Arzneimittel. Einem Bericht zufolge gab es zum Stand vom April 2020 mindestens 230 Start-ups, die sich auf den Einsatz von KI bei der Suche nach neuen Pharmazeutika fokussieren.[75] Daphne Koller, Stanford-Professorin und Mitgründerin des Online-Bildungsunternehmens Coursera, gehört zu den führenden Experten der Welt für die Anwendung maschinellen Lernens auf Biologie und Biochemie. Koller ist auch Gründerin und CEO von insitro, einem Start-up aus dem Silicon Valley, das 2018 gegründet wurde und über 100 Millionen US-Dollar eingeworben hat, um mithilfe maschinellen Lernens neue Arzneimittel zu entwickeln. Die flächendeckend nachlassende Innovationsgeschwindigkeit in der Technologie, unter der die gesamte amerikanische Wirtschaft leidet, zeigt sich in der pharmazeutischen Industrie besonders deutlich. Koller verriet mir dazu Folgendes:

> Das Problem ist, dass es immer schwieriger wird, neue Arzneimittel zu entwickeln: Die Erfolgsquote klinischer Tests bewegt sich im mittleren einstelligen Bereich, und die Kosten für Forschung und Entwicklung (vor Steuern) betra-

> gen schätzungsweise 2,5 Milliarden Dollar. Die Kapitalrendite bei der Entwicklung von Arzneimitteln sinkt seit Jahren linear und wird Schätzungen zufolge noch vor 2020 null erreichen. Eine Erklärung dafür ist, dass die Arzneimittelentwicklung an sich schwieriger geworden ist: Viele (vielleicht die meisten) der leicht zu findenden Präparate, also krankheitsrelevante Medikamente, die bei den meisten Menschen wirken, wurden bereits entdeckt. Die nächste Phase der Arzneimittelentwicklung wird sich auf speziellere Medikamente konzentrieren müssen, deren Wirkung kontextabhängig ist und nur eine Teilmenge der Patienten betrifft.[76]

Die Vision von insitro und Mitbewerbern ist es, mithilfe künstlicher Intelligenz rasch vielversprechende Medikamentenkandidaten zu isolieren und die Entwicklungskosten drastisch zu senken. Laut Koller ist die Arzneimittelentdeckung „ein langer Weg mit vielen Gabelungen“, und „99 Prozent der eingeschlagenen Wege enden in einer Sackgasse.“ Wenn künstliche Intelligenz „einen etwas genaueren Kompass“ liefern kann, „können Sie sich vorstellen, was das für die Erfolgswahrscheinlichkeit des Prozesses bedeutet.“[77]

Ansätze wie dieser zahlen sich bereits aus. Im Februar 2020 gaben Forscher vom MIT bekannt, sie hätten mithilfe von Deep Learning ein hochwirksames neues Antibiotikum entdeckt. Dem von den Forschern selbst entwickelten KI-System war es gelungen, innerhalb von Tagen über hundert Millionen potenzieller chemischer Verbindungen zu sondieren. Das neue Antibiotikum, das die Wissenschaftler nach HAL, der künstlichen Intelligenz aus dem Film *2001: Odyssee im Weltraum,* Halicin tauften, kann nachweislich fast jede Bakterienart abtöten, gegen die es im Versuch eingesetzt wurde – auch solche Stämme, die gegen vorhandene Medikamente resistent sind.[78] Das ist so bedeutsam, weil die Medizin längst vor einer Krise durch medikamentenresistente Bakterien warnt, die sogenannten „Superkeime“, unter denen bereits viele Krankenhäuser leiden –, weil sich die Erreger an die bisher eingesetzten Medikamente angepasst haben. Weil die Entwicklungskosten hoch sind, und der Gewinn relativ gering, sind nur wenige neue Antibiotika in der Entwicklungspipeline. Selbst die neuen Medikamente, die es durch die strengen und kostspieligen Testphasen und Zulassungsverfahren schaffen, sind in aller Regel Abwandlungen vorhandener Antibiotika. Halicin greift Bakterien dagegen offenbar auf ganz neuartige Weise an. Experimente lassen vermuten, dass der Mechanismus womöglich besonders widerstandsfähig gegen die Mutationen ist, die die Wirksamkeit von Antibiotika mit der Zeit sonst generell verringern. Was das bedeutet? Künstliche Intelligenz hat eine Lösung auf der Grundlage des unkonventionellen Erkundens geliefert, das die Voraussetzung für bedeutsame Innovationen ist.

Einen weiteren wichtigen Meilenstein, der ebenfalls 2020 öffentlich gemacht wurde, erreichte das britische Start-up Exscientia, das maschinelles Lernen einsetzte, um ein neues Medikament für die Behandlung von Zwangsstörungen zu finden. Nach Angaben des Unternehmens nahm die ursprüngliche Projektentwicklung nur ein Jahr in Anspruch – etwa ein Fünftel der für herkömmliche Methoden üblichen Zeit –, und es soll sich dabei um das erste mithilfe von KI entdeckte Arzneimittel handeln, das das klinische Versuchsstadium erreicht.[79]

Wie wir aus dem ersten Kapitel wissen, war ein besonders bemerkenswerter Erfolg bei der Anwendung künstlicher Intelligenz auf die biochemische Forschung der im November 2020 verkündete Durchbruch von DeepMind bei der Proteinfaltung. Statt sich damit auf die Suche nach einem bestimmten Medikament zu machen, setzte DeepMind seine Technologie stattdessen ein, um genauere grundlegende Kenntnisse zu gewinnen. Ende 2018 trat DeepMind mit einer Vorgängerversion seines AlphaFold-Systems bei einem alle zwei Jahre stattfindenden globalen Wettbewerb zur Vorhersage der Proteinstruktur an: Critical Assessment of Structure Prediction oder CASP. Teams aus aller Welt versuchten mit verschiedenen Methoden auf der Grundlage von Berechnungen und menschlicher Intuition, die Proteinfaltung zu prognostizieren. AlphaFold entschied den

Wettbewerb von 2018 mit großem Abstand für sich, konnte trotz dieses Vorsprungs aber lediglich 25 der 43 Proteinsequenzen korrekt bestimmen. Will heißen: Der Vorläufer von AlphaFold war noch nicht genau genug, um als Forschungstool wirklichen Nutzen zu bringen.[80] Dass es DeepMind gelungen ist, seine Technologie innerhalb von nur zwei Jahren so zu verbessern, dass etliche Wissenschaftler das Problem der Proteinfaltung für „gelöst" erklärten, zeigt meiner Ansicht nach besonders deutlich, wie schnell sich bestimmte Anwendungen künstlicher Intelligenz auch künftig weiterentwickeln dürften.

Neben dem Einsatz maschinellen Lernens bei der Entdeckung neuer Medikamente und anderer chemischer Verbindungen könnte die vielversprechendste allgemeine Anwendung künstlicher Intelligenz in der wissenschaftlichen Forschung in der Assimilation und Kenntnis der laufend explodierenden Masse veröffentlichter Forschungsergebnisse liegen. Allein im Jahr 2018 wurden in über 40.000 eigenen Fachblättern mehr als drei Millionen wissenschaftlicher Artikel veröffentlicht.[81] Informationen in dieser Größenordnung sinnvoll zu nutzen, übersteigt die Kapazitäten jedes menschlichen Geistes so haushoch, dass künstliche Intelligenz wohl das einzige für uns verfügbare Instrument ist, das so etwas wie ein ganzheitliches Verständnis ermöglichen könnte.

Systeme zur Verarbeitung natürlicher Sprache, die sich auf die neuesten Fortschritte im Deep Learning stützen, werden eingesetzt, um Informationen zu extrahieren, studienübergreifend Muster zu erkennen, die nicht offensichtlich sind, und allgemein konzeptionelle Zusammenhänge herzustellen, die sonst unerkannt bleiben würden. In diesem Bereich ist die Watson-Technologie von IBM nach wie vor ein maßgeblicher Akteur. Ein weiteres Projekt namens Semantic Scholar wurde 2015 vom Allen Institute for Artificial Intelligence aus Seattle angestoßen. Semantic Scholar bietet KI-gestützte Suche und den Auszug von Informationen aus über 186 Millionen veröffentlichten Forschungspapieren aus praktisch jeder wissenschaftlichen Disziplin.[82]

Im März 2020 tat sich das Allen Institute mit einem Konsortium anderer Organisationen zusammen, darunter Microsoft, die National Library of Medicine, das White House Office of Science and Technology, die AWS-Sparte von Amazon und andere, um das COVID-19 Open Research Dataset aufzubauen: eine durchsuchbare Datenbank mit wissenschaftlichen Artikeln über die Coronavirus-Pandemie.[83] Die Technologie ermöglicht es Wissenschaftlern und Gesundheitsdienstleistern, rasch Antworten auf bestimmte Fragen zu einem breiten Spektrum wissenschaftlicher Fachgebiete zu finden, unter anderem zur Biochemie des Virus, zu epidemiologischen Modellen und zur Behandlung der Krankheit. Per April 2021 enthielt die Datenbank über 280.000 wissenschaftlicher Papiere und wurde von Wissenschaftlern und Ärzten rege genutzt.[84]

Solche Initiativen haben enormes Potenzial als entscheidende Tools zur Beschleunigung der Ideenfindung. Die Technologie steckt aber noch in ihren Kinderschuhen, und echter Fortschritt setzt vermutlich voraus, dass zumindest manche der Hürden auf dem Weg zu einer stärkeren maschinellen Intelligenz überwunden werden – ein Thema, mit dem wir uns im fünften Kapitel noch eingehender befassen. Leicht vorstellbar, dass ein wirklich leistungsfähiges System für Forscher die Rolle eines intelligenten wissenschaftlichen Assistenten übernehmen und diesem die Möglichkeit bieten könnte, echte Gespräche zu führen, Ideen durchzuspielen und aktive Anregungen zu erhalten, in der Forschung neue Wege zu gehen.

Meiner Auffassung nach sollte aber dennoch unbedingt eine gemäßigte, realistische Perspektive auf das irgendwann einmal vielleicht Mögliche gewahrt werden. Nichts davon besagt, dass künstliche Intelligenz ein Allheilmittel ist, welches der Innovation einen echten Schub verleiht, oder dass wir erwarten dürften, dass in kürzerer Frist beständig Ergebnisse erzielt werden. Wissenschaft dreht sich schließlich im Grundsatz um Experimente, und deren Durchführung und Auswertung braucht Zeit. In manchen Fällen lässt sich die wissenschaftliche Methode tatsächlich beschleunigen, möglicherweise durch den Einsatz von Laborrobotern oder auch durch den Schnelldurchlauf mancher Experimente in simulierten Umgebungen.

Auf Gebieten wie der Medizin und der Biologie müssen jedoch häufig Experimente an lebenden Organismen durchgeführt werden. Dabei ist das Potenzial für eine drastische Beschleunigung des Prozesses eher begrenzt. Die erfolgreiche Entwicklung von Impfstoffen gegen COVID-19 rückt die Realität scharf in den Fokus. Es ist der Wissenschaft gelungen, innerhalb von Wochen nach der Gewinnung des genetischen Codes aus dem Virus Impfstoffkandidaten zu formulieren. Dass wir so lange warten mussten, bis einsatzfähige Impfstoffe bereitstanden, war nahezu ausschließlich der Notwendigkeit zuzuschreiben, umfangreiche Tests an Tier und Mensch durchzuführen, sowie die Produktionskapazität aufzubauen, um die Milliarden erforderlichen Dosen herzustellen. In Wahrheit gilt: Selbst wenn wir Zugang zu einer wirklich hoch entwickelten künstlichen Intelligenz auf einem Niveau hätten, wie wir es aus Science-Fiction kennen, ist überhaupt nicht gesagt, dass diese Technologie einen Impfstoff in wesentlich kürzerer Zeit geliefert hätte. Aus diesem und anderen Gründen beurteile ich die Kurzweil'schen Thesen, dass künstliche Intelligenz schon bald zu einer drastischen Verlängerung der menschlichen Lebenserwartung führt, eher skeptisch. Auch wenn KI dazu beiträgt, in diesem Bereich tragfähige neue Ideen zu entwickeln: Wie sollen wir die resultierenden Therapien auf ihre Sicherheit und Wirksamkeit prüfen, ohne viele Jahre oder gar Jahrzehnte auf eindeutige Ergebnisse zu warten? Sicherlich gibt es viele Möglichkeiten für Regulierungsreformen, die die Zulassung neuer Medikamente und Behandlungen rationalisieren könnten, doch letztlich müssen auch die klügsten und kreativsten Wissenschaftler abwarten, bis Ergebnisse von Experimenten vorliegen, die die Stichhaltigkeit ihrer Thesen bestätigen.

Das vorliegende Kapitel sollte Ihnen eine kurze Zusammenschau mancher der interessantesten und einschneidendsten Anwendungen künstlicher Intelligenz liefern und dabei auf Bereiche hinweisen, in denen KI auf kürzere Sicht eine disruptive Wirkung zeigen dürfte, und auf solche, für die das noch länger dauern könnte. Die Auflistung ist längst nicht erschöpfend. Künstliche Intelligenz wird früher oder später alle Aspekte des Lebens berühren und verändern.

Die These, dass sich künstliche Intelligenz rasch zu einem elektrizitätsähnlichen Versorgungsgut entwickelt, erfasst effektiv die potenzielle Tragweite und den revolutionären Charakter dieser Technologie. Im Vergleich zum elektrischen Strom ist KI jedoch eine weit komplexere, dynamischere Technologie, die sich laufend optimiert und dabei nahezu unzählige Möglichkeiten bietet, die sich ständig verändern. Um das wahre Potenzial dieses neuen Versorgungsguts zu begreifen, müssen wir tiefer in die Wissenschaft und Geschichte der künstlichen Intelligenz eintauchen und uns anschauen, wie sich dieses Gebiet entwickelt, welche Herausforderungen vor ihm liegen und welche konkurrierenden Konzepte die weitere Entwicklung der Technologie prägen. Das alles ist Gegenstand der beiden folgenden Kapitel.

KAPITEL 4

Die Mission, eine intelligente Maschine zu bauen

Der A.M. Turing Award gilt allgemein als der „Nobelpreis" für Informatik. Die nach dem legendären Mathematiker und Informatiker Alan Turing benannte und alljährlich von der Association for Computing Machinery verliehene Auszeichnung ist die Krönung für die Leistung all jener, die sich beruflich dem Fortkommen dieser Disziplin widmen. Wie der Nobelpreis ist auch der Turing Award mit 1 Million US-Dollar dotiert – Geld, das zum größten Teil von Google bereitgestellt wird.

Im Juni 2019 ging der Turing Award für 2018 an drei Männer: Geoffrey Hinton, Yann LeCun und Yoshua Bengio, in Anerkennung der Bedeutung ihres Lebenswerks für die Entwicklung tiefer neuronaler Netze. Diese Technologie – auch Deep Learning genannt – hat im vergangenen Jahrzehnt das Gebiet der künstlichen Intelligenz revolutioniert und Fortschritte ermöglicht, die noch vor Kurzem dem Reich der Science-Fiction zugerechnet wurden.

Tesla-Fahrer lassen ihre Autos regelmäßig autonom über die Autobahn fahren. Google Translate produziert brauchbare Texte, selbst in seltenen Sprachen, von denen die wenigsten von uns je gehört haben, und Unternehmen wie Microsoft haben in der Demonstration in Echtzeit gesprochenes Chinesisch maschinell ins Englische übertragen. Kinder wachsen in einer Welt auf, in der es normal ist, sich mit Alexa von Amazon zu unterhalten, und Eltern machen sich Gedanken, ob solche Interaktionen gesund sind. All diese Errungenschaften – und viele andere mehr – beruhen auf tiefen neuronalen Netzen.

Das Konzept, das Deep Learning zugrunde liegt, gibt es schon seit Jahrzehnten. Ende der 1950er-Jahre erdachte Frank Rosenblatt, Psychologe an der Cornell University, das „Perzeptron" – ein Elektrogerät, das nach ähnlichen Grundsätzen funktionierte wie biologische Neuronen im Gehirn. Rosenblatt wies nach, das einfache Netze aus Perzeptronen darauf trainiert werden konnten, einfache Mustererkennungsaufgaben zu übernehmen wie das Entziffern der Bilder numerischer Zeichen.

Rosenblatts Pionierarbeit an neuronalen Netzen erregte Begeisterung, doch als sich keine spektakulären Fortschritte einstellten, wurde die Methode schließlich von anderen Ansätzen verdrängt. Erst eine kleine Gruppe von Forschern, zu denen insbesondere die drei Turing-Preisträger von 2018 gehörten, fokussierte sich weiter auf neuronale Netze. Unter Informatikern galt die Technologie bald als Nebenschauplatz der Forschung und als voraussichtliche Sackgasse für die Karriere.

Das alles änderte sich 2012, als ein Team aus Geoff Hintons Forschungslabor an der University of Toronto bei der ImageNet Large Scale Visual Recognition Challenge antrat. Auf dieser jährlichen Veranstaltung treten Teams aus vielen führenden Universitäten und Unternehmen der Welt gegeneinander an, um einen Algorithmus zu entwickeln, der in der Lage ist, aus einer sehr großen Fotodatenbank ausgewählte Bilder korrekt zu beschriften. Während andere Teams klassische Programmiertechniken einsetzten, versuchte es Hintons

Mannschaft mit einem „tiefen" (oder mehrschichtigen) neuronalen Netz, das mit Tausenden von Beispielbildern geschult worden war. Das Team der University of Toronto gewann haushoch – und der Welt wurde klar, was Deep Learning leisten kann.

Seither hat praktisch jedes größere Technologieunternehmen viel Geld in Deep Learning gesteckt. Google, Facebook, Amazon und Microsoft, aber auch die chinesischen Tech-Riesen Baidu, Tencent und Alibaba stellen neuronale Netze inzwischen in den Mittelpunkt von Produkten, Betrieb und Geschäftsmodellen. Auch in der Computer-Hardware-Branche findet eine Umwälzung statt. Unternehmen wie Nvidia und Intel wetteifern darum, Computerchips zu entwickeln, die die Leistung neuronaler Netze optimieren. Experten für Deep Learning können siebenstellige Gehälter fordern und werden von Unternehmen, die um einen begrenzten Talentpool konkurrieren, wie Sportstars hofiert.

Was im Bereich künstliche Intelligenz in den letzten zehn Jahren erreicht wurde, ist zwar ebenso außergewöhnlich wie beispiellos, doch geht dieser Fortschritt in erster Linie auf die Hochskalierung immer größerer Datenschätze zurück, die von neuronalen Lernalgorithmen aufgesogen werden, welche auf immer schnellerer Hardware laufen. Immer mehr KI-Fachleute gelangen zu der Erkenntnis, dass dieser Ansatz auf Dauer nicht taugt und dass diese Technologie ganz neue Ideen braucht, um künftig noch weiter zu kommen. Bevor wir uns näher mit der möglichen Zukunft der KI befassen, wollen wir aber kurz auf die Anfänge zurückschauen: auf die bisherige Entwicklung dieser Disziplin und darauf, wie die Deep-Learning-Systeme, die in den letzten paar Jahren so revolutionäre Erfolge erzielten, eigentlich funktionieren. Wie wir sehen werden, zeichnet sich die KI-Forschung seit ihrer Anfangszeit durch den Wettbewerb zwischen zwei komplett unterschiedlichen Ansätzen zum Bau intelligenter Maschinen aus. Das Spannungsfeld zwischen diesen beiden Lehrmeinungen drängt sich allmählich wieder in den Vordergrund und könnte sich wesentlich darauf auswirken, wie sich das Gebiet in den kommenden Jahren und Jahrzehnten weiterentwickelt.

KÖNNEN MASCHINEN DENKEN?

Maschinen, die wie Menschen denken und handeln können, beschäftigten die Fantasie schon lange bevor der erste elektronische Rechner erfunden wurde. 1863 schrieb der englische Autor Samuel Butler einen Brief an den Herausgeber der Lokalzeitung von Christchurch, Neuseeland. Unter der Überschrift „Darwin unter den Maschinen" malte er sich in dem Schreiben „lebende Maschinen" aus, die sich eines Tages so weit entwickeln könnten, dass sie Menschen gleichkommen oder diese gar ersetzen. Butler rief zum unmittelbaren Krieg gegen diese neue mechanische Spezies auf und forderte, „alle Maschinen jedweder Art zu zerstören"[1] – ein Anliegen, das angesichts des Stands der Informationstechnologie im Jahr 1863 etwas verfrüht erscheint, doch ein Narrativ vorzeichnete, das immer wiederkehrt, zuletzt in Filmen wie *Terminator* und *Matrix.* Auch beschränken sich Butlers Ängste nicht auf Science-Fiction. Jüngste Fortschritte in der KI haben dazu geführt, dass Prominente wie Elon Musk und der mittlerweile verstorbene Stephen Hawking vor ganz ähnlichen Szenarien warnen, wie sie Butler vor über 150 Jahren heraufbeschwor.

Wann genau die künstliche Intelligenz Gegenstand seriöser Forschung wurde, darüber gehen die Meinungen auseinander. Ich würde sagen, es begann 1950. In jenem Jahr veröffentlichte der brillante Mathematiker Alan Turing eine wissenschaftliche Abhandlung unter dem Titel „Computing Machinery and Intelligence" und stellte darin die Frage: „Können Maschinen denken?"[2] In dem Forschungspapier erfand Turing einen Test auf der Grundlage eines beliebten Gesellschaftsspiels, der bis heute die am häufigsten eingesetzte Methode ist, um zu bestimmen, ob eine Maschine wirklich als intelligent zu betrachten ist. Der 1912 in London geborene Turing leistete bahnbrechende Arbeit zur Informatik und zum Wesen von Algorithmen und gilt allgemein als Gründervater der Computerwissenschaft. Turings größter Wurf gelang ihm 1936, nur zwei Jahre nach seinem Studienabschluss an der University of Cambridge, als er die mathematischen Grundsätze für das darlegte, was heute als „universelle Turing-Maschine" bezeichnet wird – im Grunde die konzeptionelle Blaupause für jeden Computer, der in der realen Welt jemals gebaut wurde. Turing hatte bereits ganz zu Anfang des Computerzeitalters genau begriffen, dass maschinelle Intelligenz eine logische und vielleicht unvermeidliche Verlängerung elektronischer Berechnungen war.

Der Begriff „künstliche Intelligenz" wurde von John McCarthy geprägt, damals noch junger Mathematikprofessor am Dartmouth College. Im Sommer 1956 half er mit, das Dartmouth Summer Research Project on Artificial Intelligence auf dem Campus in New Hampshire zu organisieren. Zu dieser für zwei Monate angesetzten Konferenz wurden die führenden Köpfe auf diesem neuen Fachgebiet eingeladen. Die Ziele waren gleichermaßen ambitioniert wie optimistisch: Das Konzept der Konferenz lautete, es solle „ein Versuch unternommen werden, herauszufinden, wie man Maschinen beibringen könnte, so sprechen, zu abstrahieren und Ideen zu entwickeln, Probleme zu lösen, wie sie bisher den Menschen vorbehalten sind, und sich selbst zu optimieren". Es sicherte zu, die Veranstalter seien überzeugt, dass ein „maßgeblicher Fortschritt bei einem oder mehreren dieser Probleme erzielt werden kann, wenn eine sorgfältig ausgewählte Gruppe von Wissenschaftlern einen Sommer lang gemeinsam daran arbeitet".[3] Zu den Teilnehmern zählten Marvin Minsky, der neben McCarthy zu einem der gefeiertsten KI-Forscher der Welt avancierte und das Computer Science and Artificial Intelligence Lab am MIT gründete, und Claude Shannon, ein legendärer Elektroingenieur, der die Grundsätze der Informationstheorie formulierte, die der elektronischen Kommunikation zugrunde liegen und das Internet möglich gemacht haben.

Der genialste Denker von allen glänzte bei der Dartmouth-Konferenz durch Abwesenheit: Alan Turing hatte zwei Jahre zuvor Selbstmord begangen. Auf der Grundlage der damals in Großbritannien geltenden Sittengesetze wurde er wegen einer gleichgeschlechtlichen Beziehung strafrechtlich verfolgt und hatte die Wahl zwischen Freiheitsentzug oder chemischer Kastration durch die Zwangsverabreichung von Östrogen. Er entschied sich für die zweite Option, bekam davon aber Depressionen und nahm sich 1954 das Leben – ein unfassbarer Verlust für die neuen Disziplinen der Informatik und der künstlichen Intelligenz. Bei seinem Tod war Turing erst 41 Jahre alt. In einer gerechteren Welt hätte er sicherlich noch den Einzug des PCs und möglicherweise sogar den Aufstieg des Internets und vielleicht auch viele der anschließenden Innovationen miterlebt. Wie viel Turing über die Jahrzehnte noch hätte beitragen können oder wie viel weiter man auf dem Gebiet der künstlichen Intelligenz heute sein könnte, kann niemand sagen, doch der intellektuelle Verlust für das Fach und für die ganze Menschheit dürfte gewaltig sein.

In den Jahren nach der Konferenz von Dartmouth machte die Disziplin der künstlichen Intelligenz rasche Fortschritte. Computer wurden leistungsfähiger, es gab maßgebliche Durchbrüche und es wurden Algorithmen entwickelt, die eine immer größere Bandbreite von Problemen lösen konnten. Künstliche Intelligenz wurde als Studienfach in Universitäten in den gesamten Vereinigten Staaten eingeführt, und es wurden mehrere Forschungslabore für KI eingerichtet.

Ermöglicht wurde dieser Fortschritt vor allem durch massive Investitionen der US-Regierung, insbesondere des Pentagon. Ein großer Teil der Mittel floss über die Advanced Research Projects Agency oder ARPA. Ein besonders wichtiges Zentrum für ARPA-finanzierte Forschung war das Stanford Research Institute, das sich später von der Stanford University abtrennte und zu SRI International wurde. Das 1966 gegründete Artificial Intelligence Center von SRI leistete bahnbrechende Arbeit auf Gebieten wie Übersetzung und Spracherkennung. Das Forschungszentrum baute auch den ersten wirklich autonomen Roboter – eine Maschine, die in der Lage war, KI-gestützte Logik in physische Interaktion mit ihrer Umwelt umzusetzen. Fast ein halbes Jahrhundert nach seiner Gründung gliederte das Artificial Intelligence Center von SRI ein Start-up für ein neues persönliches Assistenzsystem namens Siri aus, das 2010 von Apple übernommen werden sollte.

Der Fortschritt mündete bald in Überschwang, überzogenen Versprechungen und unrealistischen Erwartungen. 1970 erschien in *LIFE* ein Artikel über den von SRI entwickelten Roboter, in dem dieser als erste „elektronische Person" der Welt bezeichnet wurde. Marvin Minsky, damals ein Star unter den KI-Forschern am MIT, erklärte gegenüber dem Autor des Artikels, Brad Darrach, mit „ruhiger Sicherheit":

> Innerhalb der nächsten drei bis acht Jahre wird es eine Maschine mit der starken Intelligenz eines Durchschnittsmenschen geben. Damit meine ich eine Maschine, die in der Lage ist, Shakespeare zu lesen, einen Ölwechsel durchzuführen, Bürointrigen zu spinnen, einen Witz zu erzählen und sich zu streiten. An diesem Punkt wird die Maschine anfangen, sich mit fantastischer Geschwindigkeit selbst weiterzubilden. Nach wenigen Monaten wird sie das Niveau eines Genies erreicht haben, und wie hoch ihre Leistungsfähigkeit nach ein paar weiteren Monaten sein könnte, ist gar nicht mehr abschätzbar.[4]

Darrach überprüfte diese Aussage, indem er sie anderen KI-Forschern vorlegte, und erfuhr, dass Minskys Zeitrahmen von drei bis acht Jahren möglicherweise ein bisschen optimistisch sein könnte. Es könnte auch 15 Jahre dauern, meinten sie, waren sich aber „alle einig, dass es eine solche Maschine geben würde und dass sie die dritte industrielle Revolution beschleunigen, Kriege und Armut ausmerzen und Jahrhunderte des Wachstums in Wissenschaft, Bildung und Kunst stark raffen könnte."[5]

Als klar wurde, dass derartige Vorhersagen ziemlich daneben lagen und dass sich schon die Entwicklung von KI-Systemen, die weit weniger ambitionierte Aufgaben erfüllen können, als deutlich schwieriger erwies als erwartet, ebbte die Begeisterung für diese Disziplin ab. 1974 hatte sich der Ausblick für dieses Fachgebiet angesichts desillusionierter Investoren, allen voran der staatlichen Stellen, die sich bei der Finanzierung übermäßig ins Zeug gelegt hatten, ebenso eingetrübt wie die Karriereaussichten vieler KI-Forscher. Der Bereich künstliche Intelligenz leidet, seit es ihn gibt, unter einer Art kollektiver bipolarer Störung: Zeiten großen Überschwangs und rasanten Fortschritts werden von bisweilen jahrzehntelangen Phasen der Desillusionierung und der spärlichen Investitionen akzentuiert, die mittlerweile als „KI-Winter" bezeichnet werden.

Dass über diese Disziplin immer wieder der Winter hereinbricht, dürfte zum Teil dem mangelnden Bewusstsein dafür geschuldet sein, wie schwierig die Probleme in Wirklichkeit sind, die KI lösen soll. Ein weiterer entscheidender Faktor ist allerdings auch schlicht die mangelnde Anerkennung des Umstands, wie langsam Computer bis in die 1990er-Jahre eigentlich waren. Es würde jahrzehntelangen Fortschritt gemäß dem unerbittlichen Moore'schen Gesetz erfordern, um die Träume der Teilnehmer der Konferenz von Dartmouth 1956 in Reichweite zu bringen.

Dass die Computer-Hardware schließlich schneller wurde, führte Ende der 1990er-Jahre zu ein paar merklichen Fortschritten. Im Mai 1997 besiegte der IBM-Computer Deep Blue mit knapper Not den Schachweltmeister Garry Kasparow in einem Wettkampf aus sechs Partien. Das wurde zwar als Triumph für die künstliche Intelligenz gefeiert, war aber vor allem anderen eine Leistung, die durch die Nutzung roher Rechengewalt ermöglicht wurde. Die spezialisierten Algorithmen, die auf der kühlschrankgroßen, individuell entwickelten Hardware von Deep Blue liefen, waren in der Lage, sehr vorausschauend zu arbeiten und rasch eine Vielzahl möglicher Züge durchzuspielen, wie es auch dem wendigsten menschlichen Verstand nie gelingen würde.

2011 triumphierte IBM erneut, als Watson auf der Bildfläche erschien: eine Maschine, die problemlos die besten Kandidaten der TV-Show *Jeopardy!* an die Wand spielte. Das war in vieler Hinsicht eine weit eindrucksvollere Leistung, denn es erforderte ein Verständnis natürlicher Sprache bis hin zu der Fähigkeit, Witze und Wortspiele richtig einzuordnen. Anders als Deep Blue war Watson ein System, das die Grenzen eines Brettspiels mit fest definierten Regeln sprengen und mit einer scheinbar grenzenlosen Informationsmenge zurande kommen konnte. Watson gewann bei *Jeopardy!* durch den simultanen Einsatz eines Schwarms intelligenter Algorithmen, die gewaltige Datenmassen durchforsteten und dabei häufig aus Wikipedia-Artikeln schöpften, um im Spiel die richtigen Antworten zu geben.

Watson läutete ein neues Zeitalter ein und signalisierte, dass Maschinen endlich Sprache verstehen und eine echte Beziehung zu Menschen aufbauen könnten. 2011 sollte aber auch den Anfang einer drastischen Veränderung der Technologie markieren, die der künstlichen Intelligenz zugrunde lag. Watson stützte sich auf Algorithmen für maschinelles Lernen, die statistische Methoden verwendeten, um Informationen sinnvoll zu deuten. In den folgenden Jahren sollte aber eine andere Art des maschinellen Lernens – eine, die direkt auf das von Frank Rosenblatt über 50 Jahre zuvor erdachte Perzeptron Bezug nahm – wieder in den Vordergrund rücken und dann rasch zum dominanten Faktor auf dem Gebiet der künstlichen Intelligenz avancieren.

KONNEKTIONISTISCHE UND SYMBOLISCHE KI IM VERGLEICH UND DER SIEGESZUG DES DEEP LEARNING

Noch während der jahrzehntelangen Entwicklung der allgemeinen Disziplin der künstlichen Intelligenz durch Höhen und Tiefen schwankte der Fokus der Forschung bereits zwischen zwei generellen Philosophien hin und her, die jeweils ganz verschiedene Ansätze zum Bau intelligenterer Maschinen verfolgten. Eine Lehrmeinung entsprang der Arbeit Rosenblatts an neuronalen Netzen aus den 1950er-Jahren. Ihre Anhänger waren überzeugt, dass man sich bei der Modellierung eines intelligenten Systems an der grundlegenden Architektur des Gehirns orientieren und tief vernetzte Komponenten nutzen sollte, die sich lose auf biologische Neuronen stützten. Dieser Ansatz, auch „Konnektionismus“ genannt, hob das Lernen als zentrales Intelligenzmerkmal heraus und stellte die These auf, dass eine Maschine, der man beibringen konnte, effizient aus Daten zu lernen, früher oder später auch andere Fähigkeiten des menschlichen Gehirns ausbilden könnte. Immerhin gab es starke Indizien, die für die Effektivität dieses Modells sprachen: Das menschliche Gehirn selbst setzt sich bekanntlich vollständig aus einem unfassbar komplexen System vernetzter biologischer Neuronen zusammen.

Im anderen Lager sammelten sich Forscher, die sich für einen „symbolischen“ Ansatz entschieden hatten, bei dem die Anwendung logischen Denkens im Mittelpunkt stand. Den Symbolisten war das Lernen nicht so wichtig. Sie sahen den Schlüssel zur Intelligenz vielmehr in der Fähigkeit, Wissen durch rationale Überlegungen, Entscheidungen und Handlungen zu nutzen. Statt Algorithmen zu entwickeln, die selbstständig lernen konnten, kodierten die Symbolisten Informationen manuell direkt in ihre Systeme – eine Praxis, aus der ein Fachgebiet hervorging, das als „Knowledge Engineering“ bekannt ist.

Symbolische KI war der Motor, der fast alle der ersten praktischen KI-Anwendungen antrieb. Wissenstechniker, die beispielsweise für Ärzte arbeiteten, konnten Systeme entwickeln, die versuchten, anhand von Algorithmen, die Entscheidungsbäume einsetzten, Krankheiten zu diagnostizieren. Solche medizinischen Fachsysteme brachten durchwachsene Ergebnisse und erwiesen sich häufig als unflexibel und unzuverlässig. Bei vielen anderen Anwendungen wie Autopilot-Systemen, die in Düsenflugzeugen zum Einsatz kommen, wurde durch die Erforschung solcher Expertensysteme entwickelte Technik nach und nach zur Routinekomponente des Software-Designs und wird nicht mehr als „künstliche Intelligenz“ bezeichnet.

Der Konnektionismus geht auf Forschungsarbeiten zurück, die ergründen sollten, wie das menschliche Gehirn funktioniert. In den 1940er-Jahren stellten Warren McCulloch und Walter Pitts die Idee eines künstlichen neuronalen Netzes als eine Art rechnerischer Annäherung an die Funktionsweise biologischer Neuronen im Gehirn vor.[6] Der gelernte Psychologe Frank Rosenblatt, der an der psychologischen Fakultät der Cornell University lehrte, bezog sich bei der Entwicklung seines Perzeptrons später auf diese Idee.

Das Perzeptron war in der Lage, rudimentäre Mustererkennungsaufgaben zu übernehmen, etwa die Erkennung gedruckter Zeichen mittels einer Kamera, die an das Gerät angeschlossen war. Der Erfinder und Autor Ray Kurzweil, heute technischer Leiter bei Google, traf Rosenblatt 1962 in seinem Labor an der Cornell University. Kurzweil erzählte mir, dass er Testmaterial für das Perzeptron mitgebracht hatte und die Maschine perfekt funktionierte, solange die Buchstaben in der richtigen Schrift gedruckt und gut lesbar waren. Rosenblatt erklärte dem jungen Kurzweil, der sich gerade am MIT einschreiben wollte, er sei überzeugt, dass sich mit mehreren Perzeptronschichten noch viel bessere Ergebnisse erzielen ließen, wenn man die Ausgabe des einen Perzeptrons als Eingabe für das nächste Perzeptron verwendete.[7] Rosenblatt kam aber 1971 bei einem Bootsunfall ums Leben und hat seine Mehrschicht-Theorie nie umgesetzt.

Die anfängliche Begeisterung für künstliche neuronale Netze flaute Ende der 1960er-Jahre ab. Dafür war in erster Linie ein Buch verantwortlich, das 1969 erschien: „Perceptrons" von Marvin Minsky als Koautor. Minsky war für die weitere Entwicklung der künstlichen Intelligenz zwar insgesamt äußerst zuversichtlich, beurteilte aber gerade den Ansatz, der eines Tages nie da gewesene Fortschritte erzielen sollte, ironischerweise ausgesprochen pessimistisch. In dem Buch präsentierten Minsky und Koautor Seymour Papert formale mathematische Beweise, die die Grenzen neuronaler Netze hervorhoben und vermuten ließen, dass die Technologie letztlich keine anspruchsvollen praktischen Probleme lösen könne.[8]

Während Informatiker und Studienabgänger immer weniger Lust zeigten, sich mit neuronalen Netzen zu beschäftigen, wurde der symbolische KI-Ansatz – heute häufig auch als „klassische KI" bezeichnet – zum dominanten Einfluss. Neuronale Netze sollten in den 1980er-Jahren und erneut in den 1990er-Jahren kurze Renaissancen erleben, doch jahrzehntelang gab die symbolische Schule den Ton an, wenngleich die Begeisterung für das Gebiet der künstlichen Intelligenz zyklisch zwischen den Extremen schwankte. Für die Konnektionisten brachen immer wieder erschreckend harte, lange KI-Winter an, die oft noch nachwirkten, wenn sich die Anwender der symbolischen KI bereits milder Frühlingstemperaturen erfreuten.

Die gesamten 1970er- und frühen 1980er-Jahre hindurch setzte die winterliche Kälte den Konnektionisten besonders zu. Yann LeCun, der heute als einer der Hauptarchitekten des Deep Learning gilt, erzählte mir, in dieser Zeit sei Forschung über neuronale Netze „nicht nur ein Randgebiet" gewesen. Man „konnte kein Paper veröffentlichen, das den Begriff »neuronale Netze« auch nur erwähnte, weil es dann von den Gutachtern sofort abgelehnt wurde."[9] Dennoch glaubte eine kleine Gruppe von Forschern weiter an die konnektionistische Vision. Von diesen kamen viele nicht aus der Informatik, sondern hatten einen psychologischen Hintergrund oder waren Fachleute für menschliche Wahrnehmung. Ihnen ging es im Grunde darum, ein mathematisches Modell für die Funktion des Gehirns zu entwickeln. Anfang der 1980er-Jahre erdachte der Psychologieprofessor David Rumelhart von der University of California in San Diego die Methode der sogenannten „Backpropagation" (auch Rückpropagierung oder Fehlerrückführung), die bis heute der Lernalgorithmus ist, der in mehrschichtigen neuronalen Netzen hauptsächlich eingesetzt wird. Zusammen mit dem Informatiker Ronald Wilson von der Northeastern University und Geoffrey Hinton, damals bei Carnegie Mellon, beschrieb Rumelhart, wie der Algorithmus am besten zu verwenden sei. Dieser Artikel gilt heute als eine der bedeutendsten Forschungsarbeiten auf dem Gebiet der künstlichen Intelligenz. Veröffentlicht wurde er 1986 in dem Fachblatt *Nature*.[10] Die Backpropagation stellte den grundlegenden konzeptionellen Durchbruch dar, der eines Tages dazu führen sollte, dass Deep Learning die Disziplin der KI dominierte. Es sollten aber noch Jahrzehnte ins Land gehen, bis die Rechner schnell genug waren, um diesen Ansatz richtig zu nutzen. Geoffrey Hinton, seinerzeit Postdoktorand, der mit Rumelhart 1981 an der UC San Diego zusammenarbeitete[11], sollte später zur vielleicht prominentesten Persönlichkeit der Deep-Learning-Revolution werden.

Ende der 1980er-Jahre wurden neuronale Netze erstmals praktisch angewandt. Yann LeCun, damals als Wissenschaftler in den Bell Labs von AT&T tätig, setzte einen Backpropagation-Algorithmus in einer neuen Architektur ein – einem sogenannten „neuronalen Faltungsnetzwerk". In Faltungsnetzwerken werden die künstlichen Neuronen so ähnlich vernetzt, wie es im visuellen Kortex im Gehirn von Säugetieren der Fall ist. Diese Netzwerke wurden vor allem für effektive Bilderkennung konzipiert. LeCuns System konnte handgeschriebene Ziffern erkennen. Ende der 1990er-Jahre konnten Geldautomaten mithilfe neuronaler Faltungsnetzwerke die Zahlen auf Bankschecks erkennen.

In den Nullerjahren kam der Aufstieg von „Big Data". Organisationen und Regierungen sammelten nunmehr Informationen in einem Umfang, wie es kurz zuvor noch unvorstellbar gewesen wäre, und versuchten, diese zu analysieren. Inzwischen war klar, dass das gesamte, weltweit erzeugte Datenvolumen auch weiterhin exponentiell anwachsen würde. Diese Springflut an Daten sollte sich bald mit den neuesten Algorithmen des maschinellen Lernens überschneiden und so eine Revolution der künstlichen Intelligenz ermöglichen.

Einer der bedeutendsten neuen Datenschätze war das Ergebnis der Arbeit einer jungen Informatikprofessorin der Princeton University. Fei-Fei Li, deren Arbeit sich auf maschinelles Sehen fokussierte, erkannte: Um einer Maschine beizubringen, die Welt visuell sinnvoll wahrzunehmen, waren sehr umfangreiche Lehrressourcen erforderlich, mit korrekt beschrifteten Beispielen, die viele verschiedene Menschen, Tiere, Gebäude, Fahrzeuge und Gegenstände darstellten – und alles andere, was einem sonst noch so begegnen konnte. Über zweieinhalb Jahre beschriftete sie eifrig über drei Millionen Bilder aus mehr als 5.000 Kategorien. Diese Arbeit musste manuell erledigt werden. Nur ein Mensch konnte ein Bild und dessen Beschreibung richtig assoziieren. Für so ein Unterfangen waren selbst die Kosten für studentische Hilfskräfte absolut unerschwinglich. Da wandte sich Lis Team an Amazon: Dessen Mechanical Turk war eine neu entwickelte Plattform für das Crowdsourcing informationsorientierter Aufgaben an Kräfte, die auch in weiter Ferne sitzen konnten, oft in Billiglohnländern.[12]

Lis Projekt unter der Bezeichnung ImageNet wurde 2009 veröffentlicht und entwickelte sich bald zur unverzichtbaren Ressource für die Erforschung des maschinellen Sehens. Ab 2010 veranstaltete Li einen jährlichen Wettbewerb, in dessen Rahmen Teams von Universitäten und Forschungsabteilungen von Unternehmen ihre Algorithmen auf Bilder aus einer riesigen Datenbank losließen, um diese zu beschriften. Die zwei Jahre später, im September 2012, stattfindende ImageNet Large Scale Visual Recognition Competition stellte wohl den Wendepunkt für die Deep-Learning-Technologie dar.[13] Geoff Hinton trat mit Ilya Sutskever und Alex Krizhevsky von seinem Forschungslabor an der University of Toronto mit einem vielschichtigen neuronalen Faltungsnetzwerk an, das Mitbewerber deklassierte und zweifelsfrei bewies: Tiefe neuronale Netze hatten sich endlich zu einer praktisch einsetzbaren Technologie entwickelt. Der Triumph Hintons und seines Teams löste in der Welt der KI-Forschung große Resonanz aus und warf ein Schlaglicht auf die produktive Verknüpfung großer Datensätze mit leistungsfähigen neuronalen Algorithmen – eine Symbiose, die bald schon Fortschritte bringen sollte, wie sie nur wenige Jahre zuvor noch fest im Reich der Science-Fiction verortet schienen.

Die von mir hier skizzierte Geschichte gibt in groben Zügen wieder, was man als „Standardhistorie“ des Deep Learning bezeichnen könnte. Demnach spielen die Turing-Preisträger von 2018 Geoff Hinton, Yann LeCun und Yoshua Bengio, Professor an der University von Montreal, eine besonders bedeutende Rolle – so bedeutend, dass sie oft als „Godfathers of Deep Learning“ bezeichnet werden. (Und manchmal auch als „Godfathers of AI“, was deutlich macht, wie absolut Deep Learning diese Disziplin inzwischen beherrscht und den früheren Schwerpunkt auf symbolischen Ansätzen verschob.) Es gibt aber noch andere Versionen dieser Geschichte. Wie in den meisten wissenschaftlichen Disziplinen wird auch in der KI mit harten Bandagen um Anerkennung gekämpft – möglicherweise auf die Spitze getrieben durch den zunehmenden Eindruck, der Fortschritt in der KI habe Schwellen überschritten, die unweigerlich zu wahrhaft historischen Umwälzungen in Gesellschaft und Wirtschaft führen.

Der wortgewaltigste Verfechter einer anderen Lesart ist Jürgen Schmidhuber, einer der Leiter des Dalle Molle Institute for Artificial Intelligence Research im schweizerischen Lugano. Schmidhuber und seine Studenten entwickelten in den 1990er-Jahren eine besondere Art von neuronalem Netz zur Umsetzung eines Langzeitspeichers: des „long short-term memory", kurz LSTM, zu Deutsch langes Kurzzeitgedächtnis. Mit einem solchen LSTM sind Netze in der Lage, sich an Daten aus der Vergangenheit zu „erinnern" und diese in aktuelle Analysen einzubeziehen. Das hat sich auf Gebieten wie Spracherkennung und Übersetzung als entscheidend erwiesen, für die der von bereits verwendeten Worten geschaffene Kontext großen Einfluss auf die Richtigkeit hat. Unternehmen wie Google, Amazon und Facebook stützen sich ausnahmslos stark auf LSTM. Schmidhuber ist der Ansicht, dass es eher die Arbeit seines Teams war – und nicht die der so gefeierten nordamerikanischen Forscher –, der die KI den aktuellen Fortschritt zu großen Teilen verdankt.

In einer E-Mail, die er mir kurz nach der Veröffentlichung meines Buches „Die Intelligenz der Maschinen" schrieb – in das ich eine kurze Zusammenfassung der Standardgeschichte des Deep Learning aufgenommen hatte – erklärte mir Schmidhuber, dass „vieles von dem, was Sie geschrieben haben, recht irreführend und entsprechend enttäuschend ist!"[14] Laut Schmidhuber liegen die Wurzeln des Deep Learning nicht in den Vereinigten Staaten oder in Kanada, sondern vielmehr in Europa. Die ersten Lernalgorithmen für mehrschichtige neuronale Netze, so Schmidhuber, seien 1965 von dem ukrainischen Forscher Oleksij Hryhorowytsch Iwachnenko beschrieben und der Backpropagation-Algorithmus 1970 veröffentlicht worden, zehneinhalb Jahre vor dem berühmten Rumelhart-Artikel, und zwar von dem finnischen Studenten Seppo Linnainmaa. Schmidhuber ist eindeutig frustriert, weil seine eigene Forschung so wenig Anerkennung erfährt, und bekannt für seine scharfen Zwischenrufe bei Präsentationen auf KI-Konferenzen. Auch hat er wiederholt den Vorwurf geäußert, es gebe eine „Verschwörung" zum Umschreiben der Geschichte des Deep Learning, allen voran von Seiten Hintons, LeCuns und Bengios.[15] Diese bekannteren Wissenschaftler widersprechen dem vehement. So erzählte LeCun einem Reporter der *New York Times*, „Jürgen ist manisch anerkennungsbesessen und beansprucht Lorbeeren für sich, die ihm nicht zustehen."[16]

Die Unstimmigkeiten über den wahren Ursprung von Deep Learning dürften vermutlich anhalten. Es besteht aber kein Zweifel daran, dass die Methode im Nachgang zum ImageNet-Wettbewerb von 2012 das Feld der künstlichen Intelligenz – und die meisten der größten Technologieunternehmen – im Sturm erobert hat. Amerikanische Tech-Giganten wie Google, Amazon, Facebook und Apple ebenso wie die chinesischen Branchenvertreter Baidu, Tencent und Alibaba erkannten sofort das Disruptionspotenzial tiefer neuronaler Netze, bauten Forschungsteams auf und bezogen die Technologie in ihre Produkte und ihren Betrieb ein. Google warb Geoff Hinton an, Yann LeCun übernahm die Leitung des neuen KI-Forschungslabors von Facebook und die gesamte Branche zog in einen brutalen Krieg um fähige Köpfe, der die Gehälter und Aktienoptionen selbst für frisch gebackene Studienabsolventen mit Deep-Learning-Kenntnissen in schwindelerregende Höhen trieb. 2017 erklärte Google-CEO Sundar Pichai, in seinem Unternehmen habe KI Priorität, und bezeichnete diese als eine der wichtigsten Dimensionen des Wettbewerbs mit anderen Tech-Riesen.[17] Bei Google und Facebook hielt man die Technologie für so bedeutsam, dass Deep-Learning-Forschern Büros in unmittelbarer Nähe zum CEO zugewiesen wurden[18]. Als sich das Jahrzehnt dem Ende zuneigte, beherrschten neuronale Netze die Disziplin so vollständig, dass die Begriffe „Deep Learning" und „künstliche Intelligenz" in den Medien häufig synonym verwendet wurden.

KAPITEL 5

Deep Learning und die Zukunft der künstlichen Intelligenz

Der Siegeszug von Deep Learning in den größten Technologieunternehmen der Welt sowie das Auftauchen immer überzeugenderer Anwendungen für Verbraucher und Unternehmen, die die Fähigkeiten neuronaler Netze nutzen, lassen wenig Zweifel daran, dass uns diese Technologie erhalten bleibt. Es entsteht aber immer mehr der Eindruck, dass das Tempo des Fortschritts nicht haltbar ist und künftige Erfolge maßgebliche neue Innovationen voraussetzen. Wie wir sehen werden, ist eine der bedeutendsten Fragen für die Zukunft, ob das KI-Pendel noch einmal zu Ansätzen zurückschwingt, die auf symbolische KI setzen, oder nicht – und wenn es so kommen sollte, wie sich diese Konzepte erfolgreich in neuronale Netze integrieren lassen. Vor dem tieferen Einstieg in die Zukunft der künstlichen Intelligenz wollen wir aber in aller Kürze genauer ergründen, wie Deep-Learning-Systeme überhaupt funktionieren und wie solchen Netzen beigebracht wird, nützliche Aufgaben zu erfüllen.

WIE TIEFE NEURONALE NETZE FUNKTIONIEREN

Die Medien vergleichen Deep-Learning-Systeme gern mit dem Gehirn. Das führt leicht zu Missverständnissen in Bezug darauf, wie stark sich die in der künstlichen Intelligenz eingesetzten neuronalen Netze tatsächlich an ihrem biologischen Vorbild orientieren. Das menschliche Gehirn ist wohl das komplexeste System im bekannten Universum: mit rund 100 Milliarden Neuronen und Hunderten Billionen Vernetzungen. Diese schwindelerregende Komplexität ergibt sich aber nicht einfach aus der gewaltigen Konnektivität. Sie erstreckt sich vielmehr auf die Arbeit der Neuronen als solcher und die Art und Weise, wie sie Signale übertragen und sich mit der Zeit an neue Informationen anpassen.

Ein biologisches Neuron besteht in der Hauptsache aus drei Teilen: dem Zellkörper, der den Zellkern enthält, die verästelten Fäden der „Dendriten", die Signale von anderen Zellen empfangen, und einen deutlich längeren, feineren Fortsatz, das sogenannte „Axon", das elektrische Nervenimpulse an andere Neuronen wegleitet. Sowohl die Dendriten als auch das Axon verzweigen sich in aller Regel stark. Die Dendriten erhalten manchmal elektrische Reize von Zigtausenden anderer Neuronen. Regen die kollektiven Signale, die über die Dendriten eingehen, das Neuron an, gibt es über das Axon selbst einen elektrischen Impuls ab: das sogenannte Aktionspotenzial. Die Vernetzungen des Gehirns sind aber nicht fest „verdrahtet". Vielmehr überträgt das Axon eines Neurons ein chemisches Signal an einen Dendriten eines anderen Neurons über eine Kontaktstelle, die als „Synapse" bezeichnet wird. Diese elektrochemischen Funktionen sind eine Grundvoraussetzung für die Arbeit des Gehirns und dessen Fähigkeit, zu lernen und sich anzupassen. Vielfach sind sie aber noch nicht richtig erforscht. Der chemische Stoff Dopamin beispielsweise, der mit Vergnügung oder Belohnung assoziiert wird, ist ein Neurotransmitter, der am synaptischen Spalt zum Einsatz kommt.

Ein künstliches neuronales Netz geht über all diese Details hinweg und versucht, grob mathematisch zu skizzieren, wie Neuronen funktionieren und sich vernetzen. Ist unser Gehirn die Mona Lisa, so könnte man die von Deep-Learning-Systemen eingesetzten Strukturen vielleicht mit Lucy von den *Peanuts* vergleichen. Der Grundgedanke für künstliche Neuronen entstand in den 1940er-Jahren, und in den seither verstrichenen Jahrzehnten wurde an diesen Systemen weitgehend losgelöst von der Hirnforschung gearbeitet. Die Algorithmen, auf denen Deep-Learning-Systeme beruhen, wurden unabhängig entwickelt, oft experimentell und ohne die konkrete Absicht, nachzuahmen, was tatsächlich in einem menschlichen Gehirn ablaufen könnte.

So ein künstliches Neuron stellen Sie sich am besten als einen Container mit drei oder mehr Zuleitungen vor, die jeweils Wasser führen. Diese Leitungen entsprechen mehr oder minder den Dendriten eines biologischen Neurons. Dann gibt es noch eine Axon-Leitung, durch die Wasser aus dem Container abfließt. Erreicht das von den Zuleitungen zugeführte Wasser einen bestimmten Pegel, „feuert" das Neuron: Es gibt Wasser durch die Axon-Leitung ab.

Das entscheidende Merkmal, das aus diesem einfachen Konstrukt ein brauchbares Instrument der Informatik macht, ist ein Ventil, das an jeder der Zuleitungen angebracht ist, sodass sich der Zustrom durch die Leitung steuern lässt. Durch die Einstellung dieser Ventile kann man den Einfluss, den andere, vernetzte Neuronen auf genau dieses Neuron nehmen, unmittelbar regulieren. Die Schulung eines neuronalen Netzes zur Ausführung nützlicher Aufgaben entspricht im Grunde dem Prozess, diese Ventile – die sogenannten „Gewichte" – so lange zu justieren, bis das Netz in der Lage ist, Muster richtig zu erkennen.

In einem tiefen neuronalen Netz wird eine Software-Simulation künstlicher Neuronen, die mehr oder minder so funktionieren wie diese Container, in mehreren Schichten so angeordnet, dass die Ausgaben einer Neuronenschicht mit den Eingaben der nächsten Schicht verbunden werden. Die Vernetzung zwischen den Neuronen direkt aufeinanderfolgender Schichten erfolgt oft zufällig. Alternativ können die Neuronen in einer bestimmten neuronalen Architektur, die auch als Faltungsnetzwerk bezeichnet wird, das zur Bilderkennung gedacht ist, gezielter verknüpft werden. Komplexe neuronale Netzwerke können über hundert Schichten und Millionen einzelner künstlicher Neuronen enthalten.

Ist so ein Netz einmal konfiguriert, kann es zur Ausführung bestimmter Aufgaben geschult werden, etwa für die Bilderkennung oder die Übersetzung von Texten. Um einem neuronalen Netz beizubringen, handgeschriebene Ziffern zu erkennen, würde man beispielsweise die einzelnen Pixel aus einem Foto eines handschriftlichen Zahlensymbols als Eingabedaten für die erste Neuronenschicht heranziehen. Aus den Ausgabedaten der letzten Schicht künstlicher Neuronen ginge dann die Lösung hervor – sprich, das Zahlwort, dass der geschriebenen Ziffer entspricht. Um dem Netz beizubringen, die richtige Lösung zu finden, wird es mit Trainingsbeispielen gefüttert. Anschließend werden alle Gewichte im Netzwerk so justiert, dass es sich nach und nach auf die richtige Antwort einnordet. Sind die Gewichte dergestalt optimiert, lässt sich das Netz für neue Beispiele verwenden, die nicht in den Datensätzen enthalten waren, mit denen es geschult wurde.

Bei der Justierung der Gewichte, die es dem Netz letztlich ermöglicht, sich recht zuverlässig auf die richtige Antwort einzuschießen, kommt der bereits erwähnte Backpropagation-Algorithmus ins Spiel. In einem komplexen Deep-Learning-System könnte es eine Milliarde oder mehr Verbindungen zwischen Neuronen geben, deren Gewichte jeweils zu optimieren sind. Die Fehlerrückführung oder Backpropagation ermöglicht es im Grunde, sämtliche Gewichte im Netzwerk gleichzeitig anzupassen statt jedes für sich. Das sorgt für erheblich mehr Berechnungseffizienz.[1] Im Schulungsprozess wird die Ausgabe des Netzwerks mit der richtigen Antwort abgeglichen. Informationen, die ermöglichen, dass jedes einzelne Gewicht entsprechend angepasst wird, werden durch die Neuronenschichten zurückgeführt. Ohne diese Backpropagation hätte es die Deep-Learning-Revolution nie gegeben.

So lassen sich zwar die grundlegenden Mechanismen umreißen, mit denen ein neuronales Netz konfiguriert und auf die Lieferung brauchbarer Ergebnisse abgerichtet wird, doch eine ganz grundlegende Frage bleibt dennoch offen: Was genau läuft eigentlich in einem solchen System ab, wenn es sich durch Daten frisst und mit häufig übermenschlicher Trefferquote Lösungen ausspuckt?

Die kurze Erklärung lautet: In dem neuronalen Netz wird eine Darstellung von Wissen erzeugt, und das Abstraktionsniveau für dieses Wissen erhöht sich mit jeder Schicht des Netzwerks. Am verständlichsten lässt sich das an einem Netz erklären, das zum Erkennen visueller Bilder konfiguriert wurde. Das Bildverständnis des Netzwerks setzt auf Pixelebene ein. In nachfolgenden neuronalen Schichten werden visuelle Merkmale wie Kanten, Krümmungen und andere Gestaltungselemente wahrgenommen. In den tieferen Schichten des Systems ergeben sich immer komplexere Darstellungen. Schließlich gewinnt das System so eindeutige Erkenntnisse, dass es ein Bild sinnvoll erfassen und auch aus einer großen Zahl von Alternativen richtig herauskennen kann.

Eine ausführlichere Antwort auf die Frage würde jedoch zutage bringen, dass wir im Grunde nicht wissen, was wirklich abläuft – oder es zumindest nicht so ohne Weiteres beschreiben können. Kein Programmierer gibt die verschiedenen Abstraktionsniveaus oder die Art und Weise vor, in der Wissen in dem Netz dargestellt wird. Das alles geschieht organisch, und die Darstellung verteilt sich auf Millionen vernetzter künstlicher Neuronen, die durch das ganze System feuern. Wir wissen, irgendwie begreift das Netzwerk das Bild, doch zu beschreiben, was genau da in seinen Neuronen passiert, ist sehr schwierig, wenn nicht gar unmöglich – und das gilt umso mehr, jede tiefer wir in die Schichten des Netzwerks vordringen oder wenn wir Systeme untersuchen, die mit nicht so leicht visualisierbaren Datenarten arbeiten. Diese relative Undurchschaubarkeit – die Sorge, dass es sich bei einem tiefen neuronalen Netz im Grunde um eine „Black Box" handelt – zählt zu den größten Bedenken, die wir im achten Kapitel noch einmal aufgreifen.

Die überwiegende Mehrheit aller Deep-Learning-Systeme ist darauf trainiert, nützliche Aufgaben zu erledigen, indem sie dem Netzwerk ungeheure Sätze sorgfältig beschrifteter oder kategorisierter Daten vorlegen. So könnte man einem tiefen neuronalen Netz zum Beispiel beibringen, Tiere auf Fotos korrekt zu erkennen, indem man ihm Tausende oder gar Millionen von Bildern präsentiert, die jeweils korrekt mit dem Namen des abgebildeten Tiers versehen sind. Dieses Trainingsprogramm, auch als „überwachtes Lernen" bezeichnet, kann viele Stunden in Anspruch nehmen, selbst wenn hochleistungsfähige Hardware zum Einsatz kommt.

Überwachtes Lernen ist die Methode, die zu vielleicht 95 Prozent von praktischen Anwendungen des maschinellen Lernens verwendet wird. Sie steht hinter KI-gestützten Radiologiesystemen (die anhand einer großen Zahl medizinischer Bilder trainiert werden, welche mit dem Zusatz „Krebs" oder „kein Krebs" bezeichnet werden), Übersetzungssystemen (die mithilfe von Millionen in verschiedene Sprachen vorübersetzten Dokumenten gefüttert werden) und einer nahezu endlosen Zahl weiterer Anwendungen, bei denen es im Grunde um den Vergleich und die Einstufung verschiedener Arten von Informationen geht. Überwachtes Lernen erfordert in aller Regel riesige Mengen etikettierter Daten, bringt aber mitunter erstaunliche Ergebnisse – und führt regelmäßig zu Systemen mit übermenschlichen Mustererkennungsfähigkeiten. Fünf Jahre nach dem ImageNet-Wettbewerb von 2012, mit dem die Deep-Learning-Explosion einsetzte, waren die Bilderkennungsalgorithmen bereits so leistungsfähig, dass der jährliche Wettbewerb auf eine neue Herausforderung abgestellt wurde, die die Erkennung realweltlicher dreidimensionaler Objekte beinhaltete.[2]

Immer wenn es dabei um Daten geht, deren Beschriftung eine Interpretation erfordert, zu der nur ein Mensch in der Lage ist – wie beim Hinzufügen beschreibender Anmerkungen zu Fotos –, ist das Verfahren kostspielig und aufwendig. Eine gängige Lösung orientiert sich an dem von Fei-Fei Li für den ImageNet-Datensatz verwendeten Crowdsourcing-Ansatz: Plattformen wie Mechanical Turk ermöglichen es, ein weltweit verstreutes Team von Menschen darauf anzusetzen, die das für wenig Geld erledigen. Mit Möglichkeiten zur

Rationalisierung dieses Prozesses befassen sich etliche Start-up-Unternehmen, die sich ganz konkret auf effiziente Wege fokussieren, Daten mit Anmerkungen zu versehen, um sie für überwachtes Lernen aufzubereiten. Wie entscheidend es ist, riesige Datensätze korrekt zu beschriften – vor allem für Anwendungen, bei denen es darauf ankommt, visuelle Informationen zu verstehen –, macht der kometenhafte Aufstieg von Scale AI deutlich, das 2016 von dem 19-jährigen MIT-Abbrecher Alexandr Wang gegründet wurde. Scale AI hat über 30.000 Crowdsourcing-Kräfte unter Vertrag, die Daten für Kunden wie Uber, Lyft, Airbnb und Waymo (der Alphabet-Sparte für autonomes Fahren) beschriften. Das Unternehmen hat über 100 Millionen US-Dollar an Risikokapital eingeworben und rangiert inzwischen unter den „Einhörnern" des Silicon Valley – also unter den Neugründungen mit einem Börsenwert von über 1 Milliarde US-Dollar.[3]

In vielen anderen Fällen werden dagegen quasi unfassbare Mengen einwandfrei etikettierter Daten scheinbar automatisch erzeugt – und für die Unternehmen, denen sie gehören, sogar praktisch kostenlos. Der gewaltige Datenstrom, der von Plattformen wie Facebook, Google oder Twitter generiert wird, ist so besonders wertvoll, weil er von den Nutzern der Plattformen bereits sorgfältig kommentiert wurde. Jedes Mal, wenn Sie einen Beitrag „liken" oder „retweeten", jedes Mal, wenn Sie eine Webseite ansehen oder darauf nach unten scrollen, jedes Mal, wenn Sie ein Video anschauen (inklusive der Informationen zur dafür aufgewendeten Zeit) und jedes Mal, wenn Sie irgendeine andere der vielen sonstigen Online-Aktivitäten ausführen, beschriften Sie im Grunde einen bestimmten Datenposten. Sie und die Millionen anderer, die eine dieser großen Plattformen nutzen, treten de facto an die Stelle der Scharen von Crowdsourcing-Kräften, die Firmen wie Scale AI beschäftigen. Es ist natürlich kein Zufall, dass an den meisten maßgeblichen KI-Forschungsprojekten gewöhnlich ein großes Internetunternehmen beteiligt ist. Die Synergien zwischen künstlicher Intelligenz und dem Eigentum an großen Datenmengen werden häufig thematisiert, doch ein entscheidender Faktor, der dieser Symbiose zugrunde liegt, ist die Verfügbarkeit eines riesigen Apparats zur kostenlosen oder kostengünstigen Beschriftung all dieser Daten, damit diese später Programmen für überwachtes Lernen zugeführt werden können, die wiederum ein leistungsfähiges neuronales Netz speisen.

Das überwachte Lernen ist zwar die am häufigsten eingesetzte Methode, doch bei bestimmten Anwendungen kommt noch eine weitere wichtige Technik zum Einsatz: das „Verstärkungslernen". Dabei werden durch wiederholte Übung beziehungsweise durch Versuch und Irrtum Kompetenzen aufgebaut. Erreicht ein Algorithmus letztlich ein vorgegebenes Ziel, erhält er eine digitale Belohnung. Ganz ähnlich werden auch Hunde abgerichtet. Das Verhalten des Tiers mag zunächst zufällig sein, doch setzt es sich beim Kommando „Sitz" hin, bekommt es ein Leckerchen. Wiederholen Sie das oft genug, hat der Hund bald gelernt, sich verlässlich abzusetzen.

Marktführer für Verstärkungslernen ist die Firma DeepMind aus London, die inzwischen zur Google-Muttergesellschaft Alphabet gehört. DeepMind hat hohe Summen in Forschungsarbeit auf der Grundlage dieser Methode investiert und sie mit leistungsfähigen neuronalen Faltungsnetzwerken zu dem verschmolzen, was das Unternehmen als „tiefes Verstärkungslernen" bezeichnet. Kurz nach seiner Gründung im Jahr 2010 begann DeepMind, an der Anwendung von Verstärkungslernen auf den Aufbau von KI-Systemen zu arbeiten, die in der Lage sind, Videospiele zu spielen. Im Januar 2013 meldete das Unternehmen, es habe ein System namens DQN entwickelt, das die klassischen Atari-Spiele wie *Space Invaders*, *Pong* und *Breakout* beherrsche. Das System von DeepMind schaffte es, sich lediglich anhand roher Pixeldaten und des Spielstands als Lern-Input die Spiele selbst beizubringen. Nachdem es seine Technik in vielen Tausend simulierten Partien perfektioniert hatte, erzielte DQN bei sechs der Spiele die höchsten je von einem Rechner verbuchten Ergebnisse und konnte bei drei Spielen die besten menschlichen Spieler schlagen.[4] 2015 hatte das System bereits 49 Atari-Spiele verinnerlicht. DeepMind erklärte, man habe das erste

KI-System entwickelt, das „die Lücke zwischen hochdimensionalem sensorischen Input und Handlung" überbrücke, und dass DQN so lernfähig sei, „dass es bei einer Vielzahl schwieriger Aufgaben hervorragend abschneiden" könne.[5] Diese Leistungen erregten die Aufmerksamkeit der ganz Großen aus dem Silicon Valley, darunter insbesondere Google-Gründer Larry Page. 2014 überbot Google eine Konkurrenzofferte von Facebook und übernahm DeepMind für 400 Millionen US-Dollar.

Den bemerkenswertesten Erfolg verbuchte das tiefe Verstärkungslernen dann im März 2016, als das von DeepMind für das uralte Spiel Go entwickelte System AlphaGo in einem Match aus fünf Partien im südkoreanischen Seoul Lee Sedol besiegte, seinerzeit einer der besten Spieler der Welt. Wer gut Go spielen kann, ist in Asien hoch angesehen. Dort wird das Spiel schon seit Jahrtausenden gespielt und bereits in Konfuzius' Schriften erwähnt. Möglicherweise reicht sein Ursprung zurück bis an die Anfänge der chinesischen Zivilisation. Einer Theorie zufolge wurde Go zur Regierungszeit von Kaiser Yao erfunden, noch vor 2.000 vor unserer Zeitrechnung.[6] Die Fähigkeit, Go zu spielen, zählte neben Kenntnissen in Kalligrafie, Malerei und dem Beherrschen eines Saiteninstruments zu den vier primären Künsten, die in der Antike einen chinesischen Gelehrten auszeichneten.

Anders als Schach ist Go ein so komplexes Spiel, dass es allein durch Brute-Force-Attacken von Algorithmen nicht zu bewältigen war. Im Zuge des Spiels wird das Brett mit seinen 19 mal 19 Feldern dicht mit schwarzen und weißen Spielsteinen belegt. Wie DeepMind-CEO Demis Hassabis gern betont, wenn er über die Leistung von AlphaGo spricht, übersteigt die Zahl möglicher Anordnungen von Steinen auf dem Spielbrett die geschätzte Anzahl von Atomen im bekannten Universum. Die Wahrscheinlichkeit, dass sich in den Jahrtausenden, seit das Spiel gespielt wird, zwei Partien genau gleich entwickeln, ist äußerst, ja, geradezu verschwindend gering. Das heißt, jeder Versuch eines Rechners, das gesamte Spektrum möglicher künftiger Züge zu prognostizieren und einzukalkulieren, wie es bei einem Spiel mit enger gefassten Regeln der Fall sein könnte, ist zum Scheitern verurteilt – auch dann, wenn die leistungsfähigste Hardware eingesetzt wird.

Neben dieser enormen Komplexität scheint klar, dass sich Go-Spieler stark auf das verlassen, was man als menschliche Intuition bezeichnen könnte. Die besten Spieler können oft nicht genau erklären, warum sie sich für eine bestimmte Strategie entschieden haben. Stattdessen verweisen sie mitunter auf ein „Gefühl", das sie dazu veranlasste, einen Stein auf einen bestimmten Punkt des Bretts zu legen. Das beschreibt genau die Art von Tätigkeit, die die Kapazitäten eines Computers eigentlich übersteigen müsste – eine Aufgabe also, von der wir mit Fug und Recht annehmen könnten, dass sie zumindest noch nicht so schnell von der Automatisierung bedroht ist. Dessen ungeachtet lernten Maschinen mindestens zehn Jahre früher Go spielen, als es die meisten Informatiker für möglich gehalten hätten.

Das DeepMind-Team setzte zunächst die Methode des überwachten Lernens ein, um dem neuronalen Netz von AlphaGo die 30 Millionen Züge beizubringen, die es aus den ausführlichen Aufzeichnungen zu Spielen der besten menschlichen Spieler bezogen hatte. Dann griff es auf Verstärkungslernen zurück und ließ das System im Grunde gegen sich selbst antreten. Im Verlauf Tausender simulierter Übungsspiele und unter dem gnadenlosen Druck eines belohnungsgestützten Triebs, immer besser zu werden, entwickelten die tiefen neuronalen Netze von AlphaGo nach und nach Fähigkeiten, die denen menschlicher Spieler überlegen waren.[7] Der Triumph von AlphaGo über Lee Sedol im Jahr 2016 und dann ein Jahr später über den Besten auf der Weltrangliste, Ke Jie, erschütterte die Welt der KI-Forschung erneut. Möglicherweise hat diese Leistung in China auch das ausgelöst, was der Risikokapitalgeber und Autor Kai-Fu Lee als „Sputnik-Moment" bezeichnet: den Punkt, der die Regierung veranlasste, das Land zügig so aufzustellen, dass es auf dem Gebiet der künstlichen Intelligenz in Führungsposition gehen soll.[8]

Überwachtes Lernen setzt riesige Mengen beschrifteter Daten voraus, Verstärkungslernen dagegen eine große Zahl praktischer Durchläufe, von denen die meisten grandios scheitern. Verstärkungslernen eignet sich besonders für Spiele, bei denen ein Algorithmus viel mehr Partien durchspielen kann, als sie ein menschlicher Spiele zu seinen Lebzeiten bewältigen könnte. Der Ansatz lässt sich aber auch auf realweltliche Tätigkeiten übertragen, die in großer Geschwindigkeit simuliert werden können. Die wichtigste praktische Anwendung des Verstärkungslernens ist derzeit die Schulung selbstfahrender Autos. Noch bevor Systeme zum autonomen Fahren, wie sie von Waymo oder von Tesla eingesetzt werden, je ein echtes Auto oder eine reale Straße zu Gesicht bekommen, werden sie in rasender Geschwindigkeit von leistungsfähigen Rechnern gedrillt. So lernen die simulierten Fahrzeuge nach und nach aus Tausenden katastrophaler Unfälle. Sind die Algorithmen so gut trainiert, dass keine Unfälle mehr passieren, kann die Software in echte Autos übertragen werden. Dieser Ansatz ist zwar generell effektiv, doch es versteht sich von selbst, dass kein junger Fahranfänger erst tausend Unfälle bauen muss, um fahren zu lernen. Dieser krasse Unterschied zwischen den Lernprozessen einer Maschine und denen des menschlichen Gehirns, das dazu längst nicht so viele Daten braucht, macht einerseits deutlich, wo die heutigen KI-Systeme an ihre Grenzen stoßen, andererseits aber auch, wie sehr sich die Technologie in Zukunft noch verbessern könnte.

WARNSIGNALE

Die 2010er-Jahre waren in der Geschichte der künstlichen Intelligenz wohl die aufregendste und entscheidendste Dekade. Zwar hat es sicherlich konzeptionelle Verbesserungen an den in der KI verwendeten Algorithmen gegeben, doch der Haupttreiber all dieser Fortschritte ist schlicht der Einsatz immer umfangreicherer tiefer neuronaler Netze auf immer schnellerer Hardware gewesen, der ihnen die Aufnahme immer größerer Mengen von Schulungsdaten ermöglichte. Klar zutage tritt diese „Skalierungsstrategie", seit der ImageNet-Wettbewerb von 2012 den Anstoß für die Deep-Learning-Revolution gab. Im November desselben Jahres brachte ein Leitartikel der *New York Times* der breiteren Öffentlichkeit die Deep-Learning-Technologie ins Bewusstsein. Der von dem Journalisten John Markoff verfasste Text endet mit einem Zitat von Geoff Hinton: „Diesen Ansatz zeichnet aus, dass er so gut skalierbar ist. Im Grunde muss man ihn nur immer weiter ausweiten und beschleunigen, damit er noch besser wird. Und dieser Zug ist bereits abgefahren."[9]

Es mehren sich jedoch die Hinweise, dass dieser Hauptmotor des Fortschritts allmählich ins Stottern gerät. Einer Analyse der Forschungsorganisation OpenAI zufolge wachsen die Ansprüche an für bahnbrechende KI-Projekte erforderliche Rechenressourcen „exponentiell" und verdoppeln sich etwa alle 3,4 Monate.[10] In einem Interview mit der Zeitschrift *Wired* vom Dezember 2019 ließ Facebooks Vice President für KI Jerome Pesenti durchblicken, dass das selbst für ein so finanzkräftiges Unternehmen wie Facebook finanziell früher oder später untragbar würde:

> Durch Skalierung wird Deep Learning in aller Regel fitter und kann allgemeinere Aufgaben besser erledigen. Skalieren hat also seine Vorteile. Doch das Tempo des Fortschritts ist nicht zu halten, so viel steht fest. Ein Blick auf die führenden Experimente verrät: Die Kosten steigen jedes Jahr ums Zehnfache. Derzeit schlägt ein Experiment vielleicht mit siebenstelligen Kosten zu Buche, doch neun- oder zehnstellig dürfen die Summen nicht werden. Das kann keiner mehr bezahlen.[11]

Pesenti warnt dann noch eindringlich davor, was passiert, wenn das Skalierungspotenzial weiterhin Haupttreiber des Erfolgs bleibt: „Das geht nur bis zu einem bestimmten Punkt. Und in vieler Hinsicht haben wir diesen bereits erreicht." Neben den finanziellen Grenzen der

Skalierung, wenn die neuronalen Netze immer größer werden, gibt es auch noch maßgebliche ökologische Bedenken. Eine 2019 von Forschern an der University of Massachusetts, Amherst, durchgeführte Analyse ergab, dass die Schulung sehr großer Deep-Learning-Systeme so viel CO_2 produzieren kann wie fünf Autos über ihre gesamte Betriebszeit.[12]

Selbst wenn sich finanzielle und ökologische Herausforderungen bewältigen lassen, vielleicht durch die Entwicklung deutlich effizienterer Hard- oder Software, könnte die Skalierung trotzdem schlichtweg keine ausreichende Strategie sein, um nachhaltige Erfolge zu erzielen. Ständig steigende Investitionen in Computertechnik haben Systeme hervorgebracht, die auf bestimmten, eng begrenzten Fachgebieten herausragende Leistungen bringen, doch es wird immer deutlicher, dass tiefe neuronale Netze nur begrenzt zuverlässig sind, weshalb sich die Technologie für viele erfolgskritische Anwendungen nicht eignet, solange konzeptionell keine maßgeblichen Durchbrüche erzielt werden. Die Schwächen der Technologie wurden besonders eindrucksvoll demonstriert, als eine Gruppe von Forschern bei Vicarious – dem kleinen Spezialisten für den Bau fingerfertiger Roboter, den wir aus dem dritten Kapitel kennen – ein neuronales Netz analysierte, das von der DeepMind-Technologie DQN verwendet wird: dem System, das bei Atari-Spielen allen den Rang abläuft.[13] Ein Test wurde mit *Breakout* durchgeführt, einem Spiel, bei dem der Spieler mit einem Paddle schnelle Bälle abfangen muss. Wurde das Paddle auf dem Bildschirm nur um ein paar Pixel nach oben verschoben – eine Veränderung, die einem menschlichen Spieler vielleicht gar nicht auffallen würde –, war es mit der zuvor übermenschlichen Leistung des Systems schnell vorbei. Die DeepMind-Software war nicht in der Lage, sich auch nur auf diese minimale Veränderung einzustellen. Um auf das alte Hochleistungsniveau zurückzufinden, blieb nur eins: von vorne anfangen und das System von Grund auf neu zu schulden, doch diesmal mit Daten auf der Grundlage der veränderten Bildschirmkonfiguration.

Wir wissen jetzt: Die leistungsfähigen neuronalen Netze von DeepMind instanziieren eine Darstellung des *Breakout*-Bildschirms, doch diese bleibt fest in rohen Pixeldaten verankert, selbst auf den höheren Abstraktionsniveaus in den Tiefen des Netzes. Das System nimmt das Paddle nicht etwa nach und nach als reales Objekt wahr, das sich bewegen lässt. Man könnte auch sagen, es ist noch meilenweit davon entfernt, menschenähnlich zu begreifen, dass die Pixel auf dem Monitor materielle Gegenstände darstellen oder welche physikalischen Gesetze für deren Bewegung gelten. Es sind nur Pixel, mehr nicht. Manche KI-Forscher gehen womöglich nach wie vor davon aus, dass sich eine weiterführende Erkenntnis schon irgendwann einstellt, wenn erst genügend Lagen künstlicher Neuronen vorhanden sind oder wenn das System auf schnellerer Hardware läuft oder noch mehr Daten verschlingt. Ich halte das für ausgesprochen unwahrscheinlich. Bevor wir erleben, dass Maschinen ein menschenähnlicheres Weltverständnis entwickeln, sind grundlegendere Innovationen erforderlich.

Dieses allgemeine Problem, dass ein KI-System unflexibel und nicht in der Lage ist, sich auch nur auf kleinste unerwartete Veränderungen seiner Input-Daten einzustellen, wird unter Forschern als „Sprödigkeit" bezeichnet. Eine spröde KI-Anwendung mag kein Problem sein, wenn sie dazu führt, dass ein Kommissionierroboter ab und zu den falschen Artikel in einen Karton legt. Bei anderen Anwendungen kann dasselbe technische Defizit aber katastrophale Folgen haben. Das erklärt zum Beispiel, warum der Fortschritt beim vollständig autonomen Fahren noch immer hinter den überschwänglicheren ersten Prognosen zurückbleibt.

Als diese Grenzen gegen Ende des Jahrzehnts in den Fokus rückten, ging die unterschwellige Angst um, die Disziplin könne wieder einmal an sich selbst scheitern und der Hype-Zyklus womöglich unrealistische Erwartungen ausgelöst haben. In den Tech-Medien und in den sozialen Medien meldete sich prompt eines der Schreckgespenster der künstlichen Intelligenz zurück: der Begriff „KI-Winter" nämlich. Im Januar 2020 erklärte Yoshua Bengio in einem Interview mit der *BBC*, dass „hochgespielt worden ist, was KI alles kann … von bestimmten Unternehmen, die ein Interesse daran haben".[14]

Diese Sorge betraf ganz besonders eine Branche, die, wie wir aus dem dritten Kapitel wissen, den absoluten Gipfelpunkt des ganzen Hype darstellte: das autonome Fahren. Es kristallisierte sich heraus, dass wirklich selbstfahrende Autos, die unter vielen unterschiedlichen Bedingungen navigieren konnten, noch längst keine Realität waren, trotz aller optimistischen Prognosen vom Anfang des Jahrzehnts. Unternehmen wie Waymo, Uber und Tesla hatten zwar autonome Fahrzeuge auf öffentliche Straßen gebracht, doch abgesehen von ein wenigen Experimenten unter stark eingeschränkten Bedingungen war stets ein menschlicher Fahrer dabeigewesen – der, wie sich zeigen sollte, allzu oft das Steuer übernehmen musste. Und selbst unter Aufsicht eines Fahrers hatten etliche tödliche Unfälle empfindlich am Image der Branche gekratzt. In einem häufig geteilten Blog-Beitrag von 2018 unter dem Titel „AI Winter Is Well on Its Way" schrieb der auf maschinelles Lernen spezialisierte Forscher Filip Piekniewski, vom US-Bundesstaat Kalifornien angeforderte Unterlagen belegten, dass ein Fahrzeug im Test „buchstäblich keine zehn Meilen" fahren könne, ohne dass eine Systemabschaltung den menschlichen Fahrer zum Eingreifen zwingt.[15]

Meine Ansicht dazu: Droht tatsächlich ein weiterer KI-Winter, dürfte er nicht besonders hart werden. Die Bedenken um den zähen Fortschritt sind war durchaus begründet, doch das ändert nichts daran, dass KI in den letzten Jahren tiefen Eingang in die Infrastruktur und die Geschäftsmodelle der größten Technologieunternehmen gefunden hat. Diese Unternehmen haben mit ihren gewaltigen Investitionen in Rechenressourcen und KI-Spezialisten erkleckliche Renditen erzielt und erachten künstliche Intelligenz mittlerweile als absolut wettbewerbsentscheidend. Ebenso investiert fast jedes Technologie-Start-up heutzutage zumindest in gewissem Umfang in KI, und große und kleine Unternehmen aus anderen Branchen setzen die Technologie ebenfalls schon ein. Diese erfolgreiche Integration in die

Wirtschaft ist weitaus bedeutsamer als alles, was in früheren KI-Wintern vorlag. Infolgedessen profitiert die Disziplin von Heerscharen von Fürsprechern aus der Unternehmenswelt und verfügt über eine allgemeine Dynamik, die jeden Abwärtstrend abfedern wird.

In gewisser Hinsicht könnte das Manko der Skalierbarkeit als primärer Treiber des Fortschritts auch Vorteile bringen. Solange viele meinen, dass sich maßgebliche Fortschritte einstellen, wenn man ein Problem nur mit mehr und mehr Rechenressourcen bombardiert, besteht deutlich weniger Anreiz, in das viel schwierigere Unterfangen echter Innovation zu investieren. So ähnlich war das wohl auch beim Moore'schen Gesetz. Als noch das beinahe unerschütterliche Vertrauen herrschte, dass sich die Rechnergeschwindigkeit etwa alle zwei Jahre verdoppeln würde, verlegte sich die Halbleiterbranche in aller Regel darauf, schnellere Versionen derselben Mikroprozessor-Designs von Unternehmen wie Intel und Motorola hervorzubringen. In den letzten Jahren erscheint die Steigerung des rohen Rechnertempos nicht mehr so gesichert. Unsere klassische Definition des Moore'schen Gesetzes nähert sich ihrem Endspiel, während die Dimensionen der auf Chips gedruckten Schaltungen auf nahezu atomare Größe schrumpften. Das hat die Techniker gezwungen, unkonventioneller zu denken, was Innovationen wie Software hervorgebracht hat, die für sogenanntes „Parallel Computing" im großen Stil konzipiert ist, oder ganz neue Chip-Architekturen – vieles davon optimiert für die komplexen Berechnungen, die von tiefen neuronalen Netzen benötigt werden. Meiner Ansicht nach dürfen wir mit einer ähnlichen Explosion der Ideen im Deep Learning und ganz allgemein in der künstlichen Intelligenz rechnen, da die Krücke des schlichten Skalierens hin zu immer größeren neuronalen Netzen als Weg zum Erfolg immer weniger gangbar erscheint.

DIE SUCHE NACH EINER STÄRKEREN MASCHINELLEN INTELLIGENZ

Um die aktuellen Grenzen von Deep-Learning-Systemen zu überwinden, sind Innovationen erforderlich, die maschinelle Intelligenz zwangsläufig näher an die Fähigkeiten des menschlichen Gehirns heranbringen. Dieser Weg ist voller nicht unerheblicher Hindernisse, führt aber letztlich zu dem, was seit jeher der Heilige Gral der künstlichen Intelligenz ist: einer Maschine, die so gut wie (oder besser als) ein Mensch kommunizieren, argumentieren und auf neue Ideen kommen kann. Das bezeichnen die Forscher oft als „starke künstliche Intelligenz" – englisch: Artificial General Intelligence oder kurz AGI. In Wirklichkeit gibt es noch nichts, was nur annähernd einer AGI gleichkäme, doch die Science-Fiction kennt viele Beispiele – wie HAL aus *2001: Odyssee im Weltraum*, den Hauptcomputer der Enterprise oder Mr. Data aus *Star Trek* und natürlich die durch und durch dystopischen Technologien aus Filmen wie *Terminator* oder *Matrix*. Es spricht viel dafür, dass die Entwicklung einer starken maschinellen Intelligenz mit übermenschlichen Fähigkeiten die vermutlich folgenschwerste Innovation in der Menschheitsgeschichte wäre. Eine solche Technologie würde zum ultimativen intellektuellen Werkzeug, das das Fortschrittstempo in zahllosen Disziplinen drastisch beschleunigen könnte. Die KI-Experten streiten noch darüber, wie lange es tatsächlich dauern könnte, bis es sie gibt: die AGI. Extreme Optimisten unter den Wissenschaftlern gehen davon aus, dass dies in den nächsten fünf bis zehn Jahren der Fall sein könnte. Andere sind deutlich vorsichtiger und vermuten, dass es noch hundert oder mehr Jahre dauern könnte.

Vorerst fokussiert sich die Forschung allerdings überwiegend nicht so sehr darauf, tatsächlich eine KI zu entwickeln, die dem Menschen das Wasser reichen kann, sondern vielmehr auf den Weg dorthin – und auf die zahlreichen maßgeblichen Innovationen, die erforderlich sind, um die Klippen auf diesem Kurs erfolgreich zu umschiffen. Eine Maschine zu bauen, die wirklich denken kann, ist mehr als ein spekulatives wissenschaftliches Projekt. Es ist eine Art Wegeskizze zur Entwicklung von KI-Systemen, die ihre aktuellen Grenzen überwinden und ganz neue Fähigkeiten an den Tag legen. Jeder Fortschritt auf diesem Weg dürfte mit größter Sicherheit eine Fülle praktischer Anwendungen mit gewaltigem wirtschaftlichem und wissenschaftlichem Wert hervorbringen.

Diese Verknüpfung praktischer kürzerfristiger Innovation mit dem weit ehrgeizigeren Ziel einer Maschine von wirklich menschlicher Intelligenz schlägt sich in den Forschungsphilosophien der verschiedenen Teams nieder, die bei Google an KI arbeiten. Jeff Dean, Googles oberster KI-Chef, erklärte mir dazu, das von Google 2014 übernommene eigenständige Unternehmen DeepMind sei speziell auf starke künstliche Intelligenz ausgerichtet – mit einem „durchdachten Plan" zur Lösung konkreter Probleme in der Hoffnung, letztlich eine AGI zu entwickeln. Andere Forschungsgruppen bei Google verfolgen dagegen einen „natürlicheren" Ansatz mit Schwerpunkt darauf, sich um Dinge zu kümmern, „von denen wir wissen, dass sie wichtig sind, die wir aber noch nicht beherrschen, und sobald die Probleme gelöst sind, finden wir heraus, welche Aufgaben wir als Nächstes lösen wollen, um neue Fähigkeiten zu erlangen." Alle KI-Forschungsgruppen bei Google, so Dean, arbeiten „gemeinsam daran, wirklich intelligente und anpassungsfähige KI-Systeme zu entwickeln".[16] Ob ein geplanter Top-down-Ansatz oder ein Schritt für Schritt ablaufender Explorationsprozess erfolgreicher ist, kann nur die Zeit weisen. Doch aller Wahrscheinlichkeit nach werden beide Methoden maßgebliche neue Ideen hervorbringen, sie sich unmittelbar anwenden lassen.

An der Spitze des Fortschritts auf diesen Wegen stehen Teams mit unterschiedlichen Forschungsphilosophien und vielen verschiedenen Strategien zur Bewältigung der vorliegenden Herausforderungen. Gemeinsam ist ihnen allen, dass sich ihr Endziel an kognitiven Fähigkeiten orientiert, wie sie zumindest bislang dem Menschen vorbehalten waren.

Ein wichtiger Ansatz besteht im direkten Blick auf die Prozesse, die im menschlichen Gehirn ablaufen – sozusagen als Inspiration. Die Vertreter dieser Forschungsrichtung meinen, die künstliche Intelligenz sollte unmittelbar auf Erkenntnisse aus der Neurowissenschaft zugreifen. Führend auf diesem Gebiet ist DeepMind. Demis Hassabis, der Gründer und CEO des Unternehmens, hat im weiterführenden Studium nicht etwa Informatik belegt, sondern – für einen KI-Forscher eher ungewöhnlich – Neurowissenschaft. In diesem Fach wurde er am University College, London, promoviert. Hassabis erklärte mir, die größte Forschungsgruppe bei DeepMind bestünde aus Neurowissenschaftlern, die herausfinden wollen, wie sich die neuesten Erkenntnisse aus der Hirnforschung auf die künstliche Intelligenz übertragen lassen.[17]

Ihr Ziel ist nicht, detailliert nachzuahmen, wie das Gehirn funktioniert, sondern vielmehr, sich von den Prinzipien inspirieren zu lassen, die seiner Funktion zugrunde liegen. Diesen Ansatz erklären KI-Experten gern mithilfe einer Analogie: Sie stellen die Errungenschaft des Motorflugs der anschließenden Entwicklung des modernen Flugzeugdesigns gegenüber. Flugzeuge sind zwar eindeutig von Vögeln inspiriert, schlagen aber natürlich weder mit den Flügeln, noch versuchen sie anderweitig, den Flug eines Vogels nachzuahmen. Möglich wurden sie vielmehr, nachdem die Ingenieure die Wissenschaft der Aerodynamik verinnerlicht hatten und Maschinen bauten, die nach denselben Grundsätzen funktionierten, die Vögel flugfähig machen, aber in fast jeder Hinsicht leistungsfähiger sind als ihre biologischen Vorbilder. Hassabis und das Team von DeepMind sind überzeugt, dass es eine Art „Aerodynamik der Intelligenz“ gibt – eine Grundlagentheorie der menschlichen und potenziell auch der maschinellen Intelligenz.

DeepMinds interdisziplinäres Team lieferte überzeugende Indizien dafür, dass es tatsächlich einen solchen allgemeinen Grundsatzkatalog geben könnte, als das Unternehmen im Mai 2018 seine Forschungsergebnisse veröffentlichte. Vier Jahre zuvor war der Nobelpreis für Medizin und Physiologie an drei Neurowissenschaftler gegangen: John O'Keefe, May-Britt Moser und Edvard Moser. Sie hatten eine bestimmte Neuronenart entdeckt, die Tieren die räumliche Orientierung ermöglicht. Diese Neuronen, die sogenannten Gitterzellen, feuern in einem regelmäßigen sechseckigen Muster im Gehirn, wenn das Tier seine Umgebung erforscht. Man nimmt an, dass die Gitterzellen eine Art „innerliches Navigationssystem" darstellen – also ein neuronales Abbild eines Kartierungssystems, das es Tieren ermöglicht, sich auf dem Weg durch komplexe, unberechenbare Umgebungen zu orientieren.

DeepMind führte ein Rechenexperiment durch, bei dem die Forscher des Unternehmens ein leistungsfähiges neuronales Netz mit Daten trainierten, die die Art bewegungsgestützter Informationen simulierten, auf die sich ein Tier bei der nächtlichen Nahrungssuche verlassen würde. Die erstaunliche Feststellung der Wissenschaftler: gitterzellartige Strukturen „bildeten sich spontan innerhalb des Netzes – was sich auffallend mit den Mustern neuronaler Aktivitäten deckte, die bei Säugetieren auf Futtersuche zu beobachten waren".[18] Es entstand also offenbar ganz natürlich dieselbe grundlegende Navigationsstruktur in zwei vollkommen unterschiedlichen Substraten, einem biologischen und einem digitalen. Hassabis erklärte mir, das sei in seinen Augen einer der größten Durchbrüche des Unternehmens überhaupt, und die Forschungsergebnisse deuteten möglicherweise darauf hin, dass es sich bei einem internen System, das Gitterzellen verwendet, schlicht um die optimale Methode handeln könnte, um räumliche Daten (im Sinne eines Rechenmodells) zu repräsentieren, ungeachtet dessen, wie dies im Einzelnen umgesetzt würde.[19] Der wissenschaftliche Artikel über die Forschungsarbeit, der im Fachblatt *Nature*[20] veröffentlicht wurde, stieß bei Neurowissenschaftlern auf große Resonanz. Erkenntnisse wie diese lassen vermuten, dass sich der interdisziplinäre Ansatz des Unternehmens voraussichtlich nicht als Einbahnstraße erweist. Die KI-Forschung lernt also nicht nur vom Gehirn, sondern trägt auch zu dessen Verständnis bei.

Einen weiteren wesentlichen Beitrag zur Neurowissenschaft leistete DeepMind, als das Unternehmen Anfang 2020 seine Kompetenzen im Verstärkungslernen einsetzte, um zu erforschen, wie dopaminerge Neuronen im Gehirn funktionieren.[21] Seit den 1990er-Jahren weiß die Neurowissenschaft, dass diese besonderen Neuronen eine Prognose über die voraussichtliche Belohnung stellen, die ein bestimmtes Vorgehen einem Tier einträgt. Stellt sich heraus, dass die Belohnung in Wirklichkeit größer ausfällt als erwartet, wird im Verhältnis mehr Dopamin ausgeschüttet. Bleibt das Ergebnis unter den Erwartungen, wird nicht so viel von der „Wohlfühlchemikalie“ erzeugt. Das Verstärkungslernen eines Computers funktioniert im Grunde ganz ähnlich. Der Algorithmus stellt eine Prognose und passt die Belohnung dann an den Unterschied zwischen dem Soll- und dem Ist-Ergebnis an.

Forschern von DeepMind ist es gelungen, einen Algorithmus für das Verstärkungslernen deutlich zu verbessern, indem sie statt einer einzigen Durchschnittsprognose eine Verteilung von Prognosen generierten und die Belohnungen entsprechend anpassten. Daraufhin tat sich das Unternehmen mit einer Forschergruppe aus Harvard zusammen, um herauszufinden, ob etwas Ähnliches auch im Gehirn ablaufen könnte. Es gelang ihnen, nachzuweisen, dass Mäusegehirne de facto eine ähnliche Prognoseverteilung einsetzen, wobei manche dopaminergen Neuronen in Bezug auf die potenzielle Belohnung im Vergleich eher pessimistische Tendenzen aufweisen, andere eher optimistische. Man könnte auch sagen, das Unternehmen hatte wieder einmal gezeigt, dass derselbe grundlegende Mechanismus sowohl in einem digitalen Algorithmus als auch im biologischen Gehirn parallele Ergebnisse erzielte.

Aus solchen Forschungsprojekten geht hervor, wie viel Vertrauen Hassabis und sein Team in das Verstärkungslernen setzen, und wie überzeugt sie sind, dass es ein entscheidender Bestandteil jedes Anlaufs hin zu einer stärkeren künstlichen Intelligenz ist. Damit gerieren sie sich gewissermaßen als Außenseiter. Yann LeCun von Facebook äußert zum Beispiel, dass Verstärkungslernen seiner Ansicht nach eine vergleichsweise untergeordnete Rolle spiele. Bei seinen Vorträgen sagt er oft, wenn Intelligenz eine Schwarzwälder Kirschtorte sei, wäre das Verstärkungslernen lediglich die garnierende Kirsche.[22] Das Team von DeepMind misst dem Thema eine weit zentralere Bedeutung bei – und hält es für möglich, dass Verstärkungslernen einen gangbaren Weg zu einer AGI eröffnet.

Wir beschreiben Verstärkungslernen allgemein als belohnungsorientierten Algorithmus zur Optimierung gewisser externer Makroprozesse – beispielsweise, das Spiel Go zu erlernen oder herauszufinden, wie man ein simuliertes Auto fährt. Hassabis behauptet jedoch, dass Verstärkungslernen auch im Gehirn eine entscheidende Rolle spiele und eine Voraussetzung für die Entstehung von Intelligenz darstelle. Durchaus vorstellbar, dass Verstärkungslernen der primäre Mechanismus sein könnte, der das Gehirn zu Neugier, Lernbegierde und logischem Denken antreibt. Stellen Sie sich zum Beispiel vor, das ureigene Ziel des Gehirns bestünde lediglich darin, den Strom an Rohdaten, der laufend auf ein Tier einwirkt, wenn es sich durch seinen Lebensraum bewegt, zu erforschen und zu ordnen. Dazu meint Hassabis: „Wir wissen, dass im Gehirn der Botenstoff Dopamin ausgeschüttet wird, wenn wir etwas Neues sehen". Ist das Gehirn so verschaltet, dass es „das Aufspüren von Informationen und Struktur an sich als Belohnung empfindet, wäre das eine äußerst nützliche Motivation für unüberwachtes Lernen".[23] Das bedeutet, der Motor unseres ständigen Drangs, die Welt um uns herum zu verstehen, könnte ein mit der Dopaminerzeugung in Zusammenhang stehender Algorithmus des Verstärkungslernens sein.

Einen gänzlich anderen Ansatz zur Entwicklung einer stärkeren maschinellen Intelligenz verfolgt David Ferrucci, CEO und Gründer des KI-Start-ups Elemental Cognition. Bekannt wurde Ferrucci vor allem als Leiter des Entwicklungsteams von Watson bei IBM – dem System, das Ken Jennings und andere Spitzenkandidaten 2011 bei *Jeopardy!* besiegte. Nach Watsons Triumph wechselte Ferrucci von IBM zu dem Hedgefonds Bridgewater and Associates an die Wall Street. Dort soll er daran gearbeitet haben, künstliche Intelligenz einzusetzen, um makroökonomische Zusammenhänge richtig zu deuten und mitzuhelfen, die Management- und Investmentphilosophie von Bridgewater-Gründer Ray Dalio in Algorithmen einfließen zu lassen, die unternehmensweit Einsatz finden.

Inzwischen teilt Ferrucci seine Zeit auf seinen Posten als Leiter für angewandte KI bei Bridgewater und die Geschäftsführung von Elemental Cognition auf, in das der Hedgefonds bereits seit Anfang an investierte.[24] Ferrucci erklärte mir, Elemental Cognition fokussiere sich auf das „reale Sprachverständnis". Das Unternehmen entwickelt Algorithmen, die automatisch Texte lesen und im Anschluss interaktive Dialoge mit Menschen führen, damit das System die Inhalte besser versteht und Schlussfolgerungen erläutert. Ferrucci sagt dazu weiter:

> Wir wollen Einblicke gewinnen, die über die Oberflächenstruktur von Sprache und die in Worthäufigkeiten auftauchenden Muster hinausgehen und an das zugrunde liegende Verständnis gelangen. Davon ausgehend wollen wir das interne logische Modell aufbauen, das Menschen entwickeln und zum Schlussfolgern und zum Kommunizieren nutzen würden. Wir wollen ein System entwickeln, das eine kompatible Intelligenz hervorbringt. Diese kompatible Intelligenz kann eigenständig lernen und ihr Verständnis durch Interaktion mit Menschen, durch Sprache, durch Dialogführung und durch ähnliche Erfahrungen weiterentwickeln.[25]

Das ist ein äußerst ehrgeiziges Ziel und hört sich für mich schon sehr nach einer Intelligenz auf menschlichem Niveau an. Bisherige KI-Systeme zur Verarbeitung natürlicher Sprache leiden unter ähnlichen Einschränkungen wie das Atari spielende DeepMind-Produkt DQN, wenn das Paddle um ein paar Pixel nach oben verschoben wird. Genauso wenig, wie DQN begreift, dass die Pixel auf dem Monitor für ein manipulierbares physisches Objekt stehen, wissen die derzeitigen Sprachverarbeitungssysteme wirklich, was die Wörter bedeuten, mit denen sie arbeiten. Dieser Herausforderung stellt sich Elemental Cognition.

Ferrucci ist eindeutig der Ansicht, dass der direkteste Weg zu einer stärkeren Intelligenz über eine Lösung für das Problem führt, Sprache zu verstehen. Statt tief in die Physiologie des Gehirns einzutauchen, wie es das Team von DeepMind versucht, stellt Ferrucci die These auf, dass es möglich ist, unmittelbar ein System zu entwickeln, das in seinem Sprachverstehen und seiner Fähigkeit, logisch und vernünftig zu denken, menschliches Niveau erreichen kann. Unter den KI-Forschern sticht er insofern heraus, als er die grundlegenden Bausteine für eine starke Intelligenz bereits für gesetzt hält – oder, wie er es formuliert: „Ich glaube nicht, wie manch andere, dass wir nicht wissen, wie wir eine AGI erreichen können und auf irgendeinen enormen Durchbruch warten. Das ist meiner Ansicht nach nicht der Fall, ich denke, wir wissen, wie wir sie erreichen können, wir müssen es nur unter Beweis stellen."[26]

Auch die Aussichten dafür, dieses Ziel in vergleichsweise naher Zukunft zu erreichen, beurteilt er ausgesprochen zuversichtlich. In einem 2018 erschienenen Dokumentarfilm sagte er: „In drei bis fünf Jahren werden wir über ein Computersystem verfügen, das selbstständig lernen kann, zu verstehen und Verständnis zu entwickeln – ganz ähnlich wie der menschliche Verstand funktioniert."[27] Als ich ihn auf diese Prognose ansprach, ruderte er zurück und räumte ein, dass drei bis fünf Jahre womöglich zu optimistisch waren. Er sagte allerdings, er würde nach wie vor „behaupten, dass wir das in einem Jahrzehnt erreichen können. Jedenfalls werden wir nicht noch 50 oder 100 Jahre warten müssen."[28]

Um dieses Ziel zu erreichen, arbeitet das Team von Elemental Cognition an einer Art hybridem System, das sich aus tiefen neuronalen Netzen, aber auch anderen Ansätzen zum maschinellen Lernen zusammensetzt, kombiniert mit Software-Modulen, die mit klassischen Programmiermethoden für den Umgang mit Logik und rationalem Denken entwickelt wurden. Wie wir noch sehen werden, entpuppt sich die Diskussion um die Funktionstüchtigkeit eines solchen hybriden Ansatzes alternativ zu einer ganz auf neuronalen Netzen beruhenden Strategie als eine der wichtigsten Fragen, mit der sich die KI-Welt auseinandersetzt.

Ray Kurzweil, inzwischen technischer Leiter bei Google, verfolgt in Bezug auf eine starke künstliche Intelligenz ebenfalls einen Ansatz, der sich sehr auf das Sprachverständnis stützt. Kurzweil erlangte 2005 Berühmtheit mit seinem Buch „Menschheit 2.0: Die Singularität naht“[29], mit dem er sich als prominentester Fürsprecher der Vorstellung von der „Singularität“ etablierte. Kurzweil und viele seiner Anhänger glauben, die Singularität – vermutlich eingetreten durch die Entstehung einer übermenschlichen maschinellen Intelligenz – werde die Kurve der Menschheitsgeschichte eines Tages abrupt nach oben drehen: an einen Wendepunkt, ab dem der technische Fortschritt so rasant verläuft, dass er jeden Aspekt menschlichen Lebens und menschlicher Zivilisation vollständig und möglicherweise unfassbar verändert.

2012 veröffentlichte Kurzweil ein weiteres Buch mit dem Titel „Das Geheimnis des menschlichen Denkens: Einblicke in das Reverse Engineering des Gehirns“, in dem er ein konzeptionelles Modell für menschliches Denken umriss.[30] Kurzweil zufolge besteht der Neokortex aus rund 300 Millionen hierarchischer Module, die jeweils „ein sequenzielles Muster erkennen können und dabei einen gewissen Grad an Variabilität zulassen“.[31] Kurzweil meint, dass dieser modulare Ansatz letztlich ein System liefert, das aus weit weniger Daten lernen kann, als es bei heutigen Deep-Learning-Systemen der Fall ist, die auf Methoden des überwachten Lernens oder des Verstärkungslernens beruhen. Als Kurzweil Google-Chef Larry Page ansprach, um Wagniskapital für die praktische Umsetzung dieser Ideen zu beschaffen, überredete ihn Page stattdessen, zu Google zu kommen und seine Vision mithilfe der gewaltigen Computerressourcen des Unternehmens weiterzuverfolgen.

Kurzweil prophezeit seit Jahrzehnten, es werde etwa um das Jahr 2029 herum eine AGI geben. Das glaubt er nach wie vor. Anders als viele KI-Forscher vertraut er weiter auf den Turing-Test als effektiven Maßstab für menschenähnliche Intelligenz. Der von Alan Turing in seiner Abhandlung 1950 erfundene Test läuft im Grunde auf eine Plauderei hinaus, bei der ein Schiedsrichter versuchen soll, festzustellen, ob die Gesprächspartner Menschen oder Maschinen sind. Kann dieser – oder vielleicht sogar ein ganzes Schiedsrichtergremium – den Rechner nicht von einem Menschen unterscheiden, hat der Computer damit den Turing-Test bestanden. Viele Experten halten nicht viel von dem Turing-Test als effektive Messgröße für Intelligenz auf menschlichem Niveau – auch deshalb, weil er sich nachweislich austricksen lässt. So gelang es zum Beispiel 2014 bei einem Wettbewerb der University of Reading im Vereinigten Königreich einem Chatbot, der sich als 13-jähriger Junge aus der Ukraine ausgab, die Schiedsrichter dazu zu bringen, zu erklären, ein Algorithmus habe erstmals den Turing-Test bestanden. Das Gespräch hatte nur fünf Minuten gedauert, und so gut wie keiner aus der Welt der künstlichen Intelligenz nahm die Behauptung ernst.

Dessen ungeachtet geht Kurzweil davon aus, dass eine deutlich belastbarere Version des Tests tatsächlich ein aussagekräftiger Indikator für echte maschinelle Intelligenz wäre. 2002 ließ sich Kurzweil offiziell auf eine Wette mit dem Software-Unternehmer Mitch Kapor um 20.000 US-Dollar ein. Dafür wurden komplexe Regeln aufgestellt, die unter anderem ein dreiköpfiges Schiedsrichtergremium und vier Kandidaten erfordern: den KI-gestützten Chatbot und drei menschliche Gegenspieler.[32] Kurzweil kann die Wette nur gewinnen, wenn spätestens Ende des Jahres 2029 die Mehrheit der Schiedsrichter nach zweistündigen Einzelgesprächen mit jedem Kandidaten überzeugt ist, das KI-System sei ein Mensch. Mir scheint, das Bestehen eines solchen Tests wäre durchaus ein überzeugender Hinweis darauf, dass KI auf menschlichem Niveau erreicht wurde.

Trotz seiner glanzvollen Karriere als Erfinder wird Kurzweil inzwischen vor allem als Zukunftsforscher wahrgenommen, und zwar als einer mit einer einigermaßen ausformulierten Theorie zum langfristigen Tempo der Technologie, aber auch verschiedenen scheinbar exotischen – manche würden sogar sagen, verrückten – Ideen dazu, wohin dieser Fortschritt seiner Ansicht nach führen dürfte.

Einem Bericht zufolge schluckt Kurzweil täglich 100 oder mehr Pillen zur Nahrungsergänzung in der Hoffnung auf ein längeres Leben.[33] Tatsächlich glaubt er, bereits „Fluchtgeschwindigkeit der Langlebigkeit" erreicht zu haben. Das heißt, er rechnet damit, mehr als einmal so lange zu leben, dass er sich die jeweils nächste lebensverlängernde medizinische Innovation zunutze machen kann.[34] Wem das auf Dauer gelingt, ohne dass er von dem sprichwörtlichen Bus überfahren wird, der ist unsterblich. Kurzweil erklärte mir, ein solcher Plan sollte bereits innerhalb von rund zehn Jahren für jeden von uns greifbar sein. Die Anwendung hoch entwickelter künstlicher Intelligenz auf eine wiedergabetreue Simulation der Biochemie ist für ihn ein entscheidender Treiber dieses Erfolgs. „Wenn wir die Biologie simulieren können – und das ist nicht unmöglich –, dann wären wir in der Lage, klinische Studien in Stunden statt in Jahren durchzuführen, und wir könnten wie bei selbstfahrenden Autos, Brettspielen oder Mathematik, unsere eigenen Daten erzeugen"[35], erklärte er mir.

Solche Vorstellungen und womöglich vor allem sein ernsthafter Glaube an seine potenzielle Unsterblichkeit machen Kurzweil zur Zielscheibe mancher Spötter. Viele andere KI-Forscher halten wenig von seinem hierarchischen Schema zum Erreichen künstlicher Intelligenz. Der wichtigste Eindruck, den ich aus einem Gespräch mit Kurzweil mitnahm, war aber, dass seine KI-Arbeit bei Google absolut fundiert ist. Seit er 2012 in das Unternehmen wechselte, leitet er ein Team, das sich darauf fokussiert, seine hierarchische Hirntheorie mit den neuesten Fortschritten im Deep Learning zu verquicken, um Systeme mit höher entwickelter Sprachkapazität hervorzubringen. Ein frühes Ergebnis dieser Bemühungen war das „Smart Reply"-Feature, das in Gmail Antworten geben kann. Zugegebenermaßen ist das noch weit von einer KI auf menschlichem Niveau entfernt, doch Kurzweil hat weiter Vertrauen in seine Strategie und erzählte mir, dass „Menschen diesen hierarchischen Ansatz nutzen" und dass er am Ende „für eine AGI schon ausreichend" ist.[36]

Noch einen anderen Weg zur starken künstlichen Intelligenz schlägt OpenAI ein. Die 2015 gegründete Forschungsorganisation aus dem Silicon Valley wurde unter anderem von Elon Musk, Peter Thiel und LinkedIn-Mitgründer Reid Hoffman finanziert. OpenAI wurde zunächst als gemeinnützige Körperschaft errichtet, deren Mission es war, auf sichere und ethisch einwandfreie Weise nach AGI zu streben. Konzipiert worden war sie zum Teil als Reaktion auf Elon Musks große Sorge, eine übermenschliche maschinelle Intelligenz könnte eines Tages ernsthaft die Menschheit bedrohen. Von Anfang an zog OpenAI verschiedene der führenden Forscher auf diesem Fachgebiet an, darunter Ilya Sutskever, der zum Team des University of Toronto Lab von Geoff Hinton gehörte, das mit seinem neuronalen Netz 2012 beim ImageNet-Wettbewerb brillierte.

2019 übernahm der damalige Leiter des hochkarätigsten Start-up-Inkubators im Silicon Valley (nämlich Y-Combinator) den CEO-Posten und nahm eine komplizierte rechtliche Umstrukturierung vor, die dazu führte, dass der ursprünglichen gemeinnützigen Organisation inzwischen ein gewinnorientiertes Unternehmen angeschlossen ist. Das geschah, um genügend Mittel aus dem privaten Sektor einzuwerben, damit OpenAI gewaltige Investitionen in Rechenressourcen stemmen konnte und konkurrenzfähig war, wenn es darum ging, die immer gefragteren KI-Spezialisten anzuwerben. Dieser Schachzug machte sich rasch bezahlt: Im Juli 2019 kündigte Microsoft eine Milliardeninvestition in das neue Unternehmen an.

Im Wettlauf um eine starke KI ist OpenAI vermutlich der finanzstärkste Konkurrent für DeepMind von Google, wenngleich es bei der Belegschaft deutlich bescheidener auftritt als das etabliertere Unternehmen. Wie DeepMind hat auch OpenAI mithilfe von Methoden des Verstärkungslernens leistungsfähige tiefe neuronale Netze aufgebaut und sein Forschungsteam hat Systeme entwickelt, die in der Lage sind, die besten menschlichen Spieler bei Videospielen wie *Dot 2* zu schlagen. OpenAI unterscheidet sich jedoch durch einen einzigartigen Fokus auf der Entwicklung immer größerer neuronaler Netze, die auf immer leistungsfähigeren Rechenplattformen laufen. Während andere Branchenakteure bereits davor warnen, dass Skalierbarkeit keine nachhaltige Strategie sei, investiert OpenAI nach wie vor stark in diesen Ansatz. Tatsächlich wird Microsofts Milliardeninvestition überwiegend in Form von Rechenleistung fließen, die der Tech-Riese über seine Cloud-Computing-Sparte Azure bereitstellt.

Mit seiner „Größer ist besser"-Mentalität hat OpenAI jedenfalls schon beachtliche Fortschritte erzielt. Zu den bemerkenswertesten und gleichzeitig umstrittensten Durchbrüchen zählte die Demonstration eines leistungsfähigen Systems für natürliche Sprache namens GPT-2 im Februar 2019. GPT-2 besteht aus einem „generativen" neuronalen Netz, das anhand eines riesigen Fundus von heruntergeladenen Internet-Texten geschult wurde. In einem generativen System wird der Output eines neuronalen Netzes im Grunde umgedreht. Statt Daten zu erkennen oder zu klassifizieren – etwa durch Bildunterschriften für Fotos –, erstellt das System stattdessen komplett neue Beispiele, die weitgehend den Daten ähneln, mit denen es geschult wurde. Generative Deep-Learning-Systeme sind die Technologie hinter sogenannten Deepfakes – fabrizierte Medienbeiträge, die, wenn überhaupt, dann nur ausgesprochen schwer von echten zu unterscheiden sind. Deepfakes sind ein kritischer Risikofaktor im Zusammenhang mit künstlicher Intelligenz. Auf ihre Auswirkungen gehen wir im achten Kapitel noch näher ein.

GPT-2 wurde so entwickelt, dass das System auf ein oder zwei Stichwortsätze hin eine ganze Geschichte erzeugte. Im Grunde setzte es beim letzten Stichwort ein und schrieb die Geschichte zu Ende. GPT-2 sorgte unter KI-Forschern und vor allem in den Medien für Furore, weil der erzeugte Text in den meisten Fällen erstaunlich kohärent war. So kohärent sogar, dass sich OpenAI weigerte, den GPT-2-Code mit anderen KI-Forschern zu teilen, wie das bei früheren Projekten gehandhabt worden war. Man befürchtete, das System könne missbraucht werden. Das Managementteam von OpenAI sorgte sich beispielsweise, dass eine Flut von Texten, erzeugt von einem GPT-2-System, das Internet mit Fake News überschwemmen oder

E-Commerce-Seiten mit gefälschten Produktbewertungen lahmlegen könnte. Kein Jahr später überlegte es sich OpenAI anders und gab den GPT-2-Code schließlich doch frei – ohne dass das größere Wellen geschlagen oder Hinweise auf missbräuchliche Verwendung zur Folge gehabt hätte. Daraufhin wurden prompt Vorwürfe laut, das Unternehmen erzeuge bewusst einen Hype um seine Forschungsarbeit und versuche, sich durch Alarmismus Publicity zu verschaffen.

Die von GPT-2 verfasste Prosa zeugt zwar generell von einer guten Beherrschung von Grammatik und Satzbau, doch ist auf den ersten Blick erkennbar, dass es noch erzählerische Probleme gibt. Hier ein Auszug aus einem Beispiel für eine GPT-2-Geschichte, die auf der Website von OpenAI veröffentlicht wurde:

Zu folgendem von Menschen verfasstem Absatz:
In einem entlegenen, noch unerforschten Andental machte ein Wissenschaftler eine schockierende Entdeckung: Dort lebte eine Einhornherde. Noch überraschender war für den Forscher, dass die Einhörner perfekt Englisch sprachen.

erzeugte GPT-2 diesen Text:
Der Wissenschaftler benannte die Population nach ihrem markanten Horn Ovids Einhorn. Diese vierhörnigen silberweißen Einhörner waren der Wissenschaft damals unbekannt.

Inzwischen, fast 200 Jahre später, ist das Rätsel um dieses seltsame Phänomen endlich gelüftet.

Dr. Jorge Pérez, Evolutionsbiologe von der Universität La Paz, war mit mehreren Begleitern auf einer Expedition durch die Anden, als sie ein kleines Tal entdeckten, in dem sonst keine Tiere oder Menschen lebten. Wie Pérez feststellte, verfügte das Tal offenbar über einen natürlichen Brunnen, umgeben von zwei felsigen, mit silbrigem Schnee bedeckten Gipfeln.

Pérez und die anderen drangen weiter in das Tal vor. „Als wir den ersten Gipfel erreichten, sah das Wasser blau aus und es schwammen Kristalle darauf", erzählte Pérez.

Erstaunt betrachteten Pérez und seine Freunde die Einhornherde. Aus der Luft waren die Kreaturen zu sehen, ohne dass man sich groß bewegen musste – sie waren so nah, dass sie ihre Hörner hätten berühren können. Als die Wissenschaftler die eigenartigen Wesen untersuchten, stellten sie fest, dass sie recht gut Englisch sprachen. Pérez erklärte: „Wir können zum Beispiel erkennen, dass sie eine gemeinsame ‚Sprache' haben, wie einen Dialekt oder eine Dialektik."[37]

Die Geschichte ging noch weiter, doch schon ganz am Anfang lesen wir, dass eine neue Spezies „vierhörniger" Einhörner entdeckt wurde. Weiter heißt es, dass diese Einhörner „recht gut Englisch" sprechen, aber „eine gemeinsame ‚Sprache' haben, wie einen Dialekt oder eine Dialektik". Gänzlich unklar bleibt schließlich, was gemeint sein könnte mit: „Aus der Luft waren die Kreaturen zu sehen, ohne dass man sich groß bewegen musste – sie waren so nah, dass sie ihre Hörner hätten berühren können."

Daraus wird ziemlich deutlich, dass in den Millionen künstlicher Neuronen, aus denen das von OpenAI entwickelte Mammutsystem besteht, wohl tatsächlich etwas entsteht, aber eindeutig *kein echtes Verständnis*. Das System weiß weder, was ein Einhorn ist, noch erkennt es den Widersinn eines „vierhörnigen" Exemplars. GPT-2 leidet unter genau denselben grundlegenden Einschränkungen, mit denen David Ferruccis Team bei Elemental Cognition und Ray Kurzweil bei Google kämpfen.

Im Mai 2020 veröffentlichte OpenAI mit GPT-3 ein noch deutlich leistungsfähigeres System. Das neuronale Netz von GPT-2 hatte rund 1,5 Milliarden Gewichtungen umfasst, die im Zuge der Schulung des Systems optimiert wurden. GPT-3 steigerte diese Zahl um mehr als das Hundertfache auf 175 Milliarden. GPT-3 wurde mit mehr als einem halben Terabyte Text trainiert – eine solche Masse, dass die gesamte englischsprachige Wikipedia-Version mit rund sechs Millionen Artikeln lediglich 0,6 Prozent des Gesamtvolumens ausgemacht hätte. OpenAI gab einer ausgewählten Gruppe von KI-Forschern und Journalisten vorab Zugriff und kündigte an, das neue System solle zum ersten kommerziellen Produkt werden.

In den nächsten Wochen, als die ersten Tester mit GPT-3 experimentierten, äußerten diese explosiv ihr Erstaunen über die Leistungsfähigkeit des neuen Systems in den sozialen Medien. Mit den richtigen Stichwörtern konnte GPT-3 überzeugende Artikel oder Gedichte im Stil längst verstorbener Autoren verfassen. Es konnte sogar Gespräche zwischen historischen und fiktiven Persönlichkeiten erfinden. Ein Collegestudent nutzte das System, um sämtliche Beiträge für einen Selbsthilfeblog zu erzeugen, der es an die Spitze der Charts schaffte.[38] Das alles löste Spekulationen aus, das System stelle einen entscheidenden Durchbruch auf dem Weg zu einer maschinellen Intelligenz auf menschlichem Niveau dar.

Bald stellte sich jedoch heraus, dass viele der eindrucksvollsten Beispiele gezielt aus einer Fülle von Versuchen ausgewählt worden waren und dass GPT-3 wie schon sein Vorläufer auch oft flüssig formulierten Unfug produzierte. Beide GPT-Systeme von OpenAI sind im Kern effektive Prognosemaschinen. Anhand einer Wortfolge können sie hervorragend vorhersagen, wie das nächste Wort lauten könnte. GPT-3 hebt diese Fähigkeit auf eine beispiellose Stufe, und weil in der riesigen Textfülle, mit der das System geschult wurde, echtes Wissen enthalten ist, spuckt das System auch oft ganz brauchbare Ergebnisse aus. Verlass ist darauf jedoch nicht. Häufig produziert GPT-3 eben auch Unsinn und hat Probleme mit Aufgaben, die jedem Menschen leicht fallen würden.[39] Im Vergleich zu seiner Vorgängerversion kann GPT-3 sicherlich eine weit überzeugendere Einhorngeschichte schreiben. Was ein Einhorn ist, weiß es aber immer noch nicht.

Ob es irgendwann zu echtem Verständnis führt, wenn OpenAI das Problem einfach weiter mit immer mehr Rechenressourcen beschießt und immer noch größere neuronale Netze entwickelt? Ich habe da meine Zweifel, und viele KI-Experten beurteilen ausgesprochen skeptisch, dass OpenAI auch weiterhin so vertrauensvoll auf Skalierbarkeit setzt. Stuart Russell, Informatikprofessor an der University of California, Berkeley , und Koautor des führenden universitären Lehrwerks über künstliche Intelligenz, erklärte mir, echte

AGI würde Durchbrüche voraussetzen, die „nichts mit größeren Datenmengen oder schnelleren Computern zu tun“ haben.[40]

Dennoch – die Zuversicht des Teams von OpenAI ist ungebrochen. In einem Vortrag auf einer Technologiekonferenz im Jahr 2018 erklärte der wissenschaftliche Leiter des Unternehmens Ilya Sutskever: „Wir haben uns angesehen, welche Fortschritte auf dem Gebiet in den letzten sechs Jahren gemacht wurden. Wir schlussfolgern daraus, dass AGI auf kürzere Sicht als ernsthafte Möglichkeit in Betracht gezogen werden sollte.“[41] Ein paar Monate später sagte OpenAI-CEO Sam Altman auf einer anderen Konferenz: „Ich bin überzeugt, dass das Geheimnis der Entwicklung [von AGI] schlicht in der fortlaufenden Hochskalierung dieser Systeme liegt.“[42] Noch steht das abschließende Urteil über diesen Ansatz aus, doch ich vermute: Um Erfolg zu haben, muss OpenAI nicht nur die Größe seiner neuronalen Netze hochskalieren, sondern sein Streben nach echter Innovation.

DIE WIEDERBELEBUNG SYMBOLISCHER KI UND DIE DISKUSSION UM DIE UREIGENE STRUKTUR

Während die Forscher mit den anstehenden Herausforderungen ringen, erleben die vom Lager der symbolischen KI vertretenen Ideen eine Art Restauration. Es herrscht breites Einvernehmen darüber, dass die Probleme, an deren Lösung sich die Symbolisten versucht haben, aber weitgehend gescheitert sind, bewältigt werden müssen, wenn die künstliche Intelligenz Fortschritte machen soll. Abgesehen von einer vergleichsweise kleinen Zahl von Deep-Learning-Puristen, viele davon aus dem Dunstkreis von OpenAI, gehen nur wenige Forscher davon aus, dass ein einfaches Hochskalieren bestehender neuronaler Algorithmen (um von schnellerer Hardware und mehr Daten zu profitieren) reichen wird, um die logischen, rationalen Überlegungen hervorzubringen, die Voraussetzung sind für eine stärkere Intelligenz.

Die gute Nachricht: Diesmal könnten wir statt eines Konkurrenzkampfs zwischen der symbolischen und der konnektionistischen Philosophie eine Aussöhnung und den Versuch einer Integration erleben. Dieses entstehende Forschungsfeld wird als „neuro-symbolische KI" bezeichnet und stellt womöglich eine der bedeutendsten Initiativen für die Zukunft der künstlichen Intelligenz dar. Während Jahrzehnte des mitunter erbitterten Wettbewerbs verblassen, scheint eine neue Generation von KI-Forschern willens, eine Brücke zwischen beiden Ansätzen zu schlagen. David Cox, Leiter des MIT-IBM Watson AI Lab in Cambridge, Massachusetts, sagt über die jüngere Wissenschaftlergeneration, sie „sind da einfach unvorbelastet" und „gern bereit, Überschneidungen auszuloten. Sie wollen einfach etwas Cooles mit KI anfangen."[43]

Zu der Frage, wie eine solche Integration vonstattengehen könnte, gibt es zwei allgemeine Lehrmeinungen. Die einfachste könnte sein, schlicht hybride Systeme zu bauen, die neuronale Netze mit Software-Modulen kombinieren, welche auf klassischen Programmiermethoden beruhen. Algorithmen, die logische und symbolische Überlegungen anstellen können, würden irgendwie mit tiefen neuronalen Netzen kombiniert, deren Schwerpunkt auf Lernen liegt. Diese Strategie verfolgt David Ferruccis Team bei Elemental Cognition. Der zweite Ansatz wäre, eine Möglichkeit zu suchen, symbolische KI-Kapazitäten direkt in die Architektur neuronaler Netze einzufügen. Das könnte durch den Einbau der nötigen Strukturen in tiefe neuronale Netze erreicht werden oder, was ich persönlich für deutlich spekulativer halte, durch die Entwicklung eines Deep-Learning Systems *und* einer Trainingsmethode, die so effektiv sind, dass die nötige Struktur organisch entstehen würde. Jüngere Forscher mögen bereit sein, alle Möglichkeiten in Betracht zu ziehen, doch etwas weiter oben auf der Karriereleiter setzt sich eine hitzige Debatte um den besten Weg in die Zukunft fort.

Einer der wortgewaltigsten Verfechter des hybriden Ansatzes ist Gary Marcus, bis vor Kurzem noch Professor für Psychologie und Neurowissenschaft an der New York University. Marcus ist ein bissiger Kritiker der seiner Ansicht nach vorhandenen Überbetonung auf Deep Learning. Er hat Artikel verfasst und Diskussionen geführt, in denen er behauptet, tiefe neuronale Netze wären prädestiniert dafür, oberflächlich und spröde zu sein. Die Entstehung einer stärkeren Intelligenz sei höchst unwahrscheinlich, solange nicht auch Anregungen aus der symbolischen KI beigemischt würden. Marcus hat sich im Laufe seiner Karriere lange damit befasst, zu untersuchen, wie Kinder vor allem Sprechen lernen, und kann kaum Potenzial dafür erkennen, dass ein reiner Deep-Learning-Ansatz auch nur annähernd an die erstaunlichen Fähigkeiten eines Menschenkinds herankommt. Seine Kritik kam in der Deep-Learning-Community nicht immer gut an. Obwohl er an der Finanzierung eines auf maschinelles Lernen ausgerichteten Start-ups beteiligt war, das 2015 von Uber übernommen wurde, gilt er als Außenseiter und als einer, der nichts Wesentliches zu der Disziplin beigetragen hat.

Generell stehen erfahrene Forscher, die am meisten in Deep Learning investiert haben, dem hybriden Ansatz ablehnend gegenüber. Yoshua Bengio erklärte mir, das Ziel sollte sein, „dieselben Probleme wie die klassische KI zu lösen, […] uns dabei aber der Bausteine, die das Deep Learning liefert“[44], zu bedienen. Deutlich abfälliger äußert sich Geoff Hinton über diese Vorstellung. Er glaubt „nicht, dass Hybridsysteme die Lösung sind“ und vergleicht solche Systeme mit einem Hybridfahrzeug à la Rube Goldberg, bei dem der Elektromotor eingesetzt wird, um Treibstoff in einen Verbrennungsmotor einzuspritzen.[45] Das Problem: Bisher gibt es keine eindeutige Strategie, wie sich symbolische KI-Kapazitäten in ein komplett aus neuronalen Netzen bestehendes System integrieren lassen. Wie Marcus erklärt, sind viele der größten Errungenschaften des Deep Learning, auch das AlphaGo-System von DeepMind, in Wirklichkeit hybride Systeme, weil sie nur Erfolge erzielten, indem sie sich neben tiefen neuronalen Netzen auch auf klassische Suchalgorithmen stützten.

Während die Wissenschaft also über die Effektivität hybrider Modelle streitet, richtet sich eine parallel geführte Debatte auf die Bedeutung der ureigenen Struktur, die in Systeme des maschinellen

Lernens eingebaut ist. Zwar beinhalten tiefe neuronale Netze häufig eine gewisse vorgegebene Struktur – die Faltungsarchitekturen, die in der Bilderkennung zum Einsatz kommen, sind ein Beispiel dafür –, doch sind viele Hardcore-Verfechter des Deep Learning der Ansicht, diese sei auf ein Mindestmaß zu beschränken und die Technologie sei in der Lage, mehr oder minder bei null zu beginnen. So erklärte mir Yann LeCun, dass wir „langfristig keine genau spezifizierten Strukturen brauchen", und verweist darauf, dass es keine Belege für derartige neuronale Strukturen im menschlichen Gehirn gebe. Dazu merkt er an, dass die „Mikrostruktur des Kortex [...] offenbar insgesamt sehr, sehr gleichmäßig [ist], sowohl im visuellen als auch im präfrontalen Kortex".[46] Die Forscher aus diesem Lager argumentieren in aller Regel, Innovation solle sich auf die Entwicklung optimierter Trainingsmethoden ausrichten, die die Erkenntnisfähigkeit eher allgemeiner neuronaler Netze steigern.

Wissenschaftler wie Marcus, die sich beruflich mit der kognitiven Entwicklung von Kindern befassen, kritisieren diese „Blank Slate"-Philosophie vehement. Das Gehirn eines Kleinkinds verfügt eindeutig über eingebaute Fähigkeiten, die dazu beitragen, weitere Lernprozesse anzustoßen. Tage nach der Geburt sind Säuglinge bereits in der Lage, menschliche Gesichter zu erkennen. In der Tierwelt tritt umsetzbare Intelligenz, die nicht auf Lernen beruht, sogar noch offensichtlicher zutage. Anthony Zador, Neurowissenschaftler des Cold Spring Harbour Laboratory, stellt fest, dass „ein Eichhörnchen wenige Monate nach seiner Geburt von Baum zu Baum hüpfen, ein Fohlen innerhalb von Stunden laufen kann und frisch geschlüpfte Spinnen sofort jagdbereit sind."[47] Gary Marcus beruft sich gern auf den Alpensteinbock, eine Bergziegenart, die ihr Leben größtenteils an gefährlichen Steilhängen fristet. Neugeborene Steinböcke sind innerhalb von Stunden in der Lage, auf abschüssigem Gelände zu stehen und herumzulaufen – in einem Umfeld, in dem Lernen aus Versuch und Irrtum den sicheren Tod bedeuten würde. Das ist wie Plug-and-Play-Technologie: Es funktioniert einfach. Forscher dieser Denkschule gehen davon aus, dass eine stärkere, flexiblere künstliche Intelligenz ebenso eine eingebaute kognitive Maschinerie erfordert, die entweder direkt in die Struktur der neuronalen Netze eingegeben oder mittels eines hybriden Ansatzes in diese integriert wird.

Befürworter von Deep Learning behaupten mitunter, dass eine solche ureigene Struktur letztlich zwar bedeutsam sein könnte, diese aber vermutlich organisch aus einem fortdauernden Lernprozess heraus entstehen dürfte. Orientieren wir uns jedoch am biologischen Gehirn, so scheint mir, dass keine Gehirnstruktur das Ergebnis langfristigen Lernens sein kann. Wir wissen, dass es das Gehirn in gewissem Maße umstrukturiert, wenn ein Tier sein Leben lang dazulernt. So heißt es oft, dass Neuronen, die „gemeinsam feuern, sich auch verschalten". Das Problem dabei: Ein einzelner Organismus hat keine Möglichkeit, durch Lernen im Laufe seines Lebens entwickelte neuronale Strukturen an seinen Nachwuchs weiterzugeben. Es gibt keinen Weg, etwas zu lernen und dann irgendwie zu veranlassen, dass Informationen, die die mit dem Lernprozess verbundenen Hirnstrukturen beschreiben, in den genetischen Code in den Eizellen oder Spermien des betreffenden Tiers einfließen. Hirnstrukturen, die sich im Laufe des Lebens eines einzelnen Organismus entwickeln, sterben mit diesem. Es erscheint daher offensichtlich, dass jede Hirnstruktur dem üblichen Evolutionsprozess entsprungen sein muss – also zufälligen Mutationen, die den Organismus in seltenen Fällen in die Lage versetzen, sich in seiner Umwelt besser durchzusetzen, und deshalb mit größerer Wahrscheinlichkeit an seine Nachkommen weitergegeben werden. Eine Möglichkeit wäre vielleicht, diesen Ablauf durch den Einsatz evolutionärer oder genetischer Algorithmen unmittelbar zu kopieren. Die nötigen Strukturen direkt aufzubauen, könnte jedoch der schnellere Weg zum Erfolg sein.

In der Diskussion um einen hybriden oder einen rein neuronalen Ansatz könnte man sagen, dass die Anhänger des Deep Learning das letzte Wort behalten. Das menschliche Gehirn verfügt eindeutig nicht über einen separaten Computer, auf dem besondere Algorithmen laufen, die alles übernehmen, was sein neuronales Netz nicht leisten kann. Es arbeitet nur mit Neuronen. Dennoch erscheint mir, dass der hybride Ansatz mit größerer Wahrscheinlichkeit auf kürzere Sicht praktische Ergebnisse verspricht. Eine rein neuronale Implementierung ist zwar zweifellos der Weg, den die biologische Evolution vorgibt, doch das sollte uns nicht blind machen dafür, dass andere Methoden rascheren Fortschritt bringen könnten. Und ein tragfähiger Ansatz sollte auch nicht einfach deshalb verworfen werden, weil er als wenig elegant wahrgenommen wird. Bei der Mondlandung hatten wir auch kein Science-Fiction-Raumschiff, das einfach anflog, landete und dann wieder abflog. Vielmehr verfügten wir über ein weit komplexeres – ja, regelrecht klobiges – Fluggerät, das ein Mondlandemodul und viele Teile umfasste, die auf der Strecke abgeworfen wurden. Vielleicht werden wir eines Tages so ein Science-Fiction-Raumschiff haben, aber auf dem Mond sind wir zwischenzeitlich auch so gewesen.

VERSCHIEDENE MASSGEBLICHE HERAUSFORDERUNGEN AUF DEM WEG ZU EINER STARKEN MASCHINELLEN INTELLIGENZ

Die meisten KI-Forscher räumen ein, dass erhebliche Durchbrüche erforderlich sein werden, um auch nur näherungsweise an eine künstliche Intelligenz auf menschlichem Niveau heranzukommen. Keine solche allgemeine Einigkeit herrscht allerdings in der Frage, welche Herausforderungen im Einzelnen die bedeutendsten sind oder welche zuerst in Angriff genommen werden sollten. Yann LeCun vergleicht das oft mit einem Orientierungsmarsch im Gebirge. Erst wenn man den ersten Gipfel erklommen hat, sieht man, welche Hindernisse sich dahinter auftürmen. Diese Hürden, die es zu überwinden gilt, überschneiden sich und haben unweigerlich Schnittstellen mit dem Ziel, Maschinen zu bauen, die in der Lage sind, natürliche Sprache wirklich zu verstehen und uneingeschränkte sinnvolle Gespräche zu führen. Schauen wir uns ein bisschen genauer an, welche besonderen

Herausforderungen die KI-Forschung bewältigen muss. Diese Liste soll keineswegs erschöpfend sein, doch eine maschinelle Intelligenz, die es so weit schafft, wäre schon deutlich näher an eine AGI herangerückt als alles, was es bis heute gibt. Ebenso gilt: Ein System, das eine der folgenden Herausforderungen wirklich meistern könnte, würde vermutlich praktische Anwendungen hervorbringen, die enormen wirtschaftlichen und wissenschaftlichen Wert besäßen.

Gesunder Menschenverstand

Was wir gern als gesunden Menschenverstand bezeichnen, läuft im Grunde auf ein gemeinschaftliches Verständnis davon hinaus, wie die Welt beschaffen ist und funktioniert. Darauf stützen wir uns in fast allen Lebensbereichen, vor allem anderen aber in der Kommunikation. Gesunder Menschenverstand füllt die Lücken des unausgesprochenen Worts und ermöglicht es uns, unsere Sprache drastisch zu kondensieren, indem wir gewaltige Mengen unterstützender Informationen einfach wegfallen lassen.

So gut wie jeder Erwachsene ist in der Lage, mühelos auf dieses inhärente Wissen zuzugreifen, doch für Maschinen erweist sich das als enorme Herausforderung. Einer künstlichen Intelligenz gesunden Menschenverstand einzuimpfen, ist ein Ziel, das eng mit den Diskussionen um das Für und Wider symbolischer KI im Vergleich zu einem rein neuronalen Ansatz verwoben ist, und ebenso mit der Notwendigkeit, KI-Systemen auf technischem Wege Struktur und Wissen zuzuführen.

KI-Systeme, die Texte analysieren und dann Fragen zu dem Material richtig beantworten können, haben in den letzten Jahren große Fortschritte gemacht. So zeigte sich eine in einem Gemeinschaftsprojekt von Microsoft und dem chinesischen Tech-Riesen Alibaba entwickelte Software im Januar 2018 beispielsweise in der Lage, bei einem von Forschern an der Stanford University erstellten Leseverständnistext geringfügig besser abzuschneiden als der durchschnittliche Mensch.[48] Der Stanford-Test stellt Fragen zu Wikipedia-Artikeln, bei denen die richtige Antwort aus einem Testabschnitt besteht, der direkt aus dem vom KI-System „gelesenen“ Artikel stammt. Man könnte auch sagen, es handelt sich dabei nicht um eine Demonstration echten Verstehens, sondern eher um Extraktion von Informationen und um Mustererkennung: also etwas, was Deep-Learning-Systeme, wie wir gesehen haben, außergewöhnlich gut können. Werden Fragen gestellt, die ein gewisses Maß an logischem Denken oder implizitem Weltverständnis voraussetzen, verschlechtern sich die Leistungen bei solchen Tests drastisch.

Am besten lassen sich die Probleme von KI-Systemen mit gesundem Menschenverstand anhand spezieller Satzgebilde erklären, der sogenannten Winograd-Schemata. Die vom Stanford-Informatikprofessor Terry Winograd erdachten Sätze nutzen zweideutige Pronomina, um zu testen, ob eine maschinelle Intelligenz vernünftig denken kann.

Hier ein Beispiel:[49]

Die Stadtverwaltung verweigerte die Genehmigung für die Demonstration, weil sie Gewalt befürchtete.

Wer befürchtete Gewalt? Natürlich die Stadtverwaltung, wird fast jeder antworten.

Doch was, wenn nur ein Wort in diesem Satz verändert wird?

Die Stadtverwaltung verweigerte die Genehmigung für die Demonstration, weil sie Gewalt befürwortete.

Wer befürwortete Gewalt?

Wenn wir „befürchtete“ durch „befürwortete“ ersetzen, bekommt das Pronomen „sie“ eine ganz andere Bedeutung. Diese Frage lässt sich keinesfalls einfach dadurch korrekt beantworten, dass Informationen aus dem Satz bezogen werden. Dafür muss man bestimmte Dinge wissen, nämlich, dass eine Stadtverwaltung grundsätzlich gern Ruhe und Ordnung auf den Straßen hat, während wütende Demonstranten gewaltbereit sein könnten.

Hier noch ein paar Beispiele, bei denen das auszutauschende Wort, das die Bedeutung des Satzes verändert, in Klammern angegeben ist:

Der Pokal passt nicht in den braunen Koffer, weil er zu [klein/groß] ist.

Was ist zu [klein/groß]?

Der Lieferwagen schoss an dem Schulbus vorbei, weil er so [schnell/langsam] fuhr.

Welches Fahrzeug fuhr so [schnell/langsam]?

Tom warf Ray seine Schultasche hinunter, nachdem er [oben/unten] an der Treppe angekommen war.

Wer ist [oben/unten] an der Treppe angekommen?

Jeder normal denkende, des Lesens und Schreibens mächtige Erwachsene könnte etliche solcher Fragen nahezu fehlerfrei beantworten. Deshalb ist der zum Bestehen des Tests zu erreichende Schwellenwert sehr hoch anzusetzen. Doch auch die leistungsfähigsten Computeralgorithmen schneiden, mit einer Liste von Winograd-Schemata konfrontiert, nur wenig besser ab als jemand, der die Antworten wild rät.

Eine der bedeutendsten Initiativen, um maschineller Intelligenz gesunden Menschenverstand einzuflößen, läuft derzeit am Allen Institute for AI in Seattle im US-Bundesstaat Washington. Oren Etzioni, CEO des Allen Institute, erzählte mir, das sogenannte Projekt Mosaic sei aus dem Streben des Institute erwachsen, die Vision von Microsoft-Mitgründer Paul Allen von einem KI-System zu realisieren, das ein Kapitel eines wissenschaftlichen Lehrbuchs lesen und die dazu am Ende gestellten Fragen beantworten konnte. Etzioni erklärte weiter, er sei mit den Aktivitäten seines Teams zwar „auf dem neuesten Stand der Technik", doch die Ergebnisse wären eher unspektakulär und würden in der Regel so etwa für die Note 4 reichen. Einer der größten Stolpersteine für das System bestand darin, bei der Beantwortung der Fragen logisch und rational vorzugehen. Es fällt einem KI-System nicht so schwer, sich beispielsweise aus einem Lehrbuch für Biologie Fakten über die Photosynthese anzulesen. Die wirkliche Herausforderung besteht laut Etzioni in Fragen wie: „Wenn man eine Pflanze in einem dunklen Raum näher ans Fenster stellt, werden ihre Blätter dann schneller, langsamer oder genauso schnell wie vorher wachsen?"[50] Dazu müsste man wissen, dass es in Fensternähe heller ist, und logisch folgern, dass die Pflanze dann schneller wachsen kann.

Erstes Ziel von Projekt Mosaic ist es, einen Standardkatalog von Referenzwerten zu erstellen, um die Fähigkeit von Maschinen zu messen, logisch zu denken. Ist das abgeschlossen, plant das Institut, verschiedene Methoden einzusetzen, unter anderem „Crowdsourcing, Verarbeitung natürlicher Sprache, Machine Learning und Computer Vision"[51], um das integrierte Wissen über die Welt zu erzeugen, das erforderlich ist, um einem KI-System gesunden Menschenverstand einzuhauchen.

Etzioni und sein Team glauben fest an einen hybriden Ansatz, der viele verschiedene Vorgehensweisen vereint, doch dieses Konzept stößt unter den eingefleischten Deep-Learning-Verfechtern erwartungsgemäß auf wenig Gegenliebe. Auf meine Frage, ob Initiativen wie das Projekt Mosaic bedeutsam seien oder ob er glaube, gesunder Menschenverstand könne sich irgendwie organisch während des Lernprozesses entwickeln, ließ Yoshua Bengio wenig Zweifel an seiner Überzeugung vom Deep-Learning-Ansatz: „Ich bin mir sicher, dass beim Lernvorgang ein gesunder Menschenverstand entsteht. Er wird jedenfalls nicht dadurch entstehen, dass man kleine Wissenshäppchen im Kopf deponiert. So funktioniert das beim Menschen nicht."[52] Auch Yann LeCun geht davon aus, dass Lernen der Weg zum gesunden Menschenverstand ist. Er sagte mir, Facebooks KI-Forschungsteam arbeite daran, „Maschinen dazu zu bringen, durch Beobachtung verschiedener Datenquellen zu lernen – zu erlernen, wie die Welt funktioniert. Wir entwickeln ein Modell der Welt, und vielleicht entsteht dabei eine Art gesunder Menschenverstand. Und vielleicht könnte dieses Modell als Vorhersagemodell dienen, das es einer Maschine ermöglicht, wie Menschen zu lernen."[53]

Die gute Nachricht: Beide Ansätze werden von verschiedenen der fähigsten KI-Forscher energisch verfolgt. Ein Durchbruch, der dazu führen würde, dass ein KI-System in der Lage wäre, verlässlich so logisch zu denken, wie wir es bei Menschen voraussetzen, wäre ein gewaltiger Fortschritt – ganz gleich, ob er sich organisch entwickelt oder aus einem technischeren Ansatz hervorgeht.

Unüberwachtes Lernen

Wie wir inzwischen wissen, werden in erster Linie zwei Methoden eingesetzt, um Deep-Learning-Systemen etwas beizubringen – nämlich überwachtes Lernen, das große Mengen beschrifteter Daten erfordert, und Verstärkungslernen, das eine hohe Zahl von Versuch-und-Irrtum-Reiterationen voraussetzt, wenn ein Algorithmus versucht, eine Aufgabe erfolgreich zu erledigen. Zwar gehen auch Menschen so vor, doch stellen diese beiden Methoden nur einen winzigen Bruchteil des Lernprozesses dar, der im Kopf eines Kleinkinds stattfindet. Kinder lernen schon in sehr jungem Alter aus einfachen Beobachtungen, indem sie den Stimmen ihrer Eltern lauschen und direkt mit ihrer Umwelt interagieren und experimentieren.

Dieser Prozess setzt bei Neugeborenen praktisch unverzüglich ein. Sie lernen schon direkt aus ihrer Umwelt, wenn sie physisch noch lange nicht in der Lage sind, bewusst zu interagieren. Irgendwie schaffen sie es, ein physisches Modell der Welt zu entwickeln und das Grundwissen aufzubauen, das gesundem Menschenverstand zugrunde liegt. Diese Fähigkeit, direkt und ohne Hilfe durch strukturierte, etikettierte Daten zu lernen, wird als „unüberwachtes Lernen" bezeichnet. Diese erstaunliche Fähigkeit könnte ohne Weiteres durch gewisse kognitive Strukturen ermöglicht werden, über die das kindliche Gehirn verfügt. Es besteht jedoch kein Zweifel daran, dass die Fähigkeiten eines Menschenkinds, unabhängig zu lernen – und vor allem Sprache zu erwerben –, alles um Längen in den Schatten stellt, was mit dem leistungsfähigsten Deep-Learning-System zu erreichen ist.

Dieses frühe unüberwachte Lernen bildet die Grundlage für den späteren Erwerb komplexeren Wissens. Selbst wenn größere Kinder in gewissem Umfang überwacht lernen, ist dazu nur ein geringfügiger Teil der Trainingsdaten erforderlich, die man selbst dem fortschrittlichsten Algorithmus zur Verfügung stellen müsste. Ein tiefes neuronales Netz muss womöglich mit vielen Tausend beschrifteten Fotos geschult werden, bevor es Tierbildern verlässlich die richtigen Namen zuordnen kann. Dagegen reicht es unter Umständen, wenn ein Elternteil nur einmal auf ein Tier zeigt und sagt: „Das ist ein Hund." Hat das Kind das Tier einmal erkannt, so gelingt ihm das vermutlich auch in jeder anderen Konfiguration: ob der Hund sitzt, steht oder über die Straße läuft, das Kind wird ihn zuverlässig richtig bezeichnen.

Unüberwachtes Lernen zählt derzeit zu den heißesten Forschungsthemen auf dem Gebiet der künstlichen Intelligenz. Google, Facebook und DeepMind haben allesamt Teams auf dieses Feld angesetzt. Sie kommen jedoch nur langsam voran, und bislang sind daraus – wenn überhaupt – nur wenige echte praktische Anwendungen hervorgegangen. In Wirklichkeit weiß keiner so genau, wie es dem menschlichen Gehirn gelingt, so beispiellos autonom aus unstrukturierten Daten zu lernen. Die meisten aktuellen Forschungsprojekte konzentrieren sich auf nicht ganz so ambitioniert anmutende Varianten des unüberwachten Lernens wie prädiktives oder selbstüberwachtes Lernen. Beispielprojekte dafür könnten sein, das nächste Wort in einem Satz vorherzusagen – oder das Bild, das die nächste Szene eines Videos bildet. Solche Aufgaben haben zwar scheinbar noch wenig mit der menschlichen Lernleistung zu tun, doch viele Forscher sind der Ansicht, dass Prognosefähigkeit einen absolut zentralen Faktor der Intelligenz darstellt und dass derartige Experimente die Entwicklungen in die richtige Richtung lenken. Die Bedeutung eines echten Durchbruchs beim unüberwachten maschinellen Lernen kann gar nicht hoch genug eingeschätzt werden. So glaubt beispielsweise Yann LeCun, es könne durchaus die Türe sein, die zu Fortschritten bei fast jedem sonstigen Aspekt einer starken Intelligenz führt. Wie er es formuliert: „Solange wir nicht herausgefunden haben, wie dieses [...] Lernen funktioniert, werden wir keine entscheidenden Fortschritte erzielen, denn ich glaube, dass dies der Schlüssel dazu ist, genügend Hintergrundwissen über die Welt zu erlernen, damit ein gesunder Menschenverstand entsteht. Das ist das größte Hindernis."[54]

Kausalzusammenhänge begreifen

Jeder Statistikstudent kennt den Unterschied zwischen Korrelation und Kausalität. Bei künstlicher Intelligenz und vor allem bei Deep-Learning-Systemen endet das Verständnis bei der Korrelation. Judea Pearl, namhafter Informatiker an der UCLA, hat das Studium der Kausalität in den letzten 30 Jahren revolutioniert und eine formelle wissenschaftliche Sprache entwickelt, um Kausalzusammenhänge auszudrücken. Wie Pearl, der 2011 den Turing Award erhielt, gern anmerkt, sei zwar jedem Menschen intuitiv klar, dass der Sonnenaufgang den Hahn zum Krähen bringt, und nicht umgekehrt, doch sei das eine Erkenntnis, die sich auch dem leistungsfähigsten tiefen neuronalen Netz entziehen dürfte. Aus den Daten allein lässt sich keine Kausalität ableiten.[55]

Menschen besitzen die einzigartige Fähigkeit, nicht nur Korrelationen zu erkennen, sondern auch die Zusammenhänge zwischen Ursache und Wirkung. Und das gelingt uns anhand erstaunlich weniger Beispiele. Joshua Tenenbaum ist Professor für computerbasierte Kognitionswissenschaften am MIT und beschreibt seinen Forschungsschwerpunkt als ein „Reverse Engineering des menschlichen Verstands“ in der Hoffnung, Erkenntnisse zu gewinnen, die sich zum Aufbau intelligenterer KI-Systeme eignen. Er stellt fest:

> Selbst kleine Kinder sind oft in der Lage, anhand eines einzigen Beispiels oder einiger weniger Beispiele auf eine kausale Beziehung zu schließen – die Menge der beobachteten Daten kann so klein sein, dass sie noch nicht einmal eine statistisch signifikante Korrelation aufweist. Denken Sie daran, als Sie das erste Mal ein Smartphone gesehen haben, sei es ein iPhone oder ein anderes Gerät mit einem Touchscreen, bei dem der Benutzer mit dem Finger über den Bildschirm streicht und plötzlich etwas aufleuchtet oder sich etwas bewegt. Sie haben so etwas noch nie zuvor gesehen, aber Sie brauchen es nur ein Mal oder ein paar Mal zu beobachten, um zu verstehen, dass es hier einen neuen kausalen Zusammenhang gibt, und das ist nur der erste Schritt beim Lernen, wie man ein Smartphone bedient und alle möglichen nützlichen Dinge damit erledigen kann.[56]

Kausalzusammenhänge zu begreifen, ist die entscheidende Voraussetzung dafür, sich Dinge vorzustellen und im Kopf kontrafaktische Szenarien zu erzeugen, die es uns ermöglichen, Probleme zu lösen. Anders als ein Algorithmus für Verstärkungslernen, der tausendmal scheitern muss, um herauszufinden, wie er reüssieren kann, können wir in unseren Köpfen eine Art Simulation laufen lassen und potenzielle Ergebnisse verschiedener Vorgehensweisen ausloten. Ohne das intuitive Begreifen von Kausalzusammenhängen wäre das nicht möglich.

Forscher wie Pearl und Tenenbaum gehen davon aus, dass das Verstehen von Kausalzusammenhängen – im Grunde die Fähigkeit, die Frage „Warum?“ zu stellen und zu beantworten – eine wesentliche

Voraussetzung für die Entwicklung einer stärkeren maschinellen Intelligenz darstellt. Pearls Arbeit hatte enormen Einfluss auf Natur- und Sozialwissenschaft, doch ging an den generell auf (für Systeme des maschinellen Lernens so effizient erkennbare) Korrelationen fokussierten KI-Forschern seine Ansicht weitgehend vorbei.[57] Das ändert sich allerdings. So veröffentlichten beispielsweise Yoshua Bengio und sein Team von der University of Montreal unlängst maßgebliche Forschungsergebnisse über eine innovative Methode, in Deep-Learning-Systeme ein Verständnis für Kausalzusammenhänge einzubauen.[58]

Transferlernen

Der Politikwissenschaftler und Harvard-Professor Graham Allison hat den Begriff „Thukydides-Falle" geprägt. Dieser bezieht sich auf die „Geschichte des peloponnesischen Krieges" von dem griechischen Historiker Thukydides, die den Konflikt zwischen Sparta und dem aufstrebenden Athen im fünften Jahrhundert vor unserer Zeitrechnung beschreibt. Graham meint, dass der Krieg zwischen Sparta und Athen ein historisches Prinzip verkörpert, das bis heute gilt. In seinem Buch „Destined for War", das 2017 erschien, stellt er die These auf, dass die Vereinigten Staaten und China vorübergehend in einer Thukydides-Falle gefangen sind und ein Konflikt unvermeidbar sein könnte, wenn Chinas Macht und Einfluss weiter zunimmt.[59]

Könnte ein KI-System ein historisches Dokument wie die „Geschichte des peloponnesischen Krieges" lesen und das daraus Gelernte dann erfolgreich auf eine aktuelle geopolitische Lage anwenden? Damit wäre einer der bedeutendsten Meilensteine auf dem Weg zu einer starken künstlichen Intelligenz erreicht: das Transferlernen. Die Fähigkeit, sich auf einem Gebiet Informationen anzueignen und sie dann erfolgreich auf andere Bereiche zu übertragen, ist ein Wahrzeichen menschlicher Intelligenz und eine Grundvoraussetzung für Kreativität und Innovation. Um wirklich nützlich zu sein, müsste eine stärkere maschinelle Intelligenz mehr können, als lediglich die Fragen am Ende des Kapitels zu beantworten. Sie müsste in der Lage sein, dass Gelernte und alle daraus bezogenen Erkenntnisse auf ganz neue Herausforderungen anzuwenden. Um auch nur die leiseste Aussicht darauf zu haben, dies zu erreichen, müsste sie weit über das oberflächliche Verständnis hinauskommen, das derzeit in tiefen neuronalen Netzen entsteht, und die Dinge wirklich begreifen. Tatsächlich könnte die Fähigkeit, Wissen auf verschiedenen Gebieten und in ganz neuen Situationen anzuwenden, der beste Prüfstein dafür sein, ob eine maschinelle Intelligenz wirklich verstanden hat.

DER WEG ZU EINER MENSCHENÄHNLICHEN KÜNSTLICHEN INTELLIGENZ

Fast jeder KI-Forscher, mit dem ich gesprochen habe, hält es nicht nur für möglich, sondern früher oder später sogar für unvermeidlich, dass eine Maschine so intelligent ist wie ein Mensch. Mir erscheint das nachvollziehbar. Immerhin ist das menschliche Gehirn im Grunde nichts anderes als eine biologische Maschine. Es gibt keinen Grund, anzunehmen, biologische Intelligenz sei Zauberei, oder auszuschließen, dass sich etwas mehr oder minder Vergleichbares nicht eines Tages in einem ganz anderen Medium instanziieren ließe.

Tatsächlich dürfte ein Substrat auf Siliziumbasis gegenüber den biologischen Gegebenheiten im menschlichen Gehirn eine Menge Vorteile bieten. Elektronische Signale sind in Computerchips sehr viel schneller übertragbar als im Gehirn, und eine Maschine, die irgendwann ähnliche Denk- und Kommunikationsfähigkeiten hätte wie wir, würde ja auch all die anderen Vorzüge genießen, die uns Rechner derzeit voraus haben. Eine maschinelle Intelligenz würde von einem einwandfreien Gedächtnis profitieren, das auch weit in der Vergangenheit liegende Ereignisse gespeichert hat, und könnte riesige Datenmengen in fantastischer Geschwindigkeit berechnen, sichten und durchforsten. Außerdem wäre sie in der Lage, sich direkt mit dem Internet oder anderen Netzen zu verbinden und praktisch grenzenlose Ressourcen anzuzapfen. Sie könnte problemlos mit anderen Maschinen kommunizieren und auch mit uns Gespräche führen. Anders gesagt, eine menschenähnliche künstliche Intelligenz wäre uns von Haus aus in vieler Hinsicht überlegen.

Obwohl fast alle davon ausgehen, dass wir dieses Ziel eines Tages erreichen, ist noch vollkommen ungewiss, welcher Weg uns dahin führt und wann wir das schaffen. Bislang kommen wir dem Erfolg meist nur in kleinen Schritten näher. So brachte DeepMind Ende 2018 AlphaZero heraus, eine aktualisierte Version des Go-spielenden Systems AlphaGo. AlphaZero brauchte das Programm des überwachten Lernens aus Daten zu Tausenden von Go-Spielen zwischen Menschen nicht mehr und fing stattdessen im Grunde bei null an. Es lernte, besser zu spielen als jeder Mensch, indem es schlicht simulierte Partien gegen sich selbst austrug. Das System konnte auch für andere Herausforderungen geschult werden wie Schach oder das japanische Spiel Shogi. AlphaZero entpuppte sich rasch als bestes Schachsystem der Welt, indem es die allerbesten spezialisierten Schachalgorithmen besiegte – die ihrerseits natürlich ohne Weiteres in der Lage gewesen wären, die fähigsten menschlichen Spieler zu deklassieren. Demis Hassabis erklärte mir, AlphaZero stelle vermutlich eine allgemeine Lösung für alle Spiele mit „perfekten Informationen“ dar, also für sämtliche Aufgaben, bei denen alle erfolgsrelevanten Informationen jederzeit als Spielsteine auf einem Brett oder Pixel auf einem Bildschirm zur Verfügung stehen.

Die reale Welt, in der wir leben, ist aber alles andere als informationsvollendet. Nahezu alle wichtigen Bereiche, in denen wir irgendwann gern hoch entwickelte künstliche Intelligenz einsetzen wollen, setzen die Fähigkeit voraus, unter unsicheren Bedingungen zu arbeiten und mit Situationen zurande zu kommen, in denen große Mengen von Informationen verborgen oder schlicht nicht verfügbar sind. Im Januar 2019 zeigte sich DeepMind erneut erfolgreich und präsentierte AlphaStar – ein System, das für das strategische Videospiel *StarCraft* konzipiert war. *StarCraft* simuliert eine galaktische Schlacht um Ressourcen zwischen drei verschiedenen außerirdischen Spezies, die jeweils in Echtzeit von einem Onlinespieler gesteuert werden. *StarCraft* ist kein informationsvollendetes Spiel. Vielmehr müssen die Spieler versteckte Informationen über die Aktivitäten ihrer Gegner auskundschaften. Das Spiel erfordert außerdem langfristige Planung und ein Ressourcenmanagement über einen gewaltigen Game Space. Ein weiterer Ersterfolg für das Team von DeepMind: Im Dezember 2018 besiegte AlphaStar den führenden professionellen *StarCraft*-Spieler 5 zu 0.[60]

Das sind zwar eindrucksvolle Leistungen, doch wir sind damit noch immer weit von einer Überwindung der Hauptgrenzen entfernt, die KI-Systeme nach wie vor auf sehr spezifische, eng gefasste Bereiche beschränken. So muss AlphaStar beispielsweise ausgiebig mit Methoden des überwachten Lernens und des Verstärkungslernens geschult werden, um die Rolle einer bestimmten außerirdischen Lebensform übernehmen zu können. Für die Umstellung auf eine andere Spezies, die über andere relative Stärken verfügt, muss das System von Grund auf neu geschult werden. Ebenso kann AlphaZero problemlos weltmeisterliche Schach- oder Shogi-Kompetenzen erreichen, wäre aber nicht in der Lage, ein Kind im Damespiel zu schlagen, wenn es nicht neu auf dieses Spiel trainiert würde. Selbst die leistungsfähigsten Systeme aus der KI-Spitzenforschung sind nach wie vor oberflächlich und spröde. Hinzu kommt, worauf Oren Etzioni vom Allen Institute gern hinweist: Jedes dieser Systeme würde auch dann unbekümmert weiterspielen, wenn es wüsste, dass das Zimmer in Brand steht.[61] Sie verfügen weder über gesunden Menschenverstand, noch können sie wirklich verstehen.

Wie lange könnte es wohl dauern, bis diese Grenzen überwunden sind und eine echte denkende Maschine gebaut wird? Im Rahmen der Gespräche, die ich für mein Buch „Die Intelligenz der Maschinen“ aufzeichnete, führte ich eine informelle Umfrage unter den führenden KI-Fachleuten durch. Ich bat jede der 23 interviewten Personen um eine Prognose dazu, für welches Jahr die Wahrscheinlichkeit einer starken künstlichen Intelligenz bei 50 Prozent liege. Die meisten Interviewten verpflichteten mich dazu, ihre Angaben zu anonymisieren. Fünf der Forscher, mit denen ich sprach, wollten sich dazu gar nicht äußern. Sie verwiesen darauf, dass die Entwicklung hin zu einer menschenähnlichen KI höchst ungewiss sei und eine unbekannte Anzahl konkreter Herausforderungen bewältigt werden müsse. Immerhin 18 der führenden KI-Experten der Welt verrieten mir ihre fundiertesten Einschätzungen. Die Ergebnisse, die Sie in der folgenden Tabelle nachlesen können, sind ausgesprochen aufschlussreich.[62]

Jahr des Erreichens einer AGI	Jahre ab 2021	Zahl der Einschätzungen
2029	8	1 (Kurzweil)
2036	15	1
2038	17	1
2040	19	1
2068	47	3
2080	59	1
2088	67	1
2098	77	2
2118	97	3
2168	147	2
2188	167	1
2200	179	1 (Brooks)

Dabei handelt es sich wohlgemerkt um Einschätzungen aus dem Jahr 2018, was erklärt, warum so viele Jahresangaben auf „8" enden. Die Festlegung auf 2038 entsprach zum Beispiel in Wirklichkeit der Einschätzung, dass es „von heute an noch 20 Jahre" dauert. Ich vermute stark, wenn ich dieselben Leute heute noch einmal bitten würde, ihre Schätzungen abzugeben, erhielte ich im Wesentlichen ähnliche Ergebnisse, die vielleicht um drei Jahre nach hinten geschoben würden. Das weckt die Sorge, das Erreichen einer AGI könne Gegenstand desselben alten Witzes werden, der in der Physik über die Kernfusion kursiert: „Davon sind wir immer 30 Jahre entfernt."

Aus dem Durchschnitt der genannten Fristen ergibt sich das Jahr 2099. Das wäre in rund 80 Jahren.* [63] Die Prognosen werden eingeklammert von den Einschätzungen zweier Personen, die sich offen dazu bekannten. Ray Kurzweil ist, wie wir bereits wissen, nach wie vor fest davon überzeugt, dass KI bis spätestens 2029 menschliches Niveau erreicht haben wird – also bereits in acht Jahren. Rodney Brooks, Mitgründer der iRobot Corporation, der weithin als der führende Robotiker der Welt gilt, glaubt, dass es bis dahin noch fast 180 Jahre dauern wird. Diese große Kluft zwischen den Prognosen – viele Forscher rechnen schon innerhalb der nächsten ein bis zwei Jahrzehnte mit einer menschenähnlichen KI, während andere meinen, sie könnte noch Jahrhunderte auf sich warten lassen – macht meines Erachtens mehr als deutlich, wie unberechenbar die Zukunft der künstlichen Intelligenz sein dürfte.

Der Versuch, eine KI auf menschlichem Niveau zu entwickeln, ist meines Erachtens auf dem Gebiet der künstlichen Intelligenz das faszinierendste Thema schlechthin. Er könnte eines Tages ohne Weiteres zur folgenreichsten, disruptivsten Innovation in der Menschheitsgeschichte führen. Bis dahin wird künstliche Intelligenz als praktisches Hilfsmittel vergleichsweise eingeschränkt und in vieler Hinsicht recht begrenzt bleiben. KI-Systeme zur Lösung realweltlicher Probleme werden sicherlich fortlaufend verbessert werden, wenn Forschungsergebnisse von vorderster Front in die Technologie einfließen, doch auf absehbare Zeit wird diese neue Technologie ihren Einfluss nicht durch eine einzige, hochflexible maschinelle Intelligenz ausüben, sondern vielmehr durch eine Explosion spezifischer Anwendungen, die sich bereits auf fast jeden Bereich der Industrie, der Wirtschaft, der Gesellschaft und auch der Kultur ausweiten.

---

* *Dieser Durchschnitt fällt pessimistischer aus als andere durchgeführte Erhebungen, die eine weit größere Zahl von KI-Forschern mit ganz unterschiedlichem Erfahrungshorizont einbezogen, oft auf KI-Konferenzen. Die meisten Ergebnisse weisen für eine 50-prozentige AGI-Wahrscheinlichkeit Cluster im Bereich der Jahre 2040 bis 2050 aus. Eine Aufstellung solcher Erhebungen finden Sie in Endnote 63 zu Kapitel 5.*

Keine Frage, KI könnte enormen Nutzen bringen, vor allem in entscheidenden Bereichen wie Gesundheitswesen, wissenschaftliche Forschung und breit aufgestellte technische Innovation. Die Technologie hat aber noch eine zweite Seite. Künstliche Intelligenz wird mit nie dagewesenen Herausforderungen und Gefahren einhergehen – für Arbeitsplätze und Wirtschaft, für Datenschutz und Sicherheit und vielleicht letztlich für unsere Demokratie und sogar für unsere Zivilisation. Diese Risiken stehen im Fokus der drei folgenden Kapitel.

KAPITEL 6

Arbeitsplatzverluste und wirtschaftliche Folgen von KI

In meinem 2015 erschienenen Buch „Aufstieg der Roboter: Wie unsere Arbeitswelt gerade auf den Kopf gestellt wird – und wie wir darauf reagieren müssen" vertrat ich die Auffassung, dass Fortschritte bei künstlicher Intelligenz und Robotik letztlich Arbeitsplätze, die tendenziell aus vorhersehbaren Routineaufgaben bestehen, in großer Zahl vernichten und zu mehr Ungleichheit und struktureller Arbeitslosigkeit führen könnten. Als ich im Januar 2020 mit der Arbeit am vorliegenden Buch begann, sah ich meine Hauptaufgabe für das nachstehende Kapitel darin, diese These angesichts des längsten Wirtschaftsaufschwungs seit dem Zweiten Weltkrieg und einer Gesamtarbeitslosenquote von rund 3,6 Prozent aufrechtzuerhalten.

Dass die Coronavirus-Pandemie und das anschließende Herunterfahren der Wirtschaft in den Vereinigten Staaten und weltweit uns eine ganz neue wirtschaftliche Realität beschert haben, versteht sich von selbst. Dennoch halte ich die Argumente, die ich ins Feld führen wollte, bevor die Krise ausbrach, nach wie vor für ausgesprochen stichhaltig. Auch in Zeiten mit historisch niedriger Arbeitslosigkeit glaube ich, dass die in „Aufstieg der Roboter" angesprochenen Trends weiterhin Bestand haben und dass der relative Wohlstand, auf den Wirtschaftsindikatoren in den Jahren vor der aktuellen Krise hinwiesen, zumindest in gewissen Umfang illusorisch war. Nach der Pandemie könnte der Trend zu verstärkter Automatisierung der Arbeit noch zunehmen und mit Blick auf die Erholung von der derzeitigen Wirtschaftsmisere drastische Effekte haben.

Stellen Sie sich vor, Sie wären ein amerikanischer Ökonom im Jahr 1965. Damals hätte Ihnen ein Blick auf die US-Wirtschaft und den dortigen Arbeitsmarkt verraten, dass rund 97 Prozent aller Männer zwischen 25 und 54 – also alle, die die Schule bereits abgeschlossen hatten, aber noch zu jung waren, um in Rente zu gehen – entweder in Arbeit oder aktiv auf Arbeitssuche waren. Das hätte absolut den Erwartungen entsprochen und wäre Ihnen vollkommen normal vorgekommen. Nehmen wir an, Sie hätten Besuch von einem Zeitreisenden aus der Zukunft bekommen, der Ihnen erzählte, im Jahr 2019 würden der Erwerbsbevölkerung nur etwa 89 Prozent aller Männer im erwerbsfähigen Alter angehören und bis 2050 könnte der Anteil amerikanischer Männer in dieser Altersgruppe, der sich vollständig dem Arbeitsmarkt entzogen hat, ohne Weiteres auf ein Viertel oder gar ein Drittel anwachsen.[*][1]

Ich wette, das hätte Sie beunruhigt. Vielleicht wäre Ihnen sogar der Begriff „Massenarbeitslosigkeit" in den Sinn gekommen. Sicherlich hätten Sie sich gefragt, was wohl all diese nicht arbeitenden Männer mit sich anfangen würden. Doch da hätte Ihnen der Zeitreisende berichtet, dass die für 2019 amtlich ausgewiesene Gesamtarbeitslosenquote deutlich unter 4 Prozent liegen würde, und die Zinsen noch unter dem Stand von 1965. Beide Werte, so der Zeitreisende, würden sich auf historisch niedrigem Niveau bewegen. Außerdem hätten Sie

---

** Unser Zeitreisender fußt auf dem ehemaligen US-Finanzminister und Leiter des nationalen Wirtschaftsrats Lawrence Summers, der im November 2016 prognostizierte, dass 2050 ein Drittel aller Männer im erwerbsfähigen Alter ohne Arbeit sein könnte. (Siehe Endnote 1, Kapitel 6.)*

noch erfahren, dass die US-Notenbank nicht etwa beabsichtigte, die Zinsen zu erhöhen, sondern vielmehr signalisierte, dass sie sie noch weiter senken könnte, um die Konjunktur anzukurbeln.

Das alles hätte einen Ökonomen aus der Zeit Mitte bis Ende des 20. Jahrhunderts vermutlich sehr überrascht und verwirrt. Wie wir in diesem Kapitel erfahren werden, funktionieren die Wirtschaft und der Arbeitsmarkt in den Vereinigten Staaten und in vielen anderen Industrieländern derzeit so, wie es offenbar vielen Regeln und Annahmen widerspricht, die einst solide empirisch untermauert schienen.

In „Aufstieg der Roboter" führte ich diese Veränderungen überwiegend auf beschleunigten Fortschritt in der Informationstechnologie zurück. Inzwischen ist eine lange Liste maßgeblicher Innovationen abgearbeitet – Fortschritte in der Fabrikautomation, die PC-Revolution, das Internet, das Cloud-Computing und der Mobilfunk – und der daraus resultierende Wandel läuft seit mehreren Jahrzehnten. Der wichtigste technische Effekt liegt aber noch in der Zukunft. Das Aufkommen der künstlichen Intelligenz hat das Zeug, den Arbeitsmarkt und unser gesamtes Wirtschaftssystem so drastisch und grundlegend auf den Kopf zu stellen, wie nichts zuvor.

Wir stehen heute an der Einströmkante der anstehenden Disruption und haben allen Grund, uns Sorgen zu machen. Schon die Veränderungen, die sich allein in den letzten ein bis zwei Jahrzehnten vollzogen haben, haben nie dagewesene politische Unruhen ausgelöst und zerstören das Gesellschaftsgefüge als solches. So belegen Studien beispielsweise eine direkte Korrelation zwischen den für Automatisierung besonders anfälligen Regionen der Vereinigten Staaten und den Wählern, die bei der Präsidentenwahl 2016 fest hinter Donald Trump standen.[2] Bevor die Coronavirus-Pandemie unser Leben auf den Kopf stellte, stand in den Vereinigten Staaten eine andere Gesundheitskrise im Fokus, die das Land heimsuchte: die Opioid-Epidemie. Und auch in diesem Zusammenhang spielten die vielen verloren gegangenen Mittelschichtsarbeitsplätze eine maßgebliche Rolle.[3] Waren die Veränderungen, die wir bisher erlebt haben, im Vergleich zu den künftig anstehenden noch harmlos, so besteht für die Zukunft eine ganz reale Gefahr beispielloser gesellschaftlicher und wirtschaftlicher Disruption. Das Gleiche gilt für noch gefährlichere politische Demagogen, die von der Angst zehren, welche mit einer solch drastischen Veränderung der Szenerie sicherlich einhergeht.

In Wirklichkeit sind die wirtschaftlichen Folgen künstlicher Intelligenz ein zweischneidiges Schwert. Einerseits dürfte KI Produktivitätssteigerungen bewirken, Produkte und Dienstleistungen verbilligen und Innovationen ermöglichen, die unser aller Leben verbessern können. KI hat das Potenzial für wirtschaftliche Wertschöpfung, die mit Blick auf das riesige wirtschaftliche Loch, in dem wir uns wiederfinden, unverzichtbar sein wird. Andererseits wird sie mit größter Sicherheit Millionen von Jobs vernichten oder herabqualifizieren und gleichzeitig die wirtschaftliche Ungleichheit verschärfen. Neben den gesellschaftlichen und politischen Folgen von Arbeitslosigkeit und laufend zunehmender Ungleichheit gibt es noch eine weitere maßgebliche wirtschaftliche Konsequenz: Eine florierende Marktwirtschaft ist auf eine große Zahl von Verbrauchern angewiesen, die in der Lage sind, die produzierten Waren und Dienstleistungen zu kaufen. Haben diese Verbraucher keine Jobs und folglich kein Einkommen, woher soll dann die nötige Nachfrage kommen, um für anhaltendes Wirtschaftswachstum zu sorgen?

KI UND AUTOMATISIERUNG AUF DEM ARBEITSMARKT: WIRD DIESMAL ALLES ANDERS?

Die Befürchtung, Maschinen könnten Menschen eines Tages aus der Arbeitswelt verdrängen und für langfristige strukturelle Arbeitslosigkeit sorgen, ist schon sehr alt. Sie geht mindestens zurück bis auf die Maschinenstürmer im englischen Nottingham vor über 200 Jahren. In den seither verstrichenen Jahrzehnten wurde wieder und wieder vor dieser Gefahr gewarnt. In den 1950er- und 1960er-Jahren ging beispielsweise die große Angst um, die Industrieautomation würde bald Millionen von Arbeitsplätzen in Fabriken vernichten und für Massenarbeitslosigkeit sorgen. Bislang belegt die Geschichte jedoch, dass sich die Wirtschaft generell an den technischen Fortschritt anpasst und neue Arbeitsmarktchancen schafft – und dass diese neuen Stellen oftmals höhere Qualifikationen voraussetzen und besser bezahlt sind.

Eines der Extrembeispiele für technisch bedingte Jobverluste aus der Geschichte – und eine Fallstudie, die gern von all jenen zitiert wird, die bezweifeln, dass technisch bedingte Arbeitslosigkeit je ein Problem darstellen wird – betrifft die Mechanisierung der Landwirtschaft in den Vereinigten Staaten. Ende des 19. Jahrhunderts war rund die Hälfte aller amerikanischen Arbeitnehmer in der Landwirtschaft beschäftigt. Heute sind es noch etwa ein bis zwei Prozent. Mit dem Einzug von Traktoren, Mähdreschern und anderer Agrartechnik sind Millionen von Arbeitsstellen unwiderruflich verschwunden. Diese Umstellung führte auf kurze bis mittlere Sicht zu erheblicher Arbeitslosigkeit. Heimatlose Landarbeiter wanderten in die Städte ab, um sich in Fabriken zu verdingen. Letztlich wurden die arbeitslosen Arbeitskräfte vom aufstrebenden Produktionssektor absorbiert, und auf lange Sicht nahmen Durchschnittslöhne und der gesamte Wohlstand drastisch zu. Später setzte in den Fabriken die Automatisierung ein oder die Produktion wurde ins Ausland verlagert. Wieder orientierten sich die Arbeitskräfte um – diesmal auf den Dienstleistungssektor. Heute sind fast 80 Prozent aller erwerbstätigen Amerikaner im Dienstleistungsgewerbe beschäftigt.

Die entscheidende Frage ist, ob die Disruption des Arbeitsmarkts infolge der künstlichen Intelligenz ähnlich ablaufen wird. Ist KI nur ein weiteres Beispiel für eine arbeitssparende Innovation wie die Agrartechnik, die seinerzeit die Landwirtschaft umkrempelte? Oder handelt es sich dabei um etwas grundlegend anderes? Ich neige zu letzterer Ansicht – aus dem Grund, der in der Kernthese dieses Buches verankert ist: dass es sich bei künstlicher Intelligenz um eine systemische Universaltechnologie nicht unähnlich der Elektrizität handelt und sie deshalb letztlich in jeden Aspekt unserer Wirtschaft und Gesellschaft hineinwirken wird.

In der Vergangenheit haben technische Disruptionen des Arbeitsmarkts in aller Regel sektorbezogene Folgen gezeigt. Die Mechanisierung der Landwirtschaft vernichtete Millionen von Jobs, doch der aufstrebende Produktionssektor konnte die freigesetzten Arbeitskräfte letztlich absorbieren. Als die Produktion automatisiert und in Niedriglohnländer verlagert wurde, boten sich den verdrängten Arbeitnehmern Chancen in einem rasch wachsenden Dienstleistungsgewerbe. Die künstliche Intelligenz wird sich jedoch mehr oder minder gleichzeitig auf jeden Wirtschaftssektor auswirken. Insbesondere gilt das für den Dienstleistungssektor und die vielen Bürojobs, auf die mittlerweile das Gros der US-amerikanischen Erwerbsbevölkerung entfällt. Die Tentakel der KI werden früher oder später jede bestehende Branche erreichen und verändern, und neue Branchen, die künftig entstehen, dürften von Anfang an die neuesten Innovationen der KI und Robotik beinhalten. Das bedeutet, es ist äußerst unwahrscheinlich, dass ein vollkommen neuer Sektor mit zig Millionen neuen Arbeitsplätzen entsteht, der all die von der Automatisierung bisheriger Industriezweige wegrationalisierten Arbeitnehmer aufnimmt. Stattdessen dürften künftige Branchen auf der Grundlage von digitalen Technologien, Datenwissenschaft und künstlicher Intelligenz aufgebaut werden – und werden infolgedessen schlicht keine Jobs in größerer Zahl hervorbringen.

Ein zweiter Punkt betrifft die Art der von Arbeitnehmern ausgeführten Tätigkeiten. Wir dürfen davon ausgehen, dass schätzungsweise etwa die Hälfte der Erwerbsbevölkerung Berufe ausübt, die überwiegend aus vorhersehbaren Routineaufgaben bestehen.[4] Damit meine ich gar nicht streng repetitive Abläufe, sondern schlicht, dass die Arbeitnehmer immer wieder mit denselben Aufgaben und Herausforderungen konfrontiert sind. Man könnte sagen, das Wesen ihrer Arbeit – oder zumindest ein großer Teil der Aufgaben, aus denen sie sich zusammensetzt – ist im Grunde in historischen Daten eingefangen, aus denen hervorgeht, was der Arbeitnehmer im Laufe der Zeit gearbeitet hat. Solche Daten liefern letztlich eine reichhaltige Ressource für Algorithmen des maschinellen Lernens, die dann herausfinden können, wie sich viele dieser Aufgaben automatisieren lassen. Anders ausgedrückt: Wir stehen vor einer Zukunft, in der sich fast jede Art von vorhersehbarer Routinearbeit in Luft auflöst, was diejenigen Arbeitnehmer, die sich am besten für solche Aufgaben eignen, vor ganz besondere Probleme stellt. Das gesamte 20. Jahrhundert hindurch trieb immer fortschrittliche arbeitssparende Technik Arbeitnehmer in andere Sektoren. Meistenteils führten sie aber auch dort weiterhin überwiegend Routineaufgaben aus. Denken Sie an die Umstellung von einem Landarbeiter um 1900 auf einen Fließbandarbeiter 1950 und dann eine Kassiererin, die heute bei Walmart Strichcodes einscannt. Das alles sind ganz unterschiedliche Jobs in vollkommen unterschiedlichen Sektoren, aber dennoch ausnahmslos durch überwiegend routinemäßige, vorhersehbare Tätigkeiten gekennzeichnet. Dieses Mal wird es aber keine Routinejobs geben, die in großer Zahl in einem neuen Sektor entstehen, in dem die verdrängten Arbeitskräfte untergebracht werden können. Stattdessen sehen sich die Arbeitnehmer mit einer ganz neuen Umstellung auf Tätigkeiten konfrontiert, die grundsätzlich nicht mehr routinemäßig ablaufen und häufig Qualitäten voraussetzen wie die Eigenschaft, effektiv Beziehungen zu anderen aufzubauen oder nicht routinemäßige analytische oder kreative Arbeiten zu erledigen. Selbst wenn wir davon ausgehen, dass solche neuen Jobs in ausreichender Zahl zur Verfügung stehen, werden nur manche Arbeitnehmer diesen Sprung schaffen. Andere dürften damit Probleme haben.

Meiner Ansicht nach stehen wir also vor einem Szenario, in dem ein beträchtlicher Teil unserer Erwerbsbevölkerung letztlich Gefahr läuft, ganz aus dem Arbeitsmarkt herauszufallen. Gibt es aber schon Indizien dafür, dass so etwas tatsächlich stattfindet? Immerhin lag die Arbeitslosenquote vor dem Ausbruch der Coronavirus-Pandemie deutlich unter vier Prozent.

WAS BIS ZUM AUSBRUCH DER CORONAVIRUS-PANDEMIE GESCHAH

In den zehn Jahren ab dem Ende der großen Rezession im Jahr 2009 bis Januar 2020, dem längsten Konjunkturaufschwung in der Nachkriegszeit, ging die US-amerikanische Arbeitslosenquote von 10 auf 3,6 Prozent zurück – den niedrigsten Stand der letzten 50 Jahre.[5] Eine wichtige Einschränkung ist allerdings, dass diese Gesamtarbeitslosenquote, die auf der Grundlage einer Haushaltsumfrage des U.S. Census Bureau gemessen wird, lediglich die Arbeitskräfte erfasst, die aktiv Arbeit suchen. Jemand, der zwar gern arbeiten würde, aber entmutigt aufgegeben hat, weil er nicht mehr daran glaubt, eine zumutbare Arbeit zu finden, gilt nicht als arbeitslos.

Um sich einen Eindruck von der Zahl der Menschen zu verschaffen, die komplett aus der Erwerbsbevölkerung herausgefallen sind, empfiehlt sich ein Blick auf die Erwerbsquote. Die stellt sich weit weniger positiv dar als die Gesamtarbeitslosenquote.

Wie aus Abbildung 1 ersichtlich, ist der Prozentsatz der Männer im erwerbsfähigen Alter, die Arbeit haben oder aktiv Arbeit suchen, von rund 97 Prozent im Jahr 1965 auf einen Tiefpunkt von 88 Prozent im Jahr 2014 gefallen, um sich dann wieder leicht zu erholen: auf rund 89 Prozent im Januar 2020.[6] Die Zahl der Männer, die dem Arbeitsmarkt komplett den Rücken gekehrt haben, hat sich in diesem Zeitraum fast vervierfacht. Eine Anlaufstelle für Männer, die aus dem Arbeitsmarkt ausgeschieden sind, ist offenbar das „Social Security Disability"-Programm, das zwischen 2007 und 2010 einen sprunghaften Anstieg der Anträge verzeichnete.[7] Da kein Hinweis auf epidemieartige Unfälle am Arbeitsplatz vorliegt, dürfte das Programm vermutlich von Arbeitnehmern, die kaum noch realistische Arbeitsmarktchancen für sich sehen, als letzte Zuflucht genutzt werden, sich ein Einkommen zu verschaffen. Während der Effekt auf die Erwerbsquote bei Männern am dramatischsten war, zeigt die Gesamtstatistik über die 20 Jahre seit der Jahrhundertwende eine weitgehend ähnliche Entwicklung.

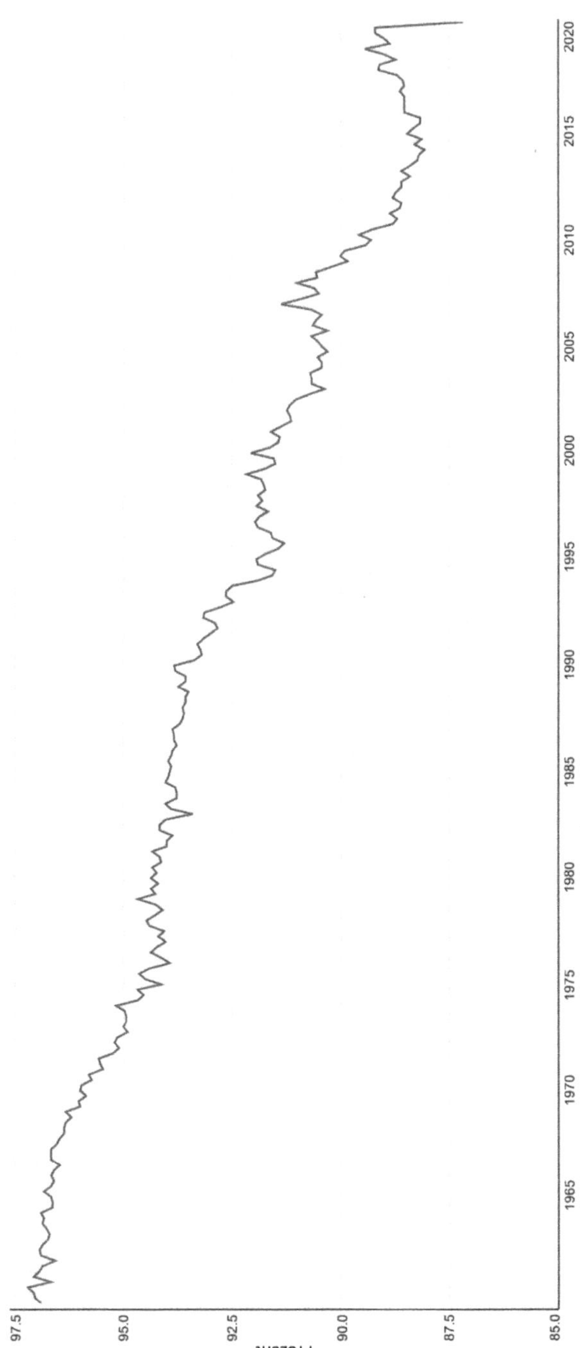

Abbildung 1: Erwerbsquote, Männer im Alter von 25 bis 54

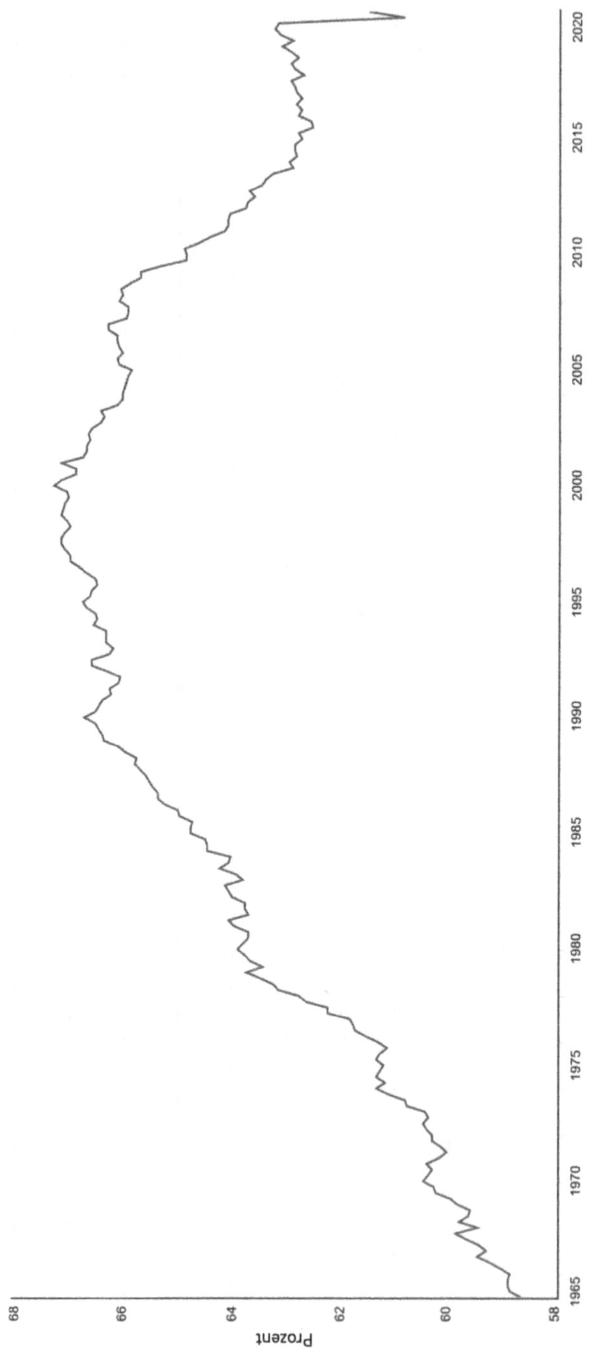

Abbildung 2: Gesamterwerbsquote Arbeitnehmerinnen und Arbeitnehmer zwischen 18 und 64

Abbildung 2 weist die Erwerbsquote für alle Arbeitnehmer und Arbeitnehmerinnen zwischen 18 und 64 aus.[8] Aus dem Anstieg der Erwerbsquote bis zum Jahr 2000 geht die zunehmende Zahl von Frauen hervor, die in die Erwerbsbevölkerung eingetreten sind. Nach diesem Höchststand setzte aber ein Abwärtstrend ein, da Männer wie Frauen aus dem Arbeitsmarkt ausgeschieden sind. Anders formuliert: Trotz der historisch niedrigen Arbeitslosenquoten gibt es eine kontinuierlich anwachsende Zahl vollständig abgehängter Arbeitskräfte, die weitgehend unbemerkt blieb, während das Gesamtnarrativ auf einen boomenden Arbeitsmarkt hinwies. Der technische Wandel war sicherlich nicht der einzige Faktor, der dieser Entwicklung zugrunde lag. Die unerbittliche Automatisierung gut bezahlter Routinejobs in Fabriken und Büros spielte aber fraglos eine wesentliche Rolle.

Ein zweiter maßgeblicher Trend betrifft die Abkoppelung der Produktivität von der Lohnentwicklung, die unablässig für mehr Ungleichheit sorgt.

Die Arbeitsproduktivität ist ein Maßstab für die Effektivität von Arbeitskräften und entspricht der gesamten Wirtschaftsleistung, geteilt durch die Zahl der zur Erzeugung dieser Leistung erforderlichen Arbeitsstunden. Die Produktivität ist womöglich die allerwichtigste ökonomische Messgröße. Hohe Produktivität ist ein prägendes Merkmal, das ein wohlhabendes Industrieland von einem armen Land unterscheidet. Mit dem technischen Fortschritt auf dem Arbeitsmarkt und durch andere Faktoren wie einer besseren Aus- und Weiterbildung von Arbeitskräften und Verbesserungen im gesundheitlichen Bereich können Arbeitnehmer mehr produzieren. Infolgedessen sollten sie eigentlich höhere Löhne verlangen können, sodass steigende Produktivität im Grunde fast allen Arbeitnehmern mehr Geld in die Taschen spült und ein entscheidender Treiber des breiten Wohlstands einer Nation ist. So lautet zumindest die Standarddarstellung der Ökonomen.

Wie Abbildung 3 zeigt, bleibt die Vergütung der Arbeitskräfte zumindest seit den 1970er-Jahren hinter dem Produktivitätsanstieg zurück. Die beiden Linien klaffen immer stärker auseinander.[9] Es läuft also darauf hinaus, dass fast der gesamte Gewinn durch technischen Fortschritt und gesteigerte Produktivität inzwischen einer relativ kleinen Gruppe von Personen zugutekommt, die ganz oben in der Einkommensverteilung angesiedelt sind. Man könnte auch sagen, die Unternehmer, die Manager, die Superstars unter den Beschäftigten und die Investoren ernten die Früchte des Fortschritts, während die normalen Arbeitnehmer beinahe leer ausgehen. Wohlgemerkt weist diese Grafik die Vergütung für alle Arbeitnehmer in der Wirtschaft aus, einschließlich Spitzenmanager, Sportstars und Beschäftigte aus der Unterhaltungsbranche sowie andere hochbezahlte Kräfte. Bei einer Grafik, die nur durchschnittliche Arbeitnehmer ohne Personalverantwortung erfassen würde, wie sie etwa 80 Prozent der US-Erwerbsbevölkerung ausmachen, wäre die Lücke zwischen Produktivität und Vergütung sogar noch größer.

Ich würde sagen, dass die wachsende Kluft zwischen diesen beiden Linien zumindest zum Teil durch die anders gearteten Maschinen und Technologien bedingt ist, die am Arbeitsplatz zum Einsatz kommen. Im „goldenen Zeitalter" Amerikas nach dem Zweiten Weltkrieg korrelierten die beiden Linien auf der Grafik eng. Die eingesetzten Maschinen waren eindeutig Werkzeuge, die von Arbeitskräften bedient wurden. Mit besseren Werkzeugen steigerte sich die Arbeitsleistung und damit auch der Wert der Arbeitnehmer. Im Zuge des seither erzielten weiteren technischen Fortschritts werden jedoch viele der am Arbeitsplatz eingesetzten Maschinen immer selbstständiger. Die Technologie ergänzt die Arbeit nicht mehr, sondern verdrängt sie zunehmend. Das heißt, die Technologie sorgt dafür, dass der Wert von immer mehr Arbeitskräften eher abnimmt als steigt. Sie werden dadurch leichter austauschbar, was ihre Verhandlungsposition schwächt, und sie werden schlechter bezahlt, obwohl die Produktivität weiter zunimmt.

Eine direkte Folge dieser Loslösung der Produktivität von der Vergütung ist wachsende Einkommensungleichheit. Wenn die Technologie den Wert der Arbeit ersetzt oder mindert, entfällt ein höherer

Abbildung 3: Produktivität und Vergütung in der Gegenüberstellung

Anteil der Unternehmensgewinne auf das Kapital. Dieser Rückgang des Anteils der Arbeit am Nationaleinkommen war in den letzten beiden Jahrzehnten in den Vereinigten Staaten festzustellen, aber ebenso in verschiedenen anderen Industrieländern. Weil das Eigentum am Kapital jedoch stark in den Händen der Wohlhabenden konzentriert ist, läuft eine Umlenkung von Erträgen aus Arbeit auf Kapital auf eine Umverteilung von vielen auf wenige hinaus, und das verstärkt die Einkommensungleichheit. In den Vereinigten Staaten ist dieser Trend besonders ausgeprägt und wird am ansteigenden Gini-Koeffizienten besonders deutlich. Dieser Index misst die Wohlstandskonzentration. Ein extrem niedriger Gini-Wert von null würde heißen, dass der Wohlstand in einem Land absolut gleichmäßig auf alle Bürger verteilt ist. Ein Wert von 100 bedeutet, dass einer einzigen Person der gesamte Wohlstand einer Nation zufällt. In der Realität liegen die Werte im Regelfall zwischen etwa 20 und 50. Je höher die Zahl, desto größer die Ungleichheit. In den USA stieg der Gini-Koeffizient zwischen 1986 und 2016 von 37,5 auf 41,4 – den höchsten bis dato verzeichneten Wert.[10]

Diese Entwicklung zu größerer Einkommensungleichheit geht in den Vereinigten Staaten zum Teil auf die allgemein rückläufige Qualität des Arbeitsplatzangebots zurück. In den letzten Jahrzehnten entstanden in den USA vermehrt Jobs im Niedriglohnsegment des Dienstleistungssektors. Solche Stellen in Branchen wie Einzelhandel, Gastronomie, Sicherheit und Gebäudereinigung oder Hausmeisterdienste für Büros und Hotels bringen Mindestlohn und, wenn überhaupt, kaum Nebenleistungen. Es sind häufig Teilzeitarbeitsplätze mit unsicherer Stundenzahl. Die Zunahme der Gig Economy, in der Arbeitskräfte auf Auftragsbasis honoriert werden, praktisch kein verlässliches Einkommen haben und im Vergleich zu anderen Arbeitnehmern kaum oder gar nicht rechtlich abgesichert sind, hat den Trend noch verschärft. Einem Bericht der Brookings Institution vom November 2019 zufolge sind ganze 44 Prozent aller Erwerbstätigen in den USA im Niedriglohnsektor tätig und verdienen im Schnitt rund 18.000 US-Dollar im Jahr.[11]

Diese Veränderung der Art von Arbeitsstellen, die für amerikanische Arbeitskräfte zur Verfügung stehen, wurde besonders offensichtlich, als eine Gruppe von Forschern 2019 eine neue wirtschaftliche Messgröße entwickelte. Der U.S. Private Sector Job Quality Index misst, in welchem Verhältnis hochwertige Arbeitsplätze mit überdurchschnittlicher Bezahlung zu minderwertigen Jobs stehen, die unterdurchschnittlich entlohnt werden.[12] Ein Indexwert von 100 steht für eine gleiche Anzahl hoch- und minderwertiger Arbeitsplätze, ein Wert unter 100 signalisiert, dass das Angebot auf dem Arbeitsmarkt überwiegend von minderer Qualität ist. In den 30 Jahren von 1990 bis Ende 2019 fiel der Index von 95 auf 81.[13] Der Qualitätsrückgang dürfte eng damit zusammenhängen, dass sich in Sparten wie Fabriken und Büros so viele weitgehend monotone, aber gut bezahlte Tätigkeiten in Luft aufgelöst haben. Das sind die Jobs, die einst das Rückgrat der amerikanischen Mittelschicht bildeten, doch von Technologie und Globalisierung gnadenlos vernichtet wurden.

In der Wirtschaft sind natürlich auch höherwertige, besser bezahlte Arbeitsplätze entstanden, doch diese stehen beinahe drei Vierteln der amerikanischen Arbeitnehmer, die kein vierjähriges Collegestudium nachweisen können, nur selten offen. Und selbst unter den Collegeabsolventen ist Unterbeschäftigung ein schwerwiegendes und zunehmendes Problem. Geschichten von Collegeabsolventen, die unter hohen Verbindlichkeiten durch Studienkredite ächzen und als Baristas oder in Fast-Food-Restaurants arbeiten, sind keine Seltenheit. Die Federal Reserve Bank of New York hat im Februar 2020 Daten veröffentlicht, die belegen, dass ganze 41 Prozent der jüngsten Collegeabsolventen Berufe ausüben, für die kein Collegeabschluss erforderlich wäre. Insgesamt ist jeder dritte Collegeabgänger unterbeschäftigt. Die Arbeitslosenquote betrug für Collegeabsolventen im Alter von 22 bis 27 Jahren unlängst über 6 Prozent, obwohl sie für die Gesamtwirtschaft insgesamt auf 3,6 Prozent zurückging.[14] Das bedeutet, obwohl es mehrheitlich heißt, es sollte mehr Wert auf Bildung gelegt werden und mehr Menschen müssten aufs College gehen, schafft die Wirtschaft schlicht nicht genügend qualifizierte Arbeitsstellen, um auch nur die bisherigen Absolventen zu übernehmen.

Die zunehmende Einkommensungleichheit und die rückläufige Qualität der Arbeitsplätze ist aber nicht nur für die direkt davon Betroffenen eine schlechte Nachricht. Diese Entwicklung unterminiert nämlich auch die Marktnachfrage, die nötig wäre, um die Wirtschaftskraft auf Dauer zu erhalten. Rund 70 Prozent der US-Wirtschaft stehen in engem direktem Zusammenhang mit den privaten Konsumausgaben. Diese Zahl setzt die Bedeutung der Verbrauchernachfrage aber noch zu niedrig an, da auch die Unternehmensinvestitionen stark von der Verbrauchernachfrage abhängen. Denken Sie nur daran, dass die von Boeing produzierten Flugzeuge – die sicher kein Konsumgut sind – von Fluggesellschaften nur geordert werden, wenn diese ihrerseits mit entsprechender Nachfrage der Verbraucher nach Flugtickets rechnen. Diese Abhängigkeit der Wirtschaft wurde durch die Effekte der Coronavirus-Krise natürlich besonders deutlich.

Arbeitsplätze sind der Mechanismus, durch den in erster Linie Kaufkraft in die Hände der Verbraucher gelangt. Eine ungleichere Einkommensverteilung bewirkt, dass der Großteil der Arbeitnehmer und damit der Verbraucher weniger Geld zur freien Verfügung hat. In den letzten Jahrzehnten sind die Einkommen der wenigen Wohlhabenden drastisch gestiegen, doch diese kleine Bevölkerungsgruppe kann und wird nicht so viel ausgeben, dass es den Verlust an frei verfügbarem Einkommen auf niedrigeren Stufen der Einkommensverteilung auffängt. Will heißen, die breite Verbrauchernachfrage nach Produkten und Dienstleistungen, die eine Grundvoraussetzung für Wirtschaftswachstum ist, verpufft nach und nach.

Indizien dafür, dass die Verbrauchernachfrage hinter den Erwartungen zurückbleibt, manifestieren sich im Zusammenbruch der normalen Beziehung zwischen Arbeitslosigkeit und Inflation. 1958 wies der Ökonom William Phillips nach, dass Arbeitslosigkeit und Inflation generell in konstantem Zusammenhang stehen. Geht die

Arbeitslosigkeit zurück, zieht die Inflation an. Als ich auf dem College Wirtschaftswissenschaft studierte, wurde uns diese inverse Beziehung unter der Bezeichnung Phillips-Kurve als ein Grundsatz dieser Disziplin beigebracht. Seit Ende der großen Rezession 2009 besteht diese Beziehung jedoch nicht mehr. Inzwischen gibt es niedrige Arbeitslosenquoten, die mit sehr niedrigen Inflationsraten und niedrigen Zinsen einhergehen.[15] Einen Hauptgrund dafür sehe ich darin, dass sinkende Arbeitslosigkeit nicht mehr mit so stark steigenden Löhnen oder zunehmender Verbrauchernachfrage in Verbindung steht, dass dadurch die Inflation angetrieben wird. Da technischer Fortschritt und Globalisierung die meisten durchschnittlichen Arbeitnehmer der Fähigkeit beraubt haben, höhere Löhne auszuhandeln, funktioniert der Mechanismus, durch den Kaufkraft in die Hände der Verbraucher gelangt und die Nachfrage steigert, immer schlechter.

Weitere Belege dafür liefert, dass große US-Konzerne auf gewaltigen Barbeständen sitzen, die größtenteils in US-Staatsanleihen investiert werden, welche historisch niedrige Zinsen abwerfen. Ende 2018 horteten amerikanische Unternehmen rund 2,7 Billionen US-Dollar.[16] Wären ihre Spitzenmanager überzeugt, dass ihre Waren und Dienstleistungen reißenden Absatz fänden, würden sie doch sicherlich einen größeren Teil dieses Geldes in die Entwicklung neuer Produkte stecken oder in den Ausbau der Produktion, um die steigende Nachfrage zu befriedigen? Ohne robuste Nachfrage musste sich die US-Wirtschaft mit lediglich mittelmäßigen Wachstumsraten bescheiden und ist inzwischen darauf angewiesen, dass die US-Notenbank die Zinsen auf ungewöhnlich niedrigem Niveau hält, obwohl die Arbeitslosenquote unter 4 Prozent gesunken ist.

Eine weitere schwerwiegende Folge schwacher Verbrauchernachfrage ist, dass sie Produktivitätssteigerungen unterminiert. Ökonomen, die den Effekt künstlicher Intelligenz und Robotik auf den Arbeitsmarkt skeptisch beurteilen, weisen gern darauf hin, dass ein rascher Ersatz von Arbeitskräften durch Maschinen einen sprunghaften Anstieg der Arbeitsproduktivität bewirken dürfte, da die verbleibenden Beschäftigten immer noch mehr produzieren könnten. Solange die Produktivität aber nicht kometenhaft ansteigt, weisen die Ökonomen Bedenken, Roboter könnten Arbeitsplätze kosten, von der Hand. Das Problem mit dieser These ist jedoch, dass der Output ganz und gar von der Nachfrage abhängt. Kein Unternehmen wird weiterhin Güter und Dienstleistungen produzieren, wenn es keine Kunden gibt, die bereit sind, diese zu kaufen. (Das Konzept, dass die Produktivität durch die Nachfrage begrenzt wird, habe ich in meinem 2015 erschienenen Buch *Aufstieg der Roboter* ausführlicher erläutert. Ich finde es einigermaßen überraschend, dass sich die Ökonomen nicht stärker mit dieser Frage auseinandersetzen, sondern stattdessen schlicht erklären, das Ausbleiben sprunghafter Produktivitätssteigerungen belege, dass die Automatisierung kein Problem für den Arbeitsmarkt sei.[17])

Denken Sie an einen Friseur. Seine Produktivität könnte man an der Anzahl der Kunden messen, denen er pro Stunde die Haare schneidet. Diese Produktivität wird durch viele Faktoren beeinflusst. Ist der Friseur gut ausgebildet und arbeitet er mit hochwertigem Werkzeug? Ist die Stromversorgung stabil, sodass seine Geräte immer funktionieren? Das sind Aspekte, auf die Ökonomen in aller Regel achten. Es gibt aber noch einen anderen absolut entscheidenden Aspekt: nämlich die Zahl der Kunden, die sich die Haare schneiden lassen wollen. Stehen sie Schlange, wird die Produktivität hoch ausfallen. Kommt aber nur gelegentlich ein Kunde in den Salon, wird sie gering sein – ganz gleich, wie gut der Friseur sein Handwerk versteht oder wie toll er ausgestattet ist.

Der Gedanke, dass Produktivitätssteigerungen durch die Nachfrage begrenzt werden, entsprang einem Gespräch mit James Manyika, dem Chef des McKinsey Global Institute (MGI), das zahlreiche maßgebliche Studien mit Schwerpunkt auf den Auswirkungen von Technologie auf Unternehmen und Wirtschaft durchgeführt hat. Dazu erklärte Manyika:

Wir wissen auch, dass die Nachfrage eine wichtige Rolle spielt. Die meisten Wirtschaftswissenschaftler, auch hier am MGI, haben sich oft mit den angebotsseitigen Effekten der Produktivität beschäftigt und nicht so sehr mit der Nachfrage. Die Produktion ist vielleicht äußerst effizient, aber wenn die Nachfrage stark nachlässt, sind die Produktivitätskennzahlen trotzdem nicht besonders gut. Das liegt daran, dass die Formel zur Berechnung der Produktivitätskennzahlen einen Zähler und einen Nenner besitzt: Der Zähler berücksichtigt die Wertschöpfung durch die Produkte, die Produkte müssen also nachgefragt werden. Wenn sich die Nachfrage jedoch aus irgendwelchen Gründen verzögert, wirkt sich das negativ auf die Wertschöpfung aus, was wiederum die Produktivitätskennzahlen sinken lässt – unabhängig davon, welche technologischen Fortschritte es gegeben hat.[18]

Worauf das hinausläuft? In den Jahren vor dem Ausbruch der Coronavirus-Pandemie präsentierte sich uns eine amerikanische Wirtschaft, die sich mit einem glänzenden, frisch lackierten Auto vergleichen ließe, das unter der Haube aber ernsthafte Probleme hat. Die Arbeitslosenquote sah gut aus, doch ein großer und wachsender Teil der Bevölkerung wurde vollständig abgehängt. Die Ungleichheit hat drastisch zugenommen, und die meisten Arbeitnehmer erleben nicht mehr, dass technischer Fortschritt zu steigendem Wohlstand führt. Und während die Ungleichheit um sich greift, bröckelt der Mechanismus zur Einkommensverteilung, der die Verbrauchernachfrage speist. Das wiederum untergräbt das Wirtschaftswachstum und dämpft die nachhaltigen Produktivitätssteigerungen, die für künftigen Wohlstand entscheidend sind. Die Pandemie hat alles auf den Kopf gestellt und uns in eine beispiellose Wirtschaftskrise gestürzt, doch all diese Trends laufen weiter und dürften für Widerstände sorgen, die es uns noch schwerer machen, uns von der aktuellen Misere zu erholen.

POST-COVID-19 UND DER AUFSCHWUNG

Die Coronavirus-Pandemie hat die Weltwirtschaft in eine Krise von bislang ungekannter Heftigkeit gestürzt. In den Vereinigten Staaten und in Ländern in aller Welt sind quasi über Nacht Millionen von Arbeitsplätzen weggebrochen. Ganze Sektoren wurden praktisch dichtgemacht, und die Wirtschaft geriet in den tiefsten Abschwung seit der Weltwirtschaftskrise der 1930er-Jahre. Per Dezember 2020 lag die Arbeitslosenquote bei fast 7 Prozent, und es sah ganz so aus, als könnte es durchaus erst noch schlimmer werden, bevor Massenimpfungen etwa Mitte 2021 das Blatt wenden würden. Das stümperhafte Pandemiemanagement in den USA führte zu verbreiteten neuen Infektionswellen. Zum Stand vom Januar 2021 verzeichnete das Land an einem einzigen Tag über 4.000 COVID-19-bedingte Todesfälle. Mit ansteigenden Hospitalisierungen sahen sich US-Bundesstaaten und Kommunen neuerlich gezwungen, Geschäfte zu schließen, während im Vereinigten Königreich und vielen europäischen Ländern erneut nationale Lockdowns an der Tagesordnung waren. Man könnte sagen, obwohl bereits mindestens zwei wirksame Impfstoffe verimpft wurden, war noch längere Zeit mit wirtschaftlichen Folgen der Krise zu rechnen.

Das alles schuf beste Voraussetzungen für eine grundlegende Veränderung des Arbeitsmarktes durch Automatisierung und ganz allgemein durch Technologieeffekte. Die Geschichte beweist, dass es in aller Regel besonders in Abschwungphasen zu Arbeitsplatzverlusten durch die Einführung arbeitssparender Technologie kommt. Besonders betroffen sind Berufsfelder mit hohem Routineanteil, was weitgehend erklärt, warum so viele solide Mittelschichtjobs weggefallen sind und letztlich durch weniger attraktive, schlechter bezahlte Stellen im Dienstleistungssektor ersetzt werden. Die Ökonomen Nir Jaimovich und Henry E. Siu untersuchten dieses Phänomen und stellten in einer 2018 veröffentlichten Studie fest, dass „Beschäftigungsverluste in Bereichen mit hohen Routineanteilen im Grunde vollständig auf Abschwungphasen entfallen."[19] Offenbar entlassen Unternehmen Arbeitskräfte, wenn es ihnen wirtschaftlich schlecht geht. Im weiteren Verlauf des Abschwungs führen sie neue Technologien ein und organisieren die Arbeit um. Setzt schließlich der Aufschwung ein, stellen sie fest, dass sie künftig auf die meisten, wenn nicht gar alle Arbeitskräfte verzichten können, die sie zuvor für betriebsrelevant hielten. Die Stärke des derzeitigen Abschwungs lässt vermuten, dass die meisten Unternehmen unter enormen Effizienzdruck geraten werden. Je länger die Krise dauert, desto mehr Zeit haben sie, neue Technologien – darunter auch die neuesten Anwendungen künstlicher Intelligenz – in ihre Geschäftsmodelle zu assimilieren.

Neben den rein wirtschaftlichen Impulsen zur Einführung neuer Technologien ist die aktuelle Krise auch insofern einzigartig, als dass sie noch einen weiteren Anreiz zur Umstellung auf stärker automatisierte Arbeitsplätze bietet. Wie wir aus dem dritten Kapitel wissen, haben die Abstandsregeln der Einführung von Robotiktechnologie in verschiedenen Bereichen bereits kräftig Vorschub geleistet. So waren beispielsweise fleischverarbeitende Betriebe in den Vereinigten Staaten und anderswo immer wieder große Ansteckungsherde, weil dort Hunderte oder Tausende von Arbeitern praktisch Schulter an Schulter tätig sind. In einem solchen Umfeld dürfte unvermeidlich stärker automatisiert werden, um die Arbeitskräftedichte zu verringern.[20] Das mag ein Extrembeispiel sein, doch dasselbe gilt für praktisch jedes Arbeitsumfeld, von Fabriken und Lagerhallen über Einzelhandelsgeschäfte bis zum Büro. Werden Arbeitskräfte durch Roboter oder intelligente Algorithmen ersetzt, so hat das unmittelbar zur Folge, dass weniger Menschen in räumlicher Enge zusammenarbeiten müssen. Dienstleister mit Kundenkontakt dürften die Minimierung direkter Interaktionen mit Menschen, wie sie noch vor wenigen Monaten eher als positiv denn als negativ empfunden wurden, als Marketingvorteil wahrnehmen. Tatsächlich ist dieser Trend bereits im Gang: Im Juli 2020 kündigte die Fast-Food-Kette White Castle an, sie wolle erstmals Hamburger-Roboter einsetzen, um „eine Möglichkeit [zu bieten], menschliche Kontakte zu Nahrungsmitteln während der Zubereitung zu verringern – und damit auch die Übertragung von Lebensmittelkeimen".[21] Wie sich diese Faktoren langfristig auswirken, wird vermutlich unter anderem davon abhängen, wie lange die Krise dauert. Während ich diese Zeilen schreibe, sieht es ganz so aus, als dürfte die Situation lange genug anhalten, dass sich zumindest manche der Verhaltensänderungen und Kundenpräferenzen, die sich infolge der Pandemie entwickelt haben, einschleifen und möglicherweise durchsetzen.

Die Auswirkungen künstlicher Intelligenz auf den Arbeitsmarkt werden sich nicht direkt in das Narrativ übersetzen, dass Roboter Menschen die Jobs wegnehmen. Studien belegen, dass in den meisten Fällen kein konkreter Einzelzusammenhang zwischen dem Einsatz der neuen Technologie und einem bisherigen Arbeitsplatz vorliegt. Es sind eher ganz bestimmte Aufgaben – nicht ganze Berufsbilder –, die sich für die Automatisierung anbieten. Eine richtungweisende Analyse des McKinsey Global Institute aus dem Jahr 2017 besagte, dass etwa die Hälfte aller Arbeiten, die derzeit weltweit von Arbeitskräften ausgeführt werden, theoretisch bereits mit vorhandener Technologie automatisiert werden könnte. Der McKinsey-Analyse zufolge laufen aber nur 5 Prozent aller Arbeitsplätze Gefahr, komplett automatisiert zu werden. Doch „in rund 60 Prozent aller Berufe könnte zumindest ein Drittel der bestehenden Tätigkeiten automatisiert werden, was auf erheblichen Wandel in der Arbeitswelt und Veränderungen für alle Arbeitnehmer hinweist."[22] Es ist ziemlich offensichtlich: Lässt sich ein erheblicher Teil der bisher von zwei oder drei Arbeitskräften ausgeführten Arbeiten automatisieren, so bestehen eindeutig Möglichkeiten, die Grenzen zwischen Aufgabenbereichen neu zu definieren und die verbleibenden Arbeiten zusammenzuführen. Die Wahrscheinlichkeit ist groß, dass wirtschaftlicher Druck im Zusammenspiel mit der Notwendigkeit, die Personaldichte am Arbeitsplatz zu reduzieren, für viele Organisationen starke Anreize schaffen wird, Arbeitsumgebungen zu überdenken und umzugestalten, um dieses unrealisierte Effizienzpotenzial zu nutzen. Verstärkt wird dieser Trend durch neue Anwendungen mit weit größeren Kapazitäten, in die die neuesten Entwicklungen im Deep Learning eingeflossen sind. In den meisten Fällen wird das zum Abbau von Stellen führen, die bisher womöglich von unterschiedlichen Arbeitnehmern mit ganz verschiedenen Kompetenzen und Fähigkeiten besetzt waren.

Neben der direkten Automatisierung von Arbeiten und Aufgaben ist die Dequalifizierung ein weiterer maßgeblicher Faktor – wenn es also die Einführung einer neuen Technologie ermöglicht, dass eine Funktion, die zuvor besondere Qualifikationen und Erfahrung erforderte, plötzlich von einem ungelernten Niedriglöhner übernommen werden kann, oder von einem beliebigen Auftragnehmer der Gig Economy. Ein klassisches Beispiel dafür war, wie es den Fahrern der berühmten Londoner Taxis erging. Um eine Lizenz für ein solches „Black Cab" zu bekommen, musste man sich früher mit großem Aufwand praktisch alle Straßen der Stadt einprägen, um sich das Wissen anzueignen, das als „The Knowledge" bezeichnet wurde. Das setzt eine solche Gedächtnisleistung voraus, dass einer Analyse der Neurowissenschaftlerin Eleanor Maguire vom University College London zufolge der Hippocampus – das mit dem Langzeitgedächtnis assoziierte Hirnareal – bei den Londoner Taxifahrern im Durchschnitt größer ist als bei Angehörigen anderer Berufsgruppen.[23] Jeder Bewerber musste dieses Wissen erwerben, was sich in der Vergangenheit als so furchterregende Einstiegsbarriere in den Beruf erwies, dass den Taxifahrern ein anständiges Mittelklasseeinkommen gesichert war. Navigationssysteme und Handy-Apps haben das radikal verändert. Inzwischen können Fahrer, die in London keine Straße kennen, aber Zugriff auf ein Smartphone haben, zur direkten Konkurrenz werden. Der Ansturm durch Mitfahrdienste und andere Taxi-ähnliche Optionen verschlechterte die Verdienstmöglichkeiten von Londoner Taxifahrern drastisch. Dequalifizierung bewirkt in aller Regel, dass die Löhne sinken, weil dadurch Personen mit wenig oder ganz ohne Vorbildung oder Erfahrung die betreffenden Aufgaben übernehmen können und Arbeitskräfte gleichzeitig austauschbarer werden. Dadurch können Unternehmen eine höhere

Fluktuation verkraften, was die Verhandlungsposition der Arbeitnehmer zusätzlich schwächt. Mit fortschreitender Automatisierung und Dequalifizierung gibt es guten Grund zu der Annahme, dass die Ungleichheit zunehmen dürfte und die Früchte der Innovation auch weiterhin vermehrt dem oberen Ende der Einkommensverteilung zufallen.

Diese technologischen Trends werden mit anderen maßgeblichen Folgewirkungen der Pandemie ineinandergreifen. So hat zum Beispiel die flächendeckende Akzeptanz der Telearbeit unter Angestellten die Unternehmensökosphären im Umfeld der Konzentration auf Bürogebäude dezimiert. Mit großer Wahrscheinlichkeit werden sich Unternehmen und Arbeitnehmer zumindest in gewissem Umfang auf Dauer auf Homeoffice umstellen. Facebook hat beispielsweise bereits angekündigt, dass viele seiner Beschäftigten künftig frei entscheiden können, ob sie nur noch von zu Hause aus arbeiten möchten.[24] In den einst so belebten Geschäftsdistrikten wird das Stellenangebot in Restaurants, Bars und anderen Unternehmen, die auf Büroangestellte ausgerichtet sind, vielleicht nie mehr so groß werden wie früher. Das könnte sich auch auf Jobs für solche Dienstleister auswirken, die Büroräume reinigen oder warten oder für Sicherheit sorgen. Ein zweiter maßgeblicher Faktor: Ein großer Teil der kleinen Betriebe, die unter den betreffenden Arbeitgebern überproportional vertreten sind, dürfte pleitegehen. Manchen Angaben zufolge werden bis zu der Hälfte der kleinen Geschäfte, die während der Pandemie schließen mussten, nie wieder öffnen.[25] Früher oder später werden die Marktanteile, die bisher auf solche kleinen Anbieter entfielen, von größeren, krisenfesteren Einzelhandels- und Restaurantketten übernommen werden. Doch weil diese größeren Unternehmen über üppigere finanzielle Ressourcen und eigenes Knowhow verfügen, sind sie auch besser dafür gerüstet, als Erste neue arbeitssparende Technologien einzuführen. Anders ausgedrückt: Dass die Märkte zunehmend von großen Unternehmen beherrscht werden, könnte sowohl die Automatisierung von Arbeitsplätzen als auch die Dequalifizierung im Dienstleistungssektor unmittelbar beschleunigen. Ganz konkret besteht die Gefahr, dass diese Kräfte im Zusammenspiel einen maßgeblichen dämpfenden Effekt auf die Regenerierung der Niedriglohnjobs im Dienstleistungsgewerbe ausüben, die in den letzten Jahren ein Hauptmotor für die Beschäftigungszuwächse in Amerika waren. Das wiederum könnte eine nachhaltige Erholung von der aktuellen Krise noch erschweren.

DIE ANSTEHENDE AUTOMATISIERUNGSWELLE IM NICHTMANUELLEN SEKTOR … UND WARUM ES NICHT DIE LÖSUNG SEIN KANN, ALLE ZU PROGRAMMIERERN UMZUSCHULEN

Automatisierung am Arbeitsplatz wird gewöhnlich mit Bildern von Industrierobotern assoziiert, die in Fabriken oder Lagerhallen Dienst tun. Bisher dachten viele, dass minderqualifizierte und schlechter bezahlte Arbeitnehmer aus dem gewerblichen Bereich zwar stark durch Technologie bedroht sind. Wissensarbeiter, die über einen Bachelorabschluss oder noch höhere Bildung verfügen – anders formuliert, jeder, der beruflich in erster Linie seinen Geist strapaziert, nicht seine Körperkraft –, sich jedoch nach wie vor relativ sicher fühlen könnten. In Wirklichkeit geraten Angestelltenjobs – vor allem solche, die mit der vergleichsweise routinemäßigen Analyse, Bearbeitung, Gewinnung oder Weitergabe von Informationen zu tun haben – zunehmend ins Visier, wenn sich künstliche Intelligenz weiterentwickelt und breiteren Einsatz findet.

Tatsächlich laufen in informationsorientierten Funktionen tätige Angestellte möglicherweise sogar größere Gefahr, durch Technik ersetzt zu werden, als schlechter ausgebildete Arbeitskräfte in Berufen, die eine physische Manipulation ihrer Umgebung erfordern. Der Grund dafür: Die Automatisierung solcher Tätigkeiten erfordert weder die Anschaffung teurer Maschinen, noch sind Probleme in Bereichen wie maschinellem Sehen oder mangelnder Fingerfertigkeit von Robotern zu überwinden. Die Aufgaben, die die Zeit solcher

Arbeitskräfte in Anspruch nehmen, lassen sich vielmehr allein durch ausreichend leistungsfähige Software erledigen. Und der Anreiz, solche nichtgewerblichen Tätigkeiten wegzurationalisieren, wird noch größer durch den Umstand, dass höher qualifizierte Beschäftigte in aller Regel deutlich mehr verdienen als ihre Arbeiterkollegen. Wie wir bereits festgestellt haben, sind schon jetzt fast die Hälfte der jüngsten Collegeabsolventen unterbeschäftigt. Das liegt vermutlich bis zu einem gewissen Grad an den Effekten der Technologie auf anspruchslosere Einstiegsjobs, die früher die erste Stufe auf der beruflichen Erfolgsleiter darstellten.

Zwar sind Stellen mit höherem Routineanteil nach wie vor am gefährdetsten, doch wir sollten uns unbedingt bewusst machen, dass die Grenze zwischen automatisierbaren Aufgaben und vermeintlich ungefährdeten sicherlich verschwimmen und sich auf immer mehr Tätigkeiten verschieben wird, wenn die künstliche Intelligenz weiter Fortschritte macht. Vordem hätte die Automatisierung einer wissensbasierten Tätigkeit erfordert, dass ein Programmierer ein Schritt-für-Schritt-Verfahren festlegt, in dem jeder Vorgang und jede Entscheidung explizit artikuliert wird. In aller Regel beschränkte das die Automatisierungsmöglichkeiten für Software auf durch und durch routinemäßige und repetitive Aufgaben – häufig auf kaufmännischem Gebiet wie im Rechnungswesen oder in der Kreditoren- und Debitorenbuchhaltung. Die Entwicklung des maschinellen Lernens bringt es jedoch mit sich, dass Algorithmen inzwischen im Grunde damit betraut werden können, selbst Computerprogramme zu schreiben, indem sie sich durch eine Fülle von Daten wühlen und Muster und Zusammenhänge erkennen, die sich der direkten menschlichen Wahrnehmung häufig entziehen. Das heißt, es liegt in der Natur des maschinellen Lernens, Aufgaben, die zuvor von Haus aus nicht als Routinearbeiten wahrgenommen wurden, in Tätigkeiten umzuwandeln, die sich automatisieren lassen.

Es gibt bereits zahlreiche Beispiele dafür, wie sich Software-Automatisierung, oft in Verbindung mit maschinellem Lernen, allmählich zu Tätigkeiten vorarbeitet, die ein breites Spektrum typischer

Angestelltenberufe umfassen. Im juristischen Bereich etwa werden bereits intelligente Algorithmen eingesetzt, um Dokumente zu prüfen und Offenlegungspflichten zu ermitteln. Auch bei juristischen Nachforschungen erweisen sich KI-Systeme als immer nützlicher. Prognosealgorithmen analysieren historische Daten und bewerten alle möglichen Wahrscheinlichkeiten: vom potenziellen Ausgang von Verhandlungen vor dem obersten Gerichtshof bis hin zu der Aussicht, dass ein bestimmter Vertrag irgendwann verletzt wird. Anders gesagt, KI schlägt sich bereits in Tätigkeiten nieder, für die Urteilsvermögen erforderlich ist und die früher nur den erfahrensten Anwälten vorbehalten waren. Große Medienunternehmen stützen sich zunehmend auf Systeme, die grundlegenden Journalismus durch die Analyse eines Datenstroms automatisieren, die darin enthaltene Story ausfindig machen und dann automatisch Fließtext erzeugen. Unternehmen wie *Bloomberg* setzen solche Systeme ein, um ohne zeitliche Verzögerung Nachrichten über Gewinnmeldungen von Unternehmen zu verfassen. Je besser künstliche Intelligenz mit natürlicher Sprache umgehen kann, desto automatisierungsanfälliger dürften alle routinemäßigen Schreiben für die interne oder externe Unternehmenskommunikation werden. Besonders geeignet für solche Entwicklungen dürften analytische Tätigkeiten in Branchen wie Bank- und Versicherungswesen sein. Ein Bericht von Wells Fargo aus dem Jahr 2019 prognostiziert beispielsweise, dass sich in den nächsten zehn Jahren durch technischen Fortschritt rund 200.000 Stellen in der US-Bankenindustrie verflüchtigen dürften.[26] Auf die Wall Street wirkt sich die Automatisierung bereits spürbar aus. Das vormals hektische, chaotische Treiben auf dem Börsenparkett ist mittlerweile weitgehend dem leisen Brummen der Rechner gewichen. 2019 beschäftigten die großen Börsen nur noch kleine Gruppen von Menschen, verbannt in bestimmte Bereiche der Handelsabteilungen.[27] Die Coronavirus-Pandemie hat gezeigt, dass auch diese letzten Aufrechten überflüssig werden, da sich die Börsen rasch komplett auf elektronischen Handel umstellten.

Callcenter in der Kundenbetreuung oder im technischen Support sind ein weiterer Bereich, in dem eindeutig mit Disruption zu rechnen ist. Rascher Fortschritt bei den Kapazitäten künstlicher Intelligenz zur Verarbeitung natürlicher Sprache bringt Anwendungen hervor, die solche Tätigkeiten durch Kommunikationstechnologie und Online-Chatbots immer stärker automatisieren. Dabei waren sie natürlich zuvor schon stark auslagerungsgefährdet. Mit zunehmendem technischen Fortschritt werden jedoch viele der Callcenterjobs in Niedriglohnländern wie Indien oder den Philippinen durch Automatisierung wegrationalisiert. Die Beantwortung von Kundenanfragen ist eine Aufgabe, die sich in vieler Hinsicht ideal für maschinelles Lernen eignet. Jede Interaktion zwischen einem Kunden und einem Callcentermitarbeiter erzeugt eine Fülle von Daten, darunter die gestellte Frage, die gegebene Antwort und die Information, ob die Interaktion das Problem aus der Welt schaffen konnte. Algorithmen des maschinellen Lernens können sich durch Tausende solcher Interaktionen arbeiten und schnell den erheblichen wiederkehrenden Anteil der Anfragen optimal erledigen. Ist das System einmal eingerichtet, lernt der Algorithmus mit jedem Kundenanruf dazu. Es gibt buchstäblich Dutzende von Start-up-Unternehmen, die KI-betriebene Chatbots anbieten, um den Kundenservice zu automatisieren. Viele sind auf bestimmte Sektoren spezialisiert, etwa das Gesundheitswesen oder die Finanzdienstleistungsbranche.[28] Entwickeln sich solche Technologien weiter, dürften Callcenter immer weniger Menschen beschäftigen, bis irgendwann nur noch für die allerheikelsten Kundeninteraktionen ein menschlicher Callcenteragent bemüht werden muss.

Programmierkenntnisse werden oft als Wunderwaffe gegen die technologiebedingte Disruption des Arbeitsmarkts hingestellt. Wer in Branchen wie Journalismus oder Kohlebergbau seinen Job verlor, bekam den Rat, doch „programmieren zu lernen“. Entsprechende Bildungsanbieter schießen wie Pilze aus dem Boden, und viele fordern, an der Highschool oder noch früher verpflichtend Programmierkurse anzubieten. Dabei ist auch das Programmieren in Wahrheit denselben Kräften ausgesetzt, die die Karten für andere typische Angestelltenberufe neu mischen. Wie bei Callcentern geht der Automatisierung auch hier oft die Auslagerung voraus. Routineaufgaben in der Softwareentwicklung werden bereits heute in Billiglohnländer verlagert, insbesondere nach Indien. Fast alle großen Tech-Unternehmen haben maßgeblich in Tools zur Automatisierung der Programmierung investiert. So hat beispielsweise Facebook ein Instrument namens Aroma entwickelt, das wie eine Art KI-gestützte „Autocomplete"-Funktion für Programmierer funktioniert und auf eine riesige Datenbasis aus öffentlich verfügbarem Computercode zugreift.[29] Auch DARPA finanziert Forschung, um die Entwicklung, Fehlerbeseitigung und Testung von Computercode zu automatisieren. Selbst GPT-3 von OpenAI – ein System zur Generierung allgemeiner Sprache, das anhand einer gewaltigen Anzahl von aus dem Internet bezogenen Dokumenten trainiert wurde – ist in der Lage, bestimmte routinemäßige Programmieraufgaben zu bewältigen.[30]

Demzufolge kann es zwar sicherlich ein nützliches und lohnendes Unterfangen sein, zu lernen, wie man einen Computer programmiert. Die Zeiten, als solche Kompetenzen noch einen anständigen Job garantierten, neigen sich aber ihrem Ende zu. Das Gleiche gilt für ein ganze Bandbreite weiterer Angestelltenberufe. Je stärker die Technologie auch in höher qualifizierte, besser bezahlte Berufsgruppen vordringt, desto kopflastiger dürfte die Ungleichheit werden – bis nur noch eine kleine Elite im Besitz astronomischer Mengen von Kapital von allen anderen lebt. Je mehr besser bezahlte Arbeitnehmer von dieser Entwicklung betroffen sind, desto stärker zehrt sie an den Verbraucherausgaben und am Potenzial für kräftiges Wirtschaftswachstum. Ein Pluspunkt könnte jedoch sein, dass besser bezahlte Wissensarbeiter weit mehr politischen Einfluss ausüben als ihre Kollegen, die in Fabriken oder schlecht bezahlten Dienstleistungsberufen arbeiten. Infolgedessen könnten die Effekte auf höher Qualifizierte tatsächlich dazu beitragen, dass mehr Rückhalt für politische Maßnahmen zur Abfederung der technologisch bedingten Umwälzungen auf dem Arbeitsmarkt entsteht.

WELCHE JOBS SIND AM SICHERSTEN?

Ich habe in den letzten Jahren fast jeden Kontinent bereist und Dutzende von Vorträgen über die potenziellen Auswirkungen künstlicher Intelligenz und Robotik auf den Arbeitsmarkt gehalten. Gleich in welchem Land, mein Publikum wollte von mir fast immer dasselbe wissen: nämlich, welche Jobs voraussichtlich am sichersten sind und welches Studienfach man seinen Kindern heute empfehlen sollte. Die pauschale Antwort auf diese Fragen ist möglicherweise ziemlich offensichtlich, wenn auch nicht sehr befriedigend: Meiden Sie Berufe, die ihrem Wesen nach vom Grundsatz her viel vorhersehbare Routinearbeit enthalten. Das sind eindeutig die Bereiche, auf die sich KI-gestützte Automatisierung auf kürzere Sicht am stärksten auswirken wird. Man könnte auch sagen, „ergreifen Sie keine langweiligen Berufe." Kommen Sie zur Arbeit und stehen jeden Tag vor neuen Herausforderungen, haben Sie vermutlich gute Aussichten, zumindest für absehbare Zeit der Technologie voraus zu sein. Verbringen Sie dagegen viel Zeit damit, wieder und wieder ähnliche Berichte, Präsentationen oder Analysen zu erstellen, sollten Sie sich allmählich Gedanken machen, wie Sie Ihrer Karriere eine neue Richtung geben können.

Konkret meine ich, dass die am wenigsten automatisierungsgefährdeten Berufe auf kürzere bis mittlere Sicht pauschal in drei Kategorien fallen. Erstens dürften wirklich kreative Tätigkeiten vergleichsweise sicher sein. Wenn Sie unkonventionell denken, innovative Strategien zur Lösung unvorhergesehener Probleme entwickeln oder an echten Neuerungen arbeiten, dürften Sie meines Erachtens gut aufgestellt sein, um künstliche Intelligenz als Werkzeug zu nutzen. Das soll heißen, die Technologie dürfte Sie eher ergänzen als ersetzen. Natürlich wird rege an der Entwicklung kreativer Maschinen geforscht, und KI wird unweigerlich auch Eingang in kreative Tätigkeiten finden. Intelligente Algorithmen sind bereits in der Lage, originelle Kunstwerke zu malen, wissenschaftliche Hypothesen aufzustellen, klassische Musik zu komponieren und innovative Elektronik zu entwerfen. AlphaGo und AlphaZero von DeepMind haben Profiwettbewerben für Go und Schach neue Energie und Kreativität eingehaucht, weil diese Systeme wirklich fremde Intelligenzen darstellen und oft so unkonventionell vorgehen, dass es menschliche Experten erstaunt. Für die nähere Zukunft gehe ich aber davon aus, dass künstliche Intelligenz menschliche Kreativität eher verstärken als verdrängen dürfte.

Ein zweiter sicherer Bereich sind Arbeitsplätze, bei denen es vor allem darauf ankommt, tragfähige, komplexe Beziehungen zu anderen Menschen aufzubauen. Dazu zählt beispielsweise eine empathische, fürsorgliche Beziehung, wie sie eine Pflegekraft zu einem Patienten entwickelt oder ein Unternehmer oder Berater, der einem Kunden ausgeklügelte Empfehlungen erteilt. Wohlgemerkt meine ich damit nicht die flüchtigen Begegnungen im Servicebereich, die in einem Lächeln und einem freundlichen Wort bestehen, sondern vielmehr solche, die tiefere, komplexere zwischenmenschliche Interaktionen erfordern. Doch auch in diesen Bereich dringt KI bereits vor. Wie wir aus dem dritten Kapitel wissen, sind Chatbots bereits rudimentär in der Psychotherapie im Einsatz. Die Fähigkeit von KI, menschliche Emotionen wahrzunehmen, darauf zu reagieren und sie zu simulieren, wird sich maßgeblich weiterentwickeln. Meiner Ansicht nach wird es aber noch lange dauern, bis Maschinen in der Lage sind, wirklich komplexe, mehrdimensionale Beziehungen zu Menschen aufzubauen.

Die dritte allgemeine Kategorie sicherer Jobs umfasst Berufe, die erhebliche Mobilität, Fingerfertigkeit und Problemlösungskompetenz in unberechenbaren Umgebungen erfordern. In diese Kategorie fallen Kranken- und Altenpflege, aber auch qualifizierte handwerkliche Tätigkeiten wie die eines Klempners, Elektrikers oder Mechanikers. Bis es bezahlbare Roboter gibt, die solche Arbeiten automatisieren, dürfte noch viel Zeit ins Land gehen. Das Handwerk bietet generell allen die besten Chancen, die sich gegen ein Studium entscheiden. In den Vereinigten Staaten sollten wir meines Erachtens viel mehr Wert auf berufliche Bildung und Lehrstellenangebote legen, die jungen Menschen solche Chancen eröffnen, statt immer mehr Highschoolabgänger auf die Colleges und Universitäten zu drängen.

Die größte Rolle spielt aber vielleicht nicht so sehr, für welchen Beruf Sie sich entscheiden, sondern, wie Sie sich in diesem Beruf aufstellen. Die bei der künstlichen Intelligenz erzielten Fortschritte lassen vermuten, dass große Segmente des Arbeitsmarkts – nämlich solche, die überwiegend aus routinemäßigen Tätigkeiten bestehen – ersatzlos herausfallen werden, während alle, die sich auf Bereiche konzentrieren, die kreative Kompetenzen erfordern oder die ihre weitreichenden beruflichen Netzwerke so zu nutzen verstehen, dass es für Unternehmen wertvoll ist, gute Aufstiegsaussichten haben. Das bedeutet, dass vermutlich eine Art Alles-oder-Nichts- oder Superstar-Effekt einsetzen dürfte, wie wir ihn aus dem Spitzensport oder aus der Unterhaltungsindustrie kennen – auch in Berufen, in denen die Chancen zuvor gleichmäßiger verteilt waren. Ein Anwalt, der im Gerichtssaal brilliert oder seiner Kanzlei durch Kundenkontakte zu lukrativen Mandaten verhilft, dürfte auch dann noch erfolgreich sein, wenn sich die künstliche Intelligenz weiterentwickelt. Keine so guten Aussichten hat dagegen möglicherweise ein Jurist, der sich überwiegend mit Nachforschungen oder mit der Analyse von Verträgen befasst.

Persönlich können Sie sich vermutlich am besten auf diese Situation einstellen, indem Sie einen Beruf ergreifen, der Ihnen wirklich Spaß macht und den Sie mit Leidenschaft ausüben, denn das erhöht Ihre Chancen, herausragende Leistungen zu bringen und auf Ihrem Gebiet etwas Besonderes zu sein. Sich für einen Beruf zu entscheiden, nur weil er in der Vergangenheit gute Anstellungsaussichten versprach, ist möglicherweise keine so gute Idee. Das Problem dabei: Für eine bestimmte Person mag das ein guter Rat sein, doch eine systemische Lösung ist es nicht. Aller Wahrscheinlichkeit nach werden viele Menschen den Anschluss an die Arbeitswelt verlieren, wenn diese Umstellungen einsetzen – und dieser Realität wird sich meiner Ansicht nach die Politik stellen müssen.

DAS WIRTSCHAFTLICHE POTENZIAL

Die potenziellen Auswirkungen künstlicher Intelligenz auf den Arbeitsmarkt und die wirtschaftliche Ungleichheit geben durchaus Anlass zur Sorge. Doch die Technologie bringt der Wirtschaft und der Gesellschaft zweifellos auch enorme Vorteile. Mehr Automatisierung wird die Effizienz in der Fertigung steigern und direkt zu niedrigeren Preisen für Waren und Dienstleistungen führen. Das bedeutet, KI wird zum entscheidenden Instrument zur Linderung und letztlich zur Ausmerzung von Armut, weil alles, was die Menschen brauchen, um sich wohlzufühlen, in größerer Menge zu erschwinglicheren Preisen zur Verfügung steht. Künstliche Intelligenz, die in Forschung, Design und Entwicklung zum Einsatz kommt, wird ganz neue Produkte und Dienstleistungen hervorbringen, die ansonsten vielleicht unvorstellbar geblieben wären. Neue Medikamente und Therapieformen werden der Wirtschaft großen Nutzen bringen und gleichzeitig das Gemeinwohl fördern.

Zwei Ende 2018 veröffentlichte Berichte, von denen einer von McKinsey Global Institute[31] stammt, der andere von der Beratungsfirma PwC[32], stellen beide die überzeugende These auf, dass künstliche Intelligenz der Weltwirtschaft noch vor 2030 gewaltige Impulse geben wird. Die McKinsey-Analyse prognostiziert, dass die globale Wirtschaftsleistung durch KI um 13 Billionen US-Dollar ansteigt, PwC schätzt den Zuwachs auf 15,7 Billionen US-Dollar. Das heißt, KI dürfte über die nächsten plus/minus zehn Jahre eine wirtschaftliche Wertschöpfung hervorrufen, wie sie ungefähr dem derzeitigen BIP der Volksrepublik China von 14 Billionen US-Dollar entspricht. Laut der McKinsey-Analyse wird sich das Plus s-förmig entwickeln, „anfangs verhalten durch die erheblichen Kosten und Investitionen, die mit dem Lernen und dem Einsatz [künstlicher Intelligenz] verbunden sind, später aber schneller, getragen vom kumulierten Effekt des Wettbewerbs und der Verbesserungen ergänzender Kapazitäten".[33] 2030 dürften wir uns bereits im steil ansteigenden Bereich der Kurve befinden, wenn die Technologie und die damit verbundenen wirtschaftlichen Zuwächse rasch fortschreiten.

Der größte langfristige Nutzen der künstlichen Intelligenz bleibt in diesen Schätzungen weitgehend unberücksichtigt. Wie ich im dritten Kapitel angeführt habe, ist KI vor allem anderen deshalb so vielversprechend, weil sie uns helfen kann, das Zeitalter der technologischen Stagnation hinter uns zu lassen. Ermöglicht uns die KI, die Innovation in einem breiten Spektrum wissenschaftlicher, technischer und medizinischer Disziplinen auf Touren zu bringen, würden sich unsere Investitionen astronomisch auszahlen. Am bedeutsamsten ist in diesem Zusammenhang womöglich, dass wir unsere kollektive Intelligenz und Kreativität unbedingt so erweitern müssen, dass es uns gelingt, die bedrohlichen Herausforderungen zu bewältigen, vor denen wir zweifellos stehen – angefangen bei dem Klimawandel über neue Quellen für saubere Energie bis hin zum Management der nächsten Pandemie. Das alles lässt sich in wirtschaftlichen Analysen nur schwer quantifizieren, doch ich möchte behaupten, das allein macht künstliche Intelligenz zu einem unverzichtbaren Werkzeug, und wir können es uns schlicht nicht leisten, dieses Werkzeug ungenutzt zu lassen, selbst wenn es mit beispiellosen wirtschaftlichen und gesellschaftlichen Risiken einhergeht.

Die große Herausforderung für uns ist nun, einen Weg zu finden, wie wir potenzielle Nachteile wie technologisch bedingte Arbeitslosigkeit und wachsende Ungleichheit bewältigen und gleichzeitig weiter in KI investieren und ihre Vorteile voll ausschöpfen können. Das grundlegende wirtschaftliche Problem, das wir lösen müssen, betrifft die Verteilung. Unbestreitbar bringt die künstliche Intelligenz potenzielle wirtschaftliche Gewinne. Es gibt jedoch absolut keine Garantie dafür, dass sich dieser Nutzen breit oder gerecht über die gesamte Bevölkerung verteilt. Greifen wir nicht ein, so erscheint nahezu gesichert, dass der Gewinn überwiegend dem kleinen Bruchteil der Menschen zufällt, der an der Spitze der Einkommensverteilung liegt, während das Gros der Bevölkerung weitgehend außen vor bleibt oder sogar schlechter gestellt wird. Wie wir wissen, könnte das im Gegenzug die Verbrauchernachfrage auf breiter Front unterhöhlen und dadurch sowohl die Produktivitätssteigerungen als auch das Wirtschaftswachstum dämpfen. Will heißen: Versäumen wir es, den negativen wirtschaftlichen Effekten der KI entgegenzuwirken, können wir ihre positiven Effekte womöglich nicht vollständig realisieren. Um diese vorgezeichnete Entwicklung zu vermeiden, sind meines Erachtens drastische, unkonventionelle politische Initiativen erforderlich. Traditionelle Lösungen, die seit Jahrzehnten umgesetzt werden – wie Umschulungsprogramme oder Initiativen, um die Studierendenzahl zu erhöhen – dürften kaum ausreichen. Das gilt umso mehr, als künstliche Intelligenz bereits erhebliche Auswirkungen auf höher qualifizierte Tätigkeiten zeigt und dieser Trend nur noch dynamischer werden wird, wenn die Technologie an Kapazität gewinnt.

DIE LÖSUNG DES VERTEILUNGSPROBLEMS

Die naheliegendste, effektivste Möglichkeit, das von der künstlichen Intelligenz verursachte Verteilungsproblem zu lösen, wäre in meinen Augen, den Menschen einfach Geld in die Hand zu geben. Damit meine ich, dass die Einkommen aller oder der meisten Menschen aufgestockt werden sollten durch eine Version eines garantierten Mindestlohns, einer negativen Einkommensteuer oder eines Grundeinkommens. Das Konzept, das in letzter Zeit die größte Zugkraft entwickelt, ist das bedingungslose Grundeinkommen für alle. Als politische Reaktion auf die KI-bedingte Automatisierung wurde das bedingungslose Grundeinkommen 2019 in den USA von dem Präsidentschaftskandidaten Andrew Yang verstärkt ins Gespräch gebracht. Yang, der sich um die Nominierung als Kandidat der Demokraten bewarb, stützte seinen Wahlkampf in erster Linie auf die „Freiheitsdividende“ von 1.000 Dollar im Monat, die er allen US-Bürgern zahlen wollte. Zulauf erhielt er vor allem durch viele

Online-Follower. Seine Diskussionsbeiträge auf Wahlveranstaltungen der Demokraten verschafften dem Konzept vom bedingungslosen Grundeinkommen Breitenwirkung. Viele Amerikaner hörten auf diese Weise zum ersten Mal davon.

Einer der großen Vorteile eines bedingungslosen Grundeinkommens: Weil es jeder bekommt, ob er arbeitet oder nicht, entzieht es den Empfängern nicht den Anreiz, eine Anstellung zu suchen oder unternehmerisch tätig zu werden, um dazuzuverdienen. Man könnte also sagen, es umgeht eines der größten Probleme klassischer Programme zur sozialen Absicherung – die drohende Gefahr, zur Armutsfalle zu werden. Weil Zahlungen wie Arbeitslosenunterstützung oder Sozialhilfe sukzessive oder auch ganz wegfallen, wenn der Empfänger eine Stelle findet und selbst Geld verdient, hält ihn das möglicherweise effektiv davon ab, Arbeit zu suchen. Nimmt er einen schlecht bezahlten Job an, riskiert er damit sein bisheriges Einkommen. Infolgedessen geraten Sozialhilfeempfänger oft in die Falle der Abhängigkeit und sehen wenig Sinn darin, sich mit kleinen Schritten in eine bessere Zukunft aufzumachen. Ein universelles Grundeinkommen fließt dagegen ungeachtet eines Beschäftigungsverhältnisses. Wer sich also dafür entscheidet, zu arbeiten oder sich selbstständig zu machen, um mehr zu verdienen, wird immer besser dastehen als einer, der einfach zu Hause sitzt und jeden Monat das bedingungslose Grundeinkommen kassiert. Dieses sichert den Empfänger zwar nach unten ab, doch der Anreiz, mehr zu verdienen, bleibt erhalten. Trotz dieser Vorzüge haben viele Menschen große Vorbehalte dagegen, anderen einfach „Geld für gar nichts" in die Hand zu drücken, wie es manche formulieren. Diese Einstellung dürfte auch weiterhin ein erhebliches politisches Hindernis für die tatsächliche Umsetzung eines bedingungslosen Grundeinkommens darstellen.

Natürlich hat die Politik noch andere Möglichkeiten. Die am häufigsten genannte ist eine Arbeitsplatzgarantie. Die Vorstellung, dass der Staat zum letztinstanzlichen Arbeitgeber für jeden wird, der einen Job sucht, mag auf den ersten Blick reizvoll erscheinen, hat aber in meinen Augen eindeutige Nachteile. Eine Arbeitsplatzgarantie wäre längst nicht so universell wie ein Grundeinkommen. Unweigerlich würden gerade viele der Menschen davon ausgeschlossen bleiben, die Unterstützung am dringendsten brauchen. Ein solches System würde enormen, kostspieligen und vermutlich stetig anwachsenden bürokratischen Aufwand verursachen. Vorgesetzte müssten sicherstellen, dass die Arbeitskräfte den ihnen zugewiesenen Job auch wirklich antreten. Zweifellos würde das eine Fülle disziplinarischer Probleme nach sich ziehen, von Fehlzeiten über Minderleistungen bis hin zu „Me too"-Szenarien. Alle Maßnahmen zur Disziplinierung oder Kündigung von Arbeitnehmern, die bestimmte Standards nicht einhalten, wären höchst kontrovers und gingen vermutlich mit Diskriminierungs- oder Ungleichbehandlungsvorwürfen einher. Letztlich müsste der Staat dann Minderleister oder Regelbrecher entweder entlassen – was die Betroffenen aus dem Sicherheitsnetz katapultieren würde –, oder die Arbeitsplatzgarantie verkäme zu einem sehr teuren und ineffizienten Grundeinkommen. Ein großer Teil der geschaffenen Stellen wäre höchstwahrscheinlich minderwertig, und anders als ein bedingungsloses Grundeinkommen würde die Jobgarantie direkt Arbeitskräfte aus produktiveren Positionen in der freien Wirtschaft weglocken. Ein Grundeinkommen erfordert dagegen nur wenig bürokratischen Aufwand und könnte die bestehenden staatlichen Strukturen für Zahlungen im Rahmen sozialer Sicherungsprogramme nutzen.

Ich für meinen Teil halte ein Grundeinkommen insgesamt betrachtet letztlich für die beste Lösung des Verteilungsproblems, das entstehen wird, wenn künstliche Intelligenz erst allgegenwärtig ist. Ein Allheilmittel ist das Grundeinkommen jedoch keinesfalls. Ich sehe darin eher eine Grundlage, auf der man effektivere, politisch akzeptablere Lösungen aufbauen kann. Das vordringliche Problem dabei ist, dass ein Grundeinkommen den Menschen zwar Geld in die Hand gibt, aber nicht die anderen wichtigen Merkmale erfüllt, die mit einem klassischen Beruf einhergehen. Eine sinnvolle Tätigkeit vermittelt Selbstverständnis und Würde. Sie füllt den Tag und schafft einen Anreiz, sich anzustrengen und gute Leistungen zu bringen in der Hoffnung auf eine Gehaltserhöhung oder eine Beförderung. Der Wunsch, einen guten Arbeitsplatz zu finden, ist auch ein entscheidender Impuls für den Einzelnen, eine Ausbildung zu machen oder sich weiterzubilden.

Ich halte es für möglich, ein Grundeinkommen so zu gestalten, dass es zumindest teilweise mehrere dieser Eigenschaften repliziert. Seit der Veröffentlichung meines ersten Buches „The Lights in the Tunnel: Automation, Accelerating Technology and the Economy of the Future“ im Jahr 2009 spreche ich mich für ein Grundeinkommen aus, das unmittelbar auch Anreize vorsieht. Zwar sollte jedermann eine gewisse garantierte Grundleistung erhalten, doch auch die Chance bekommen, durch bestimmte Aktivitäten mehr zu verdienen. Der mit Abstand wichtigste Anreiz sollte dabei für Weiterbildung geschaffen werden. Stellen Sie sich eine Welt vor, in der jeder ab 18 oder ab 21 Jahren Monat für Monat dasselbe Grundeinkommen erhält. Dann sieht ein abbruchgefährdeter Highschool-Schüler womöglich wenig Grund, sich auf den Hosenboden zu setzen, um seinen Abschluss zu machen. Der monatliche Scheck fiele deshalb ja nicht höher aus. Und wenn – wie derzeit bereits zu befürchten – der Abschluss sowieso nicht reicht, um einen guten Job zu ergattern, wozu dann noch länger die Schulbank drücken? Einen derartigen Negativanreiz fände ich verheerend. Das würde genau in dem Moment das Schreckgespenst einer weniger qualifizierten Bevölkerung heraufbeschwören, in dem wir mit einer noch viel komplexeren und mit großen Herausforderungen und Kompromissen behafteten Zukunft konfrontiert sind. Warum sollte einer, der einen Highschoolabschluss vorzuweisen hat, nicht etwas mehr Geld bekommen? Der Gedanke, in das Grundeinkommen Anreize einzubauen, könnte auch auf weiterführende Bildung und vielleicht sogar auf andere Bereiche wie Dienste an der Gemeinschaft ausgeweitet werden. Die Endvision ist, es den Menschen zu ermöglichen, ihre Zeit sinnvoll zu verbringen und sich Erfolgserlebnisse zu verschaffen. Vor allem aber erhöht sich für all jene, die sich zu Weiterbildung animieren lassen, die Wahrscheinlichkeit, durch eine Anstellung oder eine unternehmerische Tätigkeit noch mehr Chancen aufzutun. Kommt künstliche Intelligenz erst breiter zum Einsatz, wird sie effektive Werkzeuge liefern, die Einzelne nutzen können, um ein Unternehmen zu gründen oder freiberuflich Geld zu verdienen. Solche Chancen kann aber nur nutzen, wer zumindest ein Minimum an Bildung mitbringt. Für jeden Einzelnen aus jeder Gesellschaftsschicht auch weiterhin starke Anreize zu schaffen, das höchste mit seinen Fähigkeiten erreichbare Bildungsniveau anzustreben, sollte eines unserer vordringlichsten Ziele sein.

Mit diesem Konzept ist noch ein weiteres großes Problem verbunden: seine hohen Kosten. Wenn jedem volljährigen Amerikaner ein bedingungsloses Grundeinkommen gezahlt werden soll, kostet das Billionen, und es dürfte viele Wähler empören, dass auch diejenigen monatliche Schecks erhalten sollen, denen es bereits gut geht. Ich könnte mir vorstellen, dass es möglich wäre, das bedingungslose Grundeinkommen ab einer gewissen Einkommensstufe auslaufen zu lassen, ohne dass sich dies auf den Anreiz auswirken würde, zu arbeiten. Am besten ließe sich das möglicherweise durch eine Bedürftigkeitsprüfung bewerkstelligen, die nur „passives Einkommen" berücksichtigt. Wer bereits über erhebliches Einkommen verfügt, das ihm automatisch ohne Gegenleistung zufließt – wer also eine Rente, Sozialleistungen oder höhere Investmenterträge erhält –, der könnte meines Erachtens aus gutem Grund ganz oder sukzessive von der Zahlung des Grundeinkommens ausgenommen werden. Aktives Einkommen aus Erwerbsarbeit oder aus der Leitung eines Unternehmens würde sich nicht auf das Grundeinkommen auswirken – oder höchstens ab einer sehr hohen Einkommensstufe. Viele mögen das ungerecht finden, doch hinter einem Grundeinkommen steht schließlich die Idee, jedem zumindest eine absolute Einkommensuntergrenze zu garantieren. Wer bereits Zahlungen in entsprechender Höhe erhält, dürfte wohl kein Grundeinkommen brauchen. Keine politische Maßnahme wird die Welt jemals ganz gerecht gestalten. Im besten Fall dürfen wir darauf hoffen, dass ein Programm realistisch Ungleichheit dämpft, die schlimmsten Formen materieller Bedürftigkeit abfedert und sicherstellt, dass Verbraucher das nötige Einkommen haben, um für Wirtschaftswachstum zu sorgen.

All diese Ideen sind natürlich mit spezifischen Problemen verbunden. Wenn wir in das Grundeinkommen Anreize einarbeiten, wer soll dann entscheiden, wie diese Anreize aussehen? Viele sehen da gleich das Schreckgespenst einer überfürsorglichen staatlichen Bevormundung, die die Entscheidungsfreiheit untergräbt und sich ins Alltagsgefüge unseres Lebens einschleicht. Ich glaube dennoch, dass es möglich sein sollte, zu einer breiten Einigung zu finden – zumindest auf einen Minimalkatalog an Anreizen, die für Einzelne und für die ganze Gesellschaft eindeutig Vorteile bringen. Dabei steht für mich das Streben nach Bildung erneut ganz oben auf der Liste. Bedenken könnte in diesem Zusammenhang auch die Politisierung eines Grundeinkommens erregen. Gut möglich, dass in Zukunft praktisch jeder Politiker im Wahlkampf mit dem Versprechen antritt, das monatliche Grundeinkommen zu erhöhen. Aus diesem Grund fände ich es sehr vernünftig, die Verwaltung des Grundeinkommens aus dem politischen Prozess herauszunehmen und in die Hände einer technokratischen Fachbehörde zu legen, die sich an klaren Leitlinien orientiert – eine ähnliche Einrichtung wie die US-Notenbank.

Auf keinen Fall sollten wir konventionellere Maßnahmen gegen Arbeitslosigkeit, Unterbeschäftigung oder wachsende Ungleichheit verwerfen. Vielmehr sollten wir wirklich alles tun, um sicherzugehen, dass möglichst viele Arbeitnehmer den Sprung schaffen, wenn sich die Effekte künstlicher Intelligenz und Robotik in den nächsten Jahren und Jahrzehnten zunehmend bemerkbar machen. Insbesondere sollten wir in berufsbegleitende Bildung und bezahlbare Berufsausbildungen und Lehrangebote investieren, die eine Alternative zu den raubtierhaften gewinnorientierten Bildungsstätten bieten, die in den Vereinigten Staaten auf diesem Markt derzeit stark vertreten sind. Dennoch glaube ich, die anstehenden Umwälzungen werden letztlich so heftig ausfallen, dass solche Programme am Ende zu kurz greifen und wir unkonventionellere Lösungen finden müssen.

Die politischen Hürden für ein Grundeinkommen werden weiterhin gewaltig sein. Realistisch betrachtet müsste ein solches Programm meiner Ansicht nach auf einem Mindestniveau einsetzen und dann schrittweise aufgestockt werden. Bevor ein universelles Grundeinkommen auf nationaler Ebene eingeführt werden kann, brauchen wir jedoch mehr Daten und praktische Erfahrungen. Deshalb sollten wir Experimente starten, um die optimalen politischen Parameter zu ermitteln. Ich kann nur hoffen, dass manche dieser Experimente auch meine Idee zum Einbau von Anreizen berücksichtigen werden. Die aus solchen Experimenten mit einem Grundeinkommen gewonnenen Daten werden es uns ermöglichen, ein Programm auf die Beine zu stellen, das sich effektiv skalieren lässt und in einer immer stärker KI-geprägten Welt zur breiten Wohlstandssicherung beiträgt.

Mögliche technologisch bedingte Arbeitslosigkeit und zunehmende Ungleichheit sind aber nur zwei der großen Sorgen, die mit dem Aufkommen künstlicher Intelligenz einhergehen. Die beiden folgenden Kapitel fokussieren sich auf etliche weitere Gefahren, die sich bereits abzeichnen oder im Zuge der weiteren technologischen Entwicklung noch ergeben dürften.

KAPITEL 7

China und der Siegeszug des KI-Überwachungsstaats

Die autonome Region Xinjiang liegt an der Nordwestgrenze Chinas. Dieses riesige Gebiet – etwa zweieinhalbmal so groß wie Texas – grenzt neben China noch an sieben andere Länder: im Nordosten an die Mongolei, im Norden an Russland und im Westen an Kasachstan, Kirgisistan, Tadschikistan, Afghanistan, Pakistan und Indien. Die klimatisch und landschaftlich raue Region besteht überwiegend aus unwegsamem Bergland und Wüste, durchsetzt mit Oasenstädten, in denen die meisten der 24 Millionen Einwohner der Provinz leben. Die legendäre Seidenstraße – die eigentlich aus mehreren Straßen beziehungsweise einem ganzen Straßennetz bestand – führte durch Xinjiang, was der Region im Ost-West-Handel eine Schlüsselrolle zukommen ließ. Dieser Handel wiederum trug zum Aufstieg von Zivilisationen in ganz Eurasien bei. Marco Polo wählte diese Route im späten 13. Jahrhundert und traf damals auf geschäftige Basare und beladene Kamele, wie man sie so oder ähnlich in Xinjiang noch heute sehen kann.

Doch Xinjiang geriet nicht etwa wegen seiner interessanten Geschichte ins Rampenlicht, sondern eher wegen eines Orwell'schen Zukunftsszenarios, das der größten ethnischen Gruppe der Region aufgezwungen wurde: den Uiguren. In Städten wie Kaxgar hat China einen bedrückenden Überwachungsstaat aufgebaut, der sich auf eine Mischung aus starker Polizeipräsenz, physischen Checkpoints und hoch entwickelter Technologie stützt. Kaum ein Bürger der Stadt wird nicht ständig überwacht: Die Straßen säumen Tausende von Kameras, die an Gebäude und Telefonmasten montiert sind. Auf ihrem Weg durch die Stadt werden die Bewohner an Kontrollpunkten aufgehalten und dürfen erst passieren, wenn sie vom Gesichtserkennungssystem identifiziert wurden.[1]

Xinjiang ist Ground Zero für Chinas Überwachungsprogramm, doch die Region dient auch als Versuchsgelände für Methoden und Technologien, die derzeit nach und nach im ganzen Land eingesetzt werden. 2020 waren in China vermutlich an die 300 Millionen Kameras installiert, viele davon an Gesichtserkennungstechnologie angebunden oder mit sonstiger KI-gestützter Verfolgungstechnik versehen, die Fußgänger am Gang oder an der Kleidung erkennt.

Verhält sich in Xinjiang ein Uigure nicht vorschriftsmäßig oder befasst sich mit verbotenem Gedankengut, indem er beispielsweise den Koran liest, riskiert er die Einweisung in eines der riesigen „Umerziehungslager", die China in der Region errichtet hat. Auch für andere Teile des Landes verfolgt die chinesische Regierung eine schreckenerregende Vision der systematischen Verhaltensveränderung, umgesetzt durch die Einführung eines umfassenden Sozialkreditsystems. Letztlich werden fast alle Aspekte des Privatlebens – Konsum, physische Bewegungen, Interaktionen auf sozialen Medien und Zusammenschlüsse mit anderen – überwacht, aufgezeichnet und analysiert. Diese Informationen werden im Anschluss herangezogen, um jedem Einzelnen eine soziale Gesamtnote zu erteilen. Wer schlecht abschneidet, wird bestraft: Er darf keine öffentlichen Verkehrsmittel benutzen oder kann seine Kinder nicht an bestimmten Schulen anmelden.

Angetrieben wird diese Entwicklung noch durch Chinas raschen Aufstieg an die Weltspitze in der KI-Forschung und -Entwicklung. Nach verschiedenen Maßstäben hat China allein durch die große Zahl von Informatikern und Ingenieuren, die auf diesem Gebiet tätig sind, und durch das Volumen an veröffentlichten wissenschaftlichen Abhandlungen die Vereinigten Staaten bereits überholt. Das Land investiert hohe Summen und hat künstliche Intelligenz zum strategischen nationalen Imperativ erklärt. Die Führung des Landes wirkt ebenso engagiert wie informiert. Anfang 2018 wurde eine Rede des chinesischen Präsidenten Xi Jinping aus seinem Büro im Fernsehen übertragen. Im Hintergrund konnte man Bücher über KI und maschinelles Lernen erkennen.[2] Der Staat stellt auch Finanzierungsmöglichkeiten für Hunderte von Start-ups bereit, die vielfach schon milliardenschwer bewertet werden und technologisch eindeutig führend sind.

Da China seine Rolle als eines der beiden Hauptzentren der Welt für die Erforschung und Entwicklung künstlicher Intelligenz übernimmt, dürfte der laufende Wettbewerb mit den Vereinigten Staaten und dem Westen auf diesem Gebiet noch härter werden. Ein großer Teil der jungen chinesischen KI-Industrie fokussiert sich auf die Entwicklung von Gesichtserkennungs- und anderen Überwachungstechnologien. Solche Unternehmen stoßen auf rege Nachfrage – nicht nur in China, sondern aus Ländern in aller Welt. Wie wir noch sehen, beschränkten sich KI-gestützte Überwachungstechnologien keinesfalls auf autoritäre Regimes. Insbesondere die Gesichtserkennung wird auch in den Vereinigten Staaten und anderen demokratischen Ländern breit eingesetzt und hat bereits intensive Diskussionen und Vorurteils- und Missbrauchsvorwürfe ausgelöst. Mit zunehmender Leistungsfähigkeit und Allgegenwart dieser Technologie ohne strenge Regulierung werden diese Fragen nur noch heikler werden.

CHINAS SPRUNG AN DIE SPITZE DER ERFORSCHUNG UND ENTWICKLUNG KÜNSTLICHER INTELLIGENZ

Im Juni 2018 fand eine große Konferenz über maschinelles Sehen in Salt Lake City in Utah statt. In den sechs Jahren seit dem berühmten ImageNet-Wettbewerb von 2012 war in dieser Disziplin viel erreicht worden. Die Forscher konzentrierten sich inzwischen darauf, deutlich schwierigere Probleme zu lösen. Einer der Glanzpunkte der Veranstaltung war die Robust Vision Challenge. Bei diesem von großen Unternehmen wie Apple und Google gesponserten Wettbewerb traten Teams von Universitäten und Forschungslaboren aus aller Welt gegeneinander an und mussten eine Reihe von Aufgaben erfüllen, die auf die zuverlässige Erkennung von Bildern in verschiedenen Situationen abgestellt waren – bei künstlicher Beleuchtung in Innenräumen und natürlichem Licht im Freien sowie unter unterschiedlichen Witterungsbedingungen.[3] Diese Fähigkeiten sind entscheidend für Anwendungen wie autonomes Fahren oder für Roboter, die in unterschiedlichen Umgebungen eingesetzt werden sollen. Einer der wichtigsten Teilbereiche des Wettbewerbs fokussierte sich auf maschinelles Stereosehen. Dabei kamen zwei Kameras zum Einsatz, die ähnlich eingesetzt wurden, wie wir unsere Augen verwenden. Durch die Interpretation visueller Informationen aus leicht veränderten Blickwinkeln kann unser Gehirn eine Szene dreidimensional darstellen. Zwei richtig positionierte Kameras ermöglichen einem Algorithmus eine ähnliche Leistung.[4]

Der Gewinner überraschte viele: ein Forschungsteam der National Defense Technology University aus China. Die Universität war 1953 als technische Militärakademie der Volksbefreiungsarmee (VBA) gegründet worden und ist im eigenen Land schon häufig für Forschung und Innovation ausgezeichnet worden, insbesondere auf dem Gebiet der Informatik. Ihrer Website zufolge „stützt sie ihre Bildungsbestrebungen auf die Innovationstheorie der Partei, die die Heranbildung von loyalem, qualifiziertem Nachwuchs vorsieht."[5]

Das ist allem Anschein nach ein recht stichhaltiges Indiz dafür, dass die Trennlinie zwischen akademischer und kommerzieller KI-Forschung in China und seinem Politik-, Militär- und Sicherheitsapparat bestenfalls durchlässig ist.

Natürlich mischt sich die chinesische Regierung regelmäßig in fast alle Aspekte der Wirtschaft und Gesellschaft des Landes ein und übt eine gewisse Kontrolle aus. Doch Chinas rascher Fortschritt auf dem Gebiet der künstlichen Intelligenz ist durch eine von der Zentralregierung ausdrücklich artikulierte Industriepolitik deutlich beschleunigt und orchestriert worden.

Viele Beobachter meinen, das sprunghaft gestiegene Interesse der kommunistischen Partei Chinas an künstlicher Intelligenz sei dem so spektakulären Wettbewerb zwischen dem AlphaGo-System von DeepMind und dem Go-Champion Lee Sedol im März 2016 zuzuschreiben. Das Go-Spiel wurde vor mindestens 2.500 Jahren in China erfunden und ist in der chinesischen Bevölkerung ausgesprochen populär und angesehen. Der 4-zu-1-Sieg von AlphaGo über sieben Tage im südkoreanischen Seoul wurde von über 280 Millionen Chinesen live verfolgt. Das sind fast dreimal so viele Menschen, wie sie sich ein paar Stunden lang für einen typischen Super Bowl zuschalten. Das Schreckgespenst eines Computers, der bei einem in der chinesischen Geschichte und Kultur so tief verwurzelten intellektuellen Zeitvertreib einen menschlichen Spitzenspieler schlagen kann, hat die Öffentlichkeit ebenso nachhaltig beeindruckt wie chinesische Akademiker, Technologen und Regierungsbürokraten. Der Pekinger Risikokapitalgeber und Autor Kai-Fu Lee bezeichnet das Match zwischen AlphaGo und Lee Sedol als „Chinas Sputnik-Moment" – in Anspielung auf den sowjetischen Satelliten, der in den 1950er-Jahren dem US-Weltraumprogramm in der Öffentlichkeit großen Rückhalt verschaffte.[6]

Ein reichliches Jahr später wurde im chinesischen Wuzhen ein zweiter Wettbewerb ausgetragen. In einem Match aus drei Spielen, dessen Sieger ein Preisgeld von 1,5 Millionen US-Dollar winkte, schlug AlphaGo den chinesischen Spieler Ke Jie, damals die Nummer 1 in der Welt, und zeigte sich in allen drei Partien überlegen.

Diesmal gab es aber kein Live-Publikum. Die chinesische Regierung hatte – womöglich, weil sie den Ausgang ahnte – mit einem Zensurerlass die Live-Ausstrahlung und auch eine Echtzeit-Kommentierung des Matchs untersagt.[7]

Im Juli 2017, zwei Monate nach Ke Jies Niederlage gegen AlphaGo, gab die chinesische Zentralregierung einen Plan heraus, der künstliche Intelligenz explizit zur nationalen strategischen Priorität erklärte. Das Dokument mit dem Titel „Entwicklungsplan für künstliche Intelligenz der nächsten Generation" bezeichnete KI als bereit, „die menschliche Gesellschaft und das Leben tiefgreifend zu verändern, und die Welt ebenfalls". Weiter skizzierte es einen ausgesprochen ehrgeizigen Stufenplan zum Erreichen einer Führungsstellung auf diesem Gebiet bis spätestens 2030. 2020, so die Verfasser des Plans, wird China bei der „KI-Technologie insgesamt und bei der Anwendung von KI weltweit auf fortgeschrittenem Niveau mithalten" und „die KI-Industrie wird zu einem neuen wichtigen Aspekt des Wirtschaftswachstums geworden sein." Dann heißt es darin noch, „spätestens 2025 wird China maßgebliche Durchbrüche bei grundlegenden Theorien für KI erzielt haben, sodass manche Technologien und Anwendungen globales Spitzenniveau erreichen und KI zur Haupttriebfeder für die Modernisierung der Industrie und den wirtschaftlichen Wandel in China wird." Und schließlich, dass „bis 2030 Chinas KI-Theorien, -Technologien und -Anwendungen weltweit führendes Niveau erreichen sollten, sodass China zum primären KI-Innovationszentrum der Welt wird, sichtbare Ergebnisse in Form einer intelligenten Wirtschaft und intelligenter gesellschaftlicher Anwendungen vorliegen und eine maßgebliche Grundlage dafür gelegt wird, dass das Land zu einer führenden innovativen Nation und einer Wirtschaftsmacht avanciert." * [8]

---

* *Wenn Sie an der Leistungsfähigkeit tiefer neuronaler Netze bei der Übersetzung von Sprache zweifeln, dann vergleichen Sie diese beiden einleitenden Absätze aus Chinas „Entwicklungsplan für künstliche Intelligenz der nächsten Generation". Bei einem handelt es sich um eine maschinelle Google-Übersetzung des Originaldokuments der chinesischen Regierung. Das andere wurde von einem Team aus vier Sprachwissenschaftlern professionell ins Englische übersetzt.*

Die Veröffentlichung dieses Dokuments war nicht nur deshalb von so entscheidender Bedeutung, weil die chinesische Zentralregierung in der Lage ist, die Entwicklung von KI-Kapazitäten landesweit direkt und detailliert zu steuern, sondern weil es eine übergeordnete Strategie formulierte, und noch mehr vielleicht, weil es Regional- und Kommunalverwaltungen klare Anreize gab. Im chinesischen System wird große Macht an die Funktionäre der kommunistischen Partei delegiert, die die verschiedenen Gebietskörperschaften des Landes regieren. In der Partei kommt man vor allem durch Leistung nach oben, und wie die Karriere eines Funktionärs verläuft, hängt stark davon ab, wie der- oder diejenige sich in einem Wettbewerbsumfeld bewährt, das Wert legt auf Leistung, die an konkreten Kennzahlen gemessen wird. Wer Herausragendes leistet, dem sind potenziell keine Grenzen gesetzt. Xi Jinping war lange Zeit leitender Funktionär in den Provinzen Fujian und Zhejiang und später in der Stadt Schanghai.

Bereits bevor die Zentralregierung künstliche Intelligenz ausdrücklich für sich entdeckte, investierten bestimmte Regionen schon größere Summen und förderten KI-Start-ups. Diese Aktivität konzentrierte sich in erster Linie auf die Hightech-Korridore wie die Stadt Shenzhen im Süden und das Viertel Zhongguancun im Nordwesten Pekings, nicht weit von den beiden renommiertesten Uni-

---

Nachstehend finden Sie den ersten Absatz aus beiden Dokumenten in englischer Sprache. Könnten Sie sagen, welcher Text von der Maschine stammt und welcher von Menschen?

A. The rapid development of artificial intelligence will profoundly change human society and the world. In order to seize the major strategic opportunities in the development of artificial intelligence, build the firstmover advantage in the development of artificial intelligence in China, and accelerate the construction of an innovative country and a world power of science and technology, this plan was formulated in accordance with the deployment requirements of the Party Central Committee and the State Council.

B. The rapid development of artificial intelligence (AI) will profoundly change human society and life and change the world. To seize the major strategic opportunity for the development of AI, to build China's firstmover advantage in the development of AI, to accelerate the construction of an innovative nation and global power in science and technology, in accordance with the requirements of the CCP Central Committee and the State Council, this plan has been formulated.

Die Antwort: B ist die menschliche Übersetzung. (Siehe Endnote 8.)

versitäten des Landes entfernt: Peking und Tsinghua. Es wird auch oft als „chinesisches Silicon Valley“ bezeichnet. Die Veröffentlichung des Strategiedokuments im Jahr 2017 schuf effektiv eine explizite KI-Kennzahl, an der regionale Funktionäre vermutlich gemessen werden würden, und das war diesen bewusst. Infolgedessen stürzten sich Regionen und Städte im ganzen Land rasch ins Getümmel, indem sie Sonderwirtschaftszonen und Start-up-Inkubatoren einrichteten, unmittelbar Wagniskapital bereitstellten und KI-Start-ups Mietzuschüsse gewährten. Die Investitionen einer solchen Gebietskörperschaft können schnell in die Milliarden gehen. Eine derartige locker koordinierte Top-down-Direktive mit Schwerpunkt auf Innovation wäre in den Vereinigten Staaten kaum vorstellbar. Die amerikanische Version von interregionalem Wettbewerb gleicht generell eher einem Nullsummenspiel – wenn beispielsweise Texas Unternehmen aus Kalifornien weglockt oder Kommunen Großunternehmen als Gegenleistung für die Schaffung von Arbeitsplätzen enorme Steuererleichterungen gewähren.

China genießt eine Reihe entscheidender Vorteile beim Vorpreschen in der künstlichen Intelligenz. Viele dieser Vorteile beruhen direkt auf dem Bevölkerungsreichtum des Landes. Im März 2020 gab es in China rund 900 Millionen aktiver Internetnutzer, mehr als in den Vereinigten Staaten und Europa zusammen. Dort lebt rund ein Fünftel der Gesamtzahl aller Menschen, die weltweit online sind.[9] Dabei hatten bis dato nur rund 65 Prozent der Bevölkerung Internetzugang, während es in den Vereinigten Staaten 90 Prozent waren.[10] Man könnte auch sagen, dass China diesbezüglich über weitaus mehr Wachstumspotenzial verfügt. Unter den 1,4 Milliarden Chinesen gibt es eine gewaltige Zahl cleverer, ehrgeiziger Schüler und Studenten an weiterführenden Schulen und Universitäten, die gern Kompetenzen in Technologien wie Deep Learning erwerben möchten, um irgendwann für eines der förmlich explodierenden chinesischen KI-Start-ups zu arbeiten oder selbst eines zu gründen. Viele dieser Unternehmen sind bereits milliardenschwer bewertet. Die angesprochenen jungen Menschen gehören zu den engagiertesten, begeistertsten Teilnehmern der Onlinekurse, die von führenden US-Universitäten wie MIT und Stanford angeboten werden. Sie durchforsten auch eifrig technische Fachartikel, die KI-Spitzenforscher in Nordamerika und Europa veröffentlichen. So entwickelt China zügig einen großen Pool fähiger, extrem fleißiger Techniker und Ingenieure, die laufend die neuesten Erkenntnisse in sich aufsaugen, die im Westen gewonnen werden, und die bald richtig aufgestellt sein werden, um KI in praktisch jeder Dimension der chinesischen Wirtschaft und Gesellschaft zu nutzen.

Der größte Vorteil liegt aber womöglich allein im Volumen und auch in der Art von Daten, die die chinesische Wirtschaftstätigkeit erzeugt. Als Land in der Entwicklung hat China längst nicht so viel in bestehende Infrastruktur investiert. Infolgedessen hat es sich in der Mobilfunktechnologie ohne Umwege gleich an die Spitze gesetzt. In China verwendet die breite Masse Smartphones für ein viel größeres Spektrum von Aktivitäten als im Westen üblich. Dem liegt insbesondere die Beliebtheit der Tencent-App WeChat zugrunde. WeChat wurde 2011 eingeführt und erfreut sich in China und auch bei der chinesischen Diaspora in anderen Ländern enormer Popularität.

Im Kern ist WeChat eine grob mit dem Facebook-Produkt WhatsApp vergleichbare Nachrichten-App. Tencent entschied sich jedoch frühzeitig, die Kapazitäten von WeChat drastisch zu erweitern, indem es Dritten gestattete, über sogenannten „offizielle Konten" eigene Funktionalitäten einzubauen. Diese laufen im Grunde auf Mini-Apps hinaus und sind bei Unternehmen aller Art außerordentlich beliebt – vor allem in Verbindung mit WeChats digitalen Zahlungsoptionen. In den Vereinigten Staaten und in anderen westlichen Ländern hat normalerweise jedes Unternehmen seine eigene Handy-App. In China hat sich WeChat zu einer Art „Master-App als Plattform" entwickelt, die von Millionen von Unternehmen und Organisationen als Schnittstelle zu den Menschen genutzt wird. Die Chinesen verwenden WeChat nicht nur zur Kommunikation, sondern auch, um ihre Rechnung im Restaurant zu bezahlen, einen

Arzttermin zu vereinbaren, fürs Onlinedating, um Strom- und Wasserrechnungen zu begleichen, sich ein Taxi zu rufen – ja, im Grunde für einfach alles. Und die über WeChat verfügbaren Dienste werden laufend mehr. Anders als Systeme wie ApplePay, das von Händlern Investitionen in teure Point-of-Sale-Geräte verlangt, lassen sich mobile Zahlungen über WeChat einfach durchführen, indem man dem Kunden einen Strichcode zeigt, den dieser scannen kann. Auf diese Weise können auch Kleinstbetriebe wie Straßenhändler ohne Weiteres digitale Zahlungen annehmen. In ganz China wird deutlich mehr über WeChat gezahlt als mit Kreditkarte. An manchen Orten verdrängen die Onlinezahlungen sogar das Bargeld.

In der Folge gibt es in China weit mehr digitale Aktivität, die die Gesamtwirtschaft viel tiefer durchdringt und eine Fülle von Transaktionen erfasst, die in den Vereinigten Staaten oder Europa vermutlich offline stattfinden würden. Dabei erzeugt jede Zahlung, jede Buchung, jede Taxifahrt und jede Interaktion jedweder Art Daten, die sich ideal als Futter für Deep-Learning-Algorithmen eignen.

Daten sind aber nicht nur reichlicher vorhanden, sondern für KI-Unternehmer in China generell auch leichter zugänglich. Obwohl es durchaus Datenschutzvorschriften gibt, sind diese längst nicht so streng wie in den Vereinigten Staaten oder mehr noch in Europa. Auch machen sich die Menschen um solche Fragen in aller Regel weniger Gedanken. Die Sorge um die Privatsphäre oder potenzielle rassistische Vorurteile von Algorithmen – Themen, die in demokratischen Gesellschaften schnell Empörungsstürme auslösen – ist in China entweder gar nicht vorhanden oder schlägt kaum Wellen. Während Googles Zugriff auf NHS-Daten, der ursprünglich vertraglich DeepMind zugestanden worden war, im Vereinigten Königreich unverzüglich einen Aufschrei hervorrief, profitieren chinesische Unternehmen in aller Regel von einem widerstandsloseren Weg zu Umsetzung und Rentabilität, wenn es um die Nutzung künstlicher Intelligenz in Bereichen wie Gesundheitswesen und Bildung geht. Sind Daten wirklich das neue Öl, dann sind Chinas

KI-Unternehmen die Ölpioniere des neuen Zeitalters, die an jeder vielversprechenden Stelle auf relativ unkontrolliertem digitalem Terrain ihre Bohrer ansetzen und ihre Pumpen installieren.

Schon vor der explosiven Zunahme risikokapitalfinanzierter KI-Start-ups investierten große chinesischen Technologieunternehmen, allen voran Tencent, Alibaba und Baidu, hohe Summen in die Erforschung und Entwicklung künstlicher Intelligenz. Baidu, oft auch als „chinesisches Google" bezeichnet, ist der führende Internet-Suchmaschinendienst des Landes und verfügt über ausgeprägte Kompetenzen in Bereichen wie Spracherkennung und Übersetzung, stößt aber auch aggressiv auf andere Gebiete vor. So führte Baidu beispielsweise 2017 Apollo ein, eine quelloffene Plattform für autonomes Fahren – im Grunde so eine Art „Android für selbstfahrende Autos" –, die das Unternehmen den Firmen aus Chinas stark fragmentierter Autoindustrie kostenfrei zur Verfügung stellt.[11] Global tätige Autoschmieden wie BMW, Ford und Volkswagen, aber auch Technologieanbieter wie Nvidia sind ebenfalls als Partner an Bord. Dafür erhält Baidu Zugriff auf die von den Fahrzeugen generierten Daten, die es im Anschluss nutzen kann, um seine Algorithmen zu trainieren.

Das bedeutet, Baidu verfolgt eine einzigartige Strategie, die dem Unternehmen letztlich ähnliche Vorteile bieten könnte, wie sie Tesla durch seine Hunderttausende mit Kameras bestückten Fahrzeuge genießt.

Anfangs verdankte China seine Fortschritte auf dem Gebiet der KI maßgeblich dem Transfer von Wissen und fähigen Köpfen aus den Vereinigten Staaten und anderen westlichen Ländern. Vor allem amerikanische Forscher mit guten Chinesischkenntnissen wurden gezielt angeworben. So stellte beispielsweise Baidu 2014 einen der führenden US-amerikanischen Deep-Learning-Experten ein: Andrew Ng, der damals das Projekt Google Brain leitete, Googles erste Initiative zum breiteren Einsatz tiefer neuronaler Netze. Ng blieb drei Jahre bei Baidu, bevor er wieder ins Silicon Valley zurückkehrte, und gründete Baidus führendes Forschungslabor für künstliche Intelligenz in Peking. 2017 heuerte Baidu dann Qi Lu als Chief Operating Officer an, einen KI-Spitzenmanager von Microsoft.[12] Lu, der an der Carnegie Mellon University promoviert wurde, gehört zu der wachsenden Zahl von Immigranten, die weiterführende Studiengänge an Amerikas Eliteuniversitäten belegen und danach nach China zurückkehren, weil die geschäftlichen Möglichkeiten mit Schwerpunkt auf KI dort attraktiver erscheinen. Tatsächlich führen die gewaltigen Chancen und die raschen Veränderungen der Landschaft oftmals zu starker Fluktuation bei chinesischen KI-Fachleuten. Lu blieb nur ein Jahr bei Baidu und leitet inzwischen einen Start-up-Inkubator in Peking.

Auch der Zugang zu Forschungsergebnissen und Algorithmen, die im Westen entwickelt wurden, spielte eine große Rolle. Etwa ein Jahr nach der Niederlage von Ke Jie gegen AlphaGo gab Tencent bekannt, seiner Go-Software FineArt sei es ebenfalls gelungen, den Go-Meister zu schlagen. Doch Tencent hatte sich für sein System vermutlich stark von den Veröffentlichungen von DeepMind inspirieren lassen – wenn nicht gar glatt abgekupfert. Die meisten westlichen KI-Forscher, mit denen ich gesprochen habe, beunruhigt derartiger Wissenstransfer offenbar kaum. Sie betrachten Fortschritt auch nicht unter dem Aspekt des Wettbewerbs zwischen Nationen. Sie glauben fest an ein globales System, das Wert legt auf offenen Umgang mit Forschungsergebnissen und freien Gedankenaustausch. Als ich den DeepMind-CEO Demis Hassabis auf einen vermeintlichen „KI-Rüstungswettlauf mit China" ansprach, erklärte er mir, dass DeepMind mit seinen Ergebnissen nicht hinterm Berg halte. Er wisse sehr wohl, dass „Tencent einen AlphaGo-Klon entwickelt hat", betrachte das aber nicht „als Rüstungswettlauf" in diesem Sinn, „denn wir kennen alle beteiligten Forscher, und es gibt eine Menge Zusammenarbeit."[13]

Nach allem, was man weiß, tragen außerdem auch chinesische Forscher wesentlich zum Bestand an KI-Forschungsmaterial bei. Einer Anfang 2019 durchgeführten Analyse des Allen Institute for AI zufolge hatte China den USA in Bezug auf die Gesamtzahl veröffentlichte wissenschaftlicher Artikel über künstliche Intelligenz bereits 2006 den Rang abgelaufen.[14] Weil der allgemeine Konsens dahin geht, dass viele dieser Arbeiten von eher minderer Qualität sind oder nur sehr geringfügige Fortschritte enthalten, ging das Allen Institute mit seiner Analyse noch weiter in die Tiefe und fokussierte sich auf die kleinere Zahl veröffentlichter Papiere, die von anderen Forschern häufig zitiert wurden. Das Ergebnis: Sollten sich die aktuellen Trends fortsetzen, würde China die Vereinigten Staaten bei der Veröffentlichung von Forschungsarbeiten unter den an Zitaten gemessenen oberen 50 Prozent Ende 2019 überholen und unter den 10 Prozent der am häufigsten zitierten Artikel noch im Jahr 2020. Chinesische Forscher waren auf dem besten Weg, 2025 mehr wirklich herausragende Forschungsergebnisse – also solche, die nach der Zitierhäufigkeit zum obersten 1 Prozent zählten – zu veröffentlichen als die USA. Nach einem weiteren Maßstab liegt China ebenfalls bereits vor den USA, nämlich gemessen an der Gesamtzahl der angemeldeten Patente zu künstlicher Intelligenz.

Nicht alle sind überzeugt davon, dass China drauf und dran ist, die Vereinigten Staaten in der Erforschung und Entwicklung künstlicher Intelligenz hinter sich zu lassen. Jeffrey Ding, Forscher am Centre for the Governance of AI am Future of Humanity Institute der Oxford University führte 2018 eine Analyse durch, die die KI-Kapazitäten in den USA und China anhand von vier Kenngrößen einstufte: der installierten Basis an KI-Hardware, der Verfügbarkeit von geeigneten Daten für maschinelles Lernen, der Kompetenz in der Erforschung und Entwicklung komplexer Algorithmen und der Stärke der kommerziellen KI-Ökosphäre. Von diesen Faktoren leitete Ding seinen sogenannten „AI Potential Index“ ab und fand heraus, dass China nur einen Wert von 17 erreichte, die Vereinigten Staaten dagegen 33.[15] Ding verweist beispielsweise darauf, dass nur rund 4 Prozent der in China initiierten KI-Patente später auch in anderen Ländern angemeldet werden – vermutlich ein Indikator für mindere Qualität. Bei einer Anhörung vor einem Ausschuss des US-Kongresses im Juni 2019 behauptete er, Chinas angebliches Aufrücken zur Dominanz in der KI sei überzogen dargestellt worden, die USA verfügten weiterhin über maßgebliche strukturelle Vorteile und die amerikanische Politik sollte sich auf die Aufrechterhaltung des Status quo fokussieren.[16]

Kai-Fu Lee dagegen glaubt, dass die Vereinigten Staaten wohl noch weiterhin einen Vorsprung in der absoluten Spitzenforschung zu künstlicher Intelligenz haben dürften, dieser aber in Kürze von den Leistungen der Chinesen bei der praktischen, konkreten Realisierung der Technologie in Form von Anwendungen in der gesamten Wirtschaft in den Schatten gestellt werde. Lee vertritt den Standpunkt, dass man keine hochfliegenden visionären Forscher braucht, um KI im kommerziellen Bereich einzusetzen, sondern lediglich eine große Zahl fähiger, fleißiger Techniker mit ungehindertem Zugang zu einer Fülle von Daten, die genutzt werden können, um Algorithmen des maschinellen Lernens zu trainieren.[17]

Die Einsätze in einem vermeintlichen KI-Wettrüsten zwischen den Vereinigten Staaten und China haben sich gewaltig erhöht durch die offensichtliche Tatsache, dass sich der Effekt künstlicher Intelligenz keinesfalls auf den kommerziellen Sektor beschränken wird. KI wird ungeheure Vorteile bringen, die bei Anwendungen in den Bereichen Militär und nationale Sicherheit stark zum Tragen kommen können. Der chinesischen Regierung ist das sehr bewusst. Entsprechend hat sie die Grenzen zwischen diesen beiden Sphären systematisch ausradiert. 2017 wurde die chinesische Verfassung auf eine direkte Initiative von Xi Jinping geändert, um ausdrücklich vorzuschreiben, dass jeder im kommerziellen Sektor erzielte technische Fortschritt auch der Volksbefreiungsarmee zugänglich zu machen ist. Dies wird auch als Grundsatz der „militärisch-zivilen Fusion" bezeichnet. 2018 tat sich Baidu mit einem chinesischen Militärinstitut zusammen, das auf Technologie zur elektronischen Kriegführung fokussiert ist. Gearbeitet wurde an einem Projekt zur Entwicklung intelligenter Befehls- und Steuerungstechnologie für das Militär. Der zuständige Baidu-Manager, Yin Shiming, ist noch ein weiteres Beispiel für einen Technologen, der umfassende Erfahrung aus der Arbeit für westliche Unternehmen wie SAP und

Apple erwarb. Auf einer Veranstaltung, auf der die Partnerschaft vorgestellt wurde, erklärte Yin, Baidu und das militärische Institut würden „Hand in Hand arbeiten, um durch die Verbindung von Informatik-, Daten- und Logikressourcen die Anwendung einer neuen Generation von KI-Technologien im Rüstungssektor voranzubringen".[18]

Das steht in krassem Kontrast zu dem Druck, den unzufriedene Beschäftigte auf Google ausübten, um die Teilnahme an einer Ausschreibung für den JEDI-Cloud-Computing-Auftrag des Pentagon zu verhindern. Ein weiteres Rüstungsprojekt unter dem Titel Project Maven zur Entwicklung von Algorithmen für maschinelles Sehen, die eingesetzt werden könnten, um von US-Militärdrohnen aufgenommene Bilder zu analysieren, löste in der Google-Belegschaft sogar noch mehr Unmut aus. 2018 unterzeichneten über 3.000 Beschäftigte eine Petition gegen das Projekt und etliche technische Fachleute verließen das Unternehmen.[19] Wie schon bei JEDI ließ Google letztlich die Finger von dem Projekt. Google-Beschäftigte haben zwar sicherlich jedes Recht, ihre Meinung zu äußern, doch die vorliegende Asymmetrie ist meiner Ansicht nach ebenso eklatant wie beunruhigend. Die Vorstellung, dass Mitarbeiter von Baidu oder Tencent ähnliche Proteste vorbringen könnten (oder würden), ist offen gestanden absurd. Es ist nicht von der Hand zu weisen: Die Freiheiten, die Bürger demokratischer Länder genießen, sind keine naturgegebenen Menschenrechte, die einfach existieren, um ausgeübt zu werden. Es sind vielmehr politische Rechte, die gegenüber autoritären Systemen verteidigt werden müssen. Wenn die beiden Länder bei der Kompetenz in ihren Ansätzen für KI-Technologien allmählich gleichziehen, wie sollen die Vereinigten Staaten dann in Fragen der nationalen Sicherheit wettbewerbsfähig bleiben, wenn sich Unternehmen wie Google weigern, mit amerikanischen Militär- und Sicherheitsbehörden zusammenzuarbeiten, während ihre chinesischen Pendants so explizit dazu verpflichtet sind, das autoritäre Regime Chinas zu unterstützen, dass dies sogar in der Verfassung des Landes festgeschrieben ist?

Für mich steht fest: Die Vereinigten Staaten und andere westliche Länder müssen Chinas rasanten Fortschritt in Sachen künstliche Intelligenz ausgesprochen ernst nehmen. Das dürfte mehr staatliche Unterstützung für die Grundlagenforschung an Universitäten erforderlich machen. Entscheidend ist auch, dass insbesondere die USA einen ihrer wesentlichen Vorteile auch weiterhin in die Waagschale werfen: den Umstand, dass ihre Universitäten und Technologieunternehmen fähige Köpfe aus aller Welt anziehen. Wie wichtig es ist, dass die USA für hochkompetente Zuwanderer offenbleiben, wird unzweifelhaft deutlich, wenn man den Hintergrund der 23 führenden KI-Forscher betrachtet, die ich für mein 2018 erschienenes Buch „Die Intelligenz der Maschinen: Mit Koryphäen der Künstlichen Intelligenz im Gespräch: Innovationen, Chancen und Konsequenzen für die Zukunft der Gesellschaft" interviewte. Ganze 19 der 23 Koryphäen, mit denen ich damals sprach, arbeiten derzeit in den USA. Von diesen 19 wurde aber mehr als die Hälfte in anderen Ländern geboren. Unter den Herkunftsländern sind Australien, China, Ägypten, Frankreich, Israel, Rhodesien (heute Simbabwe), Rumänien und das Vereinigte Königreich. Können die Vereinigten Staaten nicht länger die fähigsten Computerwissenschaftler aus aller Welt anlocken, wird China unweigerlich einen Vorteil verbuchen, da es weiter mehr Geld in die Ausbildung einer Bevölkerung steckt, die viermal so groß ist wie die der Vereinigten Staaten.

DIE ENTSTEHUNG DES CHINESISCHEN ÜBERWACHUNGSSTAATS

Nirgends zeigt sich die machtvolle Synergie zwischen Chinas autoritärem Regierungssystem und seiner unternehmerischen KI-Ökosphäre so deutlich wie in dem explodierenden Cluster von Start-ups mit Schwerpunkt auf Gesichtserkennungstechnologie. Anfang 2020 hatten vier Unternehmen aus dieser Gruppe – SenseTime, CloudWalk, Megvii und Yitu – bereits „Einhornstatus" erreicht: eine

Marktbewertung von über einer Milliarde Dollar.[20] Die Analysten mögen darüber streiten, ob China insgesamt auf dem Gebiet der KI-Technologie schon mehr oder minder Gleichstand mit den Vereinigten Staaten erreicht hat, doch es besteht wenig Zweifel daran, dass chinesische Unternehmen eine absolute Spitzenstellung einnehmen, wenn es um Deep-Learning-Algorithmen zur Analyse und Erkennung menschlicher Gesichter und anderer Merkmale geht. Wie auf anderen Einsatzgebieten der künstlichen Intelligenz in China ist der Zugang zu einer gewaltigen Datenflut ein entscheidender Treiber all dieses Fortschritts, denn diese Daten können verwendet werden, um Algorithmen für maschinelles Lernen zu schulen. Mit geschätzten 300 Millionen Überwachungskameras, die 2020 landesweit installiert waren, ist China mit großem Abstand global führend, was die Verfügbarkeit digitaler Fotografien menschlicher Gesichter in jeder vorstellbaren Lebenslage und aus jedem Blickwinkel angeht.

Start-ups für Gesichtserkennungstechnologie werden durch die scheinbar grenzenlose Nachfrage nach Überwachungstechnologie auf jeder Ebene des autoritären chinesischen Staates beflügelt. Die größte Nachfrage kommt unter anderem von örtlichen Polizeibehörden, die immer mehr regionalspezifische repressive Überwachungsnetze errichten. Xinjiang ist zwar nach wie vor Ground Zero für den chinesischen Überwachungsstaat, doch die dort ausgetesteten und perfektionierten Technologien verbreiten sich rasch im ganzen Land. Polizeibehörden kombinieren Gesichtserkennungssysteme häufig mit anderen Technologien wie Handyscannern, die für jedes Smartphone, das die betreffende Stelle passiert, einen unverwechselbaren Identifikationscode erfassen, und mit Technologie zum Erkennen von Fingerabdrücken. So wird ein mit der Zeit immer besser integrierter Orwell'scher Teppich geknüpft. Algorithmen sind beispielsweise häufig in der Lage, die Identifikationscodes von Handys Gesichtern zuzuordnen, woraus ein umfassendes Verfolgungs- und Identifikationssystem für Personen entsteht. Solche Systeme werden in Stadtvierteln oder an Zugängen zu bestimmten Gebäuden installiert, die mit höherer Kriminalität in Zusammenhang stehen. Auch der Zugang zu Wohnanlagen wird oft durch Gesichtserkennungssysteme ermöglicht statt durch Schlüsselkarten oder andere weniger übergriffige Methoden. Auf diese Weise können Gebäudeverwaltung und örtliche Polizeidienststellen Bewohner und Gäste im Blick behalten und auch eine illegale Untervermietung verhindern.[21]

Überwachungskameras häufen sich auch in Gegenden, die von Touristen frequentiert werden oder wo sich tendenziell größere Menschenmengen ansammeln, etwa an Bahnhöfen, in Stadien, an Sehenswürdigkeiten und Veranstaltungsorten. Es gibt bereits etliche gut dokumentierte Beispiele dafür, dass die Polizei auf Konzerten oder Festivals mit bis zu 60.000 Besuchern allein auf der Grundlage von Algorithmen, die die Behörden auf eine Übereinstimmung bei der Gesichtserkennung hinwiesen, bestimmte Personen verhaftet haben.[22] In einer Szenerie, die ohne Weiteres aus einem dystopischen Science-Fiction stammen könnte, können Polizeibeamte Verdächtige festnehmen, weil sie experimentelle Gesichtserkennungsbrillen tragen, die eine Zielperson identifizieren können, wenn diese mehrere Sekunden still steht und in einer regionalen Gesichtserkennungsdatenbank erfasst ist. Andere KI-Systeme können Menschen anhand der Kleidung verfolgen, die sie tragen, oder, indem sie besondere Eigenarten ihres Gangs analysieren.

Eine der berüchtigtsten Anwendungen dieser Technologie ist das in der Stadt Xiangyang eingerichtete System zur Erfassung und öffentlichen Bloßstellung von Fußgängern, die an belebten Kreuzungen die Verkehrsregeln missachten. Das System fotografiert Menschen, die die Straße nicht vorschriftsgemäß überqueren, gleicht die Fotos im Anschluss mit ihren Identitäten ab und wirft sie dann auf große Bildschirme, um die Betreffenden sozusagen digital an den Pranger zu stellen.[23] In anderen Städten wie Schanghai verhängen ähnliche Systeme Geldbußen. Natürlich wird Gesichtserkennungstechnologie in China nicht nur im Zusammenhang mit Überwachung eingesetzt. Das Land ist auch führend beim Scannen von Gesichtern, um im Einzelhandel Zahlungen zu autorisieren, Zugfahrkarten zu kaufen oder ein Flugzeug zu besteigen. Doch alle Daten, die bei der routinemäßigen Verwendung dieser Technologie anfallen, stehen mit größter Sicherheit auch Strafverfolgungs- und Sicherheitsbehörden zur Verfügung.

Während sich die allgegenwärtige Überwachung in China zumindest in gewissem Umfang als Mechanismus rechtfertigen lässt, um die Gesellschaft vor nachweislich Kriminellen zu schützen, werden in anderen Fällen massiv ethische Grenzen überschritten, wie es im Westen undenkbar wäre. So fordern manche Polizeidienststellen beispielsweise konkret Technologie an, die so konfiguriert ist, dass sie nicht einzelne Gesichter erkennt, sondern die ethnischen Merkmale von Uiguren oder anderen „heiklen Bevölkerungsgruppen". Die chinesischen Gesichtserkennungs-Start-ups haben schnell auf die Marktnachfrage reagiert. So enthielt ein im April 2019 in der *New York Times* erschienener Artikel von Paul Mozer einen Screenshot aus einer Onlinewerbung von CloudWalk, die Kaufinteressenten der Technologie zusicherte: Wenn „die Zahl der Angehörigen heikler Bevölkerungsgruppen in der Gegend steigt (wenn beispielsweise ursprünglich nur ein Uigure in einem Viertel lebte und innerhalb von 20 Tagen plötzlich sechs Uiguren auftauchen), wird sofort ein Alarm ausgelöst, damit die Strafverfolgungsbeamten reagieren, die Leute befragen, die Situation klären und einen Notfallplan erarbeiten können."[24]

Gleich neben Bildern, die offenbar eine friedlich beieinander stehende uigurische Familie, eine Gruppe von Uiguren, die an militärisch anmutenden Polizeikräften vorbeidefilieren, und Szenen mit inneren Unruhen zeigen, heißt es auf der CloudWalk-Website weiter – unter der Überschrift „stadtteilsbezogene Kontrolle und Prävention heikler Bevölkerungsgruppen" – , dass „die Gesichtserkennungssysteme im betreffenden Stadtviertel die Identität und die Gesichtsdaten dieser Personen erfassen und die Big-Data-Plattform Fire Eye gleichzeitig die Identitäten heikler Personengruppen, den Zeitpunkt ihrer Ankunft und ihrer Abfahrt, die Zahl der Personen et cetera, erfasst und die Polizei alarmiert, damit diese ihre Aufgabe erfüllen kann, heikle Gruppen zu steuern und zu kontrollieren."[25]

Schon das Markenkonzept des CloudWalk-Produkts „Big-Data-Plattform Fire Eye“ scheint direkt einem besonders beklemmenden Science-Fiction-Roman entsprungen. Das selbst auf der öffentlich zugänglichen Unternehmenswebsite nicht einmal versucht wird, die Absicht zu verschleiern oder zu beschönigen, die hinter der Technologie steckt, ist ein recht drastisches Indiz dafür, wie offen repressiv die Kampagne der chinesischen Regierung gegen die Uiguren ist und wie künstliche Intelligenz, wenn sie in die falschen Hände gerät, auf nachgerade dystopische Weise eingesetzt werden kann. Diese Risiken beschränken sich keinesfalls auf China. Praktisch jede fortschrittliche Gesichtserkennungstechnologie ließe sich ohne Weiteres als Waffe gegen bestimmte Gruppen einsetzen, wenn das System so konfiguriert wird, dass es bestimmte Merkmale für Ethnie, Geschlecht, Gesichtsbehaarung oder religiöse Tracht erkennt.

Chinas Kurs zur immer engmaschigeren Überwachung seiner Bürger könnte in der vollständigen Umsetzung des geplanten Sozialkreditsystems im Land gipfeln. Das 2014 als Methode zur Belohnung von „Vertrauenswürdigkeit“ in der gesamten Bevölkerung angekündigte Programm verfolgt das erklärte Ziel, dass sich „die Vertrauenswürdigen frei bewegen können, so weit der Himmel reicht, während die in Verruf geratenen kaum noch einen Schritt tun können.“[26] Das Sozialkreditsystem beginnt mit Kennzahlen, wie sie typisch sind für die kommerziell verwalteten Kredit- oder Verbraucher-Rating-Systeme der westlichen Welt – Ratings also, die auf der persönlichen Historie bei der Begleichung von Zahlungsverpflichtungen oder auf Bewertungssystemen beruhen, wie sie von Diensten wie Uber oder Airbnb verwendet werden. Das chinesische System geht aber noch viel weiter und dringt potenziell in praktisch jeden Aspekt des Alltagslebens ein, indem es Gesetzesverstöße, aber auch jedes vom Staat unerwünschte Verhalten berücksichtigt. Neben Versäumnissen bei der fristgerechten Bezahlung von Rechnungen oder Geldbußen kann darunter fallen, dass jemand zu viel Computer spielt, auf sozialen Medien kontroverses Gedankengut einstellt, den falschen Umgang pflegt, in öffentlichen Verkehrsmitteln Nahrung zu sich nimmt, Müll hinterlässt oder laute Musik spielt, raucht, wo das verboten ist, oder seinen Müll nicht ordnungsgemäß trennt.[27] Bei der Sozialkreditberechnung kann positives Verhalten belohnt werden – wie öffentliche oder berufliche Auszeichnungen, Spenden oder besonderer Einsatz bei der Betreuung von Familienmitgliedern oder in der Nachbarschaftshilfe. Das System reicht selbst in die intimsten Konsumentscheidungen hinein und honoriert den Kauf positiv bewerteter Produkte wie Windeln, während es abstraft, wenn jemand übermäßige Mengen Alkohol erwirbt. Wer überdurchschnittliche Bewertungen erzielt, wird mit Sonderleistungen belohnt wie Abschlägen auf die Nebenkosten, kürzeren Wartezeiten im Krankenhaus oder bei Behörden oder bevorzugter Berücksichtigung bei der Vergabe der interessantesten Stellen. Wer dagegen im Sozialkreditsystem schlecht abschneidet, wird dadurch abgestraft, dass er keine Flugtickets oder Zugfahrkarten buchen kann, seinen Kindern die besten Schulen verschlossen bleiben oder Buchungen in besonders gefragten Hotels oder Ferienanlagen blockiert werden. Ist ein solch umfassendes System erst vollständig einsatzbereit, wird es zu einem Kontrollmechanismus, der beispiellos in die Privatsphäre eingreift und praktisch jeden der vielen erwachsenen Chinesen ständig kontrolliert. Diese Vorstellung bezeichnet Human Rights Watch als „gruselig".[28]

So sieht die endgültige Vision aus, doch die Realität ist derzeit längst nicht so schlüssig. In der Praxis besteht das Sozialkreditsystem aus fragmentierten experimentellen Programmen, die von verschiedenen Städten und Kommunalverwaltungen gemeinsam mit etlichen kommerziellen Bewertungssystemen eingesetzt werden, welche von den Anbietern mobiler Zahlungssysteme wie Alibaba oder Tencent verwaltet werden.[29] Manche dieser Programme, zum Beispiel eines in der Stadt Rongcheng, finden in der Öffentlichkeit großen Anklang, weil sie vergleichsweise transparent sind, nur eindeutig gesetzeswidriges Verhalten ahnden und unleugbar positive Ergebnisse bringen. So haben es sich beispielsweise die Autofahrer in Rongcheng angewöhnt, an Zebrastreifen anzuhalten, um Fußgänger passieren zu lassen, sobald klar war, dass Verstöße gegen diese Regel ihr Sozialkreditrating verschlechtern würden. Tatsächlich wurden chinesischen Bürgern bereits millionenfach Tickets für Flüge oder Hochgeschwindigkeitszüge verweigert, doch meist deshalb, weil ihre Namen auf schon seit langer Zeit verwendeten schwarzen Listen standen, nicht aufgrund eines algorithmisch erzeugten Punktwerts. Auf der bedeutendsten schwarzen Liste, die vom obersten Gerichtshof geführt wird, finden sich überwiegend die Namen von Menschen, die Schulden, Gerichtsgebühren oder Geldbußen nicht bezahlt haben – wobei wie bei fast allen staatlichen Funktionen in China Korruption und mangelnde Transparenz ein wiederkehrendes Problem darstellen. Mit der Zeit dürften diese Systeme unweigerlich immer besser integriert werden, und ihre Eingriffe in die Privatsphäre werden durch Gesichtserkennung und andere KI-Technologien zur Verfolgung und Überwachung von Bürgern noch verschärft. Gut möglich, dass am Ende ein wahrhaft Orwell'sches System der umfassenden, sorgfältig orchestrierten sozialen Kontrolle steht.

Nichts davon beschränkt sich aber auf China. Tatsächlich spielt der Export von Überwachungstechnologie in der übergreifenden Strategie der chinesischen Regierung zur Umstellung der Produktion im Land von margenschwachen Waren auf höherwertige Technologieprodukte eine große Rolle. China beherrscht fast die Hälfte des globalen Marktes für Gesichtserkennungstechnologie. An der Spitze steht oft ein einziges chinesisches Unternehmen: der Telekommunikations-Riese Huawei. Einer Analyse des Carnegie Endowment for International Peace vom September 2019 zufolge hat Huawei schon Überwachungstechnologie einschließlich Gesichtserkennung an mindestens 50 Länder und 230 Kommunen verkauft – weit mehr als jeder andere Einzelanbieter. Zum Vergleich: Die schärfsten US-Konkurrenten – IBM, Palantir und Cisco – haben jeweils Systeme in weniger als einem Dutzend Ländern installiert.[30] Autoritär regierte Länder wie Saudi-Arabien und die Vereinigten Arabischen Emirate sind besonders interessierte Abnehmer chinesischer Technologie, weil sie an der Ausweitung ihrer eigenen landesweiten

Überwachungssysteme arbeiten. In diesen Ländern ist Gesichtserkennung häufig ganz alltäglich. Ich erfuhr das Anfang 2019, als ich nach Abu Dhabi reiste. Dort kursierte eine Geschichte über eine wohlhabende Dame, die einen teuren Ring verloren hatte. Sie meldete den Verlust bei den Behörden, die sofort eine Gesichtserkennungssoftware auf die Überwachungsaufnahmen aus der betreffenden Gegend anwendeten. Das führte sie innerhalb von Stunden nach dem Vorfall an die Adresse der Person, die den Ring gefunden und mitgenommen hatte.

Überwachungstechnik wird bei Huawei häufig auf Kredit gekauft, und die Kredite gewährt die chinesische Regierung. Zu den begünstigten Ländern gehören Kenia, Laos, die Mongolei, Uganda, Usbekistan und Simbabwe, teils im Rahmen der globalen Belt and Road Initiative der chinesischen Regierung, über die Infrastruktur in fast 70 Ländern finanziert wird. Afrika steht dabei immer stärker im Fokus, und manchen Berichten zufolge wirken sich chinesische Gesichtserkennungssysteme dort bereits spürbar aus. So behauptet Huawei beispielsweise, die Installation seiner Technologie in der kenianischen Hauptstadt Nairobi und ihrer Umgebung habe die Kriminalität 2015 um 46 Prozent verringert.[31]

Die sicherheits- und menschenrechtsrelevanten Auswirkungen der von chinesischen Unternehmen entwickelten Technologien haben bereits für erhebliches Reibungspotenzial mit den Vereinigten Staaten gesorgt. Im Mai 2019 wurden gegen Huawei Handelssanktionen verhängt, die dazu führten, dass dem Unternehmen keine US-Technologie wie Software und Computerchips verkauft werden dürfen. Zugrunde lag eine Mischung aus US-Drohgebärden im Zuge eines eskalierenden allgemeinen Handelskriegs und schon länger gehegten Bedenken, Huaweis 5G-Mobilfunk-Infrastruktur könnte der chinesischen Regierung Zugriff auf die Kommunikation in den Vereinigten Staaten verschaffen, wenn sie vor Ort installiert würde.[32] Der Versuch der USA, massiven Druck auf alliierte Staaten auszuüben, die Nutzung von Huawei-Technik ebenfalls zu untersagen, war nur teilweise erfolgreich. Außerdem wurde Huawei vorgeworfen, gegen das US-Handelsembargo gegen Iran zu verstoßen und in China unrechtmäßige staatliche Förderung zu genießen.

Fünf Monate später erweiterten die Vereinigten Staaten ihre schwarze Handelsliste um mehrere der bedeutendsten chinesischen KI-Start-ups, aber auch um 20 chinesische Polizei- oder Sicherheitsbehörden, vorgeblich aufgrund von Menschenrechtsverletzungen durch den Einsatz ihrer Technologie gegen Uiguren und andere Minderheiten. Auf die Liste kamen auch drei der vier chinesischen „Einhörner" der Gesichtserkennungssparte sowie iFlytek, das auf Spracherkennungssysteme spezialisiert ist, sowie zwei Hersteller von Kameras und anderer Überwachungstechnik.[33]

Im Nachgang zur Coronavirus-Pandemie sind die Spannungen zwischen den Vereinigten Staaten und China spürbar eskaliert. Es ist weithin unstrittig, dass übermäßige Abhängigkeit von chinesischer Produktion die Versorgung der USA mit lebenswichtigen strategischen Materialien, aber auch mit medizinischem Bedarf und Medikamenten gefährden könnte. Schon vor der Krise war klar, dass die wirtschaftlichen Synergien und wechselseitigen Abhängigkeiten zwischen den beiden Ländern – ein Phänomen, das der Historiker Niall Ferguson 2006 als „Chinamerika" bezeichnete – nach und nach schwächer wurden. Verschärfen sich die Spannungen weiter, und die beiden Länder lösen sich noch stärker voneinander, erscheint unvermeidlich, dass Konflikte und Wettbewerb um die Entwicklung und den Einsatz künstlicher Intelligenz eine zentrale Rolle spielen werden. Es wird immer offensichtlicher, dass KI sowohl eine systemische als auch eine strategische Technologie ist. Im Zuge dieser Entwicklung zeichnet sich das Schreckgespenst eines ausgewachsenen KI-Wettrüstens zwischen den beiden Ländern als echte Gefahr ab.

DIE AUFKEIMENDE DISKUSSION UM GESICHTSERKENNUNG IM WESTEN

Im Februar 2019 untersuchte die Bundesstaatspolizei von Indiana ein Verbrechen, bei dem zwei Männer in einem Park in Streit geraten waren. Einer der beiden zog eine Waffe, schoss den anderen in den Bauch und floh. Ein Augenzeuge hatte den Vorfall mit dem Handy aufgenommen. Die Polizeibeamten wollten versuchen, ein Bild vom Gesicht des Schützen in ein neues Gesichtserkennungssystem hochzuladen, mit dem sie experimentiert hatten. Das System spuckte prompt eine Übereinstimmung aus: Der Täter war in einem auf sozialen Medien eingestellten Video zu sehen, aus dem auch sein Name hervorging. Kurz, der Fall war in rund 20 Minuten gelöst – obwohl der Verdächtige zuvor noch nie polizeilich in Erscheinung getreten war und noch nicht einmal einen Führerschein besaß.[34]

Die Schnittstelle der Polizisten zu dem Gesichtserkennungssystem war eine Handy-App eines mysteriösen Unternehmens namens Clearview AI. Die der Clearview-App zur Verfügung stehende Foto-Datenbank war wirklich unglaublich umfangreich. Statt auf amtliche Fotos zurückzugreifen, wie sie etwa für einen Reisepass, einen Führerschein oder eine erkennungsdienstliche Behandlung aufgenommen wurden, hatte des Unternehmen einfach das Internet durchforstet und öffentlich verfügbares Bildmaterial aus ganz verschiedenen Quellen wie Facebook, YouTube und Twitter zusammengetragen. Stieß das Clearview-System auf eine Übereinstimmung, lieferte die App Links zu den Webseiten oder Social-Media-Profilen, auf denen das Foto online erschienen war, wodurch sich die betreffende Person oftmals unmittelbar identifizieren ließ. Zu den von Clearview zusammengestellten Datensätzen zählten rund drei Milliarden extrahierte Bilder. Das war mehr als das Siebenfache der offiziellen Fotodatenbank des FBI über US-Bürger. Eine bemerkenswerte Leistung – umso mehr, als es sich bei Clearview AI um ein winziges Unternehmen handelte, gleich um mehrere Größenordnungen kleiner als die chinesischen Einhörner aus der Gesichtserkennungsbranche. Außerhalb der Strafverfolgung war die Firma zumindest bis Januar 2020 nahezu unbekannt.[35]

Damals veröffentlichte die *New York Times* einen langen investigativen Bericht der Technologiereporterin Kashmir Hill, der den Hintergrund des Unternehmens genauer beleuchtete und erstmals ein Schlaglicht auf seine Tätigkeit warf. Wie sich herausstellte, war Clearview, das auf seiner LinkedIn-Seite eine nichtexistente New Yorker Adresse angab, 2016 von einem australischen Serienunternehmer namens Hoan Ton-That gegründet worden. Unter anderem hatte sich das Start-up mit 200.000 US-Dollar Startkapital vom Silicon-Valley-Risikokapitalgeber Peter Thiel finanziert, dem Mitgründer von Palantir – einem Datenanalyse- und Überwachungsunternehmen mit engen Verbindungen zu Sicherheits- und Polizeibehörden.

Nach eigenen Angaben stellte Clearview seine Technologie ausschließlich legitimen Strafverfolgungs- oder staatlichen Sicherheitsbehörden zur Verfügung. Theoretisch ließ sich aber nicht verhindern, dass das Unternehmen sein System früher oder später auch der Öffentlichkeit zugänglich machte, was die Horrorvision von einem nahezu vollständigen Anonymitätsverlust heraufbeschwor. War die Technologie erst allgemein verfügbar, konnte praktisch jeder überall sofort von einem beliebigen Fremden identifiziert werden, der die Clearview-App nutzte. Und wüsste man erst den Namen einer Person, so wäre es ein Leichtes, ihre Adresse, ihren Arbeitgeber und alle möglichen anderen sensiblen Informationen herauszufinden. Das unvermeidliche Ergebnis wäre ein explosiver Anstieg von Stalking, Erpressung oder öffentlicher Bloßstellung so gut wie jeder Indiskretion und allen möglichen Fehlverhaltens. Anders formuliert: Es erschien durchaus möglich, dass eine übergriffige Überwachungsdystopie – die noch zudringlicher und beängstigender sein könnte als alles, was in China geplant war – aus der US-amerikanischen Privatwirtschaft heraus entstehen könnte, und zwar ohne jede staatliche Beteiligung oder Aufsicht. Manche Unterstützer von Clearview AI schien diese Möglichkeit nicht besonders zu beunruhigen. „Ich bin zu dem Schluss gekommen, dass es sowieso keinen Datenschutz geben wird, weil die Datenmenge ständig anwächst", erklärte ein Investor der ersten Stunde gegenüber der *New York Times*. „Der Gesetzgeber muss bestimmen, was legal ist. Doch man kann Technologie nicht verbieten. Natürlich könnte das zu einer dystopischen Zukunft oder dergleichen führen, doch mit Verboten lässt sich das nicht verhindern."[36]

Der *Times*-Artikel löste hitzige Debatten über das Unternehmen aus und erregte auch die Aufmerksamkeit von Hackern, denen es gelang, in Clearviews Server einzubrechen und sich eine vollständige Liste der zahlenden Kunden des Unternehmens sowie der neuen Interessenten zu verschaffen, die eine kostenlose 30-Tages-Testversion der App einsetzten. Wie sich zeigte, waren unter den Clearview-Nutzern wichtige Behörden wie FBI, Interpol, U.S. Immigration and Customs Enforcement (ICE) und das U.S: Attorney's Office for the Southern District of New York, aber auch Hunderte von Polizeibehörden aus aller Welt. Obwohl das Unternehmen versicherte, es arbeite nur mit rechtmäßigen Strafverfolgungsorganen zusammen, wurde die App auch von privatwirtschaftlichen Unternehmen wie Best Buy, Macy's, Rite Aid und Walmart genutzt. Schlimmer noch, es ergaben sich Hinweise, dass Beschäftigte solcher Unternehmen die App zu Zwecken einsetzten, die von ihren Arbeitgebern nicht genehmigt waren. Eine Untersuchung von *BuzzFeed* brachte ans Licht, dass über fünf Accounts, die mit Home Depot in Zusammenhang standen, mithilfe der App fast 100 Suchen durchgeführt worden waren, obwohl das Management von Home Depot davon angeblich nichts wusste.[37] Das bedeutete, die Technologie war bereits einer breiteren Öffentlichkeit zugänglich.

Als das publik wurde, löste es prompt Reaktionen aus. Innerhalb von Wochen hatten Twitter, Facebook und Google von den Unternehmen Unterlassungserklärungen gefordert, die das Extrahieren von Fotos von ihren Servern künftig verhindern würden, und verlangt, dass bereits in der Datenbank erfasste Bilder unverzüglich gelöscht werden müssten.[38] Ende Februar hatte Apple Clearviews iPhone-App deaktiviert, weil das Unternehmen durch die Umgehung des App Stores gegen den Leistungsvertrag von Apple verstoßen hatte.[39] Kurz darauf gab das Unternehmen bekannt, es werde alle Lizenzverträge mit privatwirtschaftlichen Unternehmen kündigen und sich ausschließlich auf Strafverfolgungsbehörden konzentrieren. Dies wurde aber allgemein als unzureichend zurückgewiesen. Im Mai reichte die American Civil Liberties Union Klage gegen Clearview ein und erklärte, die Technologie des Unternehmens stelle „ein Albtraumszenario" dar, das „dem Datenschutz, wie wir ihn kennen, ein Ende setzen würde, wenn es nicht aufgehalten wird".[40] Clearview ist nach wie vor im Geschäft und hat erklärt, seiner Auffassung nach habe es das Recht, das Internet nach Fotos zu durchforsten, und sei bereit, Rechtsstreitigkeiten mit Social-Media-Unternehmen um einen solchen Zugriff auszufechten.

Die Geschichte über Clearview AI ist eine eindringliche Warnung, die nicht nur die Gesichtserkennungstechnologie betrifft, sondern die künstliche Intelligenz ganz allgemein. Mithilfe einer so beispiellos leistungsfähigen Technologie könnte die kleinste Gruppe technischer Fachleute oder sogar ein Einzelner möglicherweise soziale oder wirtschaftliche Umwälzungen von nahezu unvorstellbarem Ausmaß auslösen. Wie wir aus dem nächsten Kapitel erfahren werden, beschränken sich solche Risiken keineswegs auf den Einsatz KI-gestützter Überwachungstechnologie.

Angesichts der heftigen Reaktionen, die das Unternehmen auslöste, scheinen Clearviews Ambitionen voraussichtlich gezügelt. Generell wird Gesichtserkennungstechnologie aber in westlichen Ländern immer häufiger eingesetzt, und demokratische Gesellschaften müssen immer dringender wertbasierte Kompromisse schließen und die ethischen Fragen angehen, die die Verwendung der Technologie mit sich bringt. In London, der ohnehin bereits am schärfsten überwachten westlichen Metropole, in der es pro Kopf mehr Überwachungskameras gibt als in Peking,[41] werden Systeme zur Gesichtserkennung bereits seit Anfang 2020 eingesetzt. Die Metropolitan

Police erklärte, diese Systeme seien nur auf Personen ausgerichtet, die auf einer „ganz spezifischen" Watchlist stehen und als Schwer- oder Gewaltverbrecher gesucht würden. Das System könne aber auch eingesetzt werden, um nach vermissten Kindern und Erwachsenen zu fahnden.[42]

In den Vereinigten Staaten hat rund ein Viertel aller Polizeibehörden Zugriff auf Gesichtserkennungstechnologie. Die Systeme kommen vielfach auch an Flughäfen zum Einsatz, wo nach bekannten Terroristen oder Kriminellen gesucht wird, und sie werden zunehmend verwendet, um bei der Sicherheitsüberprüfung die Identität zu bestätigen. Wie bei dem Londoner System wird die Technologie meist eingesetzt, um nur bestimmte Personen ausfindig zu machen, die konkret auf einer Watchlist stehen. Wir bewegen uns aber nach und nach auf die Möglichkeit einer übergriffigen Dystopie zu, auf die uns die Clearview-App einen Vorgeschmack gab und in der praktisch jeder identifiziert werden kann. Das FBI unterhält einer Analyse des Center on Privacy and Technology der Georgetown University Law School zufolge Fotodatenbänke mit den Konterfeis von rund 117 Millionen Menschen – etwa die Hälfte der erwachsenen US-Bevölkerung.[43] Viele der Bilder stammen aus den von den Bundesstaaten geführten Dateien mit Führerscheinfotos. Die Dateien erfassen auch alle Bürger mit einem von einem Bundesstaat ausgestellten Personalausweis – nicht nur Personen, die polizeilich gesucht werden oder vorbestraft sind. Selbstredend ist es nicht vorgeschrieben, zuvor die Einwilligung der Betroffenen einzuholen, und diese können der Erfassung auch nicht widersprechen.

Dabei handelt es sich zwar um eine ausgesprochen reale Bedrohung der Privatsphäre, doch wenn Gesichtserkennungssysteme wohlgemerkt ordnungsgemäß und ethisch einwandfrei eingesetzt werden, sind sie eindeutig nützlich. Mithilfe der Technologie wurden bereits viele gefährliche Verbrecher aus dem Verkehr gezogen. Im Falle von Clearview würde ich zwar sagen, dass die Datenschutzproblematik eindeutig schwerer wiegt als der potenzielle Nutzen, doch die App hat dennoch zur Verhaftung gefährlicher Krimineller geführt und sich bei der Ermittlung von Sexualstraftätern und Verbreitern von Kinderpornografie als besonders effektiv erwiesen. An öffentlichen Orten eingesetzte Gesichtserkennungssysteme können ebenfalls realen Nutzen bieten, weil sie die Kriminalitätsraten senken. Die Londoner Metropolitan Police hat nicht Unrecht, wenn sie sagt: „Wir möchten alle in einer sicheren Stadt leben und arbeiten: Die Öffentlichkeit erwartet von uns, dass wir allgemein verfügbare Technologie einsetzen, um Verbrechen zu verhindern."[44]

Sogar eine verbreitete Überwachung, wie sie in China stattfindet und aus westlicher Sicht eindeutig als repressiv gilt, wird von der chinesischen Bevölkerung nicht unbedingt negativ wahrgenommen. Viele Bürger Xiangyangs finden das System zur Ahndung von Verstößen gegen die Verkehrsregeln sehr gut, weil es funktioniert und die Gefahrenlage an vordem unfallträchtigen Kreuzungen entschärft hat. Ich habe persönlich mit etlichen Menschen gesprochen, die in China leben, und dabei immer wieder festgestellt, dass sie sich besser vor Kriminalität geschützt fühlen. Vor allem Eltern kleiner Kinder leben beruhigter. Die potenzielle Bedeutung dieses Sachverhalts ist nicht zu unterschätzen. Sich im eigenen Viertel sicher zu fühlen, ist den meisten Menschen sehr wichtig und fördert die körperliche und seelische Gesundheit. In diesem Bereich dürfte China die Vereinigten Staaten vielfach bereits überholt haben.

Ein sicheres Umfeld ist vor allem für Kinder wichtig. Jonathan Haidt, Autor und Professor an der New York University, spricht sich vehement für eine lockerere Erziehung aus. Haidt zufolge ist in den Vereinigten Staaten eine Kultur entstanden, die Kinder gefährlich überbehütet und sie vermutlich wichtiger Möglichkeiten beraubt, unbeobachtet Erfahrungen zu machen, die ihnen helfen, sich zu selbstbewussten Erwachsenen zu entwickeln.[45] Dass kleinere Kinder zu Fuß zur Schule gehen oder unbeaufsichtigt im nahegelegenen Park spielen, ist für die meisten amerikanischen Eltern undenkbar und mancherorts sogar verboten. Ich gehe davon aus, dass Kinder in China den übergriffigen Orwell'schen Staat kaum wahrnehmen. Sie wissen aber, dass sie zur Schule laufen oder im Park spielen können.

Es wäre schon hochgradig ironisch, wenn Chinas repressives Überwachungssystem am Ende zumindest für die jüngsten Bürger auch seine guten Seiten hätte. Vielleicht bringt es ja sogar mit der Zeit eine abenteuerlustige, innovationsfreudigere Generation junger Menschen hervor. Niemand wünscht sich das chinesische System in den Vereinigten Staaten, doch soweit KI-gestützte Überwachungstechnologien Kriminalität verringern und ein sicheres Umfeld schaffen können, sollte das Für und Wider sorgfältig abgewogen werden.

Gesichtserkennung kann einer Gesellschaft zwar faktischen Nutzen bringen, doch es kommt unbedingt darauf an, dass die Technologie fair eingesetzt wird und auf alle demografischen Gruppen dieselbe Wirkung hat. Darin liegt aber ein großes Problem. Eine ganze Reihe von Studien belegt einhellig, dass Gesichtserkennungssysteme gewisse ethnische und geschlechtsbedingte Vorurteile aufweisen. Dabei handelt es sich natürlich keinesfalls um Algorithmen, die gezielt dafür konzipiert sind, bestimmte Bevölkerungsgruppen auszusondern wie in China die Uiguren, sondern vielmehr um eine Folge der vorherrschend weißen männlichen Gesichter aus den Datensätzen, die zur Schulung der Deep-Learning-Algorithmen herangezogen wurden. Ein häufig eingesetzter Datensatz enthielt zu 83 Prozent weiße und zu 77 Prozent männliche Gesichter.[46] Die Problematik manifestiert sich gewöhnlich darin, dass die Wahrscheinlichkeit „falsch positiver" Ergebnisse für Gesichter von People of Color oder Frauen höher ausfällt. Das bedeutet, dass Frauen und People of Color häufiger falsch zugeordnet werden.

2018 verglich die American Civil Liberties Union Bilder aller 583 Angehörigen des US-Kongresses mit einer großen Datenbank, die bei Verhaftungen entstandene erkennungsdienstliche Fotos enthielt. Die ACLU setzte dafür das Rekognition-System ein, das Amazon Web Services zur Verfügung stellt und das sich bei Strafverfolgungsbehörden wachsender Beliebtheit erfreut, weil es so kostengünstig ist. Die ACLU konnte ihr Experiment für nur 12 US-Dollar durchführen. Das System wies 28 Kongressmitglieder als Häftlinge aus, die in der Verbrecherkartei erfasst sind. Wenn wir davon ausgehen, dass keiner von diesen in das Repräsentantenhaus oder den Senat gewählt wurde, waren das also alles falsch-positive Ergebnisse. Neben der hohen Fehlerquote als solcher erregte vor allem der Umstand Besorgnis, dass die vom System ausgeworfenen falsch-positiven Ergebnisse in besonders hohem Maße nicht-weiße Kongressmitglieder betrafen. Im Kongress sind People of Color mit rund 20 Prozent vertreten, von den falsch zugeordneten Fotos entfielen auf sie aber 39 Prozent. Amazon reagierte auf die Studie mit dem Einwand, die ACLU habe das System nicht richtig konfiguriert, weil sie die voreingestellte Konfidenzschranke von 80 Prozent für Treffer verwendet habe statt einer besser geeigneten von 95 Prozent. Die ACLU merkte dazu aber an, dass Amazon keine konkreten Hinweise zur den korrekten Einstellungen gebe und viele Strafverfolgungsbehörden daher vermutlich ebenfalls mit den Standardwerten arbeiteten.[47]

Eine größer angelegte Studie des National Institute of Standards and Technology (NIST), das unter dem Dach des US-Handelsministeriums angesiedelt ist, wurde 2019 durchgeführt. Das NIST bewertete 189 Gesichtserkennungssysteme von 99 verschiedenen Unternehmen.[48] Die Studie ergab, dass fast ausnahmslos europäische Gesichter die wenigsten falsch-positiven Ergebnisse erzeugten, afrikanische und asiatische Gesichter dagegen deutlich mehr. Eine Ausnahme bildeten erwartungsgemäß die von chinesischen Anbietern entwickelten Algorithmen, die für ostasiatische Gesichter die zuverlässigsten Ergebnisse lieferten. Generell arbeiteten die Systeme auch bei Männergesichtern verlässlicher als bei Frauengesichtern, wenngleich der Unterschied nicht so eklatant ausfiel wie für verschiedene ethnische Gruppen.

Bei Angehörigen nicht-weißer Ethnien war der Unterschied erheblich. So war die Wahrscheinlichkeit eines falsch-positiven Ergebnisses für eine schwarze Person über hundertmal so hoch wie für eine weiße. Das heißt, ein Afroamerikaner wird hundertmal so oft fälschlicherweise als potenzieller Straftäter auffallen und deshalb behelligt, belästigt oder vielleicht sogar verhaftet werden. Das entspricht im Grunde einer digitalen Version des Afroamerikanern bereits vertrauten realweltlichen Szenarios, dass ihnen das Sicherheits- oder Verkaufspersonal im Einzelhandel ungerechtfertigt viel Aufmerksamkeit schenkt.

Theoretisch sollte sich dieses Problem ganz einfach lösen lassen, indem bei den Trainingsdaten auf eine größere Diversität der Gesichter geachtet wird. Die Unternehmen, die Gesichtserkennungssysteme entwickeln, haben aber oft Probleme, auf ethisch einwandfreie Art und ohne Einwilligung bezogene hochwertige Bilder nicht-weißer Gesichter aufzutreiben – also solche, die nicht durch Methoden wie Extraktion aus dem Internet beschafft wurden wie es bei Clearview der Fall war.[49] Lösungen für dieses Problem werfen mitunter ganz eigene Fragen auf. In diesem Bereich können sich Unternehmen, die bereit sind, ethische Grenzen auszutesten, manchmal Vorteile verschaffen. 2018 schloss das chinesische Einhorn-Unternehmen CloudWalk einen umstrittenen Vertrag mit der Regierung von Simbabwe, für das Land ein umfassendes Gesichtserkennungssystem aufzubauen. Vereinbart ist, dass CloudWalk Zugriff auf Fotos simbabwischer Bürger erhält und diese dann nutzen kann, um seine Algorithmen für maschinelles Lernen zu trainieren. Die resultierenden Systeme könnten potenziell überall auf der Welt eingesetzt werden – natürlich ohne Wissen oder Einwilligung der Bürger Simbabwes.[50]

Solche Fragen sowie der Fall Clearview machen deutlich, dass die Gesichtserkennung nicht der unregulierten Privatwirtschaft überlassen werden darf. Die Technologie muss unbedingt reguliert und beaufsichtigt werden. Hätte die *New York Times* nicht aufgedeckt, was das Unternehmen tut, wäre die Clearview-Technologie womöglich ohne jede Aufsicht in die Öffentlichkeit gelangt, lange bevor sich allgemein das Bewusstsein dafür geschärft hätte, wie sie den Datenschutz gefährdet. Allermindestens brauchen wir klare Vorschriften, um sicherzustellen, dass alle eingesetzten Algorithmen fair arbeiten, aber auch Sicherungsmechanismen, die verhindern, dass der Einsatz der Überwachungssysteme gegen den Schutz der Daten der gesamten Bevölkerung verstößt.

Solange es noch keine allgemeingültigen Standards gibt, haben manche Rechtsräume wie San Francisco bereits die Initiative ergriffen und untersagen die Verwendung von Gesichtserkennungstechnologie durch Strafverfolgungs- und Kommunalbehörden komplett. Für die Privatwirtschaft gilt das aber nicht. Wie in China wird es immer üblicher , dass Gesichtserkennung in großen Wohnanlagen als Zutrittsmechanismus verwendet wird. Manche Bewohner haben bereits dagegen geklagt, weil sie darin einen Eingriff in ihre Privatsphäre sehen. Einzelhändler sind bei der Verwendung dieser Technik nur wenig reglementiert. Wir brauchen eindeutig Vorschriften auf nationaler Ebene, die die Grundregeln für den öffentlichen ebenso wie den privaten Einsatz der Systeme festlegen. Die Einstellungen zu Datenschutz, Überwachung und Bedeutung der öffentlichen Sicherheit sind unterschiedlich, und sehr wahrscheinlich werden einzelne Länder, Regionen und Kommunen auch unterschiedlich kompromissbereit sein, wenn es um den Mehrwert geht, den Gesichtserkennung und andere KI-gestützte Überwachungstechnologien bei der Gefährdungsvermeidung versprechen. In demokratischen Gesellschaften sollte es dazu einen transparenten Prozess unter öffentlicher Beteiligung geben, und die Technologie muss von bestimmten Grundprinzipien geregelt werden, die die Rechte aller Beteiligten schützen.

Die ausgesprochen realistische Möglichkeit eines KI-Wettrüstens mit China, beispiellose Gefährdungen der Privatsphäre Einzelner und neue Formen der Diskriminierung sind nur ein paar der Gefahren, die sich abzeichnen, wenn die Technologie der künstlichen Intelligenz unablässig weitere Fortschritte macht. Im folgenden Kapitel betrachten wir manche der naturgemäß mit KI verbundenen Risiken aus einer breiteren Perspektive und sprechen darüber, auf welche Gefahren wir unmittelbar eingehen müssen, und welche eher spekulative Bedenken darstellen, die womöglich erst in ferner Zukunft akut werden.

KAPITEL 8

Die Risiken der KI

Es ist Anfang November. In zwei Tagen finden in den Vereinigten Staaten Präsidentschaftswahlen statt. Die demokratische Kandidatin hat im Laufe ihrer Karriere viel für Bürgerrechte und mehr Schutz für Randgruppen gekämpft. Ihre Bilanz zu diesem Thema erscheint makellos. Entsprechend groß ist der Schock, als in den sozialen Medien die Tonaufzeichnung eines privaten Gesprächs der Kandidatin auftaucht und sofort viral geht. In dem Gespräch verwendet sie nicht nur eindeutig rassistische Formulierungen, sondern gibt offen zu, dass ihr Erfolg im Leben auf ihrer Scheinheiligkeit beruhe, und lacht sogar noch darüber.

Eine Stunde nach dem Erscheinen des Clips dementiert die Kandidatin energisch dessen Echtheit. Niemand, der sie persönlich kennt, traut ihr diese Aussagen zu, und Dutzende geben ihr Rückhalt. Alle, die ihr Glauben schenken, müssen sich aber einer höchst unbequemen Wahrheit stellen: *Es ist ihre Stimme.* Zumindest klingt es für praktisch jedes menschliche Ohr so, als habe sie gesprochen. Die typische Art, wie sie bestimmte Wörter und Sätze ausspricht, ihr Tonfall – alles deutet auf die Frau hin, die den Erwartungen der Mehrheit nach bald designierte Präsidentin der Vereinigten Staaten werden soll.

Die Tonaufnahme schlägt im Internet ein wie eine Bombe und wird im Kabelfernsehen wieder und wieder abgespielt. Bald greift im Social-Media-Universum Verwirrung und Empörung um sich. Um sich die Nominierung zu sichern, musste die Kandidatin bei den Vorwahlen mit harten Bandagen kämpfen. Prompt fordern ein paar verärgerte Anhänger anderer Bewerber, sie solle das Feld räumen.

Das Wahlkampfteam beauftragt unverzüglich ein Expertengremium damit, die Tonaufnahme unabhängig zu prüfen. Nach einem Tag intensiver Analysen erklären die Fachleute, bei der Aufnahme handele es sich vermutlich um ein sogenanntes „Deepfake" – erzeugt von Algorithmen des maschinellen Lernens, die intensiv mit Beispielen für die Sprechweise der Kandidatin gefüttert wurden. Seit Jahren wird vor Deepfakes gewarnt. Bisher hat es aber lediglich rudimentäre, leicht als Fälschungen erkennbare Präzedenzfälle gegeben. Diesmal ist das anders: Der Stand der Technik hat sich eindeutig weiterentwickelt. Selbst die Fachleute können nicht mehr mit absoluter Sicherheit sagen, dass es sich bei der Aufnahme um eine Fälschung handelt, nicht um eine authentische Wiedergabe.

Aufgrund der Feststellungen der Expertengruppe gelingt es dem Wahlkampfteam, die meisten Onlinekopien der Audiodatei zu löschen. Doch da haben Millionen Menschen die Aufnahme bereits gehört. So kurz vor dem Wahlabend stellen sich deshalb verschiedene entscheidende Fragen: Hat auch jeder, der die Aufnahme gehört hat, mitbekommen, dass sie gefälscht ist? Können Wähler, die erfahren, dass es sich bei der Aufnahme um eine Fälschung handelt, so tun, als hätten sie die schlimmen Worte nicht gehört, die sich inzwischen unauslöschlich in ihr Gedächtnis eingegraben haben – vor allem, wenn sie einer der Bevölkerungsgruppen angehören, um die es in dem Gespräch ging? Wird die Audioaufnahme die Wahlbeteiligung in den Gruppen verringern, auf die die demokratische Kandidatin besonders angewiesen ist? Sollte sie die Wahl verlieren, wird dann eine Mehrheit amerikanischer Bürger der Meinung sein, sie sei ihr gestohlen worden? Was hat das für Folgen?

Das geschilderte Szenario ist natürlich frei erfunden, doch etwas Ähnliches könnte durchaus passieren – vielleicht schon in den nächsten Jahren. Sollten Sie daran Zweifel haben, bedenken Sie, dass die Cybersicherheitsfirma Symantec im Juli 2019 meldete, drei ungenannte Unternehmen seien bereits von Kriminellen mithilfe von Audio-Deepfakes um Millionen Dollar erleichtert worden.[1] In allen drei Fällen gelang dies den Tätern, indem sie KI-generierte Tonaufnahmen von der Stimme des CEO dazu verwendet hatten, ein Telefongespräch zu fingieren, indem Beschäftigte der Finanzabteilung angewiesen wurden, Geld auf ein unrechtmäßiges Konto zu überweisen. Von CEOs stehen – wie von der erwähnten imaginären Präsidentschaftskandidatin – in aller Regel eine Fülle von Audiodaten (aus Reden, Fernsehauftritten et cetera) online zur Verfügung, mit denen Algorithmen des maschinellen Lernens geschult werden können. Noch ist die Technik nicht so weit, dass eine wirklich gute Tonqualität erzeugt werden kann, weshalb die Täter in den beschriebenen Fällen bewusst Hintergrundgeräusche (wie Verkehrslärm) einspielten, um kleine Schönheitsfehler zu übertönen. Doch die Qualität von Deepfakes wird in den kommenden Jahren sicherlich noch sehr viel besser werden. Irgendwann ist dann der Punkt erreicht, an dem sich praktisch nicht mehr unterscheiden lässt, was echt ist und was gefälscht.

Die böswillige Verwendung von Deepfakes, die nicht nur Ton, sondern auch Fotos, Videos und sogar zusammenhängenden Text erzeugen können, ist nur eines der großen Risiken, mit denen wir konfrontiert sind, wenn sich künstliche Intelligenz weiterentwickelt. Aus dem Vorkapitel wissen wir, wie KI-gestützte Überwachungs- und Gesichtserkennungstechnologien das ureigene Konzept vom Schutz der Privatsphäre vernichten und uns in eine Orwell'sche Zukunft befördern könnten. In diesem Kapitel befassen wir uns genauer mit verschiedenen maßgeblichen Bedenken, die aufkommen dürften, wenn KI immer leistungsfähiger wird.

WAS IST ECHT, WAS ILLUSION? DEEPFAKES UND IHRE GEFAHREN FÜR DIE SICHERHEIT

Deepfakes liegt häufig eine Innovation im Deep Learning zugrunde: „General Adversarial Networks", kurz GANs. Solche GANs setzen quasi spielerisch zwei konkurrierende tiefe neuronale Netze ein. Dadurch wird das System gnadenlos dazu getrieben, simulierte Medien von immer besserer Qualität zu produzieren. So würde sich ein GAN, das dazu dienen soll, falsche Fotos zu erzeugen, aus zwei integrierten tiefen neuronalen Netzen zusammensetzen. Das erste, der „Generator", bringt gefälschte Bilder hervor. Das zweite Netz, das anhand von Datensätzen aus echten Fotos geschult ist, wird als „Diskriminator" bezeichnet. Die vom Generator erzeugten Bilder werden mit echten Fotos gemischt und in den Diskriminator eingespeist. Die beiden Netze interagieren fortlaufend und treten in einen Wettbewerb, bei dem der Diskriminator jedes vom Generator produzierte Foto bewertet und entscheidet, ob es echt oder gefälscht ist. Der Generator verfolgt das Ziel, den Diskriminator zu täuschen, indem er ihm falsche Fotos unterjubelt. Während die beiden Netze ihren iterativen Wettstreit fortsetzen, wird die Bildqualität immer besser, bis das System eine Art Gleichgewicht erreicht. Dann kann der Diskriminator nur noch raten, ob die analysierten Bilder authentisch sind oder nicht. Diese Methode bringt erstaunlich eindrucksvolle fingierte Bilder hervor. Suchen Sie ruhig im Internet nach „falschen GAN-Gesichtern". Sie werden auf zahlreiche Beispiele für hochauflösende Bilder stoßen, die Personen darstellen, die es überhaupt nicht gibt. Versuchen Sie, die Rolle des Diskriminator-Netzes zu übernehmen. Die Fotos wirken täuschend echt, sind aber eine Illusion – eine aus dem digitalen Äther heraufbeschworene Schimäre.

GANs wurden von einem Doktoranden der University of Montreal namens Ian Goodfellow erfunden. Goodfellow ging 2014 abends mit Freunden in die Kneipe. Sie sprachen über das Problem, ein Deep-Learning-System zu entwickeln, das Bilder von hoher Qualität erzeugen könnte. Nachdem er sich eine unbekannte Menge Bier einverleibt hatte, präsentierte Goodfellow das grundlegende Konzept eines Generative Adversarial Network, stieß damit aber auf größte Skepsis. Da ging Goodfellow nach Hause und setzte sich unverzüglich an seinen Rechner. Er kodierte ein paar Stunden lang, bis er das erste funktionierende GAN auf die Beine gestellt hatte. Diese Leistung sollte ihn in der Deep-Learning-Community zur Legende werden lassen. Yann LeCun, KI-Chefwissenschaftler bei Facebook, bezeichnet Generative Adversarial Networks als „coolsten Einfall im Deep Learning seit 20 Jahren".[2] Nachdem Goodfellow seine Promotion an der University of Montreal abgeschlossen hatte, arbeitete er für das Projekt Google Brain und OpenAI. Heute ist er Leiter für maschinelles Lernen bei Apple. Außerdem ist er Hauptautor des führenden universitären Lehrwerks für Deep Learning.

Für Generative Adversarial Networks gibt es viele positive Anwendungsmöglichkeiten. Insbesondere können synthetisierte Bilder oder sonstige Medien als Trainingsdaten für andere Systeme des maschinellen Lernens genutzt werden. Mithilfe eines GAN produzierte Bilder können beispielsweise verwendet werden, um die in selbstfahrenden Autos eingesetzten tiefen neuronalen Netze zu schulen. Es gab auch schon Anstöße, synthetisch erzeugte nicht-weiße Gesichter zu verwenden, um Gesichtserkennungssysteme so zu trainieren, dass das Problem der rassistischen Verzerrung gelöst werden könnte, wenn auf ethisch einwandfreie Weise keine hochwertigen Bilder echter People of Color zu beschaffen sind. In der Stimmsynthese können GANs eingesetzt werden, um Menschen, die ihre Sprachfähigkeit eingebüßt haben, ihre eigene Stimme computergeneriert zu ersetzen. So äußerte sich der mittlerweile verstorbene Stephen Hawking, nachdem er durch die neurodegenerative Erkrankung ALS (auch Lou-Gehrig-Syndrom) seine Stimme verloren hatte, mit einer charakteristischen synthetischen Computerstimme. Neuerdings wurde ALS-Patienten wie dem NFL-Spieler Tim Shaw ihre eigene Stimme zurückgegeben, indem Deep-Learning-Systeme mit Aufnahmen trainiert wurden, die vor dem Ausbruch der Krankheit entstanden.

Dass sich die Technologie auch böswillig einsetzen lässt, ist unausweichlich und, wie erste Indizien vermuten lassen, für viele tech-versierte Einzeltäter unwiderstehlich. Allgemein verfügbare Deepfake-Videos, die in humoristischer oder aufklärerischer Absicht erzeugt wurden, zeigen, was möglich ist. Im Netz finden Sie zahlreiche gefälschte Videos, in denen Prominente wie Mark Zuckerberg vorkommen und Dinge sagen, die sie sonst vermutlich nie in den Mund nehmen würden – zumindest nicht öffentlich. Eines der bekanntesten Beispiele stammt von dem Schauspieler und Comedian Jordan Peele, der als Imitator der Stimme von Barack Obama bekannt ist. Es entstand in Zusammenarbeit mit *BuzzFeed*. In Peeles Aufklärungsvideo im Dienste der Allgemeinheit, das der breiten Masse die drohende Gefahr durch Deepfakes bewusst machen soll, sagt Obama Dinge wie: „Präsident Trump ist ein absoluter, kompletter Vollidiot.“[3] In diesem Fall handelt es sich bei der Stimme um Peeles Obama-Imitation. Die eingesetzte Methode manipulierte ein echtes Video so, dass Präsident Obamas Lippenbewegungen zu dem passten, was Peele von sich gab. Früher oder später werden wir Videos zu sehen bekommen, in denen auch die Stimme ein Deepfake ist.

Mit einer besonders verbreiteten Deepfake-Technik wird das Gesicht eines Menschen digital auf die reale Videoaufnahme eines anderen übertragen. Nach Angaben des Start-up-Unternehmens Sensity (vormals Deeptrace), das Instrumente zum Erkennen von Deepfakes anbietet, wurden 2019 mindestens 15.000 Deepfakes online gestellt. Das entsprach einem Anstieg um 84 Prozent gegenüber dem Vorjahr.[4] Bei ganzen 96 Prozent dieser Fälschungen wurde dem Körper eines Pornostars in pornografischen Bildern oder Videos ein bekanntes Gesicht aufgesetzt.[5] Betroffen waren fast nur Frauen. Prominente wie Taylor Swift und Scarlett Johansson standen besonders im

Fokus, doch diese Form des digitalen Missbrauchs könnte sich irgendwann gegen praktisch jede(n) richten – vor allem, wenn die Technologie Fortschritte macht und die Werkzeuge zur Produktion von Deepfakes breiter verfügbar und anwenderfreundlicher werden.

Da die Deepfakes unaufhaltsam immer besser werden, erscheint es praktisch unvermeidlich, dass die Gefahr durch gefälschte Audio- oder Videomedien wirklich disruptive Ausmaße annimmt. Wie die an den Anfang des Kapitels gestellte frei erfundene Anekdote zeigt, könnte ein hinlänglich überzeugendes Deepfake buchstäblich den Lauf der Geschichte verändern. Politischen Akteuren, ausländischen Regierungen oder auch schlitzohrigen Teenagern könnten in Kürze bereits die Mittel zur Verfügung stehen, solche Fälschungen zu erzeugen. Das sollte aber nicht nur Politikern und Prominenten zu denken geben. Im Zeitalter der viralen Videos, der Bloßstellung in sozialen Medien und der „Cancel Culture" kann praktisch jeder zur Zielscheibe werden und riskiert, dass seine Karriere und sein Leben von einem Deepfake zerstört werden. Weil ihre Geschichte von Rassenhass geprägt ist, könnten die Vereinigten Staaten besonders anfällig für orchestrierte soziale und politische Disruption sein. Wir haben schon erlebt, wie virale Videos, die brutales Vorgehen von Polizeibeamten zeigen, absolut zeitnah zu Massenprotesten und sozialen Unruhen führen können. Es ist keinesfalls auszuschließen, dass irgendwann – möglicherweise von einem ausländischen Geheimdienst – ein so brisantes Video fabriziert wird, dass sich das ganze gesellschaftliche Gefüge auflöst.

Neben Video- oder Audiodateien, die in aggressiver oder disruptiver Absicht veröffentlicht werden, bieten sich allen, die nur auf Geld aus sind, ebenfalls quasi grenzenlose illegale Möglichkeiten. Kriminelle werden es darauf anlegen, die Technologie zu allen möglichen Zwecken einzusetzen, vom Finanz- und Versicherungsbetrug bis hin zur Aktienmarktmanipulation. Ein Video von einer Falschaussage oder einem Fehlverhalten des CEO eines Unternehmens würde dessen Aktienkurs vermutlich ins Rutschen bringen. Deepfakes werden auch dem Rechtssystem Knüppel zwischen die Beine werfen. Gefälschte Medien könnten als Beweisstücke vorgebracht werden, und irgendwann leben Richter und Geschworene womöglich in einer Welt, in der des schwierig oder gar unmöglich ist, sicher zu sagen, ob das, was man mit eigenen Augen sieht, auch wirklich wahr ist.

Natürlich arbeiten kluge Köpfe daran, diese Probleme zu lösen. So vertreibt beispielsweise die Firma Sensity Software, die angeblich die meisten Deepfakes entlarven kann. Doch mit zunehmendem technischem Fortschritt wird es unweigerlich zu einem Rüstungswettlauf kommen – ähnlich wie zwischen den Entwicklern neuer Computerviren und den Unternehmen, die Software anbieten, um sich davor zu schützen. Und in diesem Wettlauf sind die Bösen vermutlich immer mindestens einen kleinen Schritt voraus. Ian Goodfellow glaubt nicht, dass es uns gelingen wird, festzustellen, ob ein Bild echt oder gefälscht ist, indem wir einfach „auf die Pixel schauen".[6] Stattdessen werden wir uns früher oder später bei Fotos und Videos auf Authentifizierungsmechanismen wie kybernetische Signaturen verlassen müssen. Vielleicht wird eines Tages jede Kamera und jedes Handy in jedwede Art von Aufnahme eine digitale Signatur einbetten. Es gibt bereits ein Start-up-Unternehmen namens Truepic, das eine App anbietet, die genau das kann. Zu seinen Kunden zählen große Versicherungsgesellschaften, die sich bei der Dokumentation von Wertgegenständen ihrer Kunden, von Gebäuden bis zu Schmuck oder anderen Wertsachen, auf Fotos stützen, die die Versicherten einsenden.[7] Goodfellow geht jedoch davon aus, dass es letztlich wohl keine absolut sichere technische Lösung für das Deepfake-Problem geben wird. Vielmehr werden wir lernen müssen, mit einer neuen, nie dagewesenen Realität zu leben, in der alles, was wir sehen und hören können, eine Illusion sein kann.

Während Deepfakes Menschen täuschen sollen, geht es bei einem verwandten Problem darum, in böser Absicht Daten zu fälschen, mit denen sich Algorithmen des maschinellen Lernens austricksen oder fremdsteuern lassen. Bei solchen feindlichen Übergriffen bewirken speziell zu diesem Zweck konzipierte Eingabedaten, dass ein System des maschinellen Lernens Fehler macht, die es dem Angreifer ermöglichen, bestimmte Ausgaben hervorzurufen. Im Falle des maschinellen Sehens wird zu diesem Zweck etwas im Gesichtsfeld platziert, das die Interpretation des Bilds durch das neuronale Netz verzerrt. Bei einem bekannten Beispiel nahmen Wissenschaftler das Foto eines Pandas, welches ein Deep-Learning-System mit einem Konfidenzniveau von rund 58 Prozent korrekt erkennen konnte, und unterlegten es gezielt mit „visuellem Rauschen". Das System fiel prompt darauf herein und war sich zu über 99 Prozent sicher, dass es sich nicht um einen Panda, sondern um einen Gibbon handelte.[8] In einer besonders ernüchternden Demonstration wurde nachgewiesen, dass es genügt, ein Stoppschild mit vier kleinen schwarz-weißen rechteckigen Stickern zu versehen, um einem Bilderkennungssystem, wie es in selbstfahrenden Autos eingesetzt wird, vorzugaukeln, das Schild zeige eine Geschwindigkeitsbegrenzung auf 45 Meilen pro Stunde an.[9] Ein solches Manöver könnte ohne Weiteres lebensbedrohliche Folgen haben. Einem menschlichen Beobachter wären die dem Bild heimlich beigegebenen Informationen in beiden Fällen womöglich gar nicht aufgefallen. Ganz sicher hätte er sich davon nicht beirren lassen. Das zeigt meines Erachtens sehr anschaulich, wie oberflächlich und spröde das Verständnis tatsächlich ist, das sich in den tiefen neuronalen Netzen von heute bildet.

Feindliche Übergriffe werden in der Welt der KI-Forscher ernst genommen und gelten als kritischer Schwachpunkt. Ian Goodfellow hat sogar einen Großteil seiner wissenschaftlichen Laufbahn der Untersuchung von Sicherheitsproblemen bei Systemen des maschinellen Lernens und der Entwicklung potenzieller Sicherungsmechanismen gewidmet. Ein KI-System aufzubauen, das widerstandsfähig gegen solche Übergriffe ist, ist kein leichtes Unterfangen. Ein Ansatz setzt auf sogenanntes „Adversarial Learning", bei dem den Trainingsdaten bewusst feindliche Beispiele beigemischt werden in der Hoffnung, dass das neuronale Netz dann in der Lage ist, Angriffe zu erkennen, wenn diese auftreten, nachdem das System in Betrieb genommen wurde. Wie bei Deepfakes dürfte es jedoch zu einem ständigen Wettrüsten mit den Angreifern kommen, die stets im Vorteil sind. Wie es Goodfellow formuliert, hat „noch keiner einen wirklich leistungsfähigen Verteidigungsalgorithmus entwickelt, der sich gegen viele verschiedene Beispiele für feindliche Angriffsalgorithmen wehren kann".[10]

Die „Adversarial Attacks" sind ein Phänomen, das ganz spezifisch Systeme des maschinellen Lernens betrifft, werden aber zu den wichtigeren Punkten auf der Liste mit Schwachstellen von Computern gehören, die von Cyberkriminellen, Hackern oder ausländischen Geheimdiensten ausgenutzt werden können. Mit zunehmendem Einsatz künstlicher Intelligenz und der immer stärkeren Vernetzung zwischen Geräten, Maschinen und Infrastruktur durch das Internet der Dinge erhalten Sicherheitsprobleme eine ganz andere Tragweite – und Cyberangriffe werden mit größter Sicherheit häufiger vorkommen. Die breitere Verwendung von KI wird unweigerlich autonomere Systeme hervorbringen, in die weniger Menschen zwischengeschaltet sind, und solche Systeme entwickeln sich zu immer attraktiveren Zielen für Cyberattacken. Stellen Sie sich zum Beispiel vor, dass eines Tages selbstfahrende Laster Lebensmittel, Medikamente und wichtige Bedarfsgegenstände liefern. Ein Angriff, der diese Fahrzeuge stoppen oder auch nur länger aufhalten würde, könnte schnell lebensbedrohliche Folgen haben.

Im Grunde läuft es darauf hinaus, dass die verstärkte Verfügbarkeit künstlicher Intelligenz und unsere wachsende Abhängigkeit von dieser Technologie mit systemischen Sicherheitsrisiken einhergehen, zu denen die Bedrohung kritischer Infrastruktur und Systeme gehört, aber auch die Gefährdung unserer Gesellschaftsordnung, unserer Wirtschaft und unserer demokratischen Institutionen. Ich möchte behaupten, dass Sicherheitsrisiken auf kürzere Sicht sogar die größte Einzelgefahr darstellen, die mit dem Aufkommen künstlicher Intelligenz verbunden ist. Aus diesem Grund ist es so wichtig, dass wir in Forschung investieren, die auf die Entwicklung robuster KI-Systeme ausgerichtet ist, und dass wir eine effektive Koalition zwischen Staat und kommerziellem Sektor bilden, um die entsprechenden Vorschriften und Sicherungsmechanismen zu entwickeln, bevor kritische Schwachstellen entstehen.

TODBRINGENDE AUTONOME WAFFEN

In einem koordinierten Angriff schwärmen Hunderte von Mini-Drohnen durch das US-Kapitol. Mithilfe von Gesichtserkennungstechnologie orten sie bestimmte Personen und fliegen mit hoher Geschwindigkeit auf sie zu. Sie verüben gezielte Kamikaze-Anschläge mit kleinen Sprengkörpern, die genauso effektiv töten wie eine Kugel. Im Kapitol herrscht absolutes Chaos. Wie sich später herausstellt, gehören alle Opfer unter den Kongressmitgliedern einer bestimmten politischen Partei an.

Das ist nur eine der schrecklichen Szenen aus dem Kurzfilm *Slaughterbots* aus dem Jahr 2017.[11] Das Video, das vor der drohenden Gefahr tödlicher autonomer Waffen warnen soll, wurde von einem Team produziert, das mit Stuart Russell zusammenarbeitete. Der Informatikprofessor von der University of California, Berkeley, fokussiert sich angesichts der laufenden Fortschritte der Technologie beruflich in letzter Zeit stark auf die der künstlichen Intelligenz innewohnenden Risiken. Russell geht davon aus, dass todbringende autonome Waffen, die die Vereinten Nationen als Waffen definieren, welche „Zielpersonen ohne menschliches Zutun lokalisieren, auswählen und eliminieren können“[12] als neuartige Massenvernichtungswaffen eingestuft werden sollten. Das heißt, dass diese KI-betriebenen Waffensysteme letztlich ebenso disruptiv und destabilisierend sein könnten wie Chemie-, Bio- oder auch Atomwaffen.

Diese Argumentation stützt sich hauptsächlich darauf, dass die potenzielle zerstörerische Wirkung solcher Waffen extrem skalierbar wird, sobald sie nicht mehr direkt von Menschen gesteuert und zum Töten autorisiert werden. Jede Drohne könnte zur Waffe werden, und man könnte Hunderte davon gleichzeitig starten. Solange Drohnen ferngesteuert werden, braucht man aber auch Hunderte von Menschen, um sie zu fliegen. Sind sie dagegen vollständig autonom, könnte ein kleines Team mit einem riesigen Drohnenschwarm ein unvorstellbares Gemetzel anrichten. Wie mir Russell erklärte: „Jemand könnte einen Angriff durchführen, bei dem fünf Personen in einem Leitstand 10.000.000 Waffen starten und alle männlichen Einwohner eines Landes im Alter zwischen 12 und 60 Jahren töten. Sie sind also als Massenvernichtungswaffen einsetzbar, weil sie die Eigenschaft haben, skalierbar zu sein."[13] Da Gesichtserkennungsalgorithmen auf der Grundlage der Ethnie, des Geschlechts oder des Schmucks diskriminieren können, sind ohne Weiteres echte Horrorszenarien denkbar – mit automatischen ethnischen Säuberungen oder Massenmorden an politischen Gegnern, ausgeführt mit vordem unvorstellbarer Skrupellosigkeit und Geschwindigkeit.

Selbst wenn wir die wirklich dystopischen Möglichkeiten einmal beiseitelassen und davon ausgehen, dass die Technologie strikt auf legitime militärische Einsätze beschränkt würde, wecken autonome Waffen dennoch kritische ethische Bedenken. Ist es moralisch akzeptabel, einer Maschine die Möglichkeit zu geben, einem Menschen eigenständig das Leben zu nehmen – selbst wenn das den Wirkungsgrad verbessern und dadurch die Gefahr von Kollateralschäden für Unbeteiligte verringern könnte? Und wenn keine direkte Steuerung durch den Menschen vorliegt, wer kann dann zur Rechenschaft gezogen werden, wenn Menschen infolge eines Fehlers verletzt werden oder ihr Leben verlieren?

Das Risiko, dass die Technologie, an der sie arbeiten, in solchen Waffen eingesetzt werden könnte, erregt die Gemüter vieler Wissenschaftler, die sich mit künstlicher Intelligenz befassen. Über 4.500 Personen sowie Hunderte von Unternehmen, Organisationen und Universitäten haben offene Briefe unterzeichnet, in denen sie ihre Absicht erklären, nie an autonomen Waffen mitzuwirken, und ein generelles Verbot dieser Technologie fordern. Es läuft eine Initiative bei der United Nations Convention on Conventional Weapons, vollständig autonome Killermaschinen ähnlich zu ächten wie die bereits verbotenen Chemie- und Biowaffen. Der Erfolg lässt jedoch zu wünschen übrig. Der Campaign to Stop Killer Robots zufolge – einer Gruppierung, die sich für ein Verbot durch die Vereinten Nationen einsetzt –, haben zum Stand von 2019 29 überwiegend kleinere oder in der Entwicklung befindliche Länder offiziell ein vollständiges Verbot autonomer Waffentechnologie gefordert. Die großen Militärmächte aber sind nicht mit an Bord. Eine Ausnahme bildet China, das allerdings mit dem Vorbehalt unterzeichnet hat, es wolle lediglich den Einsatz der Waffen als solchen untersagen, ihre Entwicklung und Produktion aber zulassen.[14] Die Vereinigten Staaten und Russland haben sich beide gegen ein Verbot ausgesprochen. Dass solche Waffen in absehbarer Zeit komplett geächtet werden, ist daher unwahrscheinlich.[15]

Meine Ansicht dazu ist eher pessimistisch. Die Wettbewerbsdynamik und das mangelnde Vertrauen zwischen maßgeblichen Ländern lässt in meinen Augen zumindest die Entwicklung vollautonomer Waffensysteme als quasi gesichert erscheinen. Tatsächlich arbeiten alle Waffengattungen des US-Militärs sowie Nationen wie Russland, China, das Vereinigte Königreich und Südkorea aktiv an der Entwicklung schwarmfähiger Drohnen.[16] Ebenso setzt die U.S. Army bewaffnete Roboter ein, die aussehen wie kleine Panzer.[17] Die Air Force entwickelt angeblich unbemannte KI-gesteuerte Kampfjets, die in der Lage sind, im Luftkampf von Menschen geflogene Maschinen zu besiegen.[18] Auch China, Russland, Israel und andere Länder setzen ähnliche Technologien ein oder arbeiten daran.[19]

Vorerst haben die Vereinigten Staaten und andere große Militärmächte zugesichert, dass stets ein Mensch zwischengeschaltet wird und dass eine konkrete Genehmigung erforderlich ist, bevor solche Maschinen zu einem Angriff übergehen, der Menschenleben kosten könnte. In Wirklichkeit bringt volle Automatisierung auf dem Schlachtfeld aber enorme taktische Vorteile. Kein Mensch kann so schnell reagieren und Entscheidungen treffen wie eine künstliche Intelligenz. Sobald ein Land gegen das aktuelle inoffizielle Verbot vollständiger Autonomie verstößt und solche Kapazitäten einsetzt, müsste jede konkurrierende Militärmacht unverzüglich nachziehen, wenn sie keinen entscheidenden Nachteil erleiden will. Die Angst, ins Hintertreffen zu geraten, dürfte ein Hauptgrund dafür sein, dass die USA, China und Russland einem offiziellen Verbot der Entwicklung und Herstellung autonomer Waffensysteme so ablehnend gegenüberstehen.

Einen Vorgeschmack auf potenzielle künftige Entwicklungen kann uns meiner Ansicht nach ein Blick auf eine andere Art der Kriegführung vermitteln: der ständige Kampf KI-gestützter Handelssysteme an der Wall Street. An den großen Börsen dominiert der algorithmische Handel mittlerweile das Tagesgeschäft – mit einem Anteil am Gesamthandelsvolumen in den Vereinigten Staaten von immerhin 80 Prozent. Schon 2013 befasste sich eine Gruppe von Physikern mit den Finanzmärkten und veröffentlichte im Fachblatt *Nature* einen Artikel, in dem es hieß, es gebe bereits „ein neues Ökosystem konkurrierender Maschinen mit ‚Crowds' räuberischer Algorithmen" und der algorithmische Handel entziehe sich womöglich schon heute der Kontrolle – und auch dem Verständnis – der Menschen, die die Systeme konzipiert hätten.[20] In diese Algorithmen sind inzwischen die neuesten Entwicklungen in der KI eingeflossen, ihr Einfluss auf die Märkte ist drastisch gestiegen und die Art und Weise, wie sie interagieren, noch unverständlicher geworden. So sind beispielsweise viele Algorithmen in der Lage, direkt Kanäle für maschinenlesbare Nachrichten anzuzapfen, wie sie von Unternehmen wie *Bloomberg* und *Reuters* zur Verfügung gestellt werden, und innerhalb von Sekundenbruchteilen auf der Grundlage der daraus bezogenen Informationen Handelsentscheidungen auszuführen. Beim kurzfristigen Blitzhandel hat kein Mensch mehr auch nur noch ansatzweise einen Durchblick, was da genau passiert, und keinerlei Aussicht, den Algorithmus auszutricksen. Für viele der kinetischen Konfrontationen auf dem Schlachtfeld dürfte das letztlich genauso gelten, wie ich vermute.

Selbst wenn autonome Kriegstechnologien ausschließlich von militärischen Großmächten eingesetzt werden, sind die Gefahren ausgesprochen real. Ein Kampf zwischen Robotern könnte so schnell ablaufen, dass Befehlshaber oder Spitzenpolitiker das weder richtig nachvollziehen noch die Situation deeskalieren können. Das Risiko, dass sich ein eher unbedeutender Zwischenfall ungewollt zu einem Krieg auswachsen könnte, ist demzufolge erheblich. Ein weiterer Grund zur Sorge: In einer Welt, in der Roboter gegen Roboter kämpfen und nur wenige Menschenleben unmittelbar auf dem Spiel stehen, könnten die Kosten eines Krieges als bedenklich gering wahrgenommen werden. In den Vereinigten Staaten ist das bereits ein Thema. Die Abschaffung der Wehrpflicht zugunsten einer reinen Freiwilligentruppe hat dazu geführt, dass nur noch sehr wenige Vertreter der gesellschaftlichen Elite ihre Kinder Dienst an der Waffe tun lassen. In der Folge riskieren die Allermächtigsten persönlich nur noch wenig. Von den direkten persönlichen Kosten militärischer Einsätze bleiben sie in aller Regel verschont. Diese Loslösung hat meiner Vermutung nach wesentlich zu den jahrzehntelangen Einsätzen der USA im Nahen Osten beigetragen. Springt eine Maschine in die Bresche und schützt dadurch das Leben eines Soldaten, ist das fraglos eine gute Sache. Wir dürfen aber keinesfalls zulassen, dass dieser Eindruck einer geringen Gefährdung unser kollektives Urteil trübt, wenn es um die Entscheidung geht, in den Krieg zu ziehen.

Die größte Gefahr besteht darin, dass rechtmäßige Regierungen und Truppen die Kontrolle über tödliche autonome Technologie verlieren könnten, wenn die Waffen erst einmal produziert sind. In diesem Fall könnten die Waffen schließlich von ähnlichen kriminellen Waffenhändlern weiterverkauft werden, die heute Terroristen, Söldner oder Schurkenstaaten mit Maschinengewehren und anderen Kleinwaffen beliefern. Wären autonome Waffen allgemein verfügbar, könnten die albtraumhaften Szenen aus dem Video *Slaughterbots* ohne Weiteres Wirklichkeit werden. Selbst wenn man solche Waffen nicht kaufen könnte, sind die Hürden für die Entwicklung der Technologie deutlich niedriger als bei anderen Massenvernichtungswaffen. Vor allem im Fall von Drohnen könnten dieselben für Anwendungen für den kommerziellen Gebrauch oder die Freizeitgestaltung gedachten problemlos erhältlichen Technologien und Komponenten zu Waffen umfunktioniert werden. Die Entwicklung von Atomwaffen ist selbst dann noch eine gewaltige Herausforderung, wenn die Ressourcen eines souveränen Staates zur Verfügung stehen. Einen kleinen Schwarm einsatzfähiger autonomer Drohnen können dagegen wenige Menschen in einem Keller entwickeln.

Ähnlich wie bei einem Virus gilt: Wird Technologie für autonome Waffen erst einmal freigesetzt, wird es sehr schwer werden, sich dagegen zu verteidigen oder sie einzudämmen. Das könnte durchaus ins Chaos führen.

Eine gängige Fehleinschätzung – mitunter begünstigt durch die Medien – wird dadurch befördert, dass wir das Schreckgespenst todbringender autonomer Waffen mit Science-Fiction-Szenarien verquicken, wie wir sie alle aus Filmen wie *Terminator* kennen. Dieser Fehlschluss lenkt uns gefährlich von den unmittelbaren Risiken ab, die solche Waffen bergen. Die Gefahr liegt nämlich nicht darin, dass sich die Maschinen irgendwie unserer Kontrolle entziehen und beschließen, uns aus eigenem Antrieb anzugreifen. Dazu wäre eine starke künstliche Intelligenz erforderlich, die, wie wir wissen, noch mindestens Jahrzehnte auf sich warten lassen wird. Wir sollten uns vielmehr Gedanken darüber machen, was Menschen wohl mit Waffen anstellen wollen, die nicht „intelligenter" sind als ein iPhone, die sich aber gnadenlos gut darauf verstehen, Ziele zu ermitteln, zu verfolgen und auszuschalten. Und dabei handelt es sich keinesfalls nur um ein Zukunftsproblem. Wie Stuart Russell im Schlusswort zum *Slaughterbots*-Video anmerkt, dramatisiert dieses „die Ergebnisse der Integration und Miniaturisierung von Technologien, über die wir bereits verfügen". Das heißt, es ist gut möglich, dass es in ein paar Jahren bereits solche Waffen gibt. Und für alle, die das verhindern wollen, „schließt sich das Handlungsfenster rasch".[21] In Anbetracht des Umstands, dass ein vollständiges Verbot solcher Waffen durch die Vereinten Nationen noch auf sich warten lassen könnte, sollte sich die internationale Gemeinschaft zumindest darauf konzentrieren, sicherzustellen, dass derartige Waffen niemals Terroristen oder anderen nichtstaatlichen Akteuren in die Hände fallen können, die sie gegen die Zivilbevölkerung einsetzen.

VORURTEILE, FAIRNESS UND TRANSPARENZ BEI ALGORITHMEN DES MASCHINELLEN LERNENS

Werden künstliche Intelligenz und maschinelles Lernen häufiger und breiter eingesetzt, müssen die von solchen Algorithmen erzeugten Ergebnisse und Empfehlungen unbedingt als fair wahrgenommen werden. Die Beweggründe dafür müssen entsprechend erklärbar sein. Wenn Sie ein Deep-Learning-System einsetzen, um die Energieeffizienz einer Industriemaschine zu maximieren, interessieren Sie sich vermutlich nicht so sehr dafür, was der Algorithmus im Einzelnen beeinflusst. Ihnen kommt es nur auf ein optimales Endergebnis an. Doch wird maschinelles Lernen auf Bereiche wie Strafjustiz, Personalentscheidungen oder die Bearbeitung von Anträgen auf Eigenheimhypotheken angewandt – also auf Entscheidungen, bei denen viel auf dem Spiel steht und die sich unmittelbar auf die Rechte und das künftige Wohlergehen von Menschen auswirken –, muss unbedingt nachweisbar sein, dass algorithmische Ergebnisse alle demografischen Gruppen vorurteilslos behandeln und dass die Analysen, die den Ergebnissen zugrunde liegen, transparent und gerecht sind.

Vorurteile sind ein häufiges Manko des maschinellen Lernens, das meist durch Probleme mit den Daten entsteht, die zum Trainieren der Algorithmen herangezogen werden. Wie wir aus dem Vorkapitel wissen, haben im Westen entwickelte Gesichtserkennungsalgorithmen häufig Vorurteile gegen People of Color, weil die zum Training verwendeten Datensätze in aller Regel überwiegend Gesichter von Weißen enthalten. Ein allgemeineres Problem besteht darin, dass ein Großteil der zum Trainieren von Algorithmen eingesetzten Daten direkt aus menschlichen Verhaltensweisen, Entscheidungen und Handlungen resultiert. Haben die Menschen, die die Daten erzeugen, Vorurteile – etwa ethnie- oder geschlechtsbedingt –, so fließen diese automatisch in die Trainingsdaten ein.

Denken Sie beispielsweise an einen Algorithmus des maschinellen Lernens, der Bewerbungsunterlagen für eine Vakanz in einem großen Unternehmen sichten soll. Ein solches System könnte anhand des vollständigen Wortlauts aller bisher von Bewerbern um ähnliche Positionen eingereichten Unterlagen geschult worden sein – einschließlich der Entscheidungen, die die Personaler zu jeder Bewerbung getroffen haben. Der Algorithmus würde all diese Daten durcharbeiten und ein Gespür für die Merkmale entwickeln, die eine Bewerbung aufweisen muss, damit sie zu der Entscheidung führt, einen Bewerber zu einem weiteren Gespräch einzuladen – aber eben auch für die Attribute, die vermuten lassen, dass eine Bewerbung nicht berücksichtigt wird. Das kann ein Algorithmus ausgesprochen effektiv leisten. Er wirft eine überschaubare Liste der geeignetsten Kandidaten aus, was viel Zeit spart, wenn bei einer Personalabteilung Hunderte oder Tausende von Bewerbungen eingehen. Aus diesem Grund werden Systeme zur Sichtung von Bewerbungen gerade bei Großunternehmen immer beliebter. Nehmen wir aber einmal an, dass aus den bisherigen Personalentscheidungen, mit denen der Algorithmus geschult wird, ein gewisses Maß an offenen oder unbewussten rassistischen oder sexistischen Einstellungen der Personaler hervorgeht. In diesem Fall übernimmt das auf maschinellem Lernen beruhende System im Zuge seines normalen Trainingsprozesses automatisch diese Vorurteile. Die Entwickler des Algorithmus verfolgen keinesfalls böse Absichten. Die Vorurteile sind in den Trainingsdaten enthalten. Das Ergebnis wäre ein System, das bestehende menschliche Vorurteile zementiert oder vielleicht sogar verstärkt – und People of Color oder Frauen nachweislich diskriminiert.

Etwas ganz Ähnliches ereignete sich 2018 bei Amazon, als das Unternehmen die Entwicklung eines auf maschinellem Lernen beruhenden Systems stoppte, weil es bei der Sichtung von Bewerbungen für technische Berufe nachweislich Vorurteile gegen Bewerberinnen an den Tag legte. Wie sich zeigte, zog das System einer Bewerbung Punkte ab, wenn darin das Wort „Frauen“ vorkam, etwa im Zusammenhang mit einem Frauenverband, einer Sportart oder wenn die Bewerberin von einem College kam, das nur Frauen aufnahm. Dadurch wurden Frauen im Bewerbungsverfahren benachteiligt. Auch nachdem die Entwickler bei Amazon bestimmte Probleme behoben hatten, die aufgefallen waren, ließ sich nicht garantieren, dass der Algorithmus vorurteilsfrei wertete. Es war nämlich durchaus denkbar, dass andere Variable stellvertretend für das Geschlecht fungierten.[22] Wohlgemerkt hieß das nicht unbedingt, dass bisherige Personalien eindeutig sexistisch beeinflusst waren. Womöglich waren dem Algorithmus seine Vorurteile einfach dadurch anerzogen worden, dass Frauen in technischen Berufen in der Minderheit sind und deshalb in den allermeisten Fällen Männer eingestellt werden. Nach Angaben von Amazon kam der betreffende Algorithmus nicht über die Entwicklungsphase hinaus und wurde nie eingesetzt, um Bewerbungen zu sondieren. Wäre er aber in der Praxis verwendet worden, hätte er fraglos dazu beigetragen, den Zustand zu zementieren, dass Frauen in technischen Berufen unterrepräsentiert sind.

Noch mehr steht auf dem Spiel, wenn Systeme des maschinellen Lernens im Strafverfolgungssystem zum Einsatz kommen. Solche Algorithmen werden häufig verwendet, um Entscheidungen über Kautionen, Bewährungsstrafen oder Gerichtsurteile zu unterstützen. Manche dieser Systeme werden von bundesstaatlichen oder kommunalen Behörden entwickelt, andere von privatwirtschaftlichen kommerziellen Anbietern. Im Mai 2016 veröffentlichte *Propublica* eine Analyse eines Algorithmus namens COMPAS, der breit eingesetzt wird, um die Wahrscheinlichkeit zu prognostizieren, dass ein bestimmter Delinquent nach seiner Haftentlassung rückfällig wird.[23] Die Analyse ergab, dass afroamerikanischen Vorbestraften ungerechtfertigt ein höheres Risiko zugeordnet wurde als weißen. Einzelberichte scheinen diesen Eindruck zu untermauern. Der Artikel in *Propublica* erwähnte die Geschichte einer 18-jährigen Schwarzen, die sich auf ein für sie viel zu kleines Kinderfahrrad setzte und ein paar Meter fuhr, um es wieder abzustellen, als der eigentliche Besitzer protestierte – ein Vorfall, der eher an einen Dummejungenstreich erinnert als an den ernsthaften Versuch, einen Diebstahl zu begehen. Dennoch wurde die junge Frau verhaftet. Während sie in Untersuchungshaft auf ihren Gerichtstermin wartete, wurde ihr Fall in das COMPAS-System eingegeben. Es stellte sich heraus, dass ihr der Algorithmus ein wesentlich höheres Wiederholungstäterrisiko zusprach als einem 41-jährigen Weißen, der bereits wegen bewaffneten Einbruchdiebstahls vorbestraft war und eine fünfjährige Freiheitsstrafe verbüßt hatte.[24] Der Vertreiber des COMPAS-Systems, Northpoint, Inc., weist die von *Propublica* durchgeführte Analyse zurück. Inwieweit das System tatsächlich diskriminiert, wird nach wie vor diskutiert. Besonders bedenklich ist jedoch, dass sich das Unternehmen weigert, genauere Informationen über die Berechnungen seines Algorithmus preiszugeben, da diese urheberrechtlich geschützt seien. Das bedeutet, dass Dritte keine Möglichkeit haben, das System gründlich auf Verzerrungen oder Treffsicherheit zu überprüfen. Eines steht jedoch fest: Werden Algorithmen eingesetzt, um Entscheidungen zu treffen, die für ein Menschenleben schwerwiegende Folgen haben, ist unbedingt mehr Transparenz und Aufsicht erforderlich.

Die häufigste Ursache für mangelnde Fairness bei Systemen des maschinellen Lernens sind in den Trainingsdaten enthaltene Vorurteile. Sie sind aber nicht der einzige Faktor. Auch das Design der Algorithmen kann Verzerrungen auslösen oder verstärken. Nehmen wir beispielsweise an, ein Gesichtserkennungssystem wurde an einem Datensatz geschult, der genau der demografischen Verteilung der US-Bevölkerung entsprach. Weil Afroamerikaner nur rund 13 Prozent der Bevölkerung ausmachen, könnte das System am Ende dennoch gegen Schwarze voreingenommen sein. Inwieweit das zum Problem wird – ob das heikle Merkmal also verstärkt oder abgemildert wird –, richtet sich nach den technischen Entscheidungen beim Design des Algorithmus.

Die gute Nachricht: Systeme des maschinellen Lernens so zu konzipieren, dass sie fair und transparent sind, ist ein maßgeblicher Schwerpunkt der KI-Forschung. Alle großen Tech-Unternehmen investieren hohe Summen in entsprechende Aktivitäten. Google, Facebook, Microsoft und IBM haben ausnahmslos bereits Software-Tools herausgegeben, die Entwicklern helfen sollen, in Algorithmen des maschinellen Lernens von vornherein Fairness einzubauen. Besonders problematisch ist dabei, Deep-Learning-Systeme erklärbar und transparent zu gestalten, denn tiefe neuronale Netze sind so eine Art „Black Box“, in der die Analyse und das Verstehen von Eingabedaten über Millionen von Verbindungen zwischen künstlichen Neuronen verteilt sind. Entsprechend schwierig und technisch anspruchsvoll ist es, Fairness zu bewerten und sicherzustellen. Wie Amazon mit seinem System zur Bewerbungssichtung feststellen musste, reicht es nicht, den Algorithmus einfach so abzuwandeln, dass er Parameter wie Ethnie oder Geschlecht ignoriert, weil sich das System dann stellvertretend auf andere Parameter fokussieren könnte. So könnte beispielsweise der Vorname eines Bewerbers oder einer Bewerberin Aufschluss über das Geschlecht geben und die Adresse oder Postleitzahl einen Hinweis auf den ethnischen Hintergrund. Ein besonders vielversprechender Ansatz für KI-Fairness ist die kontrafaktische Methode. Dabei wird das System daraufhin überprüft, ob es dieselben Ergebnisse liefert, wenn die Werte für sensible Variablen wie Ethnie, Geschlecht oder sexuelle Orientierung geändert werden. Die Forschung auf diesem Gebiet beginnt aber erst, und es ist noch viel zu tun, um Methoden zu entwickeln, die zuverlässig bewirken, dass Systeme des maschinellen Lernens wirklich fair sind.

Der Einsatz von KI bei Entscheidungen von großer Tragweite verspricht letztlich, durch die Technologie verlässlich vorurteilsfreier und treffsicherer zu urteilen, als es ein Mensch alleine könnte. Einem Algorithmus mögen seine Vorurteile zwar nicht so leicht auszutreiben sein, aber immer noch viel leichter als einem Menschen. Wie mir der Chairman des McKinsey Global Institute James Manyika erklärte: „Einerseits können Maschinensysteme uns dabei helfen, menschliche Voreingenommenheit und Fehlbarkeit zu überwinden, andererseits können sie jedoch auch potenziell noch größere Probleme mit sich bringen.“[25] Solche Fairness-Probleme zu minimieren oder ganz auszumerzen, gehört zu den kritischsten und dringendsten Herausforderungen für die Disziplin der künstlichen Intelligenz.

Um das zu erreichen, müssen die Entwickler, die KI-Algorithmen aufbauen, testen und einsetzen, unbedingt ganz unterschiedliche Hintergründe aufweisen. Da künstliche Intelligenz unsere Wirtschaft und unsere Gesellschaft prägen dürfte, ist von größter Bedeutung, dass die Fachleute, die sich am besten mit der Technologie auskennen – und daher optimal aufgestellt sind, um sie in die richtige Richtung zu lenken – die ganze Gesellschaft repräsentieren. Die diesbezüglich bisher erzielten Fortschritte sind allerdings begrenzt. Eine Studie aus dem Jahr 2018 ergab, dass Frauen in der KI-Spitzenforschung nur mit rund 12 Prozent vertreten sind. Für unterrepräsentierte Minderheiten fallen die Zahlen sogar noch niedriger aus. Wie Fei-Fei Li von Stanford sagt: „Wenn man sich mal so umsieht, spielt es keine Rolle, ob es um Forschungsgruppen in Unternehmen, KI-Professoren in der Wissenschaft, KI-Doktoranden oder Redner auf KI-Konferenzen geht: Überall mangelt es an Diversität. Es gibt zu wenige Frauen, und Minderheiten sind unterrepräsentiert."[26] Die Universitäten, die großen Tech-Unternehmen und fast alle KI-Spitzenforscher sind fest entschlossen, das zu ändern. Eine besonders aussichtsreiche Initiative wurde von Li mitbegründet: AI4ALL ist eine Organisation, die junge Frauen und unterrepräsentierte Gruppen für das Gebiet der künstlichen Intelligenz interessieren soll, indem sie Ferienfreizeiten für begabte junge Menschen auf der Highschool anbietet. Die Organisation ist rasch gewachsen und hat inzwischen Freizeiten an elf Universitäten in den Vereinigten Staaten im Programm. Es bleibt zwar noch viel zu tun, doch Programme wie AI4ALL dürften ebenso wie das auf Vielfalt bei KI-Nachwuchs ausgerichtete Engagement in der Branche in den kommenden Jahren und Jahrzehnten deutlich mehr Diversität in die Forschung bringen. Wird das Fachgebiet durch mehr unterschiedliche Perspektiven bereichert, dürfte sich das direkt in effektivere und fairere KI-Systeme übersetzen.

EXISTENZIELLE BEDROHUNG DURCH SUPERINTELLIGENZ UND DAS „KONTROLLPROBLEM"

Das größte mit KI verbundene Risiko überhaupt besteht darin, dass sich Maschinen mit übermenschlicher Intelligenz eines Tages unserer direkten Kontrolle entziehen und Maßnahmen ergreifen könnten, die letztlich eine existenzielle Gefahr für die Menschheit darstellen. Sicherheitsfragen, Waffenentwicklung und algorithmische Vorurteile – das alles sind unmittelbare oder kürzerfristige Gefahren. Solche Fragen müssen wir eindeutig zügig klären, bevor es zu spät ist. Eine existenzielle Bedrohung durch eine Superintelligenz ist dagegen weitaus spekulativer und liegt mit größerer Sicherheit noch Jahrzehnte, womöglich auch ein Jahrhundert oder mehr in der Zukunft. Dennoch ist sie eine Gefahr, die die Fantasie vieler Prominenter beschäftigt und in den Medien viel Hype und große Aufmerksamkeit erregt.

Das Schreckgespenst einer existenziellen Bedrohung durch KI wurde erstmals 2014 ernsthaft öffentlich diskutiert. Im Mai desselben Jahres verfasste eine Gruppe von Wissenschaftlern, darunter der Kosmologe Stephen Hawking von der University of Cambridge, der KI-Experte Stuart Russell und die Physiker Max Tegmark und Frank Wilczek, einen offenen Brief, der in der britischen Zeitung *Independent* veröffentlicht wurde. Darin heißt es, die Entstehung einer künstlichen Superintelligenz „wäre das bedeutendste Ereignis in der Menschheitsgeschichte", und ein Rechner mit übermenschlichen intellektuellen Fähigkeiten könnte „die Finanzmärkte austricksen, den Erfindergeist menschlicher Forscher überflügeln, Spitzenpolitiker und Wirtschaftslenker ausmanövrieren und Waffen entwickeln, die wir uns gar nicht vorstellen können". Der Brief warnte: Diese drohende Gefahr nicht ernst zu nehmen, könnte sich als „schlimmster Fehler in der Geschichte" erweisen.[27]

Noch im selben Jahr brachte der Philosoph Nick Bostrom von der Oxford University sein Buch „Superintelligenz: Szenarien einer kommenden Revolution" heraus, das einigermaßen überraschend die Bestsellerlisten im Sturm eroberte. Gleich zu Anfang des Buches verweist Bostrom darauf, dass der Mensch die Erde nur beherrscht, weil er intellektuell überlegen ist. Viele andere Tiere sind schneller, stärker oder auch furchterregender. Unsere Dominanz verdanken wir unserem Gehirn. Stellt eine andere Entität unsere intellektuellen Fähigkeiten deutlich in den Schatten, könnte sich das Blatt rasch wenden. Bostrom zufolge hieße das, „genau wie das Schicksal der Gorillas heute stärker von uns Menschen abhängt als von den Gorillas selbst, so hinge das Schicksal unserer Spezies von den Handlungen dieser maschinellen Superintelligenz ab."[28]

Bostroms Buch hatte enormen Einfluss, vor allem auf die Elite des Silicon Valley. Einen Monat nach seinem Erscheinen erklärte Elon Musk, dass „wir mit der künstlichen Intelligenz einen Dämon heraufbeschwören" und dass KI „gefährlicher sein könnte als Nuklearwaffen".[29] Ein Jahr darauf wurde Musk zum Mitgründer von OpenAI mit dem konkreten Auftrag, eine „freundliche" künstliche Intelligenz zu entwickeln. Unter all jenen, die Bostroms Argumente besonders stark prägten, galt die Vorstellung, dass KI eines Tages zur existenziellen Bedrohung wird, bald als quasi gesichert. Diese Gefahr würde letztlich so schrecklich und verhängnisvoll sein, dass die Sorgen um Klimawandel oder globale Pandemien dagegen banal wirkten. In einem über fünf Millionen Mal aufgerufenen „Ted Talk" behauptet der Neurowissenschaftler und Philosoph Sam Harris, es „ist kaum vorstellbar, dass uns [unsere Fortschritte auf dem Gebiet der künstlichen Intelligenz] nicht vernichten oder dazu bringen, uns selbst zu vernichten". Weiter sagt er, „wir brauchen so etwas wie ein Manhattan Project", das darauf abzielt, eine solche Entwicklung zu verhindern, indem wir herausfinden, wie sich eine freundliche, kontrollierbare KI entwickeln lässt.[30]

Darüber müssen wir uns natürlich nicht den Kopf zerbrechen, solange es uns nicht gelingt, eine wirklich denkende Maschine mit kognitiven Fähigkeiten zu bauen, die den unseren zumindest ebenbürtig sind. Wie aus dem fünften Kapitel herauszulesen war, gibt es auf dem Weg zu einer starken künstlichen Intelligenz eine unbekannte Anzahl großer Hürden. Es dürfte Jahrzehnte dauern, bis die nötigen Durchbrüche geschafft sind, um diesen Meilenstein zu erreichen. Sie wissen ja: Der mittlere Schätzwert, den die führenden KI-Forscher, mit denen ich für mein Buch „Die Intelligenz der Maschinen" gesprochen habe, dafür angaben, wann es eine solche AGI geben wird, lag bei rund 80 Jahren. Das wäre am Ende dieses Jahrhunderts. Ist eine KI auf menschlichem Niveau erst realisiert, so ist mit größter Sicherheit davon auszugehen, dass eine Superintelligenz nicht lange auf sich warten lässt. Tatsächlich wäre uns auch eine maschinelle Intelligenz mit nur menschenähnlichen Fähigkeiten, zu lernen und logisch zu denken, bereits überlegen, denn sie wäre uns in allen Aspekten voraus, in denen uns Rechner heute schon den Rang ablaufen – weil sie Daten unvorstellbar schnell berechnen und manipulieren und sich über Netzwerke direkt mit anderen Maschinen vernetzen können.

Ist dieser Punkt erst erreicht, so gehen die meisten KI-Experten davon aus, dass eine solche maschinelle Intelligenz bald beschließen dürfte, ihre intellektuelle Energie darauf zu verwenden, ihr eigenes Design zu verbessern. Das würde zu unablässigen, rekursiven Optimierungen führen, wodurch das System immer intelligenter würde und immer besser in der Lage wäre, seinen eigenen künstlichen Geist anders zu entwickeln. Das unvermeidliche Ergebnis wäre eine „Intelligenzexplosion" – ein Phänomen, das die Optimisten unter den Technologen wie Ray Kurzweil für den Auslöser der Singularität und die Dämmerung eines neuen Zeitalters halten. Die These, dass Fortschritte in der KI irgendwann zu einer Explosion der maschinellen Intelligenz führen, wurde bereits aufgestellt, als das Moore'sche Gesetz noch längst keine Computer-Hardware lieferte, die eine solche Entwicklung in den Bereich des Möglichen rücken ließ. 1964 spekulierte der Mathematiker I. J. Good in einer wissenschaftlichen Abhandlung („Speculations Concerning the First Ultraintelligent Machine") über die erste ultraintelligente Maschine. Er erklärte das Konzept folgendermaßen:

> Eine ultraintelligente Maschine soll definiert werden als Maschine, die die intellektuellen Aktivitäten auch des klügsten Menschen bei Weitem in den Schatten stellt. Da die Entwicklung von Maschinen diesen intellektuellen Aktivitäten entspringt, könnte eine ultraintelligente Maschine noch bessere Maschinen entwickeln. Die Folge wäre zweifellos eine „Intelligenzexplosion", die die menschliche Intelligenz weit hinter sich lassen würde. Die erste ultraintelligente Maschine ist daher die letzte Erfindung, die der Mensch jemals machen muss – vorausgesetzt, sie ist so fügsam, dass sie uns erklärt, wie wir sie kontrollieren können.[31]

Aus der Versicherung, eine superintelligente Maschine wäre die letzte Erfindung, die wir jemals machen müssen, spricht der Optimismus der Singularitätsverfechter, aus dem Vorbehalt, die Maschine müsse so fügsam bleiben, dass sie sich kontrollieren lässt, die Sorge, sie könne zur existenziellen Bedrohung werden. Diese düstere Seite der Superintelligenz wird in der KI-Welt als das „Kontrollproblem" oder das „Problem der Wertorientierung" bezeichnet.

Dem Kontrollproblem liegt nicht die Angst vor offen bösartigen Maschinen zugrunde, wie wir sie aus Filmen wie *Terminator* kennen. Jedes KI-System wird für eine objektive Funktion konzipiert, also für ein bestimmtes, mathematisch formuliertes Ziel, das das System zu erreichen sucht. Bedenken erregt vielmehr, dass ein superintelligentes System ein solches Ziel ohne Rücksicht auf Verluste verfolgen und dabei Mittel einsetzen könnte, die unbeabsichtigte oder unerwartete Folgen haben und letztlich unserer Zivilisation schaden oder sie gar vernichten könnten. Um das zu veranschaulichen, wird gern das Gedankenexperiment von der Maschine bemüht, die möglichst viele Büroklammern produzieren soll. Stellen Sie sich eine Superintelligenz vor, die speziell dafür konzipiert wurde, die Büroklammerproduktion zu optimieren. Eine superintelligente Maschine, die unermüdlich auf dieses Ziel hinarbeitet, könnte neue Technologien erfinden, die es ermöglichen, sämtliche Ressourcen auf der Erde in Büroklammern zu verwandeln. Weil uns das System intellektuell so heillos überlegen wäre, wäre es vermutlich in der Lage, jeden Versuch, es abzuschalten oder von seinem Vorgehen abzubringen, erfolgreich zu vereiteln. Tatsächlich würde jede versuchte Einmischung der objektiven Funktion des Systems zuwiderlaufen, sodass es eindeutig einen Anreiz hätte, dies zu verhindern.

Dieses Beispiel ist natürlich satirisch zu verstehen. Die realen Szenarien, die sich in Zukunft abspielen könnten, wären sicherlich weit subtiler – und die potenziellen Folgen viel schwieriger oder vielleicht sogar unmöglich abzuschätzen. Auf ein maßgebliches Beispiel dafür, wie unbeabsichtigte Folgen dem gesellschaftlichen Gefüge schaden können, können wir aber bereits verweisen. Die von Tech-Unternehmen wie YouTube und Facebook eingesetzten Algorithmen des maschinellen Lernens sind generell auf das Ziel ausgerichtet, die Nutzerbindung an die Plattform zu maximieren. Das wiederum steigert die Einnahmen aus Onlinewerbung. Offensichtlich haben die Algorithmen, die zu diesem Zweck eingesetzt werden, schnell gemerkt, dass sich Nutzer am besten bei der Stange halten lassen, wenn man ihnen immer stärker polarisierte politische Inhalte liefert oder direkt Emotionen wie Empörung oder Angst anspricht. Das führt zum Beispiel zu dem oft zitierten „Rabbit Hole"-Phänomen auf YouTube: auf ein gemäßigtes Video folgen sukzessive Empfehlungen immer extremerer Inhalte (über Verzweigungen, die dem sprichwörtlichen „Kaninchenbau" gleichen). Das sorgt letztlich dafür, dass der Nutzer emotionsgesteuert länger auf der Plattform verweilt.[32] Der Rentabilität mag das zuträglich sein – unserem sozialen oder politischen Umfeld eindeutig nicht. Käme es bei einem superintelligenten System zu einer ähnlichen Fehlentwicklung, könnte es durchaus sein, dass wir die Kontrolle darüber gar nicht mehr zurückgewinnen können, während es versucht, sein Ziel um jeden Preis zu erreichen.

Die Suche nach einer Lösung für das Kontrollproblem ist an den Universitäten zu einem wichtigen Thema der akademischen Forschung geworden, vor allem aber auch in spezialisierten, privatwirtschaftlich finanzierten Organisationen wie OpenAI, dem Future of

Humanity Institute der Oxford University unter der Leitung von Nick Bostrom und dem Machine Intelligence Research Institute im kalifornischen Berkeley. In seinem 2019 erschienenen Buch „Human Compatible: Künstliche Intelligenz und wie der Mensch die Kontrolle über superintelligente Maschinen behält" stellt Stuart Russell die These auf, die beste Lösung für das Problem bestehe darin, gar keine explizite Zielfunktion in hoch entwickelte KI-Systeme einzubauen. Die Systeme sollten stattdessen dafür konzipiert werden, „die Verwirklichung menschlicher Präferenzen zu maximieren".[33] Weil sich die maschinelle Intelligenz nie sicher sein könnte, welche Präferenzen und Absichten das sind, müsste sie ihre Ziele anhand von Analysen des menschlichen Verhaltens formulieren und wäre dann bereit, mit Menschen in den Dialog zu treten und sich an ihnen zu orientieren. Anders als der unaufhaltsame Büroklammernmaximierer würde sich ein solches System abschalten lassen, wenn es überzeugt wäre, dass dies im Sinne der menschlichen Präferenzen ist, zu deren Optimierung es geschaffen wurde.

Das wäre eine krasse Abweichung vom aktuellen Ansatz zur Entwicklung von KI-Systemen. Russell erklärt das folgendermaßen:

> Um ein solches Modell tatsächlich in die Praxis umzusetzen, ist großer Forschungsaufwand erforderlich. Wir brauchen „minimalinvasive" Algorithmen für Entscheidungsprozesse, die verhindern, dass Maschinen sich in Lebensbereiche einmischen, deren Wert sie nicht genau kennen, aber auch Maschinen, die unsere wahren, fundamentalen Präferenzen dazu in Erfahrung bringen, wie unsere Zukunft aussehen sollte. Solche Maschinen sind im Anschluss mit dem alten Problem der Moralphilosophie konfrontiert: wie Nutzen und Kosten auf verschiedene Personen mit widerstreitenden Wünschen umzulegen sind.
>
> Bis das geschafft ist, könnten zehn Jahre vergehen – und selbst dann werden Vorschriften erforderlich sein, um sicherzustellen, dass nachweislich sichere Systeme eingeführt

> und andere, die diese Vorgabe nicht erfüllen, eingestampft werden. Das wird nicht einfach. Doch eines steht fest: Dieses Modell muss bereitstehen, bevor KI-Systeme in maßgeblichen Bereichen mehr können als Menschen.[34]

Mit Ausnahme von Stuart Russell, Koautor des führenden universitären Lehrwerks für künstliche Intelligenz, kommen die prominentesten Stimmen, die vor einer möglicherweise existenziellen Bedrohung warnen, wohlgemerkt nicht aus der KI-Forschung oder der Informatik. Alarmistisch äußern sich vielmehr bekannte Intellektuelle wie Sam Harris, Silicon-Valley-Titanen wie Musk oder Wissenschaftler aus anderen Fachgebieten wie Hawking oder der MIT-Physiker Max Tegmark. Die meisten tatsächlich mit KI-Forschung befassten Experten sind in aller Regel zuversichtlicher. Als ich 23 Spitzenforscher für mein Buch „Die Intelligenz der Maschinen" interviewte, stellte ich fest, dass ein paar zwar die Möglichkeit einer existenziellen Bedrohung ernsthaft in Betracht zogen, die allermeisten ihr aber wenig Bedeutung beimaßen. Eine verbreitete Überzeugung ist, dass die Entstehung einer Superintelligenz noch in so weiter Ferne liegt und die konkreten Parameter des zu lösenden Problems derart nebulös sind, dass es wenig sinnvoll erscheint, sich mit diesem Thema auseinanderzusetzen. Andrew Ng, der die KI-Forschungsteams bei Google und Baidu leitete, soll bekanntlich gesagt haben, die Angst vor einer existenziellen Bedrohung durch KI sei vergleichbar mit der Sorge um Überbevölkerung auf dem Mars – lange bevor noch die erste Mannschaft Astronauten zum roten Planeten entsendet wurde. Der Robotiker Rodney Brooks sieht das ähnlich. Er sagt, Superintelligenz sei noch so weit entfernt, dass die Welt „eine andere als heute sein [wird], wenn in ihrem Zentrum eine Superintelligenz steht. … Wir haben überhaupt keine Ahnung, wie die Welt oder [ein superintelligentes KI-System] aussehen werden. Das Vorhersagen einer KI-Zukunft ist lediglich ein Machtspielchen für vereinzelte Akademiker, die in einem realitätsfernen Elfenbeinturm leben. Das soll nicht heißen, dass es die

Technologie nicht geben wird, aber wir werden nicht wissen, wie sie aussieht, bevor es so weit ist."[35]

Alle, die dafür plädieren, eine existenzielle Bedrohung durch KI ernst zu nehmen, weisen die Vorstellung scharf zurück, das Thema sei allein deshalb irrelevant oder indiskutabel, weil es erst nach Jahrzehnten aktuell werden dürfte. Sie betonen, dass das Kontrollproblem gelöst sein müsse, *bevor* die erste Superintelligenz entsteht – andernfalls sei es zu spät. Stuart Russell vergleicht das gern mit der Ankunft von Außerirdischen. Stellen Sie sich vor, wir erhielten ein Signal aus dem Weltraum, dass uns das Eintreffen der Aliens in 50 Jahren ankündigt. Dann würden wir doch vermutlich sofort weltweit eine Initiative anstoßen, um uns auf dieses Ereignis vorzubereiten. Nicht anders sollten wir es nach Russells Auffassung mit einer früher oder später entstehenden Superintelligenz halten.

Meiner Ansicht nach sollte die Möglichkeit einer existenziellen Bedrohung durch KI durchaus ernst genommen werden. Ich finde es gut, dass Forscher in Organisationen wie dem Future of Humanity Institute aktiv an dem Problem arbeiten. Weitere Ressourcen sollten dafür meines Erachtens aber nicht mobilisiert werden. Zumindest für den Moment sollte das Thema am besten einem unaufgeregten akademischen Forschungsumfeld überlassen bleiben. Eine staatlich finanzierte Initiative von der Größenordnung eines „Manhattan Project" wäre derzeit schwer zu begründen. Zu versuchen, das Thema in einen ohnehin dysfunktionalen politischen Prozess einzubinden, erscheint mir nicht besonders klug. Wollen wir wirklich, dass Politiker, die wenig oder gar nichts von der Materie verstehen, über die Gefahren superintelligenter Maschinen twittern? Angesichts der ausgesprochen begrenzten Fähigkeit der US-Regierung, überhaupt irgendetwas auf den Weg zu bringen, befürchte ich auch, dass ein Hype um eine futuristische existenzielle Gefahr oder deren Politisierung von den ausgesprochen realen und unmittelbaren Risiken künstlicher Intelligenz ablenken könnte: der Möglichkeit, sie als Waffe zu nutzen, ihrer Sicherheit und ihrer Voreingenommenheit. Für deren Bewältigung sollten wir unbedingt umfangreiche Ressourcen bereitstellen – und zwar jetzt.

KRITISCHER REGULIERUNGSBEDARF

Wenn wir aus den in diesem Kapitel beleuchteten Risiken einen Schluss ziehen können, dann den, dass staatlicher Regulierung eindeutig eine wichtige Rolle zukommt, wenn sich KI weiterentwickelt und allgegenwärtig wird. Eine Überregulierung oder Reglementierung der allgemeinen Erforschung künstlicher Intelligenz würde ich allerdings für absolut fehlgeleitet halten. Global betrachtet wäre das kaum effektiv, da überall auf der Welt geforscht wird. Wie wir gesehen haben, steht vor allem China beim Vordringen in neue Dimensionen der Forschung in intensivem Wettbewerb mit den Vereinigten Staaten und anderen westlichen Ländern. Jede Einschränkung der Grundlagenforschung würde uns klar in Nachteil bringen, und wir können es uns schlicht nicht leisten, im Wettlauf um die Spitzenposition in einer Technologie von solchem Stellenwert in Rückstand zu geraten.

Der Fokus sollte vielmehr darauf liegen, bestimmte Anwendungen künstlicher Intelligenz zu regulieren. In Bereichen wie selbstfahrende Autos oder KI-Tools in der medizinischen Diagnostik werden bereits Regeln aufgestellt, da es bei solchen Anwendungen Überschneidungen mit dem bestehenden Rechtsrahmen gibt. Wir benötigen aber eine viel breitere Perspektive. Künstliche Intelligenz wird letztlich praktisch jeden Aspekt des Lebens berühren, und wie wir wissen, kommen Technologien wie Gesichtserkennung oder Algorithmen in der Strafjustiz bei Entscheidungen von größter Tragweite zum Einsatz – im Grunde ohne jede Gewähr dafür, dass sie effektiv oder gerecht verwendet werden.

Angesichts der Geschwindigkeit, mit der die künstliche Intelligenz voranschreitet, und der Komplexität der damit verbundenen Problemstellungen halte ich es für unrealistisch, vom US-Kongress oder irgendeinem anderen Parlament zu erwarten, dass zeitnah detaillierte Vorschriften erarbeitet und erlassen werden. Am besten sollte vermutlich eine unabhängige Behörde mit aufsichtsrechtlichen Befugnissen eingerichtet werden, die speziell auf Anwendungen der künstlichen Intelligenz fokussiert ist. Eine solche Behörde wäre ungefähr mit der U.S. Food and Drug Administration (US-amerikanische Lebens- und Arzneimittelbehörde), der Federal Aviation Administration (US-amerikanische Bundesluftfahrtbehörde) oder der Securities and Exchange Commission (US-amerikanische Wertpapier- und Börsenaufsichtsbehörde) vergleichbar. Solche Behörden – ebenso wie ihre Pendants in anderen Ländern wie die Europäische Arzneimittelagentur – haben fundierte eigene Fachkompetenzen aufgebaut, die es ihnen ermöglichen, die in ihrer Zuständigkeit liegenden Sachverhalte zu klären. So muss es auch im Bereich der künstlichen Intelligenz sein. Eine KI-Regulierungsbehörde würde ein breit angelegtes Mandat und Mittelzuweisungen vom Kongress erhalten, hätte aber die Befugnis, konkrete Vorschriften zu formulieren, und könnte das weit schneller und effektiver als die Legislative.

Wer eher libertär denkt, könnte durchaus Einwände erheben und zu Recht darauf hinweisen, dass eine solche Behörde unter denselben Ineffizienzen leiden würde, an denen auch unser übriger Regulierungsapparat krankt. Eine KI-Regulierungsbehörde hätte sicherlich enge Beziehungen zu großen Technologieunternehmen. Vermutlich gäbe es die sprichwörtliche „Drehtür", durch die Akteure zwischen Industrie und Staat hin- und herwechseln, und es bestünde das erhebliche Risiko, dass die Behörde von der Technologieindustrie vereinnahmt und unzulässig beeinflusst wird. Das alles sind stichhaltige Bedenken. Ich bin aber dennoch der Ansicht, dass eine solche Behörde eindeutig die optimale Lösung darstellt, die uns zur Verfügung steht. Wenn die Alternative so aussieht, dass wir einfach gar nichts tun, wäre das fraglos die weitaus schlechtere Option. Eine enge Beziehung zwischen der Regulierungsbehörde und den Unternehmen, die KI-Technologie entwickeln und einsetzen, ist vermutlich gleichermaßen Feature wie Bug. Weil der Staat im Wettbewerb um die besten KI-Spezialisten keine realistische Chance hat, da er weder die Gehälter noch die Aktienpakete bieten kann, die in der Technologiebranche üblich sind, könnte die Zusammenarbeit mit dem privaten Sektor der einzige Weg sein, wie sich die Behörde über die neuesten Entwicklungen auf diesem Fachgebiet auf dem Laufenden halten kann. Die perfekte Lösung gibt es nicht, doch eine produktive Allianz zwischen Industrie, Forschung und Lehre und Staat, in deren Mittelpunkt eine Regulierungsbehörde mit hinlänglicher eigener Fachkompetenz steht, um die Dinge in die richtige Richtung zu lenken, wäre ein großer Schritt, um zu gewährleisten, dass KI gefahrlos, inklusiv und gerecht eingesetzt wird.

FAZIT

Zwei Zukunftsszenarien für künstliche Intelligenz

Entwickelt sich künstliche Intelligenz weiter und dringt in immer mehr Facetten unseres Lebens vor, müssen die mit der Technologie verbundenen Risiken dringend in den Fokus genommen werden. Die Überschneidung der Coronavirus-Krise mit verbreiteter sozialer Unruhe brachte 2020 Entwicklungen mit sich, die vermuten lassen, dass zumindest manche dieser Fragen im öffentlichen Diskurs allmählich mehr Gewicht bekommen. Im Nachgang zu den US-weiten Demonstrationen nach der Tötung von George Floyd durch Polizeibeamte in Minneapolis im Mai schärfte sich das Bewusstsein für die ethnische Voreingenommenheit von Gesichtserkennungstechnologie. Amazon kündigte ein einjähriges Moratorium für den Vertrieb seines Rekognition-Systems an Strafverfolgungsbehörden an, um dem US-Kongress genügend Zeit zu geben, über Vorschriften zur Regulierung der Technologie zu beraten. Microsoft erklärte sich zu einem ähnlichen Aufschub bereit, bis Gesetze verabschiedet sind, und IBM zog sich komplett aus dem Markt für Gesichtserkennungstechnologie zurück.[1]

Die Coronavirus-Pandemie hat auch eine neue Aufgeschlossenheit für unkonventionelle politische Maßnahmen mit sich gebracht. Da das Herunterfahren der Wirtschaft zum massenhaften Abbau von Arbeitsplätzen führte, konnte der Kongress zügig politische Interventionen einleiten, die noch wenige Monate zuvor im Keim erstickt worden wären. Dazu gehören die direkte Unterstützung von Steuerzahlern mit 1.200 US-Dollar zur Ankurbelung des Konsums, eine drastische, wenn auch befristete Anhebung der Leistungen aus der Arbeitslosenversicherung und eine Ausweitung des Programms auf Arbeitskräfte der Gig Economy. All diese Ideen kommen zu einer Zeit auf den Tisch, in der zunehmende Auswirkungen künstlicher Intelligenz und Robotik auf den Arbeitsmarkt anstehen. Es gab sogar Forderungen nach einer monatlichen Zahlung – nicht unähnlich einem Grundeinkommen – für die Dauer der Krise.[2]

Dennoch muss unbedingt weit umfassender und geschlossener auf die Gefahren eingegangen werden, die der weitere Vormarsch der KI unweigerlich mit sich bringt. Dafür wird eine effektive Koordination zwischen Staat und Privatwirtschaft erforderlich sein, aber auch die Schaffung eines Rechtsrahmens mit der nötigen fachlichen Kompetenz, um auf die raschen Fortschritte auf diesem Gebiet zu reagieren. Das alles muss unverzüglich in die Wege geleitet werden, da wir vermutlich bereits hinter der Entwicklung herhinken.

Trotz dieser sehr realen Bedenken glaube ich fest daran, dass der Nutzen der künstlichen Intelligenz ihre Risiken bei Weitem übersteigen wird. Im Licht der Herausforderungen, denen wir uns in den kommenden Jahrzehnten stellen müssen, halte ich KI für unverzichtbar. Wir werden künstliche Intelligenz brauchen, um den Sprung von unserem technologischen Plateau in ein neues Zeitalter breit angelegter Innovation zu schaffen.

Absehbare Gefahren drohen vor allem durch den Klimawandel. Der Weltklimarat veröffentlichte 2018 eine Analyse, aus der hervorgeht, dass wir unsere CO_2-Emissionen bis spätestens 2050 per saldo auf null senken müssen, damit die globalen Temperaturen nicht um mehr als 1,5 Grad Celsius ansteigen – ein Grenzwert, der hoffentlich verheerende Schäden verhindert. Eine realistische Aussicht darauf haben wir nur, wenn wir es schaffen, bis 2030 eine Verringerung um rund 45 Prozent zu erreichen.[3]

Wie groß diese Herausforderung ist, wurde krass ins Bewusstsein gerückt durch das beispiellose Massenexperiment, das wir durchführten, als die Coronavirus-Pandemie einsetzte. Wie Bill Gates in einem Blogbeitrag vom August 2020 schrieb, bewirkte der globale Shutdown, der den Luftverkehr fast vollständig zum Erliegen brachte und Straßen, Autobahnen und Bürogebäude weltweit leerfegte, lediglich einen Emissionsrückgang von rund 8 Prozent. Diese vorübergehende Abnahme verursachte in fast jedem Land der Welt unsägliche Kosten in Billionenhöhe und explodierende Arbeitslosenzahlen. Im Klartext heißt das: Es ist gelinde gesagt unrealistisch, anzunehmen, dass es uns irgendwie gelingen kann, die CO_2-Emissionen in den nächsten zehn Jahren nahezu zu halbieren, indem wir hauptsächlich auf Maßnahmen setzen, die sich auf Umweltschutz oder Verhaltensänderungen fokussieren wie das Umsteigen auf öffentliche Verkehrsmittel. Wie es Gates formulierte: „Wir können Klimaneutralität nicht einfach – und auch nicht überwiegend – dadurch erreichen, indem wir weniger fliegen und weniger fahren."[4]

Der Erfolg steht und fällt mit Innovationen. Es wird nicht reichen, uns schlicht auf saubere, erneuerbare Methoden zur Stromerzeugung und zum Antrieb von Fahrzeugen umzustellen. Kraftwerke und Verkehr machen nur etwa 40 Prozent der globalen Emissionen aus. Der Rest entfällt auf Landwirtschaft, Produktion, Gebäudeemissionen und verschiedene andere Quellen.[5] Um die Emissionen weltweit drastisch zu verringern, brauchen wir technologische Durchbrüche in all diesen Bereichen. Berücksichtigen wir dann noch andere Herausforderungen wie die globale Trinkwasserkrise, die sich abzeichnet, oder die unvermeidliche nächste Pandemie, wird deutlich, wie dringend wir einen flächendeckenden Innovationsschub brauchen. Doch wie wir aus dem dritten Kapitel wissen, hat sich das Tempo bei der Generierung neuer Ideen in den letzten Jahrzehnten de facto verlangsamt. Dazu schrieben die Ökonomen von Stanford und MIT, die die Innovation in den Vereinigten Staaten untersucht haben: „Ganz gleich, wo wir hinschauen: Wir stellen fest, dass Ideen und das exponentielle Wachstum, das sie versprechen, immer schwerer zu finden sind."[6]

Das muss sich ändern – und künstliche Intelligenz ist der Katalysator, der diese Veränderung auslösen kann. Angesichts dieser Herausforderungen ist womöglich nichts so wirkungsmächtig wie ein allgegenwärtiges, bezahlbares Versorgungsgut, das den Intellekt und die Kreativität der Menschen drastisch verstärkt. Hauptziel ist dabei, alles zu tun, um die Entwicklung dieser neuen Ressource zu beschleunigen und gleichzeitig unser soziales Sicherungsnetz und unseren Rechtsrahmen so weiterzuentwickeln, dass wir die damit einhergehenden Risiken mindern und sicherstellen können, dass KI der Welt möglichst breit und inklusiv Nutzen bringt.

Das ist meiner Ansicht nach der Weg in eine Zukunft, die irgendwo zwischen zwei fiktiven Extremen liegt. Das optimistischste Szenario vermittelt die Fernsehserie *Star Trek*. Sie zeigt eine Welt ohne Mangel, in der fortschrittliche Technologie zu materiellem Überfluss geführt, Armut beseitigt, Umweltprobleme gelöst und die meisten Krankheiten besiegt hat. Niemand muss sich mehr in einem öden Job abrackern, um ein Dasein am Existenzminimum zu fristen. In dieser Welt sind die Menschen hochgebildet und suchen sich Aufgaben, die sie erfüllen. Dass es die klassischen Berufe nicht mehr gibt, hat nicht zu Müßiggang, Sinnentleertheit oder dem Verlust von Würde geführt. Im *Star-Trek*-Universum zählen Menschen, weil sie Menschen sind – nicht in erster Linie wegen ihrer wirtschaftlichen Leistung. Viele der in *Star Trek* dargestellten Technologien sind zwar vermutlich grundsätzlich oder zumindest noch für lange Zeit unrealisierbar, doch meines Erachtens liefert die Serie eine plausible Version einer Zukunft, in der fortschrittliche Technologie zu breitem Wohlstand führt, die irdischen Herausforderungen der Menschheit löst und es uns erlaubt, nach den Sternen zu greifen.

Eine alternative, weitaus dystopischere Zukunft könnte eher dem gleichen, was uns die *Matrix*-Reihe vermittelt. Ich befürchte nicht, dass uns künstliche Intelligenz auf die eine oder andere Weise versklavt. Meine Angst ist eine ganz andere: Die Realität könnte so ungleich werden und Normalbürgern so wenig Möglichkeiten bieten, ihre Aussichten zu verbessern, dass sich ein großer Teil der Bevölkerung dafür entscheidet, in einer alternativen Wirklichkeit zu leben. Entwickeln sich KI und Virtual-Reality-Technologie beschleunigt weiter, dürften beide im Zusammenspiel erstaunlich überzeugende und realistische Simulationen erzeugen, die vielen Menschen bei Weitem ansprechender erscheinen als die Welt, in der sie wirklich leben. 2017 ergab eine von einem Ökonomenteam durchgeführte Analyse, dass eine zunehmende Zahl junger Männer, die jeden Anschluss an den Arbeitsmarkt verloren haben, übermäßig viel Zeit mit Videospielen verbringt.[7] Bald wird die Technik zur Verfügung stehen, die das Suchtpotenzial solcher virtuellen Welten so hoch treibt, dass sie eigentlich als Drogen angesehen werden könnten.

Wenn künstliche Intelligenz und Robotik den Arbeitsmarkt umwälzen und sich Berufsaussichten eintrüben oder ganz verflüchtigen, werden sich Regierungen höchstwahrscheinlich früher oder später gezwungen sehen, ihre Bürger zu unterstützen – vielleicht mit einem Grundeinkommen –, um die soziale Ordnung aufrechtzuerhalten. Stellen sie dabei aber nicht ausreichend sicher, dass die Bevölkerung weiterhin Wert auf Bildung legt und sich Ziele setzt, dürften verbreitete Apathie und Entfremdung die Folge sein. Unsere Gesellschaft könnte sich nach und nach auflösen in eine kleine Elite, die in der Realität verankert bleibt, während die breite Masse immer mehr in technologische Fantasien flüchtet oder kriminelle Neigungen oder Suchtverhalten entwickelt. Am Ende stünden wir dann mit einer weniger gebildeten Bevölkerung, einer deutlich weniger inklusiven und effektiven Demokratie und einem langsameren Innovationstempo da, weil viele der fähigsten Köpfe in eine immer realistischere virtuelle Welt abdriften und keinen richtigen Anreiz mehr haben, in der wirklichen Welt nach Erfolg zu streben. In diesem Szenario werden es uns wirtschaftliche und gesellschaftliche Widerstände deutlich erschweren, die anstehenden globalen Herausforderungen zu bewältigen.

Sicher würde mir kaum jemand widersprechen, wenn ich sage, dass wir nach einer Zukunft streben sollten, die eher an *Star Trek* erinnert. Diese kommt aber nicht von allein. Wir müssen uns schon überlegen, wie wir dieses Ziel konkret erreichen wollen. Bis es so weit ist, dürfte es aller Wahrscheinlichkeit nach noch sehr lange dauern. Doch wenn es uns gelingt, Ansätze zu entwickeln, um das Problem der Einkommensverteilung zu lösen, während die Menschen noch einen starken Anreiz haben, sich weiterzubilden und sich sinnvolle Aufgaben zu suchen, dann sind wir auf einem guten Weg.

DANKSAGUNG

Sehr viele Menschen haben mir im Gespräch und durch Demonstrationen der Technologie in den letzten Jahren geholfen, künstliche Intelligenz besser zu verstehen. Zu besonderem Dank bin ich den 23 namhaften Forschern und Unternehmern verpflichtet, die sich für „Die Intelligenz der Maschinen" von mir interviewen ließen. Sie gehören auf jeden Fall zu den Koryphäen auf dem Gebiet der KI, und auf ihre Erkenntnisse und Prognosen stützen sich auch große Teile dieses Buches.

TJ Kelleher in den Vereinigten Staaten und Sarah Caro im Vereinigten Königreich haben mir durch ihre redaktionelle Unterstützung sehr geholfen, präziser zu argumentieren und das Manuskript in die optimale Form zu bringen. Mein Agent Don Fehr hat mit *Basic Books* wieder einmal genau die richtige Anlaufstelle für dieses Projekt gefunden.

Die rund acht Monate, die ich an diesem Buch gearbeitet habe, fielen mit dem Ausbruch der Coronavirus-Pandemie und dem anschließenden Shutdown zusammen. Ich hatte das große Glück, dass ich in dieser Zeit in sicherer häuslicher Umgebung bleiben und mich ganz dem Schreiben widmen konnte. Allen, die beruflich im Gesundheitswesen tätig sind oder anderweitig viel mit Menschen zu tun haben und sich diesen Luxus nicht erlauben konnten, bin ich zutiefst dankbar.

Abschließend möchte ich mich noch bei meiner Frau Xiaoxiao und meiner Tochter Elaine für ihren Zuspruch und ihre Unterstützung in der Zeit bedanken, in der ich mich in dieses Projekt vertiefte.

ENDNOTEN

KAPITEL 1: DIE DISRUPTION BEGINNT

1. Ewen Callaway, „‚It will change everything‘: DeepMind's AI makes gigantic leap in solving protein structures“, *Nature*, 30. November 2020, www.nature.com/articles/d41586-020-03348-4.
2. Andrew Senior, Demis Hassabis, John Jumper und Pushmeet Kohli, „AlphaFold: Using AI for scientific discovery“, DeepMind Research Blog, 15. Januar 2020, deepmind.com/blog/article/AlphaFold-Using-AI-for-scientific-discovery.
3. Ian Sample, „Google's DeepMind predicts 3D shapes of proteins“, *The Guardian*, 2. Dezember 2018, www.theguardian.com/science/2018/dec/02/google-deepminds-ai-program-alphafold-predicts-3d-shapes-of-proteins.
4. Lyxor Robotics and AI UCITS ETF, Tickersymbol ROAI.
5. Siehe beispielsweise: Carl Benedikt Frey und Michael Osborne, „The future of employment: How susceptible are jobs to computerisation?“, Oxford Martin School, University of Oxford, Working Paper, 17. September 2013, www.oxfordmartin.ox.ac.uk/downloads/academic/future-of-employment.pdf, S. 38.
6. Matt McFarland, „Elon Musk: ‚With artificial intelligence we are summoning the demon‘“, *Washington Post*, 24. Oktober 2014, www.washingtonpost.com/news/innovations/wp/2014/10/24/elon-musk-with-artificial-intelligence-we-are-summoning-the-demon/.
7. Anand S. Rao und Gerard Verweij, „Sizing the prize: What's the real value of AI for your business and how can you capitalise?“, PwC, Oktober 2018, www.pwc.com/gx/en/issues/analytics/assets/pwc-ai-analysis-sizing-the-prize-report.pdf.

KAPITEL 2: KI – DER NEUE STROM?

1. „Neuromorphic computing“, Intel Corporation, aufgerufen am 3. Mai 2020, www.intel.com/content/www/us/en/research/neuromorphic-computing.html.
2. Sara Castellanos, „Intel to release neuromorphic-computing system“, *Wall Street Journal*, 18. März 2020, www.wsj.com/articles/intel-to-release-neuromorphic-computing-system-11584540000.

3. Linda Hardesty, „WikiLeaks publishes the location of Amazon's data centers", SDxCentral, 12. Oktober 2018, www.sdxcentral.com/articles/news/wikileaks-publishes-the-location-of-amazons-data-centers/2018/10/.
4. „RightScale 2019 State of the Cloud Report from Flexera", Flexera, 2019, resources.flexera.com/web/media/documents/rightscale-2019-state-of-the-cloud-report-from-flexera.pdf, S. 2.
5. Pierr Johnson, „With the public clouds of Amazon, Microsoft and Google, big data is the proverbial big deal", *Forbes*, 15. Juni 2017, www.forbes.com/sites/johnsonpierr/2017/06/15/with-the-public-clouds-of-amazon-microsoft-and-google-big-data-is-the-proverbial-big-deal/.
6. Richard Evans und Jim Gao, „DeepMind AI reduces Google data centre cooling bill by 40%", DeepMind Research Blog, 20. Juli 2016, deepmind.com/blog/article/deepmind-ai-reduces-google-data-centre-cooling-bill-40.
7. Urs Hölzle, „Data centers are more energy efficient than ever", Google Blog, 27. Februar 2020, www.blog.google/outreach-initiatives/sustainability/data-centers-energy-efficient/.
8. Ron Miller, „AWS revenue growth slips a bit, but remains Amazon's golden goose", *TechCrunch*, 25. Juli 2019, techcrunch.com/2019/07/25/aws-revenue-growth-slips-a-bit-but-remains-amazons-golden-goose/.
9. John Bonazzo, „Google exits Pentagon ‚JEDI' project after employee protests", *Observer*, 10. Oktober 2018, observer.com/2018/10/google-pentagon-jedi/.
10. Annie Palmer, „Judge temporarily blocks Microsoft Pentagon cloud contract after Amazon suit", *CNBC*, 13. Februar 2020, www.cnbc.com/2020/02/13/amazon-gets-restraining-order-to-block-microsoft-work-on-pentagon-jedi.html.
11. Lauren Feiner, „DoD asks judge to let it reconsider decision to give Microsoft $10 billion contract over Amazon", *CNBC*, 13. März 2020, www.cnbc.com/2020/03/13/pentagon-asks-judge-to-let-it-reconsider-its-jedi-cloud-contract-award.html.
12. „TensorFlow on AWS", Amazon Web Services, aufgerufen am 4. Mai 2020, aws.amazon.com/tensorflow/.
13. Kyle Wiggers, „Intel debuts Pohoiki Springs, a powerful neuromorphic research system for AI workloads", *VentureBeat*, 18. März 2020, venturebeat.com/2020/03/18/intel-debuts-pohoiki-springs-a-powerful-neuromorphic-research-system-for-ai-workloads/.
14. Jeremy Kahn, „Inside big tech's quest for human-level A.I.", *Fortune*, 20. Januar 2020, fortune.com/longform/ai-artificial-intelligence-big-tech-microsoft-alphabet-openai/.
15. Martin Ford, Interview mit Fei-Fei Li, aus „Die Intelligenz der Maschinen: Mit Koryphäen der Künstlichen Intelligenz im Gespräch", mitp, 2019, S. 156.
16. „Deep Learning on AWS", Amazon Web Services, aufgerufen am 4. Mai 2020, aws.amazon.com/deep-learning/.

17. Kyle Wiggers, „MIT researchers: Amazon's Rekognition shows gender and ethnic bias", *VentureBeat*, 24. Januar 2019, venturebeat.com/2019/01/24/amazon-rekognition-bias-mit/.
18. „New schemes teach the masses to build AI", *The Economist*, 27. Oktober 2018, www.economist.com/business/2018/10/27/new-schemes-teach-the-masses-to-build-ai.
19. Chris Hoffman, „What is 5G, and how fast will it be?", *How-to Geek*, 3. Januar 2020, www.howtogeek.com/340002/what-is-5g-and-how-fast-will-it-be/.

KAPITEL 3: MEHR ALS NUR HYPE? KÜNSTLICHE INTELLIGENZ ALS VERSORGUNGSGUT – EINE REALISTISCHE EINSCHÄTZUNG

1. Tesla, „Tesla Autonomy Day (Video)", Youtube, 22. April 2019, www.youtube.com/watch?reload=9&v=Ucp0TTmvqOE.
2. Sean Szymkowski, „Tesla's full self-driving mode under the watchful eye of NHTSA", *Road Show*, 22. Oktober 2020, www.cnet.com/roadshow/news/teslas-full-self-driving-mode-nhtsa/.
3. Rob Csongor, „Tesla raises the bar for self-driving carmakers", NVIDIA Blog, 23. April 2019, blogs.nvidia.com/blog/2019/04/23/tesla-self-driving/.
4. Jeffrey Van Camp, „My Jibo is dying and it's breaking my heart", *Wired*, 9. März 2019, www.wired.com/story/jibo-is-dying-eulogy/.
5. Mark Gurman und Brad Stone, „Amazon is said to be working on another big bet: Home robots", *Bloomberg*, 23. April 2018, www.bloomberg.com/news/articles/2018-04-23/amazon-is-said-to-be-working-on-another-big-bet-home-robots.
6. Martin Ford, Interview mit Rodney Brooks, aus „Die Intelligenz der Maschinen: Mit Koryphäen der Künstlichen Intelligenz im Gespräch", mitp, 2019, S. 430.
7. „Solving Rubik's Cube with a robot hand", OpenAI, 15. Oktober 2019, openai.com/blog/solving-rubiks-cube/ (einschließlich Videos).
8. Will Knight, „Why solving a Rubik's Cube does not signal robot supremacy", *Wired*, 16. Oktober 2019, www.wired.com/story/why-solving-rubiks-cube-not-signal-robot-supremacy/.
9. Noam Scheiber, „Inside an Amazon warehouse, robots' ways rub off on humans", *New York Times*, 3. Juli 2019, www.nytimes.com/2019/07/03/business/economy/amazon-warehouse-labor-robots.html.
10. Eugene Kim, „Amazon's $775 million deal for robotics company Kiva is starting to look really smart", *Business Insider*, 15. Juni 2016, www.businessinsider.com/kiva-robots-save-money-for-amazon-2016-6.
11. Will Evans, „Ruthless quotas at Amazon are maiming employees", *The Atlantic*, 25. November 2019, www.theatlantic.com/technology/archive/2019/11/amazon-warehouse-reports-show-worker-injuries/602530/.

12. Jason Del Ray, „How robots are transforming Amazon warehouse jobs – for better and worse“, *Recode*, 11. Dezember 2019, www.vox.com/recode/2019/12/11/20982652/robots-amazon-warehouse-jobs-automation.
13. Michael Sainato, „‚I'm not a robot‘: Amazon workers condemn unsafe, grueling conditions at warehouse“, *The Guardian*, 5. Februar 2020, www.theguardian.com/technology/2020/feb/05/amazon-workers-protest-unsafe-grueling-conditions-warehouse.
14. Jeffrey Dastin, „Exclusive: Amazon rolls out machines that pack orders and replace jobs“, *Reuters*, 13. Mai 2019, www.reuters.com/article/us-amazon-com-automation-exclusive/exclusive-amazon-rolls-out-machines-that-pack-orders-and-replace-jobs-idUSKCN1SJ0X1.
15. Matt Simon, „Inside the Amazon warehouse where humans and machines become one“, *Wired*, 5. Juni 2019, www.wired.com/story/amazon-warehouse-robots/.
16. James Vincent, „Amazon's latest robot champion uses deep learning to stock shelves“, *The Verge*, 5. Juli 2016, www.theverge.com/2016/7/5/12095788/amazon-picking-robot-challenge-2016.
17. Jeffrey Dastin, „Amazon's Bezos says robotic hands will be ready for commercial use in next 10 years“, *Reuters*, 6. Juni 2019, www.reuters.com/article/us-amazon-com-conference/amazons-bezos-says-robotic-hands-will-be-ready-for-commercial-use-in-next-10-years-idUSKCN1T72JB.
18. Tech Insider, „Inside a warehouse where thousands of robots pack groceries (Video)“, Youtube, 9. Mai 2018, www.youtube.com/watch?reload=9&v=4DKrcpa8Z_E.
19. James Vincent, „Welcome to the automated warehouse of the future“, *The Verge*, 8. Mai 2018, www.theverge.com/2018/5/8/17331250/automated-warehouses-jobs-ocado-andover-amazon.
20. Ebd.
21. „ABB and Covariant partner to deploy integrated AI robotic solutions“, ABB-Pressemeldung, 25. Februar 2020, new.abb.com/news/detail/57457/abb-and-covariant-partner-to-deploy-integrated-ai-robotic-solutions.
22. Evan Ackerman, „Covariant uses simple robot and gigantic neural net to automate warehouse picking“, *IEEE Spectrum*, 29. Januar 2020, spectrum.ieee.org/automaton/robotics/industrial-robots/covariant-ai-gigantic-neural-network-to-automate-warehouse-picking.
23. Jonathan Vanian, „Industrial robotics giant teams up with a rising A.I. start-up“, *Fortune*, 25. Februar 2020, fortune.com/2020/02/25/industrial-robotics-ai-covariant/.
24. Alexander Lavin, J. Swaroop Guntupalli, Miguel Lázaro-Gredilla et al., „Explaining visual cortex phenomena using recursive cortical network“, Vicarious Research Paper, 30. Juli 2018, www.biorxiv.org/content/biorxiv/early/2018/07/30/380048.full.pdf.

25. Tom Simonite, „These industrial robots get more adept with every task", *Wired*, 10. März 2020, www.wired.com/story/these-industrial-robots-adept-every-task/.
26. Adam Satariano und Cade Metz, „A warehouse robot learns to sort out the tricky stuff", *New York Times*, 29. Januar 2020, www.nytimes.com/2020/01/29/technology/warehouse-robot.html.
27. Matthew Boyle, „Robots in aisle two: Supermarket survival means matching Amazon", *Bloomberg*, 3. Dezember 2019, www.bloomberg.com/features/2019-automated-grocery-stores/.
28. Ebd.
29. Nathaniel Meyersohn, „Grocery stores turn to robots during the coronavirus", *CNN Business*, 7. April 2020, www.cnn.com/2020/04/07/business/grocery-stores-robots-automation/index.html.
30. Shoshy Ciment, „Walmart is bringing robots to 650 more stores as the retailer ramps up automation in stores nationwide", *Business Insider*, 13. Januar 2020, www.businessinsider.com/walmart-adding-robots-help-stock-shelves-to-650-more-stores-2020-1.
31. Jennifer Smith, „Grocery delivery goes small with micro-fulfillment centers", *Wall Street Journal*, 27. Januar 2020, www.wsj.com/articles/grocery-delivery-goes-small-with-micro-fulfillment-centers-11580121002.
32. Nick Wingfield, „Inside Amazon Go, a store of the future", *New York Times*, 21. Januar 2018, www.nytimes.com/2018/01/21/technology/inside-amazon-go-a-store-of-the-future.html.
33. Spencer Soper, „Amazon will consider opening up to 3,000 cashierless stores by 2021", *Bloomberg*, 29. September 2018, www.bloomberg.com/news/articles/2018-09-19/amazon-is-said-to-plan-up-to-3-000-cashierless-stores-by-2021.
34. Paul Sawyers, „SoftBank leads $30 million investment in Accel Robotics for AI-enabled cashierless stores", *VentureBeat*, 3. Dezember 2019, venturebeat.com/2019/12/03/softbank-leads-30-million-investment-in-accel-robotics-for-ai-enabled-cashierless-stores/.
35. Jurica Dujmovic, „As coronavirus hits hard, Amazon starts licensing cashier-free technology to retailers", *MarketWatch*, 31. März 2020, www.marketwatch.com/story/as-coronavirus-hits-hard-amazon-starts-licensing-cashier-free-technology-to-retailers-2020-03-31.
36. Eric Rosenbaum, „Panera is losing nearly 100% of its workers every year as fast-food turnover crisis worsens", *CNBC*, 29. August 2019, www.cnbc.com/2019/08/29/fast-food-restaurants-in-america-are-losing-100percent-of-workers-every-year.html.
37. Ebd.
38. Kate Krader, „The world's first robot-made burger is about to hit the Bay Area", *Bloomberg*, 21. Juni 2018, www.bloomberg.com/news/features/2018-06-21/the-world-s-first-robotic-burger-is-ready-to-hit-the-bay-area.

39. John Elflein, „U.S. health care expenditure as a percentage of GDP 1960–2020", Statista, 8. Juni 2020, www.statista.com/statistics/184968/us-health-expenditure-as-percent-of-gdp-since-1960/.
40. „Healthcare expenditure and financing", OCED.stat, aufgerufen am 15. Mai 2020, stats.oecd.org/Index.aspx?DataSetCode=SHA.
41. William J. Baumol und William G. Bowen, „Performing Arts, The Economic Dilemma: A Study of Problems Common to Theater, Opera, Music and Dance", MIT Press, 1966.
42. Michael Maiello, „Diagnosing William Baumol's cost disease", *Chicago Booth Review,* 18. Mai 2017, review.chicagobooth.edu/economics/2017/article/diagnosing-william-baumol-s-cost-disease.
43. „7 healthcare robots for the smart hospital of the future", Nanalyze, 6. April 2020, www.nanalyze.com/2020/04/healthcare-robots-smart-hospital/.
44. Daphne Sashin, „Robots join workforce at the new Stanford Hospital", *Stanford Medicine News*, 4. November 2019, med.stanford.edu/news/all-news/2019/11/robots-join-the-workforce-at-the-new-stanford-hospital-.html.
45. Diego Ardila, Atilla P. Kiraly, Sujeeth Bharadwaj et al., „End-to-end lung cancer screening with three-dimensional deep learning on low-dose chest computed tomography", *Nature Medicine*, Band 25, S. 954–961 (2019), 20. Mai 2019, www.nature.com/articles/s41591-019-0447-x.
46. Karen Hao, „Doctors are using AI to triage COVID-19 patients. The tools may be here to stay", *MIT Technology Review*, 23. April 2020, www.technologyreview.com/2020/04/23/1000410/ai-triage-covid-19-patients-health-care.
47. Creative Distribution Lab, „Geoffrey Hinton: On radiology (Video)", Youtube, 24. November 2016, www.youtube.com/watch?reload=9&v=2HMPRXstSvQ (im Rahmen der Konferenz Machine Learning and the Market for Intelligence 2016).
48. Alex Bratt, „Why radiologists have nothing to fear from deep learning", *Journal of the American College of Radiology,* Band 16, Ausgabe 9, Teil A, S. 1190–1192 (September 2019), 18. April 2019, www.jacr.org/article/S1546-1440(19)30198-X/fulltext.
49. Ray Sipherd, „The third-leading cause of death in US most doctors don't want you to know about", *CNBC*, 22. Februar 2018, www.cnbc.com/2018/02/22/medical-errors-third-leading-cause-of-death-in-america.html.
50. Elise Reuter, „Study shows reduction in medication errors using health IT startup's software", *MedCity News*, 24. Dezember 2019, medcitynews.com/2019/12/study-shows-reduction-in-medication-errors-using-health-it-startups-software/.
51. Adam Vaughan, „Google is taking over DeepMind's NHS contracts – should we be worried?", *New Scientist*, 27. September 2019, www.newscientist.com/article/2217939-google-is-taking-over-deepminds-nhs-contracts-should-we-be-worried/.

52. Clive Thompson, „May A.I. help you?", *New York Times*, 14. November 2018, www.nytimes.com/interactive/2018/11/14/magazine/tech-design-ai-chatbot .html.
53. Blair Hanley Frank, „Woebot raises $8 million for its AI therapist", *Venture-Beat*, 1. März 2018, venturebeat.com/2018/03/01/woebot-raises-8-million-for-its-ai-therapist/.
54. Ariana Eunjung Cha, „Watson's next feat? Taking on cancer", *Washington Post*, 27. Juni 2015, www.washingtonpost.com/sf/national/2015/06/27/watsons-next-feat-taking-on-cancer/.
55. Mary Chris Jaklevic, „MD Anderson Cancer Center's IBM Watson project fails, and so did the journalism related to it", *Health News Review*, 23. Februar 2017, www.healthnewsreview.org/2017/02/md-anderson-cancer-centers-ibm-watson-project-fails-journalism-related/.
56. Mark Anderson, „Surprise! 2020 is not the year for self-driving cars", *IEEE Spectrum*, 22. April 2020, spectrum.ieee.org/transportation/self-driving/surprise-2020-is-not-the-year-for-selfdriving-cars.
57. Alex Knapp, „Aurora CEO Chris Urmson says there'll be hundreds of self-driving cars on the road in five years", *Forbes*, 29. Oktober 2019, www.forbes.com/sites/alexknapp/2019/10/29/aurora-ceo-chris-urmson-says-therell-be-hundreds-of-self-driving-cars-on-the-road-in-five-years/.
58. Lex Fridman, „Chris Urmson: Self-driving cars at Aurora, Google, CMU, and DARPA", Artificial Intelligence Podcast, Folge 28, 22. Juli 2019, lexfridman.com/chris-urmson/ (Video und Audio-Podcast verfügbar).
59. Stefan Seltz-Axmacher, „The end of Starsky Robotics", Starsky Robotics 10-4 Labs Blog, 19. März 2020, medium.com/starsky-robotics-blog/the-end-of-starsky-robotics-acb8a6a8a5f5.
60. Sam Dean, „Uber fares are cheap, thanks to venture capital. But is that free ride ending?", *Los Angeles Times*, 11. Mai 2019, www.latimes.com/business/technology/la-fi-tn-uber-ipo-lyft-fare-increase-20190511-story.html.
61. Darrell Etherington, „Waymo has now driven 10 billion autonomous miles in simulation", *TechCrunch*, 10. Juli 2019, techcrunch.com/2019/07/10/waymo-has-now-driven-10-billion-autonomous-miles-in-simulation/.
62. Waymo-Website, aufgerufen am 20. Mai 2020, waymo.com/.
63. Ray Kurzweil, „The Law of Accelerating Returns", Kurzweil Library Blog, 7. März 2001, www.kurzweilai.net/the-law-of-accelerating-returns.
64. Tyler Cowen, „The Great Stagnation: How America Ate All the Low-Hanging Fruit of Modern History, Got Sick, and Will (Eventually) Feel Better", Dutton, 2011.
65. Robert J. Gordon, „The Rise and Fall of American Growth: The U.S. Standard of Living Since the Civil War", Princeton University Press, 2016.

66. Nicholas Bloom, Charles I. Jones, John Van Reenen und Michael Webb, „Are ideas getting harder to find?“, *American Economic Review*, Band 110, Ausgabe 4, S. 1104–1144 (April 2020), www.aeaweb.org/articles?id=10.1257/aer.20180338, S. 1138.
67. Ebd., S. 1104.
68. Ebd., S. 1104.
69. Sam Lemonick, „Exploring chemical space: Can AI take us where no human has gone before?“, *Chemical and Engineering News*, 6. April 2020, cen.acs.org/physical-chemistry/computational-chemistry/Exploring-chemical-space-AI-take/98/i13.
70. Ebd.
71. Delft University of Technology, „Researchers design new material using artificial intelligence“, Phys.org, 14. Oktober 2019, phys.org/news/2019-10-material-artificial-intelligence.html.
72. Beatrice Jin, „How AI helps to advance new materials discovery“, Cornell Research, aufgerufen am 22. Mai 2020, research.cornell.edu/research/how-ai-helps-advance-new-materials-discovery.
73. Savanna Hoover, „Artificial intelligence meets materials science“, Texas A&M University Engineering News, 17. Dezember 2018, engineering.tamu.edu/news/2018/12/artificial-intelligence-meets-materials-science.html.
74. Kyle Wiggers, „Kebotix raises $11.5 million to automate lab experiments with AI and robotics“, *VentureBeat*, 16. April 2020, venturebeat.com/2020/04/16/kebotix-raises-11-5-million-to-automate-lab-experiments-with-ai-and-robotics/.
75. Simon Smith, „230 startups using artificial intelligence in drug discovery“, BenchSci Blog, aktualisiert am 8. April 2020, blog.benchsci.com/startups-using-artificial-intelligence-in-drug-discovery.
76. Ford, Interview mit Daphne Koller, aus „Die Intelligenz der Maschinen: Mit Koryphäen der Künstlichen Intelligenz im Gespräch“, mitp, 2019, S. 387.
77. Ned Pagliarulo, „AI's impact in drug discovery is coming fast, predicts GSK's Hal Barron“, *BioPharma Dive*, 21. November 2019, www.biopharmadive.com/news/gsk-hal-barron-ai-drug-discovery-prediction-daphne-koller/567855/.
78. Anne Trafton, „Artificial intelligence yields new antibiotic“, *MIT News*, 20. Februar 2020, news.mit.edu/2020/artificial-intelligence-identifies-new-antibiotic-0220.
79. Richard Staines, „Exscientia claims world first as AI-created drug enters clinic“, *Pharmaphorum*, 30. Januar 2020, pharmaphorum.com/news/exscientia-claims-world-first-as-ai-created-drug-enters-clinic/.
80. Matt Reynolds, „DeepMind's AI is getting closer to its first big real-world application“, *Wired*, 15. Januar 2020, www.wired.co.uk/article/deepmind-protein-folding-alphafold.
81. Semantic-Scholar-Website, aufgerufen am 25. Mai 2020, pages.semanticscholar.org/about-us.

82. Ebd.
83. Khari Johnson, „Microsoft, White House, and Allen Institute release coronavirus data set for medical and NLP researchers“, *VentureBeat*, 16. März 2020, venturebeat.com/2020/03/16/microsoft-white-house-and-allen-institute-release-coronavirus-data-set-for-medical-and-nlp-researchers/.
84. „CORD-19: COVID-19 Open Research Dataset“, Semantic Scholar, aufgerufen am 6. Mai 2020, www.semanticscholar.org/cord19.

KAPTIEL 4: DIE MISSION, EINE INTELLIGENTE MASCHINE ZU BAUEN

1. Samuel Butler, „Darwin among the machines, a letter to the editors“, *The Press*, Christchurch, Neuseeland, 13. Juni 1863.
2. Alan Turing, „Computing machinery and intelligence“, *Mind*, Band LIX, Ausgabe 236, S. 433–460 (Oktober 1950).
3. J. McCarthy, M. L. Minsky, N. Rochester und C. E. Shannon, „A proposal for the Dartmouth Summer Research Project on Artificial Intelligence“, 31. August 1955, raysolomonoff.com/dartmouth/boxa/dart564props.pdf.
4. Brad Darrach, „Meet Shaky, the first electronic person: The fascinating and fearsome reality of a machine with a mind of its own“, *LIFE*, 20. November 1970, S. 58D.
5. Ebd.
6. Warren McCulloch und Walter Pitts, „A logical calculus of ideas immanent in nervous activity“, *Bulletin of Mathematical Biophysics*, Band 5, Ausgabe 4, S. 115–133 (Dezember 1943).
7. Martin Ford, Interview mit Ray Kurzweil, aus „Die Intelligenz der Maschinen: Mit Koryphäen der Künstlichen Intelligenz im Gespräch“, mitp, 2019, S. 232.
8. Marvin Minsky und Seymour Papert, „Perceptrons: An Introduction to Computational Geometry“, MIT Press, 1969.
9. Ford, Interview mit Yann LeCun, aus „Die Intelligenz der Maschinen“, S. 130.
10. David E. Rumelhart, Geoffrey E. Hinton und Ronald J. Williams, „Learning representations by back-propagating errors“, *Nature*, Band 323, Nr. 6088, S. 533–536 (1986), 9. Oktober 1986, www.nature.com/articles/323533a0.
11. Ford, Interview mit Geoffrey Hinton, aus „Die Intelligenz der Maschinen“, S. 85.
12. Dave Gershgorn, „The data that transformed AI research – and possibly the world“, *Quartz*, 26. Juli 2017, qz.com/1034972/the-data-that-changed-the-direction-of-ai-research-and-possibly-the-world/.
13. Ford, Interview mit Geoffrey Hinton, aus „Die Intelligenz der Maschinen“, S. 89.
14. E-Mail von Jürgen Schmidhuber an Martin Ford, 28. Januar 2019.
15. Jürgen Schmidhuber, „Critique of paper by ‚Deep Learning Conspiracy‘ (*Nature* 52, S. 436)“, Juni 2015, people.idsia.ch/~juergen/deep-learning-conspiracy.html.

16. John Markoff, „When A.I. matures, it may call Jürgen Schmidhuber ‚Dad'", *New York Times*, 27. November 2016, www.nytimes.com/2016/11/27/technology/artificial-intelligence-pioneer-jurgen-schmidhuber-overlooked.html.
17. Robert Triggs, „What being an ‚AI first' company means for Google", *Android Authority*, 8. November 2017, www.androidauthority.com/google-ai-first-812335/.
18. Cade Metz, „Why A.I. researchers at Google got desks next to the boss", *New York Times*, 19. Februar 2018, www.nytimes.com/2018/02/19/technology/ai-researchers-desks-boss.html.

KAPITEL 5: DEEP LEARNING UND DIE ZUKUNFT DER KÜNSTLICHEN INTELLIGENZ

1. Martin Ford, Interview mit Geoffrey Hinton, aus „Die Intelligenz der Maschinen: Mit Koryphäen der Künstlichen Intelligenz im Gespräch", mitp, 2019, S. 85.
2. Matt Reynolds, „New computer vision challenge wants to teach robots to see in 3D", *New Scientist*, 7. April 2017, www.newscientist.com/article/2127131-new-computer-vision-challenge-wants-to-teach-robots-to-see-in-3d/.
3. Ashlee Vance, „Silicon Valley's latest unicorn is run by a 22-year-old", *Bloomberg Businessweek*, 5. August 2019, www.bloomberg.com/news/articles/2019-08-05/scale-ai-is-silicon-valley-s-latest-unicorn.
4. Volodymyr Mnih, Koray Kavukcuoglu, David Silver et al., „Playing Atari with deep reinforcement learning", DeepMind Research, 1. Januar 2013, deepmind.com/research/publications/playing-atari-deep-reinforcement-learning.
5. Volodymyr Mnih, Koray Kavukcuoglu, David Silver et al., „Human-level control through deep reinforcement learning", *Nature*, Band 518, S. 529–533 (2015), 25. Februar 2015, www.nature.com/articles/nature14236.
6. Tu Yuanyuan, „The game of Go: Ancient wisdom", *Confucius Institute Magazine*, Band 17, S. 46–51 (November 2011), confuciusmag.com/go-game.
7. David Silver und Demis Hassabis, „AlphaGo: Mastering the ancient game of Go with machine learning", Google AI Blog, 27. Januar 2016, ai.googleblog.com/2016/01/alphago-mastering-ancient-game-of-go.html.
8. Matt Schiavenza, „China's ‚Sputnik Moment' and the Sino-American battle for AI supremacy", Asia Society Blog, 25. September 2018, asiasociety.org/blog/asia/chinas-sputnik-moment-and-sino-american-battle-ai-supremacy.
9. John Markoff, „Scientists see promise in deep-learning programs", *New York Times*, 23. November 2012, www.nytimes.com/2012/11/24/science/scientists-see-advances-in-deep-learning-a-part-of-artificial-intelligence.html.
10. Dario Amodei und Danny Hernandez, „AI and Compute", OpenAI Blog, 16. Mai 2018, openai.com/blog/ai-and-compute/.

11. Will Knight, „Facebook's head of AI says the field will soon ‚hit the wall'", *Wired*, 4. Dezember 2019, www.wired.com/story/facebooks-ai-says-field-hit-wall/.
12. Kim Martineau, „Shrinking deep learning's carbon footprint", *MIT News*, 7. August 2020, news.mit.edu/2020/shrinking-deep-learning-carbon-footprint-0807.
13. „General game playing with schema networks", Vicarious Research, 7. August 2017, www.vicarious.com/2017/08/07/general-game-playing-with-schema-networks/.
14. Sam Shead, „Researchers: Are we on the cusp of an ‚AI winter'?", *BBC News*, 12. Januar 2020, www.bbc.com/news/technology-51064369.
15. Filip Piekniewski, „AI winter is well on its way", Piekniewski's Blog, 28. Mai 2018, blog.piekniewski.info/2018/05/28/ai-winter-is-well-on-its-way/.
16. Ford, Interview mit Jeffrey Dean, aus „Die Intelligenz der Maschinen", S. 375.
17. Ford, Interview mit Demis Hassabis, aus „Die Intelligenz der Maschinen", S. 177.
18. Andrea Banino, Caswell Barry, Dharshan Kumaran und Benigno Uria, „Navigating with grid-like representations in artificial agents", DeepMind Research Blog, 9. Mai 2018, deepmind.com/blog/article/grid-cells.
19. Ford, Interview mit Demis Hassabis, aus „Die Intelligenz der Maschinen", S. 179.
20. Andrea Banino, Caswell Barry, Benigno Uria et al., „Vector-based navigation using grid-like representations in artificial agents", *Nature*, Band 557, S. 429 –433 (2018), 9. Mai 2018, www.nature.com/articles/s41586-018-0102-6.
21. Will Dabney und Zeb Kurth-Nelson, „Dopamine and temporal difference learning: A fruitful relationship between neuroscience and AI", DeepMind Research Blog, 15. Januar 2020, deepmind.com/blog/article/Dopamine-and-temporal-difference-learning-A-fruitful-relationship-between-neuroscience-and-AI.
22. Tony Peng, „Yann LeCun Cake Analogy 2.0", Synced Review, 22. Februar 2019, medium.com/syncedreview/yann-lecun-cake-analogy-2-0-a361da-560dae.
23. Ford, Interview mit Demis Hassabis, aus „Die Intelligenz der Maschinen", S. 177.
24. Jeremy Kahn, „A.I. breakthroughs in natural-language processingare big for business", *Fortune*, 20. Januar 2020, fortune.com/2020/01/20/natural-language-processing-business/.
25. Ford, Interview mit David Ferrucci, aus „Die Intelligenz der Maschinen", S. 407.
26. Ebd., S. 413.
27. „*Do You Trust This Computer?*", veröffentlicht am 5. April 2018, Papercut Films, doyoutrustthiscomputer.org/.

28. Ford, Interview mit David Ferrucci, aus „Die Intelligenz der Maschinen“, S. 412.
29. Ray Kurzweil, „Menschheit 2.0: Die Singularität naht“, Lola Books, 2014.
30. Ray Kurzweil, „Das Geheimnis des menschlichen Denkens: Einblicke in das Reverse Engineering des Gehirns“, Lola Books, 2014.
31. Ford, Interview mit Ray Kurzweil, aus „Die Intelligenz der Maschinen“, S. 235.
32. Mitch Kapor und Ray Kurzweil, „A wager on the Turing test: The rules“, Kurzweil AI Blog, 9. April 2002, www.kurzweilai.net/a-wager-on-the-turing-test-the-rules.
33. Sean Levinson, „A Google executive is taking 100 pills a day so he can live forever“, *Elite Daily*, 15. April 2015, www.elitedaily.com/news/world/google-executive-taking-pills-live-forever/1001270.
34. Ford, Interview mit Ray Kurzweil, aus „Die Intelligenz der Maschinen“, S. 245–246.
35. Ebd., S. 234.
36. Ebd., S. 237.
37. Alec Radford, Jeffrey Wu, Dario Amodei et al., „Better language models and their implications“, OpenAI Blog, 14. Februar 2019, openai.com/blog/better-language-models/.
38. James Vincent, „OpenAI’s latest breakthrough is astonishingly powerful, but still fighting its flaws“, *The Verge*, 30. Juli 2020, www.theverge.com/21346343/gpt-3-explainer-openai-examples-errors-agi-potential.
39. Gary Marcus und Ernest Davis, „GPT-3, Bloviator: OpenAI’s language generator has no idea what it’s talking about“, *MIT Technology Review*, 22. August 2020, www.technologyreview.com/2020/08/22/1007539/gpt3-openai-language-generator-artificial-intelligence-ai-opinion/.
40. Ford, Interview mit Stuart Russell, aus „Die Intelligenz der Maschinen“, S. 65.
41. „OpenAI Founder: Short-Term AGI Is a Serious Possibility“, *Synced*, 13. November 2018, syncedreview.com/2018/11/13/openai-founder-short-term-agi-is-a-serious-possibility/.
42. Connie Loizos, „Sam Altman in conversation with StrictlyVC (Video)“, Youtube, 18. Mai 2019, youtu.be/TzcJlKg2Rc0, location 39:00.
43. Luke Dormehl, „Neuro-symbolic A.I. is the future of artificial intelligence. Here’s how it works“, *Digital Trends*, 5. Januar 2020, www.digitaltrends.com/cool-tech/neuro-symbolic-ai-the-future/.
44. Ford, Interview mit Yoshua Bengio, aus „Die Intelligenz der Maschinen“, S. 36.
45. Ford, Interview mit Geoffrey Hinton, aus „Die Intelligenz der Maschinen“, S. 97.
46. Ford, Interview mit Yann LeCun, aus „Die Intelligenz der Maschinen“, S. 135.
47. Anthony M. Zador, „A critique of pure learning and what artificial neural networks can learn from animal brains“, *Nature Communications*, Band 10, Artikel Nummer 3770 (2019), 21. August 2019, www.nature.com/articles/s41467-019-11786-6.

48. Zoey Chong, „AI beats humans in Stanford reading comprehension test", CNET, 16. Januar 2018, www.cnet.com/news/new-results-show-ai-is-as-good-as-reading-comprehension-as-we-are/.
49. Alle Beispiele für Winograd-Schemata stammen aus: Ernest Davis, „A collection of Winograd schemas", New York University Department of Computer Science, 8. September 2011, cs.nyu.edu/davise/papers/WSOld.html.
50. Ford, Interview mit Oren Etzioni, aus „Die Intelligenz der Maschinen", S. 493–494.
51. Ebd., S. 492.
52. Ford, Interview mit Yoshua Bengio, aus „Die Intelligenz der Maschinen", S. 35.
53. Ford, Interview mit Yann LeCun, aus „Die Intelligenz der Maschinen", S. 134–135.
54. Ebd., S. 137–138.
55. Ford, Interview mit Judea Pearl, aus „Die Intelligenz der Maschinen", S. 366.
56. Ford, Interview mit Joshua Tenenbaum, aus „Die Intelligenz der Maschinen", S. 469–470.
57. Ford, Interview mit Judea Pearl, aus „Die Intelligenz der Maschinen", S. 364.
58. Will Knight, „An AI pioneer wants his algorithms to understand the ‚why'", *Wired*, 8. Oktober 2019, www.wired.com/story/ai-pioneer-algorithms-understand-why/.
59. Graham Allison, „Destined for War: Can America and China Escape Thucydides's Trap?", Houghton Mifflin Harcourt, 2017.
60. The AlphaStar team, „AlphaStar: Mastering the real-time strategy game StarCraft II", DeepMind Research Blog, 24. Januar 2019, deepmind.com/blog/article/alphastar-mastering-real-time-strategy-game-starcraft-ii.
61. Ford, Interview mit Oren Etzioni, aus „Die Intelligenz der Maschinen", S. 492.
62. Ford, „Die Intelligenz der Maschinen", S. 525.
63. „AI timeline surveys", AI Impacts, aufgerufen am 27. Juni 2020, aiimpacts.org/ai-timeline-surveys/.

KAPITEL 6: ARBEITSPLATZVERLUSTE UND WIRTSCHAFTLICHE FOLGEN VON KI

1. David Axelrod, „Larry Summers", The Axe Files (Podcast), Folge 98, 21. November 2016, omny.fm/shows/the-axe-files-with-david-axelrod/ep-98-larry-summers.
2. Sam Fleming und Brooke Fox, „US states that voted for Trump most vulnerable to job automation", *Financial Times*, 23. Januar 2019, www.ft.com/content/cbf2a01e-1f41-11e9-b126-46fc3ad87c65.
3. Carol Graham, „Understanding the role of despair in America's opioid crisis", Brookings Institution, 15. Oktober 2019, www.brookings.edu/policy2020/votervital/how-can-policy-address-the-opioid-crisis-and-despair-in-america/.

4. Siehe beispielsweise: Carl Benedikt Frey und Michael A. Osborne, „The future of employment: How susceptible are jobs to computerisation?“, Oxford Martin School Programme on Technology and Employment, Working Paper, 17. September 2013, www.oxfordmartin.ox.ac.uk/downloads/academic/future-of-employment.pdf, S. 38.
5. U.S. Bureau of Labor Statistics, „Unemployment rate (UNRATE)“, abgerufen von der Federal Reserve Bank of St. Louis, 18. Juli 2020, fred.stlouisfed.org/series/UNRATE; Greg Rosalsky, „Are we even close to full employment?“, NPR Planet Money, 2. Juli 2019, www.npr.org/sections/money /2019/07/02/737790095/are-we-even-close-to-full-employment.
6. Organisation für wirtschaftliche Zusammenarbeit und Entwicklung, „Activity rate: Aged 25–54: Males for the United States (LRAC25MAUSM156S)“, abgerufen von der Federal Reserve Bank of St. Louis, 17. Juli 2020, fred .stlouisfed.org/series/LRAC25MAUSM156S.
7. „Trends in Social Security Disability Insurance“, Social Security Office of Retirement and Disability Policy, Briefing Paper Nr. 2019-01, August 2019, www.ssa.gov/policy/docs/briefing-papers/bp2019-01.html.
8. U.S. Bureau of Labor Statistics, „Labor force participation rate (CIVPART)“, abgerufen von der Federal Reserve Bank of St. Louis, 17. Juli 2020, fred .stlouisfed.org/series/CIVPART.
9. U.S. Bureau of Labor Statistics, „Business sector: Real output per hour of all persons (OPHPBS)“, abgerufen von der Federal Reserve Bank of St. Louis, 22. Juli 2020, fred.stlouisfed.org/series/OPHPBS; U.S. Bureau of Labor Statistics, „Business sector: Real compensation per hour (PRS84006151)“, abgerufen von der Federal Reserve Bank of St. Louis, 22. Juli 2020, fred .stlouisfed.org/series/PRS84006151.
10. Weltbank, „GINI index for the United States (SIPOVGINIUSA)“, abgerufen von der Federal Reserve Bank of St. Louis, 20. Juli 2020, fred.stlouisfed.org/series/SIPOVGINIUSA.
11. Martha Ross und Nicole Bateman, „Low-wage work is more pervasive than you think, and there aren't enough ‚good jobs‘ to go around“, Brookings Institution, 21. November 2019, www.brookings.edu/blog/the-avenue/2019/11/21/low-wage-work-is-more-pervasive-than-you-think-and-there-arent-enough-good-jobs-to-go-around/.
12. „The U.S. Private Sector Job Quality Index (JQI)“, aufgerufen am 15. Juli 2020, www.jobqualityindex.com/.
13. Gwynn Guilford, „The great American labor paradox: Plentiful jobs, most of them bad“, *Quartz*, 21. November 2019, qz.com/1752676/the-job-quality-index-is-the-economic-indicator-weve-been-missing/.
14. Elizabeth Redden, „41% of recent grads work in jobs not requiring a degree“, Inside Higher Ed, 18. Februar 2020, www.insidehighered.com/quicktakes/2020/02/18/41-recent-grads-work-jobs-not-requiring-degree.

15. „The Phillips curve may be broken for good“, *The Economist*, 1. November 2017, www.economist.com/graphic-detail/2017/11/01/the-phillips-curve-may-be-broken-for-good.
16. Jeff Jeffrey, „U.S. companies are rolling in cash, and they're growing increasingly fearful to spend it“, *The Business Journals*, 12. Dezember 2018, www.bizjournals.com/bizjournals/news/2018/12/12/u-s-companies-are-hoarding-cash-and-theyre-growing.html.
17. Martin Ford, „Aufstieg der Roboter: Wie unsere Arbeitswelt gerade auf den Kopf gestellt wird – und wie wir darauf reagieren müssen“, Plassen Verlag, 2016, S. 247–253.
18. Martin Ford, Interview mit James Manyika, aus „Die Intelligenz der Maschinen: Mit Koryphäen der Künstlichen Intelligenz im Gespräch“, mitp, 2019, S. 289–290.
19. Nir Jaimovich und Henry E. Siu, „Job polarization and jobless recoveries“, National Bureau of Economic Research, Working Paper 18334, herausgegeben im August 2012, überarbeitet im November 2018, www.nber.org/papers/w18334.
20. Jacob Bunge und Jesse Newman, „Tyson turns to robot butchers, spurred by coronavirus outbreaks“, *Wall Street Journal*, 9. Juli 2020, www.wsj.com/articles/meatpackers-covid-safety-automation-robots-coronavirus-11594303535.
21. Miso Robotics, „White Castle selects Miso Robotics for a new era of artificial intelligence in the fast food industry“, Press Release Newswire, 14. Juli 2020, www.prnewswire.com/news-releases/white-castle-selects-miso-robotics-for-a-new-era-of-artificial-intelligence-in-the-fast-food-industry-301092746.html.
22. James Manyika, Susan Lund, Michael Chui et al., „Jobs lost, jobs gained: What the future of work will mean for jobs, skills, and wages“, McKinsey Global Institute, 28. November 2017, www.mckinsey.com/featured-insights/future-of-work/jobs-lost-jobs-gained-what-the-future-of-work-will-mean-for-jobs-skills-and-wages.
23. Ferris Jabr, „Cache cab: Taxi drivers' brains grow to navigate London's streets“, *Scientific American*, 8. Dezember 2011, www.scientificamerican.com/article/london-taxi-memory/.
24. Kate Conger, „Facebook starts planning for permanent remote workers“, *New York Times*, 21. Mai 2020, www.nytimes.com/2020/05/21/technology/facebook-remote-work-coronavirus.html.
25. Alexandre Tanzi, „Gloom grips U.S. small businesses, with 52% predicting failure“, *Bloomberg*, 6. Mai 2020, www.bloomberg.com/news/articles/2020-05-06/majority-of-u-s-small-businesses-expect-to-close-survey-says.

26. Alfred Liu, „Robots to cut 200,000 U.S. bank jobs in next decade, study says“, *Bloomberg*, 1. Oktober 2019, www.bloomberg.com/news/articles/2019-10-02/robots-to-cut-200-000-u-s-bank-jobs-in-next-decade-study-says.
27. Jack Kelly, „Artificial intelligence is superseding well-paying Wall Street jobs“, *Forbes*, 10. Dezember 2019, www.forbes.com/sites/jackkelly/2019/12/10/artificial-intelligence-is-superseding-well-paying-wallstreet-jobs/.
28. „Top healthcare chatbots startups“, *Tracxn*, 20. Oktober 2020, tracxn.com/d/trending-themes/Startups-in-Healthcare-Chatbots.
29. Celeste Barnaby, Satish Chandra und Frank Luan, „Aroma: Using machine learning for code recommendation“, Facebook AI Blog, 4. April 2019, ai.facebook.com/blog/aroma-ml-for-code-recommendation/.
30. Will Douglas Heaven, „OpenAI's new language generator GPT-3 is shockingly good – and completely mindless“, *MIT Technology Review*, 20. Juli 2020, www.technologyreview.com/2020/07/20/1005454/openai-machine-learning-language-generator-gpt-3-nlp/.
31. Jacques Bughin, Jeongmin Seong, James Manyika et al., „Notes from the AI frontier: Modeling the impact of AI on the world economy“, McKinsey Global Institute, Discussion Paper, September 2018, www.mckinsey.com/~/media/McKinsey/Featured%20Insights/Artificial%20Intelligence/Notes%20from%20the%20frontier%20Modeling%20the%20impact%20of%20AI%20on%20the%20world%20economy/MGI-Notes-from-the-AI-frontier-Modeling-the-impact-of-AI-on-the-world-economy-September-2018.ashx.
32. Anand S. Rao und Gerard Verweij, „Sizing the prize: What's the real value of AI for your business and how can you capitalise?“, PwC, Oktober 2018, www.pwc.com/gx/en/issues/analytics/assets/pwc-ai-analysis-sizing-the-prize-report.pdf.
33. Bughin et al., „Notes from the AI frontier: Modeling the impact of AI on the world economy“, S. 3.

KAPITEL 7: CHINA UND DER SIEGESZUG DES KI-ÜBERWACHUNGSSTAATS

1. Chris Buckley, Paul Mozur und Austin Ramzy, „How China turned a city into a prison“, *New York Times*, 4. April 2019, www.nytimes.com/interactive/2019/04/04/world/asia/xinjiang-china-surveillance-prison.html.
2. James Vincent, „Chinese netizens spot AI books on president Xi Jinping's bookshelf“, *The Verge*, 3. Januar 2018, www.theverge.com/2018/1/3/16844364/china-ai-xi-jinping-new-years-speech-books.
3. Tom Simonite, „China is catching up to the US in AI research–fast“, *Wired*, 13. März 2019, www.wired.com/story/china-catching-up-us-in-ai-research/.

4. Robust Vision Challenge Website, aufgerufen am 25. Juli 2020, www.robustvision.net/rvc2018.php.
5. National University of Defense Technology Website, aufgerufen am 25. Juli 2020, english.nudt.edu.cn/About/index.htm.
6. Nicolas Thompson und Ian Bremmer, „The AI Cold War that threatens us all", *Wired*, 23. Oktober 2018, www.wired.com/story/ai-cold-war-china-could-doom-us-all/.
7. Alex Hern, „China censored Google's AlphaGo match against world's best Go player", *The Guardian*, 24. Mai 2017, www.theguardian.com/technology/2017/may/24/china-censored-googles-alphago-match-against-worlds-best-go-player.
8. China's State Council, „New Generation Artificial Intelligence Development Plan", herausgegeben vom chinesischen Staatsrat am 20. Juli 2017, ins Englische übersetzt von Graham Webster, Rogier Creemers, Paul Triolo und Elsa Kania, New America Foundation, 1. August 2017, www.newamerica.org/cybersecurity-initiative/digichina/blog/full-translation-chinas-new-generation-artificial-intelligence-development-plan-2017/. (Das Originaldokument der chinesischen Regierung: www.gov.cn/zhengce/content/2017-07/20/content_5211996.htm.)
9. Lai Lin Thomala, „Number of internet users in China 2008–2020", Statista, 30. April 2020, www.statista.com/statistics/265140/number-of-internet-users-in-china/.
10. Lai Lin Thomala, „Penetration rate of internet users in China 2008–2020", Statista, 30. April 2020, www.statista.com/statistics/236963/penetration-rate-of-internet-users-in-china/.
11. Rachel Metz, „Baidu could beat Google in self-driving cars with a totally Google move", *MIT Technology Review*, 8. Januar 2018, www.technologyreview.com/2018/01/08/146351/baidu-could-beat-google-in-self-driving-cars-with-a-totally-google-move/.
12. Jon Russell, „Former Microsoft executive and noted AI expert Qi Lu joins Baidu as COO", *TechCrunch*, 17. Januar 2017, techcrunch.com/2017/01/16/qi-lu-joins-baidu-as-coo/.
13. Martin Ford, Interview mit Demis Hassabis aus „Die Intelligenz der Maschinen: Mit Koryphäen der Künstlichen Intelligenz im Gespräch", mitp, 2019, S. 185.
14. Field Cady und Oren Etzioni, „China may overtake US in AI research", Allen Institute for AI Blog, 13. März 2019, medium.com/ai2-blog/china-to-overtake-us-in-ai-research-8b6b1fe30595.
15. Jeffrey Ding, „Deciphering China's AI dream: The context, components, capabilities, and consequences of China's strategy to lead the world in AI", Future of Humanity Institute, University of Oxford, März 2018, www.fhi.ox.ac.uk/wp-content/uploads/Deciphering_Chinas_AI-Dream.pdf.

16. Jeffrey Ding, „China's current capabilities, policies, and industrial ecosystem in AI: Testimony before the U.S.-China Economic and Security Review Commission Hearing on Technology, Trade, and Military-Civil Fusion: China's Pursuit of Artificial Intelligence, New Materials, and New Energy", 7. Juni 2019, www.uscc.gov/sites/default/files/June%207%20Hearing_Panel%201_Jeffrey%20Ding_China%27s%20Current%20Capabilities%2C%20Policies%2C%20and%20Industrial%20Ecosystem%20in%20AI.pdf.
17. Kai-Fu Lee, „What China can teach the U.S. about artificial intelligence", *New York Times*, 22. September 2018, www.nytimes.com/2018/09/22/opinion/sunday/ai-china-united-states.html.
18. Kathrin Hille und Richard Waters, „Washington unnerved by China's ‚military-civil fusion'", *Financial Times*, 7. November 2018, www.ft.com/content/8dcb534c-dbaf-11e8-9f04-38d397e6661c.
19. Scott Shane und Daisuke Wakabayashi, „‚The Business of War': Google employees protest work for the Pentagon", *New York Times*, 4. April 2018, www.nytimes.com/2018/04/04/technology/google-letter-ceo-pentagon-project.html.
20. Tom Simonite, „Behind the rise of China's facial-recognition giants", *Wired*, 3. September 2019, www.wired.com/story/behind-rise-chinas-facial-recognition-giants/.
21. Paul Mozur und Aaron Krolik, „A surveillance net blankets China's cities, giving police vast powers", *New York Times*, 17. Dezember 2019, www.nytimes.com/2019/12/17/technology/china-surveillance.html.
22. Amy B. Wang, „A suspect tried to blend in with 60,000 concertgoers. China's facial-recognition cameras caught him", *Washington Post*, 13. April 2018, www.washingtonpost.com/news/worldviews/wp/2018/04/13/china-crime-facial-recognition-cameras-catch-suspect-at-concert-with-60000-people/.
23. Paul Mozur, „Inside China's dystopian dreams: A.I., shame and lots of cameras", *New York Times*, 8. Juli 2018, nytimes.com/2018/07/08/business/china-surveillance-technology.html.
24. Paul Moser, „One month, 500,000 face scans: How China is using A.I. to profile a minority", *New York Times*, 14. April 2019, www.nytimes.com/2019/04/14/technology/china-surveillance-artificial-intelligence-racial-profiling.html.
25. Ebd.
26. Simina Mistreanu, „Life inside China's social credit laboratory", *Foreign Policy*, 3. April 2018, foreignpolicy.com/2018/04/03/life-inside-chinas-social-credit-laboratory/.
27. Echo Huang, „Garbage-sorting violators in China now risk being punished with a junk credit rating", *Quartz*, 8. Januar 2018, qz.com/1173975/garbage-sorting-violators-in-china-risk-getting-a-junk-credit-rating/.

28. Maya Wang, „China's chilling ‚social credit' blacklist", Human Rights Watch, 12. Dezember 2017, www.hrw.org/news/2017/12/13/chinas-chilling-social-credit-blacklist.
29. Nicole Kobie, „The complicated truth about China's social credit system", *Wired*, 7. Juni 2019, www.wired.co.uk/article/china-social-credit-system-explained.
30. Steven Feldstein, „The global expansion of AI surveillance", Carnegie Endowment for International Peace, 17. September 2019, carnegieendowment.org/2019/09/17/global-expansion-of-ai-surveillance-pub-79847.
31. Yuan Yang und Madhumita Murgia, „Facial recognition: How China cornered the surveillance market", *Financial Times*, 6. Dezember 2019, www.ft.com/content/6f1a8f48-1813-11ea-9ee4-11f260415385.
32. Russell Brandon, „The case against Huawei, explained", *The Verge*, 22. Mai 2019, www.theverge.com/2019/5/22/18634401/huawei-ban-trump-case-infrastructure-fears-google-microsoft-arm-security.
33. Will Knight, „Trump's latest salvo against China targets AI firms", *Wired*, 9. Oktober 2019, www.wired.com/story/trumps-salvo-against-china-targets-ai-firms/.
34. Kashmir Hill, „The secretive company that might end privacy as we know it", *New York Times*, 18. Januar 2020, www.nytimes.com/2020/01/18/technology/clearview-privacy-facial-recognition.html.
35. Ebd.
36. Ebd.
37. Ryan Mac, Caroline Haskins und Logan McDonald, „Clearview's facial recognition app has been used by the Justice Department, ICE, Macy's, Walmart, and the NBA", *BuzzFeed News*, 27. Februar 2020, www.buzzfeednews.com/article/ryanmac/clearview-ai-fbi-ice-global-law-enforcement.
38. Alfred Ng und Steven Musil, „Clearview AI hit with cease-and-desist from Google, Facebook over facial recognition collection", CNET, 5. Februar 2020, www.cnet.com/news/clearview-ai-hit-with-cease-and-desist-from-google-over-facial-recognition-collection/.
39. Zack Whittaker, „Apple has blocked Clearview AI's iPhone app for violating its rules", *TechCrunch*, 28. Februar 2020, techcrunch.com/2020/02/28/apple-ban-clearview-iphone/.
40. Nick Statt, „ACLU sues facial recognition firm Clearview AI, calling it a ‚nightmare scenario' for privacy", *The Verge*, 28. Mai 2020, www.theverge.com/2020/5/28/21273388/aclu-clearview-ai-lawsuit-facial-recognition-database-illinois-biometric-laws.
41. Paul Bischoff, „Surveillance camera statistics: Which cities have the most CCTV cameras?", Comparitech, 1. August 2019, www.comparitech.com/vpn-privacy/the-worlds-most-surveilled-cities/.
42. „Met Police to deploy facial recognition cameras", *BBC*, 30. Januar 2020, www.bbc.com/news/uk-51237665.

43. Clare Garvie, Alvaro Bedoya und Jonathan Frankle, „The perpetual line-up: Unregulated police face recognition in America", Georgetown Law Center on Privacy and Technology, 18. Oktober 2016, www.perpetuallineup.org/.
44. „Met Police to deploy facial recognition cameras"
45. London Real, „Jonathan Haidt – Free range kids: How to give your children more freedom (Video)", 27. Oktober 2018, www.youtube.com/watch?v=GPTei2srolk.
46. Isabella Garcia, „Can facial recognition overcome its racial bias?", *Yes! Magazine*, 16. April 2020, www.yesmagazine.org/social-justice/2020/04/16privacy-facial-recognition/.
47. Sasha Ingber, „Facial recognition software wrongly identifies 28 lawmakers as crime suspects", NPR, 26. Juli 2018, www.npr.org/2018/07/26/632724239/facial-recognition-software-wrongly-identifies-28-lawmakers-as-crime-suspects.
48. Patrick Grother, Mei Ngan und Kayee Hanaoka, „Face Recognition Vendor Test (FRVT) Part 3: Demographic effects", National Institute of Standards and Technology, Dezember 2019, nvlpubs.nist.gov/nistpubs/ir/2019/NIST.IR.8280.pdf.
49. Garcia, „Can facial recognition overcome its racial bias?"
50. Amy Hawkins, „Beijing's big brother tech needs African faces", *Foreign Policy*, 24. Juli 2018, foreignpolicy.com/2018/07/24/beijings-big-brother-tech-needs-african-faces/.

ACHTES KAPITEL: DIE RISIKEN DER KI

1. „Fake voices ‚help cyber-crooks steal cash'", *BBC News*, 8. Juli 2019, www.bbc.com/news/technology-48908736.
2. Martin Giles, „The GANfather: The man who's given machines the gift of imagination", *MIT Technology Review*, 21. Februar 2018, www.technologyreview.com/2018/02/21/145289/the-ganfather-the-man-whos-given-machines-the-gift-of-imagination/.
3. James Vincent, „Watch Jordan Peele use AI to make Barack Obama deliver a PSA about fake news", *The Verge*, 17. April 2018, www.theverge.com/tldr/2018/4/17/17247334/ai-fake-news-video-barack-obama-jordanpeele-buzzfeed.
4. Sensity, „The state of deepfakes 2019: Landscape, threats, and impact", September 2019, sensity.ai/reports/.
5. Ian Sample, „What are deepfakes – and how can you spot them?", *The Guardian*, 13. Januar 2020, www.theguardian.com/technology/2020/jan/13/what-are-deepfakes-and-how-can-you-spot-them.
6. Lex Fridman, „Ian Goodfellow: Generative Adversarial Networks (GANs)", Artificial Intelligence Podcast, Folge 19, 18. April 2019, lexfridman.com/ian-goodfellow/ (Video- und Audio-Podcast verfügbar).

7. J. J. McCorvey, „This image-authentication startup is combating faux social media accounts, doctored photos, deep fakes, and more", *Fast Company*, 19. Februar 2019, www.fastcompany.com/90299000/truepic-most-innovative-companies-2019.
8. Ian Goodfellow, Nicolas Papernot, Sandy Huang et al., „Attacking machine learning with adversarial examples", OpenAI Blog, 24. Februar 2017, openai.com/blog/adversarial-example-research/.
9. Anant Jain, „Breaking neural networks with adversarial attacks", Towards Data Science, 9. Februar 2019, towardsdatascience.com/breaking-neural-networks-with-adversarial-attacks-f4290a9a45aa.
10. Ebd.
11. Slaughterbots, veröffentlicht am 12. November 2017, Space Digital, www.youtube.com/watch?reload=9&v=9CO6M2HsoIA.
12. Stuart Russell, „Building a lethal autonomous weapon is easier than building a self-driving car. A new treaty is necessary", *The Security Times*, Februar 2018, www.the-security-times.com/building-a-lethal-autonomous-weapon-is-easier-than-building-a-self-driving-car-a-new-treaty-is-necessary/.
13. Martin Ford, Interview mit Stuart Russell, aus „Die Intelligenz der Maschinen: Mit Koryphäen der Künstlichen Intelligenz im Gespräch", mitp, 2019, S. 71.
14. „Country views on killer robots", Campaign to Stop Killer Robots, 21. August 2019, www.stopkillerrobots.org/wp-content/uploads/2019/08/KRC_CountryViews21Aug2019.pdf.
15. „Russia, United States attempt to legitimize killer robots", Campaign to Stop Killer Robots, 22. August 2019, www.stopkillerrobots.org/2019/08/russia-united-states-attempt-to-legitimize-killer-robots/.
16. Zachary Kallenborn, „Swarms of mass destruction: The case for declaring armed and fully autonomous drone swarms as WMD", Modern War Institute, 28. Mai 2020, mwi.usma.edu/swarms-mass-destruction-case-declaring-armed-fully-autonomous-drone-swarms-wmd/.
17. Kris Osborn, „Here come the Army's new class of 10-ton robots", *National Interest*, 21. Mai 2020, nationalinterest.org/blog/buzz/here-come-armys-new-class-10-ton-robots-156351.
18. Rachel England, „The US Air Force is preparing a human versus AI dogfight", *Engadget*, 8. Juni 2020, www.engadget.com/the-air-force-will-pit-an-autonomous-fighter-drone-against-a-pilot-121526011.html.
19. Kris Osborn, „Robot vs. robot war? Now China has semi-autonomous fighting ground robots", *National Interest*, 15. Juni 2020, nationalinterest.org/blog/buzz/robot-vs-robot-war-now-china-has-semi-autonomous-fighting-ground-robots-162782.

20. Neil Johnson, Guannan Zhao, Eric Hunsader et al., „Abrupt rise of new machine ecology beyond human response time", *Nature Scientific Reports*, Band 3, Artikel Nummer 2627 (2013), 11. September 2013, www.nature.com/articles/srep02627.
21. Ford, Interview mit Stuart Russell, aus „Die Intelligenz der Maschinen", S. 59.
22. Jeffrey Dastin, „Amazon scraps secret AI recruiting tool that showed bias against women", *Reuters*, 10. Oktober 2018, www.reuters.com/article/us-amazon-com-jobs-automation-insight/amazon-scraps-secret-ai-recruiting-tool-that-showed-bias-against-women-idUSKCN1MK08G.
23. Julia Angwin, Jeff Larson, Surya Mattu und Lauren Kirchner, „Machine bias", *Propublica*, 23. Mai 2016, www.propublica.org/article/machine-bias-risk-assessments-in-criminal-sentencing.
24. Ebd.
25. Ford, Interview mit James Manyika, aus „Die Intelligenz der Maschinen", S. 283.
26. Ford, Interview mit Fei-Fei Li, aus „Die Intelligenz der Maschinen", S. 151.
27. Stephen Hawking, Stuart Russell, Max Tegmark und Frank Wilczek, „Stephen Hawking: ‚Transcendence looks at the implications of artificial intelligence – but are we taking AI seriously enough?'", *The Independent*, 1. Mai 2014, www.independent.co.uk/news/science/stephen-hawking-transcendence-looks-at-the-implications-of-artificial-intelligence-but-are-we-taking-ai-seriously-enough-9313474.html.
28. Nick Bostrom, „Superintelligenz: Szenarien einer kommenden Revolution", Suhrkamp, 2014, S. vii.
29. Matt McFarland, „Elon Musk: ‚With artificial intelligence we are summoning the demon'", *Washington Post*, 24. Oktober 2014, www.washingtonpost.com/news/innovations/wp/2014/10/24/elon-musk-with-artificial-intelligence-we-are-summoning-the-demon/.
30. Sam Harris, „Can we build AI without losing control over it? (Video)", TED Talk, Juni 2016, www.ted.com/talks/sam_harris_can_we_build_ai_without_losing_control_over_it?language=en.
31. Irving John Good, „Speculations concerning the first ultraintelligent machine", *Advanced in Computers*, Band 6, S. 31–88 (1965), vtechworks.lib.vt.edu/bitstream/handle/10919/89424/TechReport05-3.pdf.
32. Jesselyn Cook, „Hundreds of people share stories about falling down YouTube's recommendation rabbit hole", *Huffington Post*, 15. Oktober 2019, www.huffpost.com/entry/youtube-recommendation-rabbit-hole-mozilla_n_5da5c470e4b08f3654912991.
33. Stuart Russell, Human Compatible: „Künstliche Intelligenz und wie der Mensch die Kontrolle über superintelligente Maschinen behält", mitp, 2020, S. 173–177.

34. Stuart Russell, „How to stop superhuman A.I. before it stops us“, *New York Times*, 8. Oktober 2019, www.nytimes.com/2019/10/08/opinion/artificial-intelligence.html.
35. Ford, Interview mit Rodney Brooks, aus „Die Intelligenz der Maschinen“, S. 439.

FAZIT: ZWEI ZUKUNFTSSZENARIEN FÜR KÜNSTLICHE INTELLIGENZ

1. Rebecca Heilweil, „Big tech companies back away from selling facial recognition to police“, *Recode*, 11. Juni 2020, www.vox.com/recode/2020/6/10/21287194/amazon-microsoft-ibm-facial-recognition-moratorium-police.
2. Joseph Zeballos-Roig, „Kamala Harris supports $2,000 monthly stimulus checks to help Americans claw out of pandemic ruin – and she's long backed plans for Democrats to give people more money“, *Business Insider*, 15. August 2020, www.businessinsider.com/kamala-harris-biden-monthly-stimulus-checks-economic-policy-support-vice-2020-8.
3. Bob Berwyn, „What does ‚12 years to act on climate change‘ (now 11 years) really mean?“, *Inside Climate News*, 27. August 2019, insideclimatenews.org/news/27082019/12-years-climate-change-explained-ipcc-science-solutions.
4. Bill Gates, „COVID-19 is awful. Climate change could be worse“, Gates Notes, 4. August 2020, www.gatesnotes.com/Energy/Climate-and-COVID-19.
5. Bill Gates, „Climate change and the 75% problem“, Gates Notes, 17. Oktober 2018, www.gatesnotes.com/Energy/My-plan-for-fighting-climate-change.
6. Nicholas Bloom, Charles I. Jones, John Van Reenen und Michael Webb, „Are ideas getting harder to find?“, *American Economic Review*, Band 110, Ausgabe 4, S. 1104–1144 (April 2020), www.aeaweb.org/articles?id=10.1257/aer.20180338, p. 1138.
7. Mark Aguiar, Mark Bils, Kerwin Kofi Charles und Erik Hurst, „Leisure luxuries and the labor supply of young men“, National Bureau of Economic Research, Working Paper 23552, Juni 2017, www.nber.org/papers/w23552.9781541674738

368 Seiten,
Taschenbuch
12,90 [D] / 13,30 [A]
ISBN: 978-3-86470-788-9

Martin Ford: Aufstieg der Roboter

Künstliche Intelligenz – Fluch und Segen zugleich: Algorithmen machen unser Leben angenehmer, doch immer mehr Jobs werden von der Technik übernommen. Und nicht nur Burgerbrater, sondern auch Rechtsanwälte sind davon betroffen. Die Folge: Unser Wirtschaftssystem gerät in Gefahr. Silicon-Valley-Insider Martin Ford bietet eine überraschende Lösung.

368 Seiten
broschiert
24,99 [D] / 25,70 [A]
ISBN: 978-3-86470-638-7

Amy Webb: Die großen Neun

Die neun Tech-Riesen – die „großen Neun" – treiben die Entwicklung künstlicher Intelligenz mit Macht voran. KI polarisiert – ist sie Heilsbringer oder tödliche Gefahr? Die Wahrheit liegt irgendwo dazwischen. KI-Expertin Amy Webb macht sich auf die Suche nach dieser Wahrheit. Anhand dreier Szenarien zeigt sie, warum wir KI weder gigantischen Tech-Konzernen noch Weltmächten wie China überlassen dürfen. Webbs Strategien für einen Kurswechsel sind aktueller denn je und die Zeit drängt. Ihr Buch ist der Weckruf, den wir jetzt brauchen!

368 Seiten
Taschenbuch
9,99 [D] / 10,30 [A]
ISBN: 978-3-86470-594-6

Erik Brynjolfsson/Andrew McAfee: The Second Machine Age

Computer sind heute so intelligent, dass sie zu Leistungen fähig sind, die vor Kurzem noch undenkbar waren. Dieser Entwicklungssprung ist aber nur der Anfang. Die Autoren zeigen, was uns noch bevorsteht und was Gesellschaft und Politik tun müssen, um die Auswirkungen dieser „neuen digitalen Intelligenz" bestmöglich zu gestalten.